西北大学应用经济学建设支持项目

CHINA'S FINANCIAL
REFORM AND DEVELOPMENT FORUM

中国金融
改革发展论坛

【三】

王满仓　吴振磊 ◎主编

中国经济出版社
CHINA ECONOMIC PUBLISHING HOUSE
北 京

图书在版编目（CIP）数据

中国金融改革发展论坛．三／王满仓，吴振磊主编．--北京：中国经济出版社，2020.10

ISBN 978-7-5136-6273-4

Ⅰ.①中… Ⅱ.①王… ②吴… Ⅲ.①金融改革-中国-文集 Ⅳ.①F832.1-53

中国版本图书馆 CIP 数据核字（2020）第 151967 号

责任编辑　闫明明
责任印制　巢新强
封面设计　华子设计

出版发行　中国经济出版社
印 刷 者　北京九州迅驰传媒文化有限公司
经 销 者　各地新华书店
开　　本　700mm×1000mm　1/16
印　　张　29.25
字　　数　433 千字
版　　次　2020 年 10 月第 1 版
印　　次　2020 年 10 月第 1 次
定　　价　89.00 元
广告经营许可证　京西工商广字第 8179 号

中国经济出版社　**网址** www.economyph.com　**社址** 北京市东城区安定门外大街 58 号　**邮编** 100011
本版图书如存在印装质量问题，请与本社销售中心联系调换（联系电话：010-57512564）

序　言

新中国成立70年以来，中国经济社会发生了巨大的变化，经济的发展离不开金融的支持，我国金融业也迅速发展起来。金融发展在我国经济社会发展中发挥着举足轻重的作用，金融是国家重要的核心竞争力，金融安全是国家安全的重要组成部分，金融制度是经济社会发展重要的基础性制度，金融业对经济的发展起到了重要的推动作用。随着金融创新和金融深化的不断推进，金融越来越成为现代经济发展的核心，金融改革与发展中的热点和重点问题也成为各方研究的焦点。回顾我国金融70年的发展历程，从零开始到如今的日渐成熟，经历了计划经济时代的非市场制度、改革开放的市场化建设、加入世界贸易组织的开放性成长，中国金融业在曲折发展中取得了历史性成就，在规模、结构、业态、功能、竞争力和国际影响力等方面都发生了重大变革。在金融发展过程中仍存在一些深层次问题有待解决，特别是我国改革开放以来的金融变革问题：资本错配导致全要素生产率损失，进而影响经济增长质量，低资本成本的投资潮涌产生的产能过剩问题，资本输血产生的“僵尸”企业问题，民营企业融资难、融资贵的生存发展问题等日益突出。为此习近平总书记指出，要深化对国际国内金融形势的认识，正确把握金融本质，深化金融供给侧结构性改革，平衡好稳增长和防风险的关系，精准有效处置重点领域风险，深化金融改革开放，增强金融服务实体经济能力，坚决打好防范化解包括金融风险在内的重大风险攻坚战，推动我国金融业健康发展。因此，对新中国70年金融业的发展问题进行关注和研究具有重大的理论与现实意义。《中国金融改革发展论坛》以现代经济学研究方法为主要工具，深入讨论新中国成立70年以来的金融改革与发展中的重点问题。本辑包含5个主题，19篇文章，从不同的主题与角度分析金融业的发展问题。

《新中国70年金融业的制度演变与发展特征》一文从银行业、保险业和证券业三方面梳理了新中国70年金融业的制度演变与发展逻辑。银行业一直是中国金融业的核心，证券业和保险业也在迅速发展，为金融多样化做出贡献。由于深化改革和制度建设的深度落实，新中国70年金融业经历了从零开始到如今的强势发展，中国金融业未来也将实现高质量增长和可持续发展。

《新中国70年经济体制变革的经验分析》一文基于中美改革发展的不同路径，回顾了我国经济体制的变迁路径，从宏观经济政策和要素市场等方面分析总结了70年的经济改革过程，并与美国经济发展历史进行比较，有助于我们全面认识中国改革发展的进程。

《融资结构、技术前沿差距与中国信息技术产业发展》一文从新结构经济学技术前沿差距的视角探讨了融资结构对中国信息技术产业企业业绩的影响，并将金融危机与所有制差异纳入研究框架。该文章认为随着我国部分信息技术逐渐接近前沿水平，应重点发展股权融资市场来促进信息技术产业的高速发展。

《金融地理结构对地方产业结构升级的影响及其区域差异》一文从金融地理学的视角将金融地理结构区分为地方金融发展与区域金融中心，利用2003—2015年280个地市级的面板数据，估计了中国金融地理结构对地方产业结构升级的影响及其在城市层面的异质性，并考察了人力资本、偏向性技术进步以及政府干预对这种影响的调节效应。从地方产业结构升级的视角来看，金融地理结构对我国经济结构的转型发展具有重要影响，金融地理结构的优化应该成为当前金融结构调整的一个重要方向。

《金融发展、产业结构升级与城乡收入差距关系》一文基于产业结构变迁视角，对金融结构支持产业结构转型升级，产业结构调整影响城乡收入差距这一理论进行分析，提出假说，利用1999—2016年全国省级层面的面板数据进行实证分析，认为应加快金融体制改革、放开金融市场监管、加快信用制度建设等。

《金融结构是否影响了制造业企业技术创新?》一文以创新异质性为切入点，构建了金融结构匹配差异化创新模式的理论分析框架，并运用中国分省制造业数据对理论模型的结论加以验证，最终得出结论并提出政策建议。一方面应以技术创新水平提升为导向，着力提高直接融资比重，建设直接融资和间接融资协调发展的金融体系；另一方面要持续完善有利于金融市场发展的金融生态环境。

《中国信贷所有制歧视的双重效率损失》一文基于我国要素市场化改革相对滞后的背景，具体分析了信贷所有制歧视与产业结构优化之间的关系。文章利用1997—2011年的省际面板数据进行实证分析并进行稳健性分析，验证命题：信贷所有制歧视不仅制约了产业结构合理化，同时还制约了产业结构高级化。最后提出了相关政策建议。

《金融生态环境对于家庭创业选择的影响》一文提出从金融生态环境这一系统性指标的角度探究影响家庭创业选择的因素，并实证分析了金融生态环境对于家庭创业选择影响的直接及间接途径，得出结论：良好的金融生态环境对家庭创业选择具有直接的促进作用，但抑制了受教育年限、家庭净资产对家庭创业选择的促进作用。本文还认为应重点培养高人力资本的创业意愿，出台激励高人力资本家庭创业的配套政策。

《区域金融生态环境与信贷配置效率差异的关系研究》一文以五大国家级城市群为研究对象，对区域金融生态环境与信贷配置效率差异的关系进行回归分析，并从经济、金融、社会环境和政府四个层面提出政策建议以缓解区域信贷配置效率差异，实现区域全面协调均衡发展。

《金融包容与家庭创业决策的研究》一文从互联网金融视角出发，构建互联网金融背景下的金融包容指标体系，运用2016年中国家庭追踪调查数据，通过建立广义多层线性模型对金融包容发展影响家庭创业意愿的作用机制进行分析，认为互联网金融下金融包容的发展显著提升了家庭创业意愿。

《主观预期寿命对中老年人投资风险偏好影响研究》一文采用中国健康与养老追踪调查（CHARLS）数据，发现我国中老年人持有风险资产的概率与其主观预期寿命呈正相关关系，主观预期寿命越长的中老年人更偏好投资风险资产。

《杠杆率与城乡收入分配效应》一文发现杠杆率的提高增加了城镇居民收入占居民总收入的比重，而降低了农村居民收入比重。进一步分析发现，杠杆率主要通过降低初次分配中劳动者报酬比重、增加城镇居民财产性收入份额、增加地方政府财政支出比重三条机制路径扩大了城乡收入差距。

《公平机制视角下不同农村金融机构之间博弈均衡分析》一文通过引入一种有效的金融公平机制，从博弈的角度探讨现阶段我国新型农村金融机构与传统农村金融机构并存发展的内在机理，并提出了发挥比较优势、共同推进标准化服务、加强合作共担风险等相关建议。

《公共部门工资溢价的创新效应：知识失业还是信号传递》一文运用2006—2017年省级面板数据进行实证检验，结果表明公共部门工资溢价与技术创新呈现倒“U”形的关系，且大部分省份公共部门工资溢价水平大于最优值，基于此中国应适当控制公共部门的工资溢价，使其能实现信号传递的同时不至于带来大量的知识失业，以促进技术创新。

《基于遗传算法的EMD－SVR股市指数预测建模研究》一文在SVR预测模型的基础上，引入经验模态分解（EMD）及遗传算法（GA），构建基于遗传算法的EMD－SVR股市指数预测模型EMD－GA－SVR。发现相较于SVR和EMD－SVR模型，EMD－GA－SVR模型对股市指数的预测精度得到明显的提升，是一种更有效的股市指数预测建模方法。

《自主创新、技术引进与中国省际绿色全要素生产率》一文构建了一个包含自主创新、技术引进和绿色全要素生产率的新经济增长模型，阐明了自主创新、技术引进影响绿色TFP的理论机制，实证考察了自主创新、技术引进对绿色TFP的影响。考虑到区域异质性问题，对东、中、西三大区域以及“一带一路”省份进行实证分析。基于不同的自主创新类型和技术引进渠道分析了影响的差异性特征。

《国有VC还是民营VC?》一文基于文化视角以2000—2017年跨境VC在中国所有的联合投资事件为样本，从理论推演和实证检验两个方面揭示了区域文化对跨境 VC 选择国有 VC 联合投资行为的影响。结果发现，中国地区传统主义文化的小团体集体主义、权利差距、人际关怀三个文化维度均显著增加跨境 VC 联合投资中的国有 VC 数量占比，同时显著提高跨境 VC 联合投资中的国有 VC 政治层级。

《资本错配对中国工业企业进入退出扭曲的影响》一文探讨资本错配对企业进入退出的影响。研究发现，资本错配加速了国有企业的进入，对其退出无影响；同时加速了民营和外资企业的进入和退出，对其退出的影响更大。认为推动中国金融领域的改革，使市场在资本配置中起决定性作用，对提高企业供给质量有重要意义。

《国企混改对教育错配的影响研究》一文将内生增长理论引入要素错配研究框架，基于中国工业企业数据库，利用准自然实验法分析了混合所有制改革能否有效缓解所有制间的教育错配。研究结果表明，混合所有制改革能否有效缓解所有制间教育错配的关键在于搭建高学历劳动力发挥外溢性的渠道；混合所有制改革主要通过完善利润分配机制有效缓解了高学历劳动力在所有制间的错配程度，但在行政垄断环节的成效较差。

《中国金融改革发展论坛》秉持严谨、宽松、包容的学术传统，与各位学界同人探讨中国金融改革与发展中的问题，以期能进一步交流学习。

目　录

第一篇　70 年中国金融

第二篇　金融与产业发展

第三篇　金融生态环境

第四篇　金融创新发展

第五篇　金融与国企改革

第一篇

70年中国金融

新中国70年金融业的制度演变与发展特征

王满仓[①]

摘　要：新中国70年金融业经历了计划经济时代的非市场制度、改革开放的市场化建设、加入世界贸易组织的开放性成长，在曲折发展中取得了历史性成就。本文从银行业、保险业和证券业三方面，通过历史事件和典型数据梳理了新中国70年金融业的制度演变与发展逻辑。当前，银行业仍然是中国金融业的核心，银行业的市场化和国际化是新中国金融业演进的必要结果，也是未来金融业发展的新起点。保险业和证券业自建立起就发展迅速，为经济社会发展和人民生活水平提供金融多样化供给。纵观新中国70年的金融业发展历程，从无到有、从小到大、从弱到强，这一切的前提是深化改革和制度建设，是金融业未来高质量增长以及可持续发展的关键因素所在。本文的研究对未来中国金融发展具有方法论指导和战略前瞻意义。

关键词：新中国70年；金融业；制度演变

一、引言

2018年，中国GDP达90.03万亿元，约合13.6万亿美元，占据了全球总量的1/6，位居世界第二。2018年，中国GDP较上年同比增长6.6%，连

① 作者简介：王满仓，经济学博士，教授，西北大学经济管理学院，E－mail：wang－mc@126.com.

续多个季度保持在6.4% ~7.0%的运行区间，高于同期世界经济3.7%的增速，位居全球前五大经济体之首，显示了中国经济运行具有极强的韧性与稳定性。此外，中国综合国力持续攀升，由瑞士洛桑国际管理学院发布的《2018年世界竞争力报告》显示，中国排名由2017年的第18位上升为2018年的第13位。细数今天的发展成就，谁都无法想象在新中国成立初期，中国GDP总量尚不足200亿美元，人均GDP约为23美元，仅为同期美国人均GDP的2.26%。新中国成立70年以来，中国人民以“中国智慧”“中国速度”创造了世界经济发展史上绝无仅有的“中国奇迹”（陶长琪等，2018）。

有关中国经济增长奇迹的解释众多，如市场保护的联邦主义（Qian和Weingast，1997）、劳动力再配置理论（胡永泰，1998）、GDP锦标赛（周黎安，2007）、财政分权理论（张军，2008）、比较优势理论（林毅夫等，1999）等诸多理论。尽管这些理论从各方面阐述了中国经济社会发展的原因，解释了中国经济的增长奇迹，但无论如何都无法避开作为中国经济重要组成部分的金融业发展对经济增长的支撑作用。金融活动在国民经济中广泛存在，金融发展对经济增长日益显著的推动作用已成为当前共识（张成思和刘贯春，2016）。厘清新中国70年金融业的演变与发展逻辑对更深层次理解中国经济增长奇迹，更有效地实施中国经济从数量增长向高质量发展有重要的指导意义。1952年，中国金融机构的存贷款和GDP分别为93.3亿元、108亿元和679.1亿元；到2018年，金融机构的存贷款和GDP分别为1776224亿元、1336602亿元和900309亿元，分别增长了19037倍、12376倍和1326倍，可以发现，存贷款的增长远大于GDP的增长。此外，中国的保险业和证券业也得到长足发展。

改革开放以来，中国金融业发展取得了历史性成就。特别是党的十八大以来，金融改革和治理金融风险有序推进，金融业保持快速发展，金融产品日益丰富，金融服务普惠性增强，金融监管得到加强和改进。同时，金融业的市场结构、经营理念、创新能力、服务水平还不适应经济高质量发展的要求，诸多矛盾和问题仍然突出。具体地，资本错配导致全要素生产率损失，进而影响经济增长质量，低资本成本的投资潮涌产生的产能过剩问题，资本输血产生的“僵尸”企业问题，民营企业融资难、融资贵的生存发展问题等日益突出。为此，2019 年 2 月 22 日，习近平总书记指出，要深化对国际国内金融形势的认识，正确把握金融本质，深化金融供给侧结构性改革，平衡好稳增长和防风险的关系，精准有效处置重点领域风险，深化金融改革开放，增强金融服务实体经济能力，坚决打好防范化解包括金融风险在内的重大风险攻坚战，推动我国金融业健康发展。他还指出，金融是国家重要的核心竞争力，金融安全是国家安全的重要组成部分，金融制度是经济社会发展重要的基础性制度。因此，梳理新中国 70 年来中国金融业的演化变迁与发展逻辑，对探究中国金融业与经济的未来发展方向，具有重大的理论与现实指导意义。本文将分别从银行业、保险业、证券业三方面对中国金融业 70 年的演变进行剖析。

二、中国银行业发展的 70 年：演变逻辑、发展阶段与地区特征

（一）中国银行业的整体发展

新中国成立 70 年以来，中国金融业（主要指银行业）的发展经历了：非市场机制的强制性制度变迁阶段、以企业化为方向的渐进改革的增量发展阶段、商业化改造的数量规模扩张发展阶段、市场化改革的国际化外向发展阶段、金融全面开放的创新快速发展阶段（巫云仙，2019）。图 1 为中国金融业（主要指银行业）整体发展的数量特征。可以看到，第一，金融机构年末存款余额和金融机构年末贷款余额与 GDP 呈现出同步增长态势。第二，金融机构年末存款余额与 GDP 的比值、金融机构年末贷款余额与 GDP 的比值也表现出稳步增长的态势，说明金融机构年末存款余额和贷款余额的增长要显著高于和快于 GDP 的增长。第三，根据图 1（2）还可以发现，以 1994 年为时间界限：1994 年以前，金融机构年末存款余额/GDP 要低于金融机构年末贷款余额/GDP；1994 年以后，金融机构年末存款余额/GDP 要高于金融机构年末贷款余额/GDP。

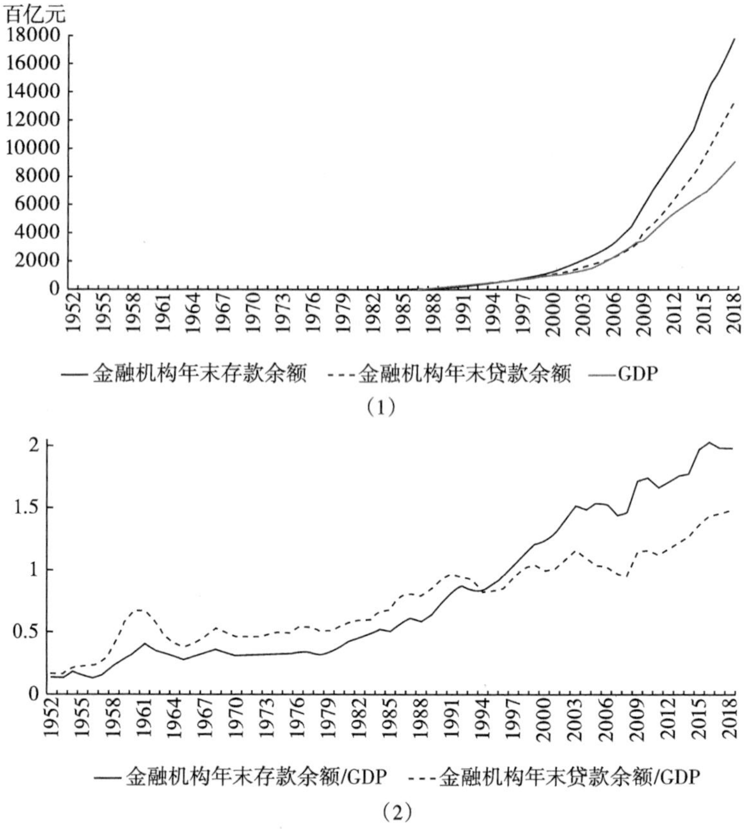

图 1 1952—2018 年中国金融业的整体发展

（二）中国银行业的阶段性特征

参考巫云仙（2019）的研究以及图 1 的直观展示，本文把新中国成立 70 年来，中国银行业的发展大致分为如下四个阶段。

1. 第一阶段：中国银行业的计划经济发展期（1949—1977）

这一阶段主要是银行业的非市场机制的强制性制度变迁阶段。1949—1977 年是新中国金融业（主要指银行业）发展的前 30 年，其特点是在从战争转向和平建设过程中，经历了强制性制度变迁，以及在相对封闭的环境下，构建了一套非市场化的运行和管理机制。

第一，重建了新中国的财政金融秩序。1949 年 7 月 12 日，在中央财政经济部和华北财经委员会的基础上，组建了中央财政经济委员会（简称“中财委”），作为新中国经济工作的核心领导机构。第二，建立了以人民币为核心的信用货币制度。1948年12月1日，中国人民银行建立后发行了第一套人民币。到1949年底，人民币基本占领大陆市场。1951年，人民币流通范围扩大到东北、内蒙古和新疆等地。1955年，发行新版人民币，并逐步以新币取代旧币。1959年10月底，在西藏地区收回并兑换了藏币，人民币成为该地区的本位币，统一的人民币信用货币制度在全国范围（台湾地区除外）建立起来，确立了人民币法偿货币的地位。中国人民银行成为人民币垄断发行，以及管理全国金银、货币和外汇的唯一机构。第三，构建以中国人民银行为核心的一元化金融机构体系。至1951年11月，除台湾和西藏外，人民银行分支机构已遍布全国各地。1955年3月，批准建立中国农业银行，主要办理限于农业生产的农村短期贷款。1957年4月12日，中国农业银行被撤销。1957年8月1日，人民银行设立农村金融管理局，管理全国农村金融业务。到1958年，中国人民银行既是国家货币发行和金融管理机构，又是统一经营全国金融业务的核心经济组织。第四，计划经济背景下实行信贷计划管理体制。全国各级银行从1953年开始编制信贷计划，建立信贷计划的执行和管理制度，全国信贷资金由总行统一掌握。1955年，国家取消一切商业信用，全国性资金都来源于财政拨款和银行信贷。第五，非常时期银行业的非市场化发展。1958年“大跃进”时期，人民银行作出了紧跟形势的决定，扩大资金流动，增加贷款规模，导致金融工作出现脱离实际的“瞎指挥”和“浮夸风”。同时，放松金融管理，把部分存贷资金下放给地方包干使用，造成信贷失控和大量货币增发，物价上涨，国民经济比例严重失调。1966—1976年“文化大革命”期间，金融管理变成“一部制”，即财政与金融合二为一，财政部承担了金融管理职能。1969年7月，中国人民银行总行与财政部进行机构精简合并，两个机构合署办公。大批干部被下放劳动，留在机关做金融工作的只有87人，整个金融工作处于被动应付状态。1977年9月8日，财政部召开全国工作会议，开始讨论中国人民银行独立问题。1977年11月28日，国务院决定对中国人民银行和全国金融工作进行整顿。1978年1月1日，重启财政部与人民银行分设制度，财政部与人民银行正式分开办公。

图2是根据金融机构的存贷款余额、存贷款余额/GDP绘制的拆线图，直

观地展示了 1952—1977 年中国银行业发展的特征。可以发现，这一时期，中国银行业的发展以平稳为主，金融机构年末存贷款余额增长缓慢，存贷款分别从 1952 年的 93.3 亿元和 108 亿元增长到 1977 年的 1080.4 亿元和 1699.5 亿元，近 30 年增长 10 倍左右；而且存贷款与 GDP 的比值基本保持在 0.5 左右，说明存贷款对经济的支撑力度较弱。

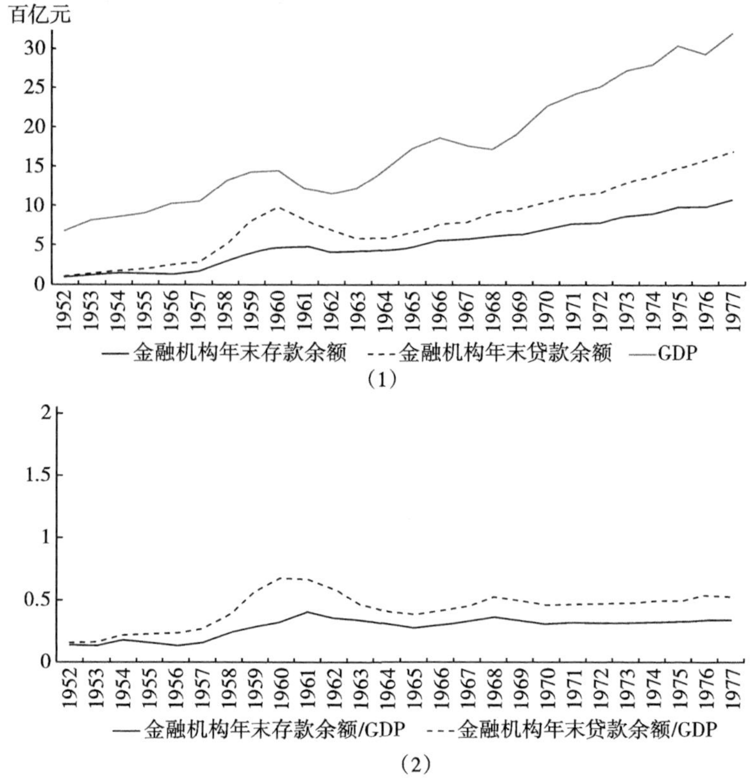

图 2　1952—1977 年中国银行业发展

2. 第二阶段：中国银行业的改革渐进发展期（1978—1991）

这一阶段银行业的发展特点主要表现为以企业化为方向的渐进改革，以及银行业的恢复调整和增量发展。第一，厘清人民银行与财政、银行主管部门与金融业务部门的边界定位。1978 年，财政部与人民银行正式分家，各自独立的地位得以确立。1983 年 9 月 17 日，中国人民银行正式行使中央银行职能，作为国家银行的地位确立。同时，分设和新设四大国有专业银行，1979 年设立中国银行，1983 年设立中国建设银行、中国农业银行，1984 年设立中国工商银行。中国人民银行与四大国有银行在业务上是领导与被领导关系，但在行政上不是隶属关系。第二，新设银行机构配合城乡经济体制改革。1979 年，驻马店设立了国内第一家城市信用社。在 20 世纪 80 年代，先后获准设立各种银行机构，1986 年设立交通银行，1987 年设立中信实业银行、招商银行、烟台住房储蓄银行、深圳发展银行，1988 年设立福建兴业银行和广东发展银行，1985 年设立中外合资的厦门国际银行等。同时，全国各地新设一批城乡信用社。截至 1987 年 4 月底，全国独立核算的农村信用社共有 5.9 万个，各项存款余额为 1047 亿元，各项贷款余额达 804 亿元。1989 年末，城市信用社达到 3330 家，总资产为 284 亿元（吴晓灵，2008）。

图 3 的金融机构存贷款余额以及年末存贷款余额/GDP 拆线图，直观地显示出 1978—1991 年中国银行业发展的特征。可以发现，这一时期，中国银行业的发展稳步上升，金融机构年末存贷款余额分别从 1978 年的 1155 亿元、1890 亿元提高到 1991 年的 18079 亿元、21338 亿元，14 年间存贷款分别增长了 17 倍和 13 倍；存贷款余额与 GDP 的比值向 1 增长，存贷款对经济的支撑作用逐步增强。

3. 第三阶段：中国银行业的改革扩张发展期（1992—2001）

这一阶段是中国银行业的改革推进和扩张发展阶段。在此阶段，一方面，国有专业银行转型为国有独资商业银行，并进行商业化改造；另一方面，银行的数量和规模也都极大扩张。增设银行如雨后春笋，1992 年获批设立股份制商业银行，如中国光大银行、上海浦东发展银行和华夏银行；1995 年和 1996 年先后设立海南发展银行和中国民生银行。1996 年后，陆续在北京、西安、成都、长春和大连等 19 个城市组建城市合作银行。另外，1993 年国务院《关于金融体制改革的决定》明确人民银行的央行职能定位，建立中央银行宏观调控体系；把人民银行和国有专业银行承担的政策性金融业务分离出来，由新设的政策性金融机构承担。例如 1994 年 4—11 月，先后组建国家开发银行、中国进出口银行、中国农业发展银行等。

在这一时期，深化金融改革、整顿金融秩序也成为银行工作的重点。首先，为处理四大国有商业银行的不良资产，1999 年 4 月和 7 月，先后组建信达、华融、长城和东方 4 家资产管理公司。其次，1999 年共清理了全国 2893

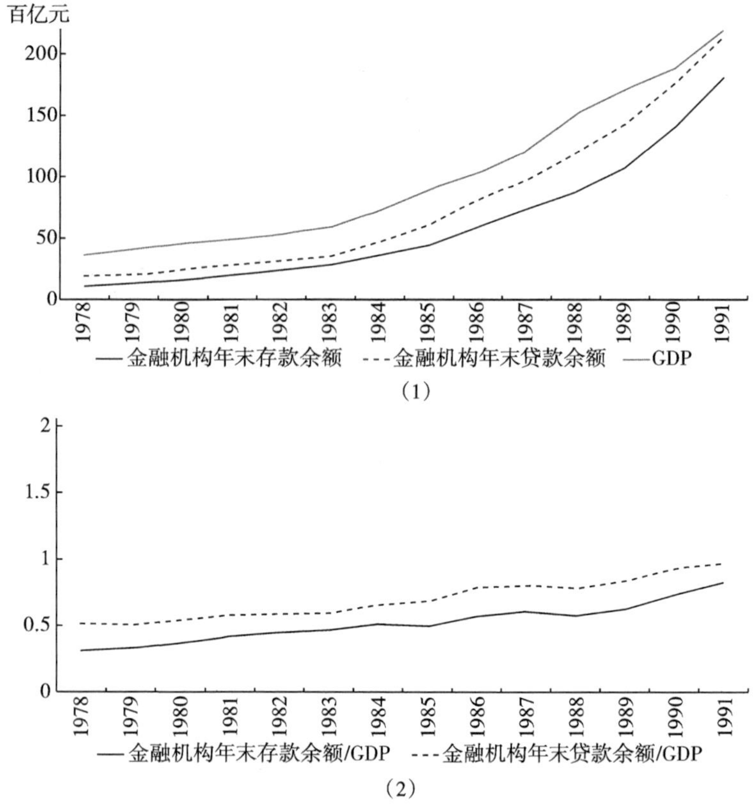

图 3　1978—1991 年中国银行业发展

家城市信用社，撤并 1700 多家；整顿并处置 28000 多家农村合作基金会，其中撤销 7469 家，并入农村信用社的有 4891 家。最后，从 1996 年开始对农村信用社管理体制进行改革，重点是恢复其合作性质和民主管理制度。要求农信社与农行脱离行政隶属关系，其业务和监管分别由农信社、县联社和人民银行承担，已经商业化经营的农信社整顿后可以组建农村合作银行。从 1996 年 9 月开始，全国 5 万多个农信社和 2400 个县联社逐步与农行顺利脱钩。

图 4 是 1992—2001 年中国金融机构的年末存贷款余额以及年末存贷款余额/GDP 的拆线图。可以看出，这一时期，金融机构年末存款余额快速增长，已经超过 GDP 的增长，贷款余额与 GDP 相仿。金融机构年末存款余额/GDP 在 1994 年首次超过贷款余额/GDP，说明中国人民的生活水平逐步提高，在消费之余有剩余的钱转为储蓄，有利于经济的长期可持续增长。

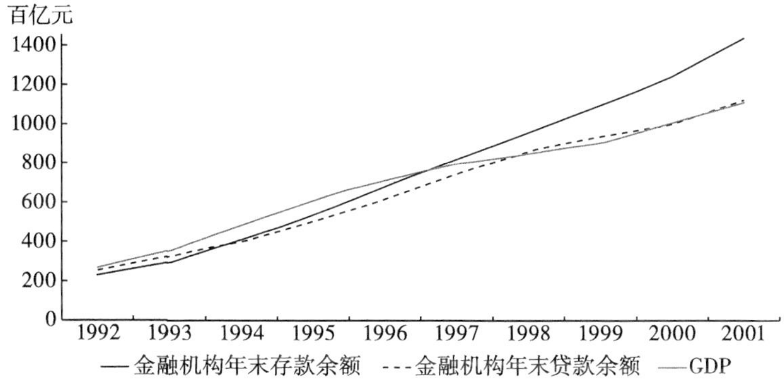

（1）

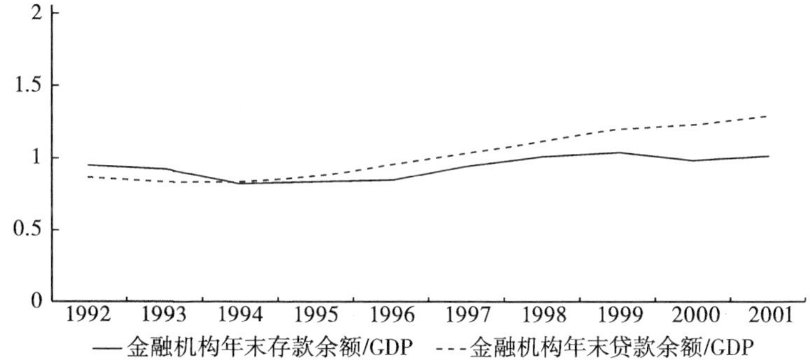

（2）

图4　1992—2001年中国金融机构发展

4. 第四阶段：中国银行业的开放高速发展期（2002—2018）

这一阶段又具体分为中国银行业的国际化开放与互联网金融创新的高速发展期。在此阶段，中国银行业主动走向国际金融舞台，与世界经济和金融市场接轨，按现代金融企业制度要求对国有商业银行进行股份制改革，走国际化发展之路。同时，继续进行金融市场的监管和价格机制改革，成功应对了2008年金融危机。第一，加入世界贸易组织与中国银行国际化。2011年12月，中国加入世界贸易组织以后，以银行为主的金融业加快市场开放力度，加快国际化步伐，主动与世界经济和全球金融融合。2006年，取消外资银行在国内经营人民币业务的地域限制和客户限制。2008年以后，中国人民银行积极参与全球经济和金融治理，以及国际货币体系和金融监管改革等重大议题的讨论。第二，大力推动金融机构股份制改革与上市。2004—2010年，中国银行、交通银行、建设银行、工商银行和农业银行先后完成股份制改造，并在香港和上海两地证券市场成功上市。2007 年 3 月 20 日，中国邮政储蓄银行在北京挂牌成立。2008 年 12 月，国家开发银行股份有限公司挂牌上市，开始商业化改造。第三，积极推进金融监管以及利率和汇率市场化改革。2003 年 4 月 28 日，中国银监会正式挂牌成立，形成“一行三会一局”分业监管体制。通过《中华人民共和国银行业监督管理法》，修订了《中华人民共和国中国人民银行法》和《中华人民共和国商业银行法》，进一步完善金融监管制度，加强资本市场管理。1997—2005 年，启动债券市场利率改革，调整再贴现和贴现利率生成机制，扩大金融机构贷款利率上浮幅度以及浮动区间；放开外币存贷款利率以及国内存款利率。2005 年 7 月 21 日，启动新一轮汇改，人民币汇率不再钉住单一美元，而是选择若干种主要货币组成货币篮子，同时参考一篮子货币计算人民币多边汇率指数变化，形成以市场供求为基础、参考一篮子货币进行调节、有管理的浮动汇率制度。

2012—2018 年是金融业快速发展时期。第一，借助互联网和信息技术，金融业的供给侧改革和创新层出不穷，互联网创造出各种新型金融业态。“余额宝”“百度金融中心理财”以及互联网支付、P2P 网络借贷改革和创新层出不穷。第二，民营银行发展迅速，国内金融领域进一步开放。2014 年 3 月 11 日，中国银监会确定首批民营银行试点方案。2015 年 6 月 26 日，首批试点的 5 家民营银行对外营业，包括深圳前海微众银行、上海华瑞银行、温州民商银行、天津金城银行和浙江网商银行。2016 年 12 月 27 日，由新希望集团牵头的四川新网银行宣布成立。第三，人民币国际化进程不断推进。如 2013 年，海关总署增加了以人民币计价的进出口及贸易差额的数据发布。2016 年 4 月，以人民币计价的黄金基准价格“上海金”集中定价合约正式挂牌交易。2018 年 3 月，正式推出以人民币计价的原油期货产品。此外，改革“一行三会一局”分业监管体制。2017 年 11 月，设立国务院金融稳定发展委员会；2018 年 4 月，原中国银监会和保监会合并组建中国银保监会，形成“一行一委一局两会”监管体系。同时，大力推广普惠与绿色金融，提升金融服务的覆盖率、可得性和满意度，满足人民群众日益增长的金融需求以及生态文明建设要求。

这一阶段表现在数据上如图 5 所示。可以发现，自 2002 年起，金融机构年末存款余额增长迅速，从 2002 年初的 143617 亿元，增长到 2018 年的

1776224 亿元；金融机构年末贷款余额从 2002 年初的 112315 亿元，增长到 2018 年末的 1336602 亿元。金融机构年末存款余额/GDP 明显高于金融机构年末贷款余额/GDP，充分体现出银行业对经济发展的重要支撑作用。

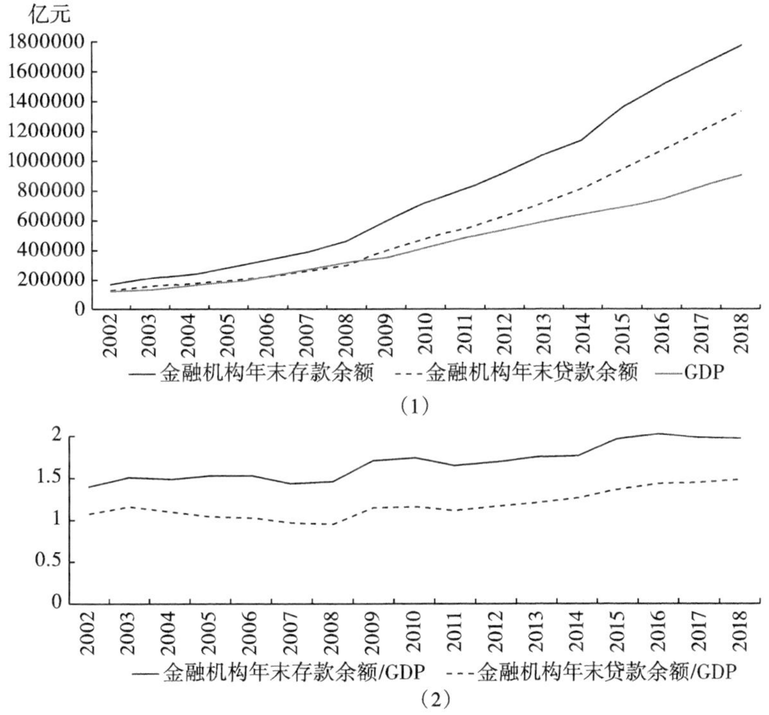

图 5　2002—2018 年的中国银行业发展

（三）中国银行业的地区性特征

图 6 是分省金融发展规模的时间演变图，横坐标是时间轴，具体从 1952—2015 年。根据图 6 可以直观地发现，各地区中国银行业的发展呈现明显的阶段性特征，从 1952 年至 1977 年基本上呈现缓慢且曲折的上升走势，其中 1952—1959 年为缓慢上升区间。随后，1959—1961 年出现大幅度的下降，一些省份更是出现断崖式下降，如北京、甘肃、青海、辽宁、山西、四川、黑龙江、河南等。接着，1962—1965 年又有小幅度的上升。随后的 1966—1977 年则呈现平稳走势，这与新中国前 30 年的历史现状密切相关。

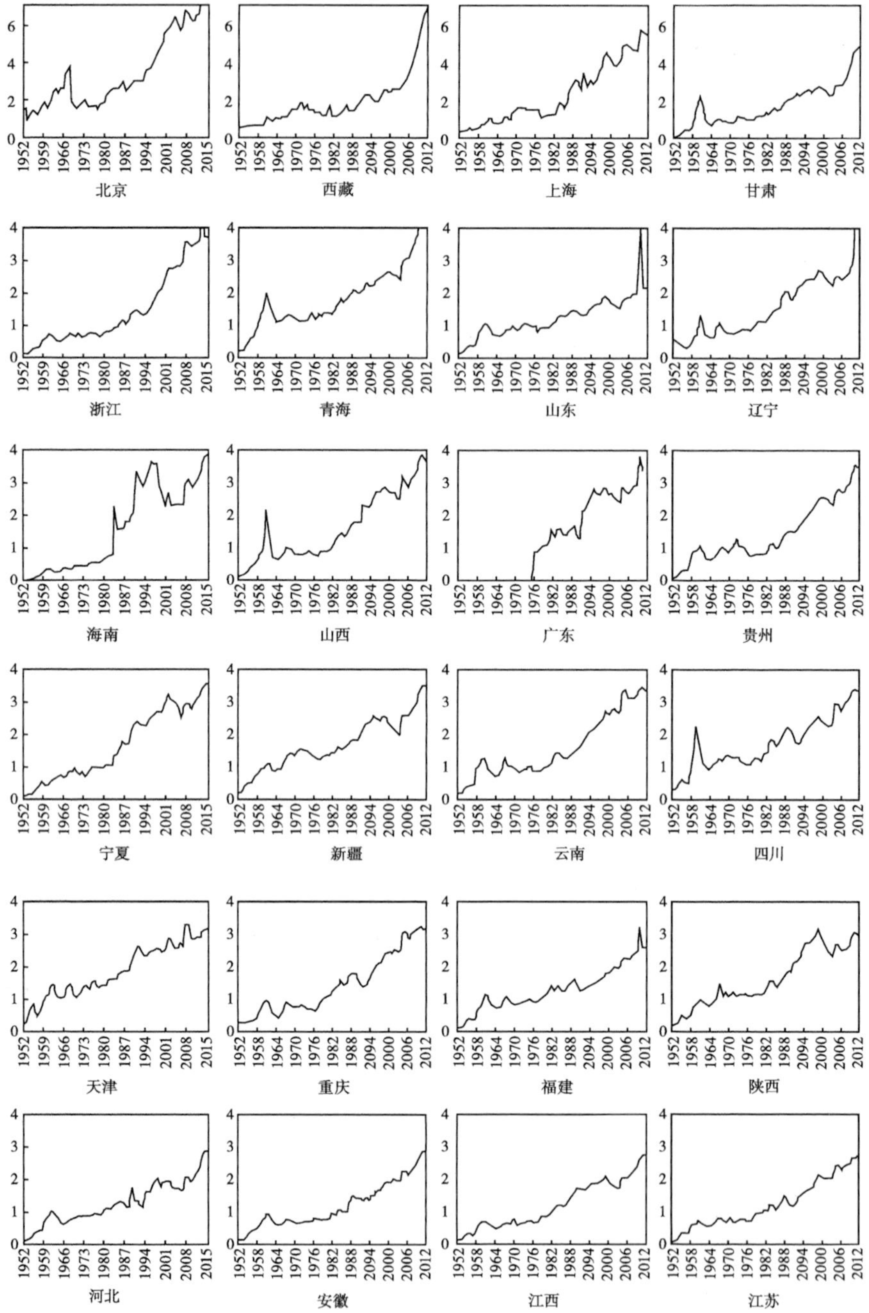
北京
西藏
上海
甘肃
浙江
青海
山东
辽宁
海南
山西
广东
贵州
宁夏
新疆
云南
四川
天津
重庆
福建
陕西
河北
安徽
江西
江苏

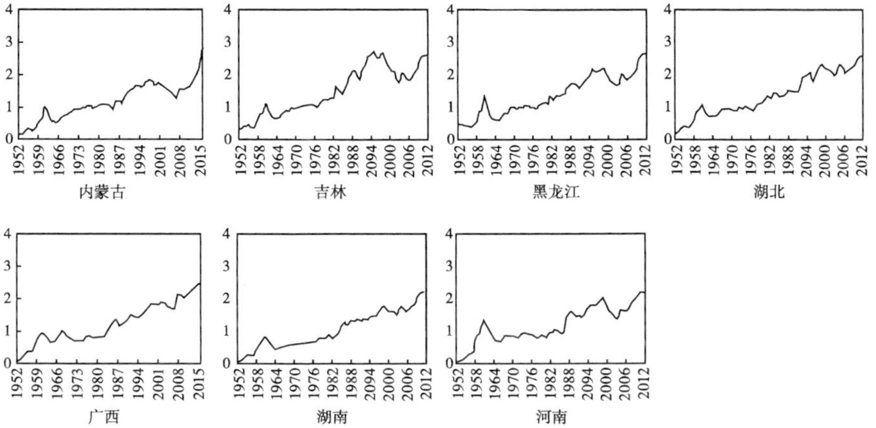

图6　金融发展规模的分省时间演变

注：图中数据指各省金融机构年末存贷款余额/GDP。

三、中国保险业70年：制度变迁与发展剖析

与银行业曲折的发展类似，新中国保险业的发展也充满坎坷。

（一）第一阶段：保险业的涅槃重生与停滞发展期（1949—1978）

1949年10月20日，中国人民保险公司涅槃重生，公司设立在北京西交民巷这条百年银行老街。在此之前，中国的保险事业主要由外商保险公司垄断，保险业起伏较大，未形成完整的市场体系和保险监管体系，保险公司由于力量弱小，只能处于被支配地位。中国人民保险公司的诞生，标志着新中国统一的国家保险机构的诞生，结束了外国资本操纵、垄断中国保险市场的局面。诞生之初，中国人民保险公司不仅是一个经营各种保险业务的经济实体，还是兼有领导与监督全国保险业职能的行政管理机构。从1950年1月下旬开始，保险监管业务才改由人民银行金融管理部门负责。到1959年，中国人民保险公司共收取保费16亿元，赔付保费3.6亿元，积累保险基金4亿元，上缴国家税金5亿多元。由于各种原因，自1958年起，中国保险业务全部停办。

（二）第二阶段：保险业恢复与初步发展期（1979—2001）

1979 年 2 月 5 日，中国人民银行分行行长会议在北京召开，会上作出了“从 1980 年起，通过试点，逐步恢复国内保险业务”的重大决策。自 1979 年起，国内保险业务得到恢复和初步发展。截至 1981 年 10 月，除西藏外，已在 28 个省、市、自治区建立保险专业机构 477 个，银行代理处 803 个，保险专业人员 5700 余人；恢复和办理了企业财产保险、家庭财产保险和汽车保险等业务，共承保企业近 10 万个、家庭 90 余万户、汽车 13 万辆，获得经济保障的财产总值达 2000 亿元。1988 年，深圳平安保险公司成立。1996—2001 年，中国人民保险（集团）公司、中国人寿保险公司、华泰财产保险股份有限公司、大众保险股份有限公司、泰康人寿保险股份有限公司和中国再保险公司等获准设立。20 世纪 90 年代后，内陆地区 11 个城市允许外资设立保险机构，如美国友邦保险有限公司上海分公司建立。对保险业的监管制度也逐步建立，1998 年成立的中国证监会和中国保监会，依法对证券和保险市场进行监督管理。

（三）第三阶段：保险业的全面开放与高速发展期（2002—2018）

中国加入世界贸易组织以后，中国保险业站在金融业对外开放和国际化前列。截至 2004 年底，保险业率先结束“入世”的过渡期，步入全面对外开放阶段，有 14 个国家和地区的 37 家保险公司进入国内保险市场。2007 年末，共有 15 个国家和地区的 43 家外资保险公司在国内设立 134 个营业机构。2003 年 7 月 19 日，中国人民保险公司更名为中国人保控股公司，并发起设立中国人民财产保险股份有限公司和中国人保资产管理有限公司；同年 11 月 6 日，前者在香港成功上市，成为中国内地国有金融安排海外上市“榜首股”。2004 年 2 月，中国人保、中国人寿和中国再保险公司顺利完成改制重组。2004 年 10 月 25 日，金融监管部门正式开启保险资金直接入市闸门，同时允许保险公司开办投资证券基金公司。2012 年以后，依靠互联网金融，保险行业更是加快开放步伐。截至 2018 年，全国共有 193 家保险公司，其中外资保险公司 56 家。在 2018 年 4 月 10 日的博鳌亚洲论坛上，习近平总书记宣布成立海南自贸区以及对外开放的系列新举措，金融业由此进入全面对外开放发展的新时代，其中保险公司、证券和基金管理的外资投资比例放宽到51%，同时承诺在未来几年将进一步放开，甚至取消投资限制。

图7是1985—2017年中国保费业务保费收入的拆线图，可以看到，自2002年以后，保费收入呈现快速增长态势，尤其是2012年以后，依托互联网金融的发展，中国保费收入呈现迅速增长走势。

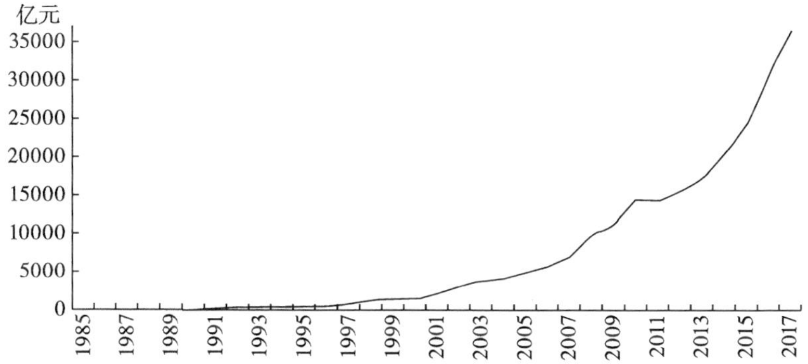

图7　1985—2017年中国保费业务保费收入

四、中国证券业70年发展：制度变迁与特征事实

新中国证券业的起步虽然较晚，但发展迅速，已成为重要的资本市场。

（一）第一阶段：证券业的初步建立期（1985—1991）

1985年后，国家初步开放企业债市场，截至1986年底，全国已发行企业债券约100亿元。同时，股票和A股主板市场成为创新融资方式。1984年7月26日，北京市天桥百货股份有限公司率先发行股票，成为国内第一家股份制企业。1984年11月14日，上海飞乐音响股份有限公司公开向社会发行不偿还股票，成为改革开放后国内第一支真正意义上的股票。1990年和1991年，上海和深圳证券交易所先后成立。两家交易所分别吸收50家和30多家外地会员入场交易，A股主板市场基本成型。截至1991年底，全国股份制试点企业发展到3220家，发行个人股总额达75亿元。国内资本市场的增量发展还表现在，1990 年 10 月 12 日国内第一个商品期货市场“郑州商品期货交易所”获准设立。1991 年 6 月 10 日，深圳有色金属交易所宣告成立。

（二）第二阶段：证券业的快速扩张与规则建立期（1992—2001）

1992 年春，邓小平发表“视察南方谈话”，以及中共十四大召开后，各种股票和债券等有价证券纷纷涌向恢复不久的资本市场，“股票热”在全国各地特别是沿海开放城市蔓延，股份制企业和股票大幅增加。1992 年初，全国共有各类股份制企业 3220 家，其中企业法人持股和内部职工持股的试点企业约占股份制企业总数的 95% 以上。据不完全统计，1992 年除上海和深圳外，全国各地已有 33 个省市在没有发行规定情况下，自行批准 247 家企业发行股票 56 亿元，其中公开发行股票企业 38 家，发行额为 12. 17 亿元，内部发行股票企业 209 家，发行额为 43. 85 亿元。1992 年，上海证券交易所获准设立 B 股市场。到 1995 年，国内资本市场已出现 A 股、B 股、H 股、N 股和 S 股等不同类型的股票品种。1992 年 11 月 3 日，第一个投资基金“淄博乡镇企业投资基金”获准设立，资本市场开始出现机构投资者。1993 年 8 月 20 日，该投资基金发行基金债券，并在上海证券交易所上市。

随着证券市场的发展，为了防范风险，1998 年 9 月 30 日，国家开始对证券市场进行整顿，清理了未经批准擅自设立的从事沪深交易所联网交易业务，以及非上市公司股票、股权证和基金挂牌交易的证券交易中心及其所属证券登记公司。1998 年，中国证监会成立，同时颁布《中华人民共和国公司法》《中华人民共和国证券法》《中华人民共和国信托法》等。

（三）第三阶段：证券业的国际化与深化改革发展期（2002—2017）

2001 年 12 月，中国“入世”后，金融业加快市场开放力度。2002 年以后，先后允许境内外合格机构投资者开展境内外的证券投资业务，促进境内外资本双向流动。同时，开放和发展多层次资本市场，启动股权分置改革。除沪深 A 股市场外，2004 年 5 月正式推出中小企业板市场；2006 年，建立特殊的三板交易市场；2009 年 10 月，开启创业板市场，创业板首批 28 家企业集中挂牌交易；2012 年 9 月，全国中小企业股份转让系统获准注册成立。

2006年9月，中国金融期货交易所获批设立，随后陆续推出股指期货、股票期货和期权等金融衍生品。2010年1月，证券公司的融资融券业务获准推出，国泰君安和国信证券等6家优质证券公司作为首批试点企业。2005年4月29日，正式启动上市公司股权分置改革试点工作。经过多次改革试点，最后在全国铺开。截至2005年12月，共有15批407家上市公司完成改革或进入改革程序。2006年12月底，累计完成或进入股改程序的公司已达1303家，约占沪深A股总市值的98.55%，股权分置改革取得阶段性胜利。2005年，开始关注金融稳定问题，定期发布金融稳定报告，当年13家高风险证券公司被处置，建立长效处置机制，如设立证券投资者保障基金，明确风险补偿的市场化机制等。2018年5月2日，瑞士银行成为首家在中国内地申请控股证券公司的外资机构，中外经济和金融的深度融合成为不可逆转的发展趋势。

从表1 1990—2017年中国上市公司数以及图8 1990—2017年中国沪深A股流通市值可以直观地发现：第一，中国上市公司数量呈现平稳增长的态势。第二，沪深A股流通市值的高速增长始于2006年。第三，2007年、2010年、2015年三次股市的整体下跌，造成了较大风险，这是未来资本市场建设必须关注的。

表1　　1990—2017年中国上市公司数　　单位：家

年份	合计	上交所	深交所	发行A股公司	发行B股公司	同时发行A股、B股公司
1990	10	8	2	—	—	—
1991	14	8	6	—	—	—
1992	53	29	24	—	—	—
1993	183	106	77	177	41	35
1994	291	171	120	287	58	54
1995	323	188	135	311	70	58
1996	530	293	237	514	85	69
1997	745	383	362	720	101	76
1998	851	438	413	825	106	80
1999	949	484	465	922	108	81

续表

年份	合计	上交所	深交所	发行 A 股公司	发行 B 股公司	同时发行 A 股、B 股公司
2000	1088	572	516	1060	114	86
2001	1160	646	514	1140	112	92
2002	1224	715	509	1213	111	100
2003	1287	780	507	1277	I11	101
2004	1377	837	540	1363	110	96
2005	1381	834	547	1358	109	86
2006	1434	842	592	1411	109	86
2007	1550	860	690	1527	109	86
2008	1625	864	761	1602	109	86
2009	1718	870	848	1696	108	86
2010	2063	894	1169	2041	108	86
2011	2342	931	1411	2320	108	86
2012	2494	954	1540	2472	107	85
2013	2489	953	1536	2468	106	85
2014	2613	995	1618	2592	104	83
2015	2827	1081	1746	2808	101	82
2016	3052	1182	1870	3034	100	82
2017	3485	1396	2089	3467	100	82

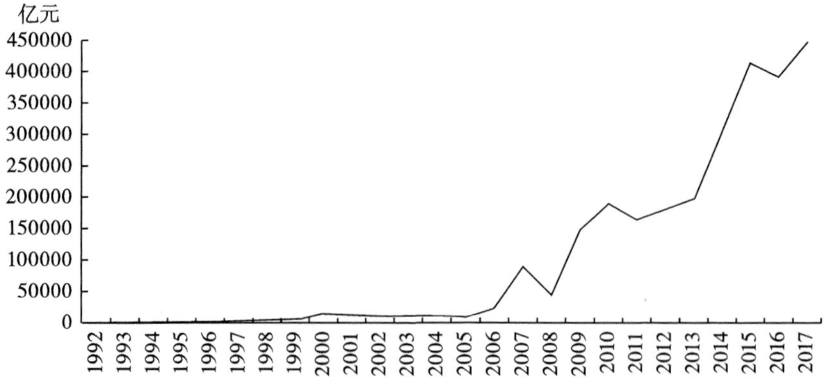

图 8　1992—2017 年中国沪深 A 股流通市值

五、结论

新中国70年以来，银行业、保险业和证券业呈现出不同的历史演变和差异化的发展逻辑。中国金融业发展取得了历史性成就。特别是党的十八大以来，金融改革和治理金融风险有序推进，金融业保持快速发展，金融产品日益丰富，金融服务普惠性增强，金融监管得到加强和改进。同时，金融业的市场结构、经营理念、创新能力、服务水平还不适应经济高质量发展的要求，诸多矛盾和问题仍然突出。为此，2019年2月22日，习近平总书记指出，要深化金融供给侧结构性改革，平衡好稳增长和防风险的关系，精准有效处置重点领域风险，深化金融改革开放，增强金融服务实体经济能力，坚决打好防范化解包括金融风险在内的重大风险攻坚战，推动我国金融业健康发展。自此以后，金融是国家重要的核心竞争力，金融安全作为国家安全的重要组成部分受到重视。本文通过梳理新中国70年以来银行业、保险业、证券业的演化变迁与发展逻辑，对探究中国金融业与经济的未来发展方向，具有重大的理论与现实指导意义。

中国银行业的发展从时间上分为：第一阶段，中国银行业的计划经济发展期（1949—1977）；第二阶段，中国银行业的改革渐进发展期（1978—1991）；第三阶段，中国银行业的改革扩张发展期（1992—2001）；第四阶段，中国银行业的开放高速发展期（2002—2018）。从地区上看，各地区中国银行业的发展逻辑呈现明显的阶段性特征，1952—1977年基本上呈现缓慢且曲折的上升走势，其中1952—1959年为缓慢上升区间。随后，1959—1961年出现大幅度的下降，一些省份更是出现断崖式下降，如北京、甘肃、青海、辽宁、山西、四川、黑龙江、河南等。接着，在1962—1965年又有小幅度的上升。随后的1966—1977年则呈现平稳走势，这与新中国前30年的历史现状密切相关。中国保险业的发展分为：第一阶段（1949—1978），保险业的涅槃重生与停滞发展期；第二阶段（1979—2001），保险业恢复与初步发展期；第三阶段（2002—2018），保险业的全面开放与高速发展期。中国证券业的发展分为：第一阶段（1985—1991），证券业的初步建立期；第二阶段（1992—2001），证券业的快速扩张与规则建立期；第三阶段（2002—2018），证券业的国际化与深化改革发展期。金融业的发展启示，即防范风险与全面开放是促进金融业良性成长的两大关键，未来要对这两方面的工作着重展开。

参考文献

[1] 陶长琪，陈伟，郭毅．新中国成立70年中国工业化进程与经济发展[J]. 数量经济技术经济研究，2019(8).

[2] QIAN Y, WEINGAST B R. Federalism as a commitment to preserving market incentives[J]. Journal of Economic Perspectives, 1997(4).

[3] 胡永泰．中国全要素生产率:来自农业部门劳动力再配置的首要作用[J]. 经济研究，1998(3).

[4] 周黎安．中国地方官员的晋升锦标赛模式研究[J]. 经济研究，2007(7).

[5] 张军．分权与增长:中国的故事[J]. 经济学(季刊)，2008(1).

[6] 林毅夫，蔡昉，李周．中国的奇迹:发展战略与经济改革[M]. 上海:上海人民出版社，1999.

[7] 张成思，刘贯春．最优金融结构的存在性、动态特征及经济增长效应[J]. 管理世界，2016(1).

[8] 吴晓灵．中国改革开放大事记[M]. 北京:中国金融出版社，2008.

[9] 巫云仙．新中国金融业70年:基于制度变迁和改革开放的历史逻辑[J]. 政治经济学评论，2019(10).

新中国70年经济体制变革的经验分析
——基于中美改革发展的不同路径

张晨婧[1]

摘　要：新中国成立至今已有70年之久，2018年也是我国改革开放40周年之际。在这70年里，中国的经济发生了翻天覆地的改变，持续的高增长被世界称为“中国式奇迹”。在这70年中，中国一直在摸索中前进，所以此时对我国经济体制的变迁加以回顾与总结具有十分重要的意义，它不仅是对过去经济发展状况的经验总结，同时也是对未来的展望。回顾这70年的改革历程，中国的经济从低谷一步步走向高速发展阶段并达到峰值。但是目前我国经济在新常态下已经由高速发展转为中高速发展，经济结构处于不断变化并优化过程中。本文将从宏观经济政策和要素市场等方面分析总结这70年的经济改革进程，并与美国的经济发展史做一些对比。具体包括对财税体制改革、金融体制改革、劳动力市场以及就业、农村经济体系改革等方面加以论述，全面认识中国改革发展的进程。

关键词：新中国成立70周年；中国特色社会主义经济体制变迁；美国经济体制

① 作者简介：张晨婧，金融学博士研究生，西北大学经济管理学院。

一、引言

说起中国的经济，它是经历了漫长的改革与转变才形成了现如今的体系与规模，其间党中央提出的改革举措屡遭滑铁卢，国家的经济状况曾一度达到崩溃的边缘，政府赤字严重。改革开放以前，中国实行的是计划经济体制，权力高度集中于中央政府。任何决策都由政府决定，资源的分配、产品、产量全都交由政府决定。这样一种管理体系，在短期内帮助中国走出了旧时期的不良经济波动状态，稳定了经济。在新中国成立初期，计划经济因为它高度的集权性质，可以把较为稀缺的资源运用到相对重要的项目上以发展经济，但同时这种经济体系也存在诸多问题。市场是具有自主调节功能的，如果强制施以过多的人为干预会起相反的作用。企业不能自主经营，政府过多的干预也会造成企业的停滞不前。个人消费也被单位管束，大大降低了个人消费对 GDP 的贡献。从对计划经济体制的坚信不疑到出现问题，经历了相对较长的一段时间，中国的经济处于停滞甚至衰退的状态。直到邓小平同志在党的十二大开幕式上提出要建设中国特色社会主义国家的命题，以及中国需要走改革开放道路的理念。邓小平同志以马克思主义思想为指导，作出我国当时还只是处于社会主义初级阶段的正确判断，并决定以实践作为检验真理的唯一方法，引导国家和人民解放思想、实事求是，最终摒弃了计划经济，结束了计划经济的时代，过渡到现在的市场经济。中国正是依托改革开放的决策，坚持实事求是并从本国国情出发，制定符合中国经济发展规律的经济制度，才获得了现在的成功。邓小平同志（1994）曾一再强调制度才是中国迈向新时期的决定性因素。中国特色社会主义制度包括经济、政治、法制的方方面面，是一个不断完善、不断超越自身的制度体系。从马克思对社会主义的设想开始，到中国形成特色社会主义制度，这个过程历经磨难。在党的十八大会议上，习近平总书记提出要“坚定中国特色社会主义制度自信”的命题，这种自信来源于中国历史悠久的文化底蕴，是历史和中国勤劳人民的选择，具有科学价值。

二、中国特色社会主义经济形成的理论基础

（一）马克思主义政治经济学

新中国成立初期，马克思主义政治经济学起到了如精神导师一般的作用。马克思主义政治经济学是以马克思主义思想为基础延伸出来的经济学，它是用社会主义的眼光加上政治学的方式研究经济体制和观察经济现象的学科，是与西方经济学在政治和经济方面有一定区别的学说。马克思主义政治经济学是一门揭示以社会化大生产为基础的社会生产关系及其经济运行客观规律的科学，主要研究资本的剩余价值如何被发现并进行分割。马克思主义的政治经济学阐述了资产阶级与无产阶级之间的斗争，论证了资本主义的灭亡和社会主义最终会走向胜利的客观规律，指出无产阶级是推翻资本主义制度和建立社会主义制度，最终实现共产主义的必要条件。自新中国成立以来，毛泽东主席就一直坚定不移地带领中国走社会主义道路。马克思主义的实事求是既是思想精神，更是被邓小平同志立为改革开放的基本思想方针，是马克思主义政治经济学科学发展观的理论依据。现阶段是中国经济社会结构发生深刻变化的重要阶段，改革发展面临巨大的机遇和挑战。党中央提出坚持以人为本，树立全面、协调、可持续发展的科学发展观，促进经济社会和人的全面发展，与马克思主义一脉相承。未来，基于马克思主义政治经济学的创新和发展包括经济、政治、文化、社会等方面是中国改革的主要思想路线。

（二）新古典经济学与凯恩斯主义经济学

新古典经济学起源于20世纪60年代，新古典经济学理论因抨击凯恩斯主义经济理论而闻名。凯恩斯主义经济理论坚持认为政府应该干预市场经济，而新古典经济学则认为市场可以自由出清并且获得利益最大化，反对政府的干预，认为政府的干预是无效的。亚当·斯密提出的“看不见的手”就是指市场会根据自身的内在供求机制、价格机制以及竞争机制作出反应与调整。新古典经济学曾提出政府实施的干预经济的货币政策是无效的，整个市场既存在“市场失灵”，也存在“政府失灵”。中国特色社会主义经济的成功在于

合理地、部分地应用了新古典经济学理论，采取渐进式的实施方式。中国改革开放的40年取得了举世瞩目的成就，有很多经济学家认为中国发展的奇迹是依托于市场化与民营经济发展之上，史正富（2016）曾提出新古典经济学恰好解释了市场化与民营化，并且中国在发展后期也借鉴了凯恩斯主义经济理论，让政府充分发挥调节市场的作用。

（三）新制度经济学

新制度经济学是西方现代经济学的一门新兴学科，以科斯的交易成本学说为基础，主要研究经济制度。新制度经济学有别于新古典经济学，它认为零交易费用和理性经济人的假设并不符合现实逻辑。新制度经济学派的经济学家认为，经济是否得以维持健康、持续的发展取决于有效的制度和组织结构（苗金萍，2007）。新制度经济学提出交易费用范畴，把产权概念引入经济活动之中并创立了寻租理论。中国改革开放以前承包制、政企不分家的经营模式造成了经济停滞不前的局面，改革开放后将政府与企业的经营权与所有权分开、从股改到私有产权与公有产权的明晰，这一步步改革可谓艰难推进。产权明晰给中国市场经济注入了强心剂，推动了中国经济这40年的快速增长。尽管如此，产权明晰改革仍然存在诸多问题，给滥用公权、掠夺财富以很多可乘之机。

（四）新结构经济学

林毅夫的新结构经济学认为有效的市场与有为政府互相结合，才是最佳的状态。新结构经济学认为要素禀赋是一个国家发展的内生决定性因素，只有从自身的优势条件出发，才可能获得比较优势，并逐步实现发展（林毅夫，2010，2012；付才辉，2017）。中国从一个低收入国家发展成中等收入国家，并保持平均每年经济增长9.9%的速度，在这70年间是一个奇迹。根据林毅夫的分析，世界上许多国家是在“二战”之后进行的改革，有些成功了，有些失败了，所以“中等收入陷阱”不是必然要经历的。现代经济增长的本质是技术，技术的不断创新以及产业的不断升级与优化才是保持经济持续发展的首要任务。林毅夫的新结构经济学提出，按照要素禀赋所决定的比较优势发展经济才会取得改革的成功。国家的产业和创新技术是内生于要素禀赋的，因此国家需要调整要素禀赋结构以谋求经济的快速发展。中国现在所面临的问题是企业的转型与改革，新结构经济学提出的根据企业自生能力发挥比较优势的观点，从根本上为中国企业未来的技术创新与产业升级指明了突破口。

三、中国改革开放40周年的经济增长与国际比较

1978年实行改革开放以来，中国式的增长奇迹持续了40年。这40年的成功并不是偶然，是在不断的改革中吸取教训、总结经验，寻找最适合中国特色社会主义经济发展道路的探索中实现的。只有了解并把握了中国的现有国情，才有可能提出具有中国特色的渐进式改革方案。中国的改革政策涉及方方面面，促成了这40年经济持续的高增长。数据显示，1978—2002年，我国GDP平均增长率维持在10%左右。2003年之后，我国经济开始转型，在工业化的基础上，开始向市场化方面转变。2003—2018年，我国的GDP平均增长率维持在9%左右。与世界各大经济体GDP相比较，我国的GDP是高增长规模。如图1所示，比较发现，中国自改革开放以来年均GDP增长率一直处于领先地位，高于日本、美国、英国、德国等发达国家。美国在这40年中经济几度出现负增长状况，在2008年金融危机时，GDP年均增长率下滑至-2.5%左右，而中国的经济状况并没有太多地受金融危机的影响。从图中还可以看出，从1978年改革开放开始至2000年，中国经济的增长一直呈高速并且伴随着高波动的态势。现阶段我国经济处于平稳发展阶段，党的十九大报告首次指出，中国经济已经由高速增长转为高质量发展阶段，步入新常态。

虽然中国的GDP增长率一直处在领先地位，但是GDP总量和美国相比还有一定的差距，如图2所示。在2008年金融危机时，我国应对金融危机的能力相对其他国家来说从容不迫，2008年后，GDP总量开始赶超日本、德国和英国。

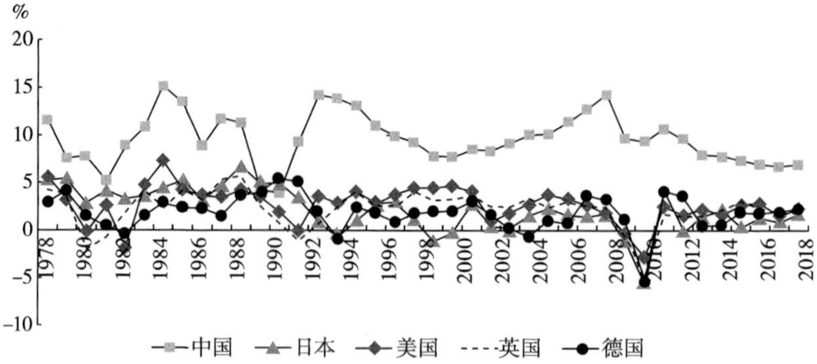

图 1　中国与其他国家 GDP 增长率比较

数据来源：世界银行 WDI 数据库。

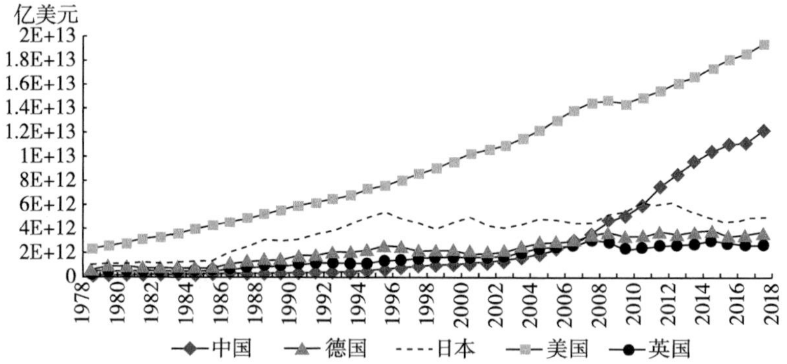

图 2　中国与其他国家 GDP 规模比较

数据来源：世界银行 WDI 数据库。

四、金融体系改革

金融可以说是任何一个文明社会的核心要素，决定着国家的兴衰，而一个国家的金融体系决定着国家未来的发展。1978 年实行改革开放以来，中国一直在探索适合中国特色社会主义的金融体系模式，一直在不遗余力地建设稳定、繁荣、和谐的金融制度体系。

改革开放之前，1949—1978 年，中国的金融市场处于混乱、制度多变的阶段，在此期间还经历了“大跃进”“文化大革命”以及“拨乱反正”时期，这些时期给金融市场更是带来了灾难性的影响，导致当时的金融市场受到巨大冲击。1978—1984年改革开放初期，中央银行制度框架重新确立，国有商业银行也形成规模，股票市场开始兴起，保险业也重新开始运作。1985—1993年，这段时期的金融发展为我国经济后续的高速发展奠定了基础，在这几年间金融行业的制度体系得到逐步完善，其他金融机构也开始建立，业务的种类与规模逐渐扩大。1990年11月，中国成立上海证券交易所，成为新中国第一家证券交易所。1992年10月，国务院证券委员会成立，并在次年1月底，中国证券监督管理委员会（中国证监会）也宣告成立。证券委员会和中国证监会的成立意味着我国金融业“分业经营、分业监管”的开始，标志着中国证券市场统一监管体制开始形成。1994—2001年，中国的金融体系进一步完善，制度与法制规范加强，金融分化更加深化。新型金融产品得到发展，期货期权出现在人们的视野中。2001年，中国正式加入世界贸易组织，这是中国资本市场进入全球化资本市场体系迈出的第一步，具有重要里程碑意义。2002—2008年，中国加入世界贸易组织之后，金融行业的改革加速。2003年，中国银行业监督管理委员会（以下简称“中国银监会”）成立，中国金融监管“一行三会”的格局形成。银行、证券、保险三大市场，分工明确、互相协调的金融分工监管模式初步形成。自2005年7月21日起，我国开始参考一篮子货币进行调节、实行有管理的浮动汇率制度，人民币汇率不再钉住单一美元。2008年12月16日，国家开发银行股份有限公司挂牌成立，这是我国政策性银行改革取得重大进展的标志。2008年，全世界各个国家经历了金融危机，这次金融危机无疑是金融自由化的一次集中体现，也对中国金融行业敲响了警钟。中国提出宏观审慎的监管，由于微观审慎监管的局限性，个体稳健并不代表整体处于安全状态。2009年中国创业板市场正式启动。当全球逐步走出金融危机的阴霾时，中国的金融业已开始保持平稳的发展态势，并且资本市场帮助中国完成了金融改革。中国的资本市场虽然起步晚，但在改革开放这40年里不断地发展与完善，成为现在可以服务实体经济的重要力量。未来对于中国金融市场改革，我们需要坚定深化金融改革，发挥市场作用，打稳市场根基，形成有效的市场约束机制，优化金融资源配置效率。

美国的金融发达程度不论是产品的创新还是产品应用的广度和深度，都可谓是全世界的“领头羊”。美国的改革始于独立战争之后。1783年，美国正式独立。当时美国的经济状况是背负着独立战争时期的巨额负债。美国通过修订宪法，成立联邦政府，设立铸币厂，建立了国债融资机制，并决定由联邦政府承担一切债务。直至 1835 年，独立战争时期的债务才基本还清。1837 年后，美国经济开始进入工业化时代，当时美国就已经开始通过发行国债与外国建立经济联系。由于债务经济模式的初步建立，企业得到发展，现代金融服务业崭露头角。

1861—1900 年，美国爆发南北战争，这次内战诱发美国通过立法和政策行为重新设立美国的金融制度体系。1863 年，美国颁布《国家银行法》，成立了以联邦政府为主的国家商业银行体系。但是当时的银行大多是州立、单一制的银行，只提供支付功能，并没有完全发挥融资负债的功能。随着美国工业的发展，企业壮大需要资金，于是投资银行应运而生。在美国内战爆发之前，私人投资银行已经初具规模。投资银行是在内战时期兴起的，因为国家要为战争筹款。国家发债，投资银行销售国债。之后也有因为美国大力发展铁路建设，所以大量发行铁路债券为基础建设筹集资金。投资银行存在的意义又一次凸显出来，这是资本市场与实体经济相互促进的一次合作，对美国经济而言具有里程碑意义。内战结束后，铁路证券成为华尔街金融最为主流的债券，当时 JP 摩根因为拥有大量的铁路债券得以发家。1929 年，投资银行进入鼎盛发展时期。

1900—1933 年的 30 多年期间，美国卷入多次战争，第一次世界大战、第二次世界大战，并在 1907 年和 1929 年经历两次经济危机。但美国的经济并没有因为这几次战争和金融危机一蹶不振，反而越挫越勇。1907 年的金融危机因为银行业的大范围运营，信托公司的增加，金融产业过度发展，再加上当时的法律制度不够完善，行业内乱象丛生，最后由 JP 摩根以一己之力挽救美国的金融行业。此次金融危机之后，美国联邦政府做出反思并提出“中央银行制度计划”，准备加强对金融行业的监管，重新建立金融体系，认为国家的危机不应该依赖并交由私人银行处置。1929 年，美国遭受了有史以来的经济大萧条。罗斯福总统推出“百日新政”，对金融业做出了重大变革，改变了美国金融由大银行家主导的尴尬局面；并废除了金本位制，固定美元汇率，严格监管金融行业，实行积极的财政政策，对失业者提供直接救济，大量举债进行基础公共事业的建设，最终帮助美国走出大萧条。美国在这几次战争中，为了向战争提供资本，政府运用金融手段，大量发行国债为战争筹集资金。美国运用国债这一金融手段完成了工业化的发展，打赢了多次战争，走出了经济大萧条，稳定了民生，可以说国债在美国的经济发展史中扮演着举足轻重的角色，具有美国特色。

1933—1990年，这段时期美国的经济发生了一系列重大的变化，为投资银行带来了新生。随着经济政策的改革，投资银行调整了管理政策，创造出许多金融衍生工具，如货币市场互助基金，使私人银行在体制外寻求更多的金融创新。20世纪最后的几十年，美国的金融自由化越发明显，政府也开始放松对金融行业的管制。但是过度的自由化必然导致危机，20世纪80年代末，大量银行破产，归根结底是因为过度投资房地产，造成了房地产泡沫。1990年至今，美国进入工业化向后工业化转型的阶段，金融业成为其支柱产业，国家开始倾向于金融化发展。所谓金融化就是将所有交易都变成金融交易，使基金、银行和股票行业飞速发展。金融化可以说是20世纪70年代美国经济滞涨后，经过一系列经济政策改革的产物。但是金融业过度发展，与实体经济脱节，最终的结果就是2007年爆发次贷危机，成为席卷全球的金融危机。

对比来看，中国与美国的经济开放相差了大概200百年之久。值得我们借鉴与学习的地方总结有三点：其一，美国利用发行国债赢得了战争的胜利，还清了负债，但现今同样面临国债危机。高度的金融自由化，发达的金融衍生品行业一度助推美国的经济进入鼎盛时期，但同时在美国的发展道路中，周期性的经济危机一直伴随在侧。任何可以带来正面效果的政策措施一旦使用过度，结果一定都是与预期背道而驰（陈志宏，2017）。这是中国应该从美国的经济发展中吸取的教训。其二，反观美国虽然经历了一次又一次的经济危机，但最后都在一步步的政策调整中回到了正轨。因此，面对危机美国可以积极地应对并迅速作出调整，出台加强和完善的监管制度措施，这是我们应该学习的。其三，美国金融业发展期间，金融创新从未停止过，不论是制度上的创新还是产品创新。因此，如何在发展的过程中进行创新，如何将金融创新融合到我国的金融发展过程中，创造出符合我国国情的金融创新体系，仍是我们需要重视的一个问题。

五、财税改革

在我国40年的改革历程中，财税改革始终是改革过程中的重要组成部分，不容忽视。财税体制大致经历了五个独立而又密不可分的阶段，改革的意义在于更加适应国家治理的现代化，那么财税体制改革也应朝着经济市场化及治理现代化的方向推进。

1978—1994年，是中国财税改革的初始阶段，最初以“放权让利”作为实施准则，目的是激励各个部门的改革积极性，减少集中的控制权，将权力下放到各个阶层，实行分级包干、复税制和减税让利等多种措施。这项举措可以说是之后各项措施的基石。但是与此同时，这些措施基本都是建立在财政收入减收和增加支出之上，随之而来的后果就是财政收入占GDP比重迅速下降，财政支出持续增加，运行乱象丛生。政府的财政赤字和债务规模大到难以调控的局面，很快国家意识到以“放权让利”为主的改革基调是不适合我国发展的。1994—1998年，中国财税体制踏上了革新、创新的道路。根据“统一税法，公平税负，简化税制，合理分权”的基本原则，制定了一系列新的税务征收体系。1994年的财税制度改革可以说是新中国成立以来规模最大、范围最广的一次改革，提出了增值税改革，建立了分税管理体制，并且彻底废除了国家和企业之间的承包制模式。1998—2003年，继1994年一系列重大财税制度革新之后，虽然有了新的气象，但依然有很多留存问题亟待解决，其中最为突出的就是费大于税。税和费都是政府收入的一种形式，两者不可相互替换，税是以政府的政治权力为基础的收入，它是政府收入的主要形式。费是以国家提供直接性服务来收取费用，作为政府收入的形式。而当时的情况是国家的收入中费远远超过税。朱镕基1998年曾发表讲话，强调减轻人民的负担，必须对政府机关在国家规定以外征收的各种费用进行整顿和改革。1998年12月15日，全国财政工作会议正式提出“构建中国的公共财政基本框架”，这是一个具有划时代意义的意见。2003—2012年是完善税制改革的阶段，其间先后提出了改革出口退税制度、将增值税由生产型改为消费型、扩大税基、实行综合分类相结合的个人所得税制、取消农业税等。这些改革意见为进一步完善公共财政体制，规范财税机制奠定了基础。2012年至今，是中国经济改革发展突飞猛进的时代。2012年党的十八大召开，中国特色社会主义进入全新的阶段，部署了新的财税体制改革，在稳定税负的目标下逐步提高直接税比重，优化政府的税收收入结构；提出了营改增，推进资源税改革，扩大消费税征收范围。同时，加快中央政府和地方政府的财政关系改革，优化预算管理。2018年8月，在第十三届全国人大常委会第五次会议上通过了个人所得税修改方案，决定个人所得税起征点提高至5000元。此次个税改革将进一步便民、惠民、利民。

美国自独立以来，经过两百多年的发展已形成了一套较为完善的税收管理体系，对正处于税制改革的中国而言有很多地方可以借鉴。美国联邦和各大州共征收80多个税种，实行以所得税为主体的复合税制。在美国联邦财政收入中，个人所得税约占35%，社会保障税约占30%，公司所得税占7%左右，其他税占7%左右。美国是以所得税（直接税）为主体，我国则是以流转税（间接税）为主体的税制模式。美国选择以所得税为主体税种主要是为了鼓励竞争及企业的自由贸易，它可以有效地调节社会总需求与总供给之间的矛盾。美国采用降低所得税税率来激励企业，而中国大多采用减免优惠政策进行鼓励。美国降低税率是对税收本身的调控，而中国的减免税方式更多的是一种行政手段，在实施与运作上会出现一定的扭曲现象，最终会给公平竞争的市场经济带来一些负面影响。与美国相比，我国的税务代理管理还需要规范，地方政府越权管理税收的现象普遍存在。中国在税制改革的道路上还需要付出巨大的努力，如税收的调控方式、税收的征管监督模式以及后续的税收制度完善工作。

六、劳动力市场以及就业改革

中国改革开放40年中，劳动力市场改革其实是劳动力资源配置的市场化过程。改革开放前，在计划经济条件下，劳动力依靠的是国家分配。在农村，实行的是人民公社体制，户籍制度及票证制度限制了劳动力的自由流动，造成大量劳动力剩余，社会生产劳动率低下。在城市，就业绝大多数都是国家分配进入国有企业，而不是竞争上岗，更不会考虑工资问题，很多企业都存在冗员现象。在计划经济条件下，没有劳动力的流动，城乡就业是被严格分隔开的。改革开放之后，我国经济重点由农村逐步转向城市，劳动力市场化理论得以应用，同时国家也在进行劳动力市场改革。劳动力市场的制度改革涵盖劳动就业制度、劳动力流动制度、工资收入分配和社会保障制度。这些制度是实现劳动力市场有效运行的基本条件，共同构成劳动力市场制度体系的基本框架。

1984—1996 年，是我国劳动力市场改革初步形成的阶段。国家加大了对国有企业的改革力度，特别是在用人方面给予企业更多的自由选择人才的权利。但是在 1989 年我国发生了通货膨胀，直至 1992 年，我国的经济几乎处于停滞阶段，劳动力市场改革也处于搁置状态。1993 年，国家提出推行劳动合同制的意见，1994 年颁布《中华人民共和国劳动法》，随后确定了工资指导体系和最低工资制度法规来保护劳动者的权益。1996 年，劳动力市场改革开始关注劳动力存量并进行积极的改革，不再单一地配合国有企业改革。1997—2002 年，是我国劳动力市场改革初具雏形的阶段，中央政府提出要形成和谐统一、开放自由、井然有序的全国性市场，要建立和完善劳动力市场。在这一时期，劳动力市场化理论得到进一步推进。由于受东南亚金融危机的影响，我国国有企业大规模亏损，大批职工面临失业下岗。1997 年，国务院召开再就业会议，安排指导下岗职工再就业工作，5 年间我国的劳动力中介市场、法律法规和与之相对应的协调机制初步建成，劳动力资源也日趋市场化。剩余劳动力从农村向城市、从中西部地区向东部沿海地区转移，这对改革开放时期中国经济发展有着巨大的贡献，推动我国在二元经济发展过程中实现了高速增长，兑现了人口红利（Cai，Du，2011）。兑现人口红利意味着把丰富的劳动力资源禀赋转化为生产率。从 2003 年开始，我国的劳动力市场进入全面完善阶段。党中央提出“统筹城乡发展”是劳动力市场改革的核心，对改进我国特有的城乡二元经济布局和城乡劳动力二元分割现象有着重要意义。随着农业劳动力数量的减少，非农产业就业规模的扩大致使我国的就业规模结构也在不断变化。2004 年，中国经济迎来了刘易斯转折，二元经济的一些特征逐渐消失，我国劳动力资源从充足转为短缺，而这恰恰提高了劳动者的就业水平。中央政府在这个转折点，加大了劳动力再分配体制改革的力度，尽力做到就业的公平化，使劳动力市场制度和社会保障体系在改革中变得更加协调、更具包容性。

美国在独立战争之后，联邦政府在就业市场方面并没有进行过多的直接干预，而是将目光放在改革教育上，认为普及科技教育是重中之重，于是开始对高校进行扶持。这对之后的人力资源发展起到了一定作用。美国在20世纪80年代也推行过供给改革，劳动力市场开始受到重视。罗斯福和里根政府时期，劳动力就业市场被纳入重点项目，政府开始积极干预，美联邦政府意识到保障就业对于经济发展、稳定民生的意义重大（沙一贝、福克纳，1976）。但此后美国经济动荡起伏，先后经历了滞胀、战争以及经济危机，导致美国政府一直在不断调整应对劳动力市场的政策，这是一种不具有持久性和稳定性的政策措施。对于中国而言，我们应该看到劳动力市场与就业应一直被放在政府改革的中心，就业问题始终是政府的责任。中国应该寻求的是制定一种可持续发展的政策措施来积极扩大公共就业，为人民提供平等绿色的就业环境。

七、农村经济体系改革

中国的改革从某种角度阐述，实质上就是农村和农民的改革。不论是改革开放初期，还是历经40年的改革开放之后，农村集体产权和农村土地制度改革都是农村经济改革的核心。农村集体经济是习近平总书记新时代中国特色社会主义思想体系的重要组成部分。党的十九大提出要继续深化农村集体产权制度改革，保障农民财产权益并壮大集体经济。农村体制及乡镇企业为我国改革开放做出了重大贡献。目前，我国农村经济体制改革历经五个阶段。

1978—1984年，我国农村主要实行的是联产承包责任制。改革的初始点是将大包干转化为城乡融合发展，将低效率的集体公有制改为家庭联产承包责任制，除了上缴国家、集体的，剩下都是自己的，这样一种承包责任制从根本上解决了农业生产中的激励与监督问题。1985—1990年，主要是调整农产品流通体制和农村非农产业体制。在农产品流通方面，加快对农产品调控转化的速度。1991 年与 1986 年相比，在农副产品收购价格上，国家减少了对农产品价格的控制，国家定价的产品由 17 种减少到 9 种，销售价格由国家定价的农产品从 14 种减少到 7 种。由于农产品流通体制的改革，这段时间农业产出的年均增长率为 47%，并且乡镇企业得以发展。1991—1995 年，我国的农村改革和乡镇企业处于治理整顿状态，发展基本停滞，几乎没有较有成效的改革措施的提出和实施。家庭联产承包责任制带来的政策余温也被消耗殆尽。1996—2003 年，政府提出实行农村税费体制改革，再一次将乡镇企业的发展推向高潮。这次税费改革主要将重点放在实行统一、合理、规范的税费管理。2003 年底，农村税费改革的试点初见成效，涉及农业人口约 6.2 亿人。邓小平南方谈话后，国家将发展乡镇企业，增加农民收入、促进农业现代化视为我国现代化经济发展的必经之路。2003 年至今，持续深化农村经济体制改革，建设社会主义新农村成为中国经济发展的核心任务。政府开始大幅度增加农村基础设施建设等方面的投入和补贴，并在 2006 年宣布完全取消农业税，为农民减轻负担。加强对乡镇企业的扶持，推动乡镇企业与城市企业齐头并进。此外，农民和土地之间的关系、土地的确权、产权不够明晰等问题也多次被提出需要重视。农村土地产权制度改革是发展现代化农业，实施乡村振兴战略的基础，因为只有农民心里踏实，改革发展才有可能持续进行。农业现代化要确保我国粮食安全和粮食有效供给。只有推进农业供给侧结构性改革，转变农业发展的方式，才能够保持农业的可持续发展（田可园，2016）。2011 年，国家颁布实施了《中国农村扶贫开发纲要（2011—2020 年）》，确保到 2020 年解决区域性的农村贫困问题。农村的金融改革命题也是农村经济改革的核心之一，在这 40 年的改革历程中，农村的金融改革历经艰难。农村合作基金会从建立以来，其发展及经营管理从来没有实现真正的独立，而是被地方政府控制。2000 年底，农村合作基金会被正式关闭。所以在未来的发展道路上，构建多元化、具有竞争性的农村金融体系也是中国农村改革道路上的一项重要任务。

美国的农村经济主要是以家庭农场为生产单位。罗斯福新政时期，提出了一系列的农村改革政策，以应对大萧条时期的经济状况。政策主要是对农村基础设施建设的改进建议以及对农产品价格的直接补助。这些政策的实施为农民降低了生产成本，提高了农产品市场竞争力。1865年之后，美国进入全面工业化和都市化时期，大力发展农业机械化。到1890年，农业机械化设备比1860年增加了两倍之多。农业机械化无疑为美国解放了农业劳动力，增加了农产品产量，提高了农民收入。但过度的机械化带来了生产过剩问题，使其成为19世纪后期美国农业面临的主要问题。这也促使了美国农业产业体系进一步升级，使农产品的生产、加工、销售环节有机融合、相互促进，并消除了生产过剩带来的问题。美国从事农产品生产的人口只占总人口的2%，而我国从事农业生产的人口占总人口的20%左右。与美国相比，我国农产品生产效率有待提高。此外，中国农民的负担较重，一些农村基础设施建设仍旧落后，农产品生产成本居高不下，农民收入不高，这些方面都会影响农业的发展。要解决这些问题，必须加大国家对农业的扶持力度，如果没有政府支持，要实现现代化发达的农业是不可能的，我国的农村改革任重而道远。

八、结语

习近平总书记在庆祝改革开放40周年大会上说："40年来取得的成就不是天上掉下的，更不是别人恩赐施舍的，而是全党全国各族人民用勤劳、智慧、勇气干出来的！"改革开放这40年里，中国交出了一份相对令人满意的答卷，其间经历的艰难困苦有目共睹，是全党和人民共同携手努力干出来的。我国正处在历史的转折点上，不论是从贸易结构还是生产结构，相关政策都需要进一步调整，应全面深化改革，坚定不移地高举改革开放的旗帜。在适应改革前进的道路上，不断激发科技创新活力，力求绿色可持续发展，更多关注民生。

参考文献

[1] 邓小平. 邓小平文选(第二卷)[M]. 北京:人民出版社, 1994.

[2] 史正富. 新古典经济学对中国经济解释力的终结[J]. 中国社会科学评价, 2016(1).

[3] 苗金萍. 新制度经济学理论述评[J]. 管理科学, 2004(6).

[4] 林毅夫. 新结构经济学——重构发展经济学的框架[J]. 经济学, 2010(1).

[5] 林毅夫. 新结构经济学与中国发展之路[J]. 中国市场, 2012(50).

[6] 林毅夫. 新结构经济学——反思经济发展与政策的理论框架[M]. 北京:北京大学出版社, 2012.

[7] 付才辉. 新结构经济学:一场经济学的结构革命[J] 经济评论, 2017(3).

[8] 陈志宏. 美国金融制度的历史变迁[M]. 北京:社会科学文献出版社, 2017.

[9] CAI F, DU Y. Wage increases, wage convergence, and the Lewis turning point in China[J]. China Economic Review, 2011(4).

[10] 沙一贝,福克纳. 近百年美国经济史[M]. 纽约: 哈珀 · 罗伯出版社, 1976.

[11] 王可园. 农民改变中国:当代中国农村体制变革动力问题研究述评[J]. 社会主义研究, 2016(6).

第二篇

金融与产业发展

融资结构、技术前沿差距与中国信息技术产业发展

——来自A股上市公司的经验证据

杨　帆　王耀平①

摘　要：本文从新结构经济学技术前沿差距的视角，探讨了融资结构对中国信息技术产业企业业绩的影响，并将金融危机与所有制差异纳入研究框架。本文的经验研究表明：信息技术产业作为创新型产业，其股权融资和内源融资能够促进企业的经营业绩，而债权融资对信息技术企业经营业绩呈现抑制作用，但在金融危机后信息技术产业融资渠道的影响效应受到很大冲击；当信息技术产业技术接近前沿水平时，股权融资的正向效应将被放大，相较债权融资更具优势；关于我国信息技术产业融资效果，国有企业的表现优于民营企业。本文具有深刻的政策含义，随着我国部分信息技术逐渐接近前沿水平，应该重点发展股权融资市场以促进信息技术产业高速发展。

关键词：信息技术产业；融资结构；技术前沿差距

①　作者简介：杨帆，金融学博士研究生，西北大学经济管理学院，E－mail：79204721@qq.com.
王耀平，加拿大康考迪亚大学 JMSM 商学院金融系学生。

一、引言

以信息技术为核心的网络经济已然成为全球化的新经济形态，其主要依托计算机和通信设备等相关硬件以及软件开发和网络技术等配套服务，具有高渗透性、高时效性和高创新性等特点，能够直接应用于农业、工业和服务业的生产和交易过程中。现代信息技术的发展将大大提高信息处理能力和信息利用效率，加速科技创新的步伐，加快科研成果向现实生产力的转化，从而提高知识在经济增长中的贡献度，最终实现网络信息产业增长引领下的产业群的整体性发展。国家统计局于2018 年发布了2015—2017 年我国经济发展新动能指数，其中网络经济指数高达362. 1，对经济发展新动能指数的贡献率为34. 5%，发展最快、贡献最大。不少学者（韩宝国等，2018；茹少峰等，2018）也对信息技术促进经济增长方面给予了理论分析和实证支撑。在2018年召开的全国网络安全和信息化工作会议上，作为中央网络安全和信息化委员会主任的习近平总书记强调，必须推动信息领域核心技术突破，发挥信息化对经济社会发展的引领作用。金融业应充分发挥其在市场中的资源配置作用，规范和促进网信企业创新发展，推进数字中国建设。为加强政策引导，2018 年3 月30 日，中央网信办和中国证监会联合印发了《关于推动资本市场服务网络强国建设的指导意见》。因此在这一背景下，系统地考察不同融资渠道对信息技术产业企业业绩的影响，是具有现实意义的。

关于企业资本结构与企业绩效关系的研究经过了长时间的争论、演进和流变，但至今仍未能形成以经验性证据为基础的、内在一致的系统理论。现代资本结构理论以MM 理论的产生为标志。MM 理论在一系列严格的假设条件下证明了资本结构与企业价值无关。但是在现实中税收、代理成本、信息不对称等都有可能使资本结构对企业价值产生影响。遵循这些思路，学者们深入探讨了企业融资与企业发展之间的内在机理和经验证据。在众多国内外研究文献中，关于融资结构与企业价值、绩效、成长关系的研究主要有三种结果：正向作用、不相关、负向作用。①正向作用：Ross（1977）研究并提出企业价值或营利性与负债与股权的比例正相关。Masuli（1983）通过实证分析指出普通股股票价格与企业财务杠杆正比例相关，企业绩效与负债水平亦如此。Jensen（1986）认为负债有助于防止企业在低收益的项目上浪费资源，从而提高公司的经营绩效。国内学者吕长江和王克敏（2002）实证分析发现上市公司的资产负债率与公司绩效、公司规模和公司的成长性存在显著的正向影响。类似的还有陆正飞（2006）和简泽（2013）等的研究。②不相关：Titman 和 Wessels（1988）应用 LISEREL 的线性结构方法进行研究，结果表明负债比率与企业成长性间关系不显著。国内洪锡熙和沈艺峰（2000）通过上市公司数据实证分析，结果显示公司成长性与公司融资结构之间没有显著的作用。③负向作用：Chaplinsky 和 Niehaus（1993），Rajian 和 Zingales（1995）等研究均发现企业成长性与融资结构呈现负相关关系。国内学者杜莹和刘立国（2002）采用上市公司数据发现债权的治理效应对公司绩效产生了明显的负面作用。张晨和朱晓丹（2015）以 2003—2013 年上市公司为样本，采用面板数据发现银行债权未对国有企业经营绩效起到正向的治理效应，反而抑制了经营绩效的提升。综上所述，现有文献对高新技术产业创新的特殊要求重视不够。与一般（传统）产业的发展机制不同，信息技术产业本身属于资本、知识和技术高度密集型产业，行业重视基础性的创新研究活动，具有风险大、周期长、投入高的显著特征。这种特征决定了信息技术产业的发展需要有效分散风险的金融制度安排与其特点相匹配。

由于信息技术企业的经营绩效主要来自技术创新和技术进步，因此信息技术产业的融资结构对企业绩效的影响可能和大多数传统产业存在差异。从新结构经济学的视角来看，当某一个产业的技术较为成熟时，发展风险相对较低，债权类融资是更加有效的融资渠道；而对于处在技术前沿的产业，创新和研发是企业发展的关键因素，技术风险和市场风险都相对较高，股权类融资能够提供更加有力的支持（龚强等，2014）。因此，笔者认为技术前沿差距，即现有技术与前沿技术的差距，将会影响产业企业的融资效应。与此同时，在 2000 年后互联网快速普及期间，尤其是 2008 年爆发的金融危机，对金融业和 IT 业造成了直接或间接的冲击。不仅如此，在中国特色社会主义市场经济体制下，国有产权和民营产权在整个行业几乎各占半壁江山。因此，笔者考虑应该将技术前沿差距、金融危机冲击和产权异质性纳入本文的分析框架。

本文利用2000—2014年中国信息技术产业A股上市公司的相关数据，从新结构经济学技术前沿差距的视角，探讨了融资结构对中国信息技术产业企业业绩的影响，并将金融危机与所有制差异纳入研究框架。本文的研究表明：信息技术产业作为创新型产业，其股权融资和内源融资能够促进企业的经营业绩，而债权融资对信息技术企业经营业绩呈现抑制作用，但在金融危机后信息技术产业融资渠道的影响效应受到很大冲击；当信息技术产业技术接近前沿水平时，股权融资的正向效应将被放大，相较债权融资更具优势；关于我国信息技术产业融资效果，国有企业的表现优于民营企业。

本文研究的边际贡献主要体现在以下几个方面：

第一，我国当前经济发展战略已从投资拉动和出口导向转变为创新驱动，现有关于信息技术产业促进经济增长的文献已较为丰富，但笔者发现金融业作为资源配置的主导产业，有关金融支持与信息技术产业发展关系的系统研究还较匮乏，因此本文在理论和实证方面就不同融资渠道对信息技术产业企业绩效的影响进行了补充和拓展。第二，本文考虑从2000年至2014年信息技术产业飞速发展的十几年间，恰逢2008年爆发全球性金融危机，因此将金融危机作为影响因素，以2008年作为时间节点，将样本划分为经济金融环境稳定期和金融危机冲击后进行检验和分析。第三，考虑到当前我国信息技术产业应用性技术强但前沿性技术仍显不足的现状，本文将技术前沿差距作为重点调节变量进行研究。第四，结合我国特有的经济制度背景，国有企业和民营企业在信息技术产业各占半壁江山的特点，本文将所有制异质性因素纳入理论部分和实证检验并进行了研究分析。

后文的结构安排如下：第二部分为理论分析与研究假说，第三部分是模型、变量与数据来源，第四部分为实证结果与分析，最后为本文的研究结论与政策含义。

二、理论分析与研究假说

根据柯布—道格拉斯生产函数，企业的产出由资本、劳动力和技术决定，内生增长理论又将人力资本引入产出的决定因素，但由均衡理论可得不管生产要素如何组合，金融资金作为衡量交换价值的媒介将最终左右企业的业绩。关于融资渠道的细分，学者们有着不同的见解，本文按大类将融资渠道分为内源融资（内部融资）、股权融资、债权融资。

由于信息技术企业的经营绩效主要来自技术创新和技术进步，因此行业本身具有研发周期长和创新进步风险大的特点。对于企业创新活动而言，Hall（2002）提出高度的不确定性（创新成功的风险较大）和较高的调整成本是其两大特征。尤其在投资人与经营者信息不对称的大背景下，很难形成一个有效分散经营风险的金融安排，从而造成企业外部融资不畅通的窘境。作为企业，不得不依靠自身营业利润积累等内部方式持续经营。内源融资不涉及道德风险和逆向选择问题，也不存在外部融资抵押等相关手续（Brown et al.，2009），因此企业可以运用内部积累资金和营运资本管理保持创新效应（鞠晓生等，2013），从而促进企业发展。

与内部融资相对应，外部融资主要包括股权融资和债权融资（银行信用融资和债券融资）。其中，股权融资作为成立股份公司的前提，通过市场获得的资金可以长期使用，且无须按期支付利息，股东共同承担企业经营的风险和盈利。对于股权融资，创新企业往往能够以新技术的潜在高额收益吸引投资者，企业创新的资金需求特点和投资者追求高收益、承担高风险的激励相吻合（张一林，2016）。股权投资人以“主人翁意识”出于对信息技术企业高风险性的考虑，将“被迫”进一步学习了解行业的技术状况和前景。特别是我国信息技术产业目前逐渐接近前沿水平，关键在于企业的创新和研发，存在高技术风险和市场风险的特点（龚强等，2014）。股权融资促成企业建立较为完善的由股东大会、董事会、监事会、高级经理组成的公司治理结构，各成员之间形成多重风险约束和权力制衡机制，提高了企业运营效率并降低了企业的经营风险。与此同时，股权市场的激励和监督机制也对股份制公司起到约束和促进的作用，通过市场的信息传递，能够为成长速度快、技术水平高、经营业绩好的产业提供股权资金，促进其长远发展。笔者以为，虽然股权融资的委托代理问题往往使管理者和技术人员的追求目标与公司发展相背离，但这种可能往往在奖金绩效考评的不断完善和员工持股的条件下，不会对公司发展构成实质性影响。

与股权融资相比，债权融资是指企业通过举债加杠杆的形式筹集资金的融资方式。资金供给者作为债权人享受到期回收本金，并获取相应利息收入的权利。基于债务本身到期还款付息的特点，企业首先应该更加努力地发展以兑现债务契约。大部分国家的税法规定债务的利息在税前支付，因此债务具有避税的作用。其次，Jensen 和 Meckling（1976）指出偿还本金利息的压力可以降低管理者为自己谋利的机会（例如津贴）。Grossman 和 Hart（1982）建立模型证明了债务会约束管理层为了私利自由支配现金流。与此同时，负债所产生的破产机制能够给予企业管理者新的约束。债权投资者通常是风险规避型，他们希望获得稳定的投资收益，以银行为代表的债权人一般会要求债务人定期还本付息且有抵押或质押。但对于主要依靠技术创新和技术进步的信息技术企业来说，其行业特点与债权融资特点并不一致。信息技术产业创新收益是高度不确定的，企业普遍拥有知识和专利而缺乏固定资产，因此通常难以满足债权人的融资条件。即使签订了债务合约，债务合约的存在也往往使企业错失看似高风险实则具有潜力的项目，这对创新型企业发展是至关重要的。债权人因为有了债务合约，往往只关注眼前利益（本金和利息），而忽略了企业成长的种种信息，并且债务合约会进一步限制举债融资，这将不利于管理者改善公司状况。因此相对债权融资的正效应，信息技术产业债权融资的负效应则显得更为突出。根据以上判断，本文提出假说 1。

H1：信息技术产业作为创新型产业，其股权融资和内源融资能够促进企业的经营业绩，而债权融资对信息技术企业经营业绩呈现抑制作用。

从 2000 年到 2014 年信息技术产业飞速发展的十几年间，恰逢 2008 年爆发的全球性金融危机。王英兰（2010）、谢杰（2009）等基于上市公司 EVA 的实证方法等验证了金融危机对信息技术产业乃至我国整体经济的巨大冲击。中国的信息技术产业本质上是一个对外依存度很高的产业，其中很大一部分财力、先进技术和工作机会都参与国际交流。由美国引起的全球金融危机首先使整体市场需求开始锐减。一些受金融危机影响较大的行业，如金融、制造业、外贸业、物流业以及房地产等，其 IT 需求将受到较大影响，而这些行业恰好是 IT 行业业务关联度比较高的行业，IT 产业很大一部分利润来源于这些行业企业的贡献。不仅如此，中国整体经济增速的放缓将导致消费者信心指数的下降，IT 产品作为个人消费者的非刚性需求也会相应减弱。因此，金融危机作为外部冲击将不可避免地对信息技术产业的融资效果带来负面影响。因此，这里提出假说 2。

H2：金融危机对信息技术产业融资渠道的影响效应冲击很大，给股权融资和内源融资效果带来了负面影响，并使债权融资效果更加恶化。

虽然我国在互联网应用和部分技术方面已经取得了斐然的成绩，但中国工程院院士倪光南指出，新一代信息技术如大数据、人工智能、物联网、区块链、云计算领域与发达国家相比，仍然有部分技术理论层面的差距。① 事实上，根据宾大世界表 9.0 测算出的中国相对美国全要素生产率比值（见图 1），可以看出，虽然从 2000 年起两国技术差距在逐渐缩小，但截至 2014 年中国全要素生产率仅为美国的 43.25%。考虑技术的关联性，这些数据在某种程度上折射出了中美两国信息技术的差距。技术前沿差距是赶超国家与领先国家或技术前沿之间的技术水平缺口大小，一般选取美国等发达国家作为领先国家或技术前沿参照。常用的界定方法是将生产效率差异定义为技术前沿差距，即特定国家生产率水平与国际生产率前沿之间的差异作为技术前沿差距（Cimoli et al.，2002；Gerlach，2004）。

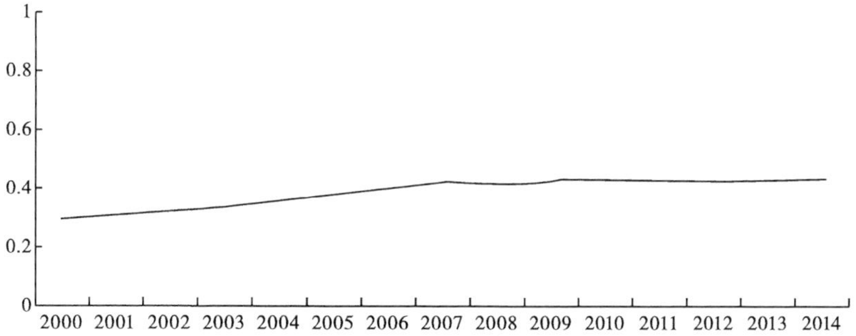

图 1　2000—2014 年中美技术差距

对于金融结构而言，最为关注的是两个变量：以银行为主导的债权融资和借助市场力量的股权融资，特别是中国拥有庞大的银行体系和快速发展的多层次资本市场。Demirguc - Kunt 等（2011）发现随着经济发展水平的上升，

① 引自倪光南在 2018 年联通大数据举办的“U10 大数据价值峰会”上的讲话。

银行部门扩张的速度降低了，金融市场规模扩张的速度却提高了。对此，林毅夫等（2009，2014）从新结构经济学视角出发，认为当整个产业以及技术较成熟时，有着风险低和回报稳的特点，银行是适宜的融资渠道；而在技术相对前沿的产业，研发是产业发展的关键所在，技术风险和市场风险都很大，因此金融市场能够给予更大的支持。随着要素禀赋结构的升级，产业比较优势逐渐过渡到资本—技术密集型，技术水平接近前沿水准，而研发创新活动失败的概率往往较大，此时企业面临破产清算的风险上升。股权融资是一种能够实现“共担风险、共享利润”的金融安排，在制度环境相对完善的股权融资市场，投资者和风险投资、创业投资的研究人员往往会对企业研发项目的“风险—收益”进行充分的评估与监督，并根据自身的偏好作出投资决策。而且，一般而言，上市公司没有为股东支付红利的硬性指标，这使企业可以专心投入一些投资回报周期较长的项目。基于上述分析提出假说3。

H3：经济金融环境稳定时期，当信息技术产业技术逐渐接近前沿水平时，股权融资的正向效应将被放大，相较债权融资更具优势。

我国当前经济制度是公有制经济为主体，多种所有制经济共同发展，因此产权性质是不可忽略的重要因素。现代公司金融理论认为，信息不对称、交易成本和代理问题是不完美市场的三大基本问题，在产权异质性的框架下不同融资渠道对产业发展的支持就显得更为复杂。因为我国的经济制度背景和产业政策的扶持，国有性质的企业一般起步早、规模大。现实中政府往往通过国有企业和行政资源干预来左右市场中的企业运行，进而影响产业的发展走势。国企“所有者缺位”问题又使政府常常通过直接任命高管从而间接控制企业经营（钟海燕等，2010），因此国企最终控制者拥有企业高管和政府官员的双重身份，国企产权和地方政府的干预在源头上相同（杨瑞龙等，2013）。这种相同源头意味着国企与市场之间的信息不对称和交易成本得以降低，但政府对企业产权的干预会延长企业的代理链和决策链，使企业在技术创新进步和市场需求把握上错失良机（Boycko，1996）。因此，提出假说4。

H4：关于我国信息技术产业融资效果，国有企业的表现优于民营企业。

三、模型、变量与数据来源

（一）基本模型与变量度量

为了检验不同融资渠道对信息技术产业企业业绩的影响，本文借鉴 Benfratello（2008）等人的建模思路，构建如下面板模型：

$$roa_{it} = c + a_1 equi_{it} + a_2 debt_{it} + a_3 endo_{it} + a_4 year + AX_{it} + u_i + \varepsilon_{it} \quad (1)$$

在式（1）中，i 和 t 分别表示企业和年份；c 表示常数项；ε_{it}为误差项。解释变量包括留存收益（内源融资）、股权融资和债权融资三个指标，控制变量 X_{it}主要反映企业的基本特征，控制时间效应 $year$ 和个体效应 u_i，模型各变量的含义如下。

1. 被解释变量

企业经营业绩既是企业行为的最终成果，也是检验现代企业制度是否取得成效的重要标志。利润作为衡量企业盈利能力的中心指标，是投资者取得投资收益、债权人收取本息的资金来源，是企业经营业绩和管理效能的集中体现，也是员工福利不断完善的重要保障。本文选取资产收益率作为企业业绩的衡量指标。

2. 解释变量

①留存收益（*endo*）是指企业从历年实现的利润中提取或形成的留存于企业的内部融资，包括盈余公积和未分配利润两项。本文将留存收益定义为（盈余公积 + 未分配利润）与资产总额的比值。②股权融资（*equi*）是指企业利用股权交易方式融通资金，本文直接以（股本 + 资本公积）与资产总额的比值衡量股权融资量。③债权融资（*debt*）本文认为债权融资反映通过银行或非银行金融机构贷款或发行债券等方式融通资金的方式。包括来自银行的短期借款和长期借款以及企业发行的债券，所以将此变量定义为（应付债券 + 短期借款 + 长期借款）与资产总额的比值。④技术前沿差距（*gap*），借鉴林志帆和龙晓旋（2015）的做法，使用中国与美国的 TFP 差距衡量技术前沿差距[①]：

① 将美国的技术水平视为世界前沿是实证文献的常见做法，如 Ang 等（2011）。

$$gap_t = 1 - ctfp_t \tag{2}$$

其中 $ctfp_t$ 为以每年美国的 TFP 水平为基准的横向可比数据，数据来源为宾大世界表9.0。

3. 控制变量

参考已有文献并考虑信息技术产业自有特点，本文选取了以下控制变量：政府补贴（*sub*）。考虑将信息技术产业作为政府支持的战略性新兴产业，选择将政府补贴作为国家政策扶持的替代变量。公司内部的股权结构—激励方式等也会影响企业的经营业绩，故本文还控制了股权集中度（*CR_5*）、股权制衡度（*Z*）、管理层持股比例（*msh*）、管理层年度报酬（*reward*）。本文的实证采用 Stata15 软件进行。表 1 为主要变量与说明。

表 1　　变量设置与说明

变量类型	变量名称	变量代码	变量含义及说明
被解释变量	资产收益率	*roa*	净利润/资产总额
解释变量	股权融资	*equi*	（股本＋资本公积）/资产总额
	债权融资	*debt*	（应付债券＋短期借款＋长期借款）/资产总额
	留存收益	*endo*	（盈余公积＋未分配利润）/资产总额
控制变量	政府补贴	*sub*	政府补贴总额的自然对数
	股权集中度	*CR_5*	前 5 位大股东持股比例之和
	股权制衡度	*Z*	第一大股东与第二大股东持股比例的比值
	管理层持股	*msh*	管理层（含董事、监事和高管）持股比例
	管理层年度报酬	*reward*	管理层（含董事、监事和高管）年度报酬总额

（二）数据来源

本文定义的信息技术产业是指按照《国民经济行业分类》（GB/T 4754—2011）分类的计算机、通信和其他电子设备制造业和信息传输、软件和信息技术服务业。考虑数据的可得性和尽可能减小估计误差，因此利用 2000—2014 年该产业进入普及阶段后全部 A 股上市公司为大样本年度数据进行实证检验，相关财务数据来自 CCER 经济金融数据库。为了减少异常值的影响，除技术前沿差距，数据均事先采用上下 1% 的 winsorize 处理。

（三）变量的描述性统计

表 2 报告了主要变量的描述性统计分析结果。信息技术产业的股权融资均值为 0.5420，大大超过其他两类融资渠道，充分反映了技术类企业“融资难”的不争现实。

表 2　　　　主要变量的描述性统计

变量名	观测值	平均数	标准差	最小值	最大值
roa	2858	0.0378	0.1990	-2.4530	7.9510
equi	2858	0.5420	0.6040	0.03180	23.6400
debt	2858	0.1420	0.1660	0.0000	2.1860
endo	2858	0.0348	0.5980	-12.5600	0.7180
sub	2858	-5.1760	8.9580	-9.2100	17.1700
reward	2858	0.0021	0.0021	2.22e-06	0.0280
msh	2858	20.8900	34.4200	0.0000	132.2000
CR_5	2858	0.5300	0.1460	0.1390	0.8000
Z	2858	12.3600	24.8200	1.0000	165.3000

四、实证结果与分析

（一）主要回归结果

首先对面板回归常用的回归策略进行比较，在处理面板数据时，究竟使用固定效应还是随机效应模型是一个基本问题。由于混合回归的聚类稳健标准误与普通标准误相差不大，因此传统的 hausman 检验是适用的。由于 hausman 检验的 p 值为 0.0000，认为应该使用固定效应模型，而非随机效应模型，同时使用聚类稳健标准误以消除组内自相关影响。

表 3 报告了添加时间趋势项的融资结构与信息技术产业企业资产收益率的固定效应模型主要回归结果。由于 2000—2014 年信息技术产业飞速发展的十几年间，恰逢 2008 年爆发全球性金融危机，因此将金融危机作为影响因素以 2008 年作为时间节点将样本划分为经济金融环境稳定期和金融危机冲击后

进行检验。模型（1）显示了经济金融稳定期间的回归结果，股权融资（*equi*）的回归系数是0.147，在10%的水平上通过显著性检验，表明股权融资对资产收益率（*roa*）存在较显著的正面效应；留存收益（*endo*）的回归系数为0.123，且在5%的显著水平上通过了显著性检验，同样表明留存收益也能够有效地促进资产收益率；留存收益融资的回归系数略小于股权融资的回归系数，留存收益融资每提高1个单位，会导致企业资产收益率增加0.123个单位，而股权融资每提高1个单位，企业资产收益率可提高0.147个单位，然而留存收益系数显著性却高于股权融资，这意味着在经济金融环境较稳定时期，留存收益融资与股权融资对信息技术产业资产收益率的促进作用在伯仲之间。但是，债权融资（*debt*）的回归系数为-0.307，在10%的显著性水平显著，反映了债权融资对企业资产收益率具有较显著的负面作用。因此，本文的假说1得到验证。与经典的“啄食顺序”（Pecking Order）理论相比，一般产业企业融资顺序遵循内部融资>债权融资>股权融资，而信息技术产业上市公司在金融经济稳定期间的融资顺序是内部融资≈股权融资>债权融资。

表3　　基本回归结果

变量	（1）稳定期	（2）危机后	（3）稳定期	（4）危机后
equi	0.147*	-0.234**	2.489**	-13.750
	(0.081)	(0.105)	(1.094)	(8.792)
debt	-0.307*	-0.572**	-0.866	12.630
	(0.160)	(0.253)	(1.743)	(9.952)
endo	0.123**	-0.299*	0.116	-0.140
	(0.061)	(0.176)	(0.102)	(0.112)
gap			2.549**	-9.839*
			(1.153)	(5.880)
gapequi			-3.953**	23.970
			(1.727)	(15.450)
gapdebt			0.830	-22.930
			(2.600)	(17.700)
sub	-0.0007	0.0006	-0.0009	0.0007
	(0.0007)	(0.001)	(0.0007)	(0.001)

续表

变量	（1）稳定期	（2）危机后	（3）稳定期	（4）危机后
CR_5	-0.097	0.217***	-0.215	0.162**
	(0.201)	(0.076)	(0.226)	(0.0700)
Z	-0.0001	-6.74e-05	-0.000206	-0.0002
	(0.0001)	(0.0002)	(0.000150)	(0.0003)
msh	-0.0003	-0.0002	-0.0002	-0.0003
	(0.0005)	(0.0003)	(0.0006)	(0.0003)
reward	-5.622	8.097	-0.187	10.240
	(9.696)	(9.451)	(8.419)	(9.556)
year	-0.003	-0.0010	0.008	-0.003
	(0.005)	(0.002)	(0.015)	(0.002)
Constant	6.184	2.153	-16.48	12.34*
	(10.58)	(3.828)	(29.14)	(6.863)
Observations	863	1995	863	1995
R^2	0.143	0.077	0.217	0.150
Number of firm	156	379	156	379

注：*、**、***分别代表0.1、0.05、0.01的显著性水平，括号内数值为z统计量的检验值。

模型（2）报告了金融危机后的回归结果，与稳定期样本的结果形成了鲜明的对比。股权融资的回归系数为-0.234，并且在5%的水平显著，与危机前作用相反；留存收益系数在10%的显著性水平是-0.299，亦与危机前相反。债权融资效用与危机前保持一致，但值得注意的是其系数变得更小，为-0.572，并且更加显著。因此我们初步得出结论，金融危机对信息技术产业融资渠道的影响效应冲击很大，给股权融资和内源融资效果带来了负面影响，并使债权融资效果更加恶化，这为本文的假说2提供了有力的证据。

模型（3）和模型（4）为稳定期与危机后分别添加了技术前沿差距（*gap*），以及技术前沿差距与股权融资交互项（*gapequi*）、技术前沿差距与债权融资交互项（*gapdebt*）的回归报告。观察技术前沿差距与股权融资的交互项，在稳定期的系数于5%的水平为-3.953，表明经济金融稳定时期技术前沿差距会显著抑制股权融资的促进作用，金融危机发生后作用则不显著。对于技术前沿差距与债权融资的交互项，不管是稳定期还是危机后影响均不显著。因此，假说3得到了验证。

根据基本回归报告结果，除了股权集中度（CR_5）在危机发生后呈现显著的正效应外，其余控制变量的影响均在统计上不显著。股权集中度越高，意味着大部分股份集中在少数人手中，因此在危机期间有利于大股东统一企业经营思想应对危机影响。

（二）融资渠道与企业经营业绩：所有制差异的影响

本文认为，基于我国改革开放后的中国特色社会主义制度，对不同所有制企业进行实证检验是具有现实价值的。作为国家重点支持的战略型产业，在本文统计的2858家信息技术产业上市公司中有1176家国有企业，但民营性质的企业数量更为可观有1562家，国有和民营企业总计几乎可以代表整个行业，因此对信息技术产业金融支持的产权异质性分析就显得非常重要。表4中的（1）列与（2）列分别是国有企业与民营企业在经济金融稳定期的回归结果。在股权融资方面，国企的回归系数在10%的显著性水平为0.0726，而民企仅仅呈现不显著的正向作用；在债权融资方面，两者均表现出显著的负向影响，分别为－0.137和－0.289；在内源融资方面，国企的回归系数在1%的水平显著为0.213，民企则不显著，这与股权融资有着类似表现。（3）列与（4）列分别为国企和民企在金融危机发生后的回归结果。三种融资渠道对于国有企业而言均表现出不显著的影响效应。相比国企，民企的抗冲击能力表现更差，股权和债权均呈现显著的负作用，系数分别为－0.307和－0.790。因此从整体上看，不管是在经济稳定期还是金融危机冲击后，信息技术产业的国有企业较民营企业表现得都更有优势。

表4　　所有制差异的影响

变量	（1）国企稳定期	（2）民企稳定期	（3）国企危机后	（4）民企危机后
equi	0.0726*	0.117	0.265	－0.307**
	(0.039)	(0.329)	(0.193)	(0.152)
debt	－0.137***	－0.289*	－0.0530	－0.790*
	(0.035)	(0.160)	(0.154)	(0.432)

续表

变量	(1) 国企稳定期	(2) 民企稳定期	(3) 国企危机后	(4) 民企危机后
endo	0. 213***	0. 145	0. 105	-0. 414
	(0. 034)	(0. 183)	(0. 213)	(0. 269)
sub	-0. 0002	-0. 001		-0. 0004
	(0. 0004)	(0. 0013)		(0. 002)
CR_5	-0. 0547	-0. 279	0. 152	0. 149*
	(0. 051)	(0. 328)	(0. 161)	(0. 085)
Z	-4. 81e-05	-0. 0005	6. 33e-05	0. 0002
	(7. 10e-05)	(0. 003)	(0. 0002)	(0. 0004)
msh	-0. 0016*	-0. 0010	0. 0002	-0. 0002
	(0. 0008)	(0. 0009)	(0. 0015)	(0. 0002)
reward	4. 063	29. 770	-21. 970**	11. 920
	(6. 323)	(28. 160)	(9. 768)	(12. 030)
year	-0. 003	-0. 002	0. 001	-0. 002
	(0. 002)	(0. 006)	(0. 002)	(0. 004)
Constant	6. 560	3. 503	-2. 997	5. 182
	(4. 751)	(11. 210)	(4. 198)	(7. 404)
Observations	571	257	605	1305
R^2	0. 347	0. 158	0. 112	0. 097
Number of firm	96	75	101	277

注：*、**、***分别代表0. 1、0. 05、0. 01的显著性水平，括号内数值为z统计量的检验值。

表5在表4的基础上增添了技术前沿差距、技术前沿差距股权融资交互项和技术前沿差距债权融资交互项作为解释变量。在稳定期技术前沿差距对股权融资和债权融资的交互作用方面，民企在1%的水平上均表现出显著的抑制效果，分别为-15. 350和-10. 880，而国企均不显著；在危机后技术前沿差距对股权融资和债权融资的交互作用方面，仅国企在股权上显现了统计上微弱的正显著性。因此，假说4得到了验证。

表 5　　　　技术前沿差距与所有制差异的影响

变量	(1) 国企稳定期	(2) 民企稳定期	(3) 国企危机后	(4) 民企危机后
equi	-0.081	9.665***	-18.260*	-13.260
	(0.400)	(1.361)	(10.30)	(13.50)
debt	-0.276	6.828***	-2.647	18.860
	(0.424)	(1.454)	(3.681)	(14.25)
endo	0.205***	0.513***	0.262*	-0.290**
	(0.0371)	(0.158)	(0.145)	(0.145)
gap	0.288	6.446***	-14.680*	-10.120
	(0.842)	(1.788)	(8.102)	(9.665)
gapequi	0.238	-15.350***	32.700*	22.960
	(0.643)	(2.136)	(18.13)	(23.70)
gapdebt	0.213	-10.880***	4.570	-34.170
	(0.630)	(2.428)	(6.442)	(25.47)
sub	-0.0002	-0.0018		0.0003
	(0.0004)	(0.001)		(0.002)
CR_5	-0.058	-0.197	0.020	0.145
	(0.061)	(0.261)	(0.115)	(0.100)
Z	-5.17e-05	0.002	-0.0001	0.0004
	(7.72e-05)	(0.003)	(0.0002)	(0.0006)
msh	-0.0014**	-0.0008	-0.002	-0.0003
	(0.0007)	(0.001)	(0.0032)	(0.0003)
reward	3.292	15.030	-5.893	10.980
	(7.110)	(14.84)	(7.699)	(10.89)
year	0.0049	-0.0756**	0.0007	-0.006
	(0.012)	(0.038)	(0.003)	(0.004)
Constant	-9.941	147.500*	6.836	17.890
	(24.480)	(76.310)	(7.286)	(12.810)
Observations	571	257	605	1，305
R^2	0.349	0.631	0.367	0.156
Number of firm	96	75	101	277

注：*、**、***分别代表0.1、0.05、0.01的显著性水平，括号内数值为 *z* 统计量的检验值。

（三）内生性处理

本文对经济金融环境稳定时期，不同的融资渠道对信息技术企业经营业绩的影响效应做了内生性处理。对于信息技术产业这种高科技产业，投资者往往会根据企业的成长性进行投资决策。与此同时，企业资产规模大，实力强，往往容易形成投资偏好。其中，固定资产作为担保性资产，对于投资决策也是被重视的因素之一，特别是债权融资。在我国传统商业银行或融资机构认可的抵押物房地产和机械设备等大多属于固定资产。同时，良好的现金流水平不仅能够提升企业的还款能力，而且在某种程度上说明了企业的盈利能力和投资价值。因此，结合以上理论分析为融资渠道变量选择工具变量：净利润增长率、企业规模①、固定资产净值比资产总额和经营活动产生的现金流水平。② 表 6 的（1）列和（2）列分别为两阶段最小二乘法和为了消除异方差影响的广义矩估计（GMM）报告结果，Sargan 统计量的 P 值为 0.10，基本排除了过度识别问题。不可识别检验的 Anderson canon. corr. LM 统计量 P 值为 0.01，基本保证了工具变量的有效性。加入工具变量之后，弱化了计量模型的内生性问题，结果显示主要变量系数和显著性基本保持一致。

表 6　　内生性处理

变量	（1）两阶段最小二乘法	（2）广义矩估计（GMM）
equi	1.297 **	1.467 **
	(0.556)	(0.598)
debt	-0.279	-0.159
	(0.876)	(0.897)
endo	0.959 **	1.098 **
	(0.432)	(0.465)
CR_5	-0.603 *	-0.786 *
	(0.332)	(0.402)

① 本文利用资产总额的对数作为企业规模的代理变量。

② 本文利用(期末现金总额 - 期初现金总额)/资产总额表示。

续表

变量	（1）两阶段最小二乘法	（2）广义矩估计（GMM）
Z	7.08e-06	-3.66e-05
	(0.0005)	(0.0006)
sub	0.001	0.001
	(0.001)	(0.001)
reward	-13.020	-14.620
	(16.600)	(17.790)
msh	-0.002	-0.002
	(0.004)	(0.004)
year	0.004	
	(0.009)	
Constant	-9.178	
	(17.98)	
Observations	699	691
R^2		-0.962
Number of firm	130	122

注：*、**、***分别代表0.1、0.05、0.01的显著性水平，括号内数值为z统计量的检验值。

（四）稳健性检验

1. 分样本讨论

考虑到信息技术产业中有一批融资约束程度高，即现金流水平低的企业，本文选取现金流水平小于0的企业作为样本进行分样本检验。表7结果显示，主要变量估计结果的系数符号和显著性基本未发生实质性变化，表明其估计结果具有良好的稳健性，研究结论也是可靠的。

表7　　基于高融资约束样本的稳健性检验

变量	（1）经济环境稳定期	（2）金融危机后	（3）经济环境稳定期	（4）金融危机后
equi	0.404**	-0.108**	1.543	-0.404
	(0.168)	(0.0550)	(1.379)	(2.017)

续表

变量	(1) 经济环境稳定期	(2) 金融危机后	(3) 经济环境稳定期	(4) 金融危机后
debt	-0.411 *	-0.306 **	-6.655 ***	4.035
	(0.238)	(0.129)	(1.874)	(4.721)
endo	0.291 ***	-0.0553	0.0740	-0.0486
	(0.091)	(0.095)	(0.101)	(0.106)
gap			3.524 *	0.424
			(1.806)	(2.344)
gapequi			-2.338	0.530
			(2.236)	(3.643)
gapdebt			9.311 ***	-7.565
			(2.686)	(8.283)
sub	-0.002		-0.002	
	(0.002)		(0.002)	
CR_5	-0.296	0.319 ***	0.052	0.313 ***
	(0.485)	(0.081)	(0.378)	(0.081)
Z	-0.0005 *	0.0002	-0.0003	0.0001
	(0.0003)	(0.0002)	(0.0003)	(0.0002)
msh	0.0021	-0.0003	0.0041 **	-0.0003
	(0.002)	(0.0004)	(0.002)	(0.0004)
reward	-18.490	2.868	-17.600	2.159
	(14.870)	(5.318)	(12.330)	(5.303)
year	-0.009	0.004 *	0.079 **	0.003
	(0.012)	(0.003)	(0.036)	(0.003)
Constant	18.890	-8.767 *	-159.500 **	-6.566
	(24.850)	(5.302)	(73.210)	(6.599)
Observations	380	942	380	942
R^2	0.310	0.391	0.458	0.395
Number of firm	125	342	125	342

注：*、**、*** 分别代表 0.1、0.05、0.01 的显著性水平，括号内数值为 z 统计量的检验值。

2. 调整变量定义

正如前文所述，信息技术产业的发展需要极大的技术支持和极高的调整成本，也就极其依赖经营中产生的现金流，因此许多文献采用现金流量表中的经营活动所产生的现金流作为内源融资的替代变量（Cleary et al.，2007；李汇东，2013）。参考这一做法，本文将内源融资的定义由“（盈余公积+未分配利润）/资产总额”调整为经营活动产生的现金流水平。表 8 结果显示，在替换变量后，模型变量系数符号和显著性均未发生实质性变化，整个稳健性检验说明本文的回归结果是非常稳健的。

表 8　　基于现金流水平的稳健性检验

变量	(1) 经济环境稳定期	(2) 金融危机后	(3) 经济环境稳定期	(4) 金融危机后
equi	-0.028	-0.046	2.244**	-15.810*
	(0.071)	(0.045)	(0.950)	(9.536)
debt	-0.419***	-0.292**	-1.567	11.540
	(0.154)	(0.132)	(1.318)	(9.865)
cash	0.0975**	0.124*	0.103***	0.130**
	(0.045)	(0.067)	(0.039)	(0.064)
gap			2.167**	-10.970*
			(1.091)	(5.962)
gapequi			-3.813**	27.750*
			(1.610)	(16.810)
gapdebt			1.765	-20.820
			(2.050)	(17.470)
sub	-0.0008	0.0003	-0.0011*	0.0003
	(0.0006)	(0.002)	(0.0007)	(0.001)
CR_5	-0.0404	0.1020	-0.1370	0.0927
	(0.172)	(0.0861)	(0.184)	(0.0620)
Z	-0.0001	7.92e-05	-0.0002	-8.47e-05
	(0.0001)	(0.0001)	(0.0001)	(0.0002)
msh	-0.0003	-0.0003	-0.0002	-0.0003
	(0.0004)	(0.0003)	(0.0005)	(0.0003)

续表

变量	(1) 经济环境稳定期	(2) 金融危机后	(3) 经济环境稳定期	(4) 金融危机后
reward	-2.153	10.230	3.935	12.120
	(8.896)	(10.390)	(8.419)	(10.230)
year	-0.003	-0.0003	0.006	6.34e-05
	(0.005)	(0.003)	(0.016)	(0.002)
Constant	6.959	0.651	-12.850	6.144
	(9.819)	(5.940)	(32.250)	(5.903)
Observations	863	1,995	863	1,995
R^2	0.133	0.044	0.210	0.155
Number of firm	156	379	156	379

注：*、**、*** 分别代表 0.1、0.05、0.01 的显著性水平，括号内数值为 z 统计量的检验值。

五、结论与政策含义

在经济新常态下，我国面临经济转型和产业升级的双重压力，我国当前经济发展战略已从投资拉动和出口导向转变为创新驱动。在中国互联网飞速发展的十几年里，一大批创新型网信企业有效地拓展了经济发展新空间，为适应和引领经济发展新常态，深化供给侧结构性改革发挥了重要作用。金融业应充分发挥其在市场中的资源配置作用，规范和促进网信企业创新发展，推进数字中国建设。本文利用2000—2014 年中国信息技术产业 A 股上市公司的相关数据，从新结构经济学技术前沿差距的视角，探讨了融资结构对中国信息技术产业企业业绩的影响，并将金融危机与所有制差异纳入研究框架。

本文的经验研究表明：信息技术产业作为创新型产业，其股权融资和内源融资能够促进企业的经营业绩，而债权融资对信息技术企业经营业绩呈现抑制作用，与经典的“啄食顺序”（Pecking Order）理论相比，一般产业企业融资顺序遵循内部融资 > 债权融资 > 股权融资，而信息技术产业上市公司在金融经济稳定期间的融资顺序是内部融资 ≈ 股权融资 > 债权融资；金融危机对信息技术产业融资渠道的影响效应冲击很大，给股权融资和内源融资效果带来了负面影响，并使债权融资效果更加恶化；经济金融环境稳定时期，当信息技术产业技术逐渐接近前沿水平时，股权融资的正向效应将被放大，相较债权融资更具优势；关于我国信息技术产业融资效果，国有企业表现优于民营企业。

本文的发现具有深刻的政策含义：首先在宏观政策层面，应着力采取各类调控措施保障经济平稳过渡以保证信息技术产业企业的盈利水平，“稳增长”促“调结构”，从而避免企业内部融资渠道受阻影响企业创新发展。其次，考虑我国信息技术产业部分技术逐渐接近前沿水平，除以开放姿态参与技术交流外，应加强深化金融体制改革，健全以股权融资为主体的资本市场，适度下调准入门槛，对二板市场进行扩容并完善转板机制，特别是注重科创板的建设工作，为保证信息技术产业股权融资渠道的顺畅创造条件。与此同时，应该以更加开放的资本市场体系支持金融创新业务，对以互联网为媒介的股权众筹等新型融资方式持包容态度，促成有利于“大众创业、万众创新”的投融资环境。再次，适度降低网信企业部门的杠杆率水平，持续、深入地贯彻“去杠杆”战略部署，同时商业银行要紧紧抓住信息技术产业的特点和发展规律，积极创新金融服务，如贷款证券化和知识产权质押贷款等，债券市场可考虑以企业集合发债形式或可转换债券等方式优化金融产品。最后，从公司治理层面持续深入推进信息技术产业国有企业改革，在信息技术产业中构建国有资本与民营资本良性互动的竞争格局，实现资金配置效率的不断提升，进而推动我国产业结构持续升级与优化。

参考文献

[1] 韩宝国，李世奇．软件和信息技术服务业与中国经济增长[J]．数量经济技术经济研究，2018(11)．

[2] 茹少峰，刘家旗．网络经济资本深化对我国潜在经济增长率的贡献解析[J]．经济纵横，2018(12)．

[3] ROSS S A. The determination of financial structure: the incentive signaling approach[J]. Bell Journal of Economics, 1977(8).

[4] MASULIS R W. The impact of capital structure change on firm value: Some estimates[J]. Journal of Finance, 1983(38).

[5] JENSEN M. Agency cost of free cash flow , corporate finance and take overs [J]. American Economic Review Papers and Proceedings, 1986(76).

[6] 吕长江，王克敏．上市公司资本结构、股利分配及管理股权比例相互作用机制研究[J]. 会计研究，2002(3).

[7] 陆正飞，韩霞，常琦．公司长期负债与投资行为关系研究:基于中国上市公司的实证分析[J]. 管理世界，2006(1).

[8] 简泽．银行债权治理、管理者偏好与国有企业的绩效[J]. 金融研究，2013 (1).

[9] TITMAN S, WESSELS R. The determinants of capital structure choice[J]. Journal of Finance, American Finance Association, 1988(1).

[10] 洪锡熙，沈艺峰．我国上市公司资本结构影响因素的实证分析[J]. 厦门大学学报(哲学社会科学版)，2000(3).

[11] CHAPLINSKY S, NIEHAUS G. Do inside ownership and leverage share common determinants? [J]. Quarterly Journal of Business & Economics, 1993(4).

[12] RAJAN R G, ZINGALES L. What do we know about capital structure? Some evidence from international data[J]. Journal of Finance, 1995(5).

[13] 杜莹，刘立国．股权结构与公司治理效率:中国上市公司的实证分析[J]. 管理世界，2002(11).

[14] 张晨，朱晓丹．债权治理对国有企业绩效的影响[J]. 财会月刊，2015(6).

[15] 龚强，张一林，林毅夫，产业结构、风险特性与最优金融结构[J]. 经济研究，2014(4).

[16] HALL B H. The financing of research and development[J]. Oxford Review of Economic Policy, 2002(1).

[17] BROWN J R, FAZZARI S M, PETERSEN B C. Financing innovation and growth: cash flow, external equity, and the 1990s R&D boom[J]. Journal of Finance, 2009(64)

[18] 鞠晓生，卢荻，虞义华．融资约束、营运资本管理与企业创新可持续性[J]. 经济研究，2013(1).

［19］张一林，龚强，荣昭．技术创新、股权融资与金融结构转型［J］．管理世界，2016(11).

［20］JENSEN M C, MECKLING W H. Theory of the firm: managerial behavior, agency costs and ownership structure［J］. Journal of Financial Economics, 1976(4).

［21］GROSSMAN S J, HART O. Corporate financial structure and managerial incentives［M］. Social Science Electronic Publishing, 1982.

［22］王英兰．金融危机影响下我国上市公司 EVA 的估计与评价［J］．中央财经大学学报，2010(4).

［23］谢杰，张海森．全球金融危机爆发的原因及其对中国经济的影响［J］．国际贸易问题，2009(7).

［24］CIMOLI M, CORREA N. Trade openness and technological gaps in Latin America: A low growth trap［J］. LEM Working Paper Series, 2002.

［25］GERLACH S. Estimating output gaps in Asia: a cross country study［J］. Journal of the Japanese and International Economies, 2004(1).

［26］DEMIRGUC - KUNT A, FEYEN E, LEVINE R. Optimal financial structures and development: the evolving importance of banks and markets［J］. World Bank, 2011.

［27］林毅夫，孙希芳，姜烨．经济发展中的最优金融结构理论初探［J］．经济研究，2009(8).

［28］钟海燕，冉茂盛，文守逊．政府干预、内部人控制与公司投资［J］．管理世界，2010(7).

［29］杨瑞龙，王元，聂辉华．“准官员”的晋升机制：来自中国央企的证据［J］．管理世界，2013(3).

［30］BOYCKO M, SHLEIFER A, VISHNY R W. A theory of privatisation［J］. The Economic Journal, 1996(435).

［31］BENFRATELLO L, SCHIANTARELLI F, SEMBENELLI A. Banks and innovation: microeconometric evidence on Italian firms［J］. Journal of Financial Economics, 2008(2).

［32］林志帆，龙晓旋．金融结构与发展中国家的技术进步：基于新结构经济学视角的实证研究［J］．经济学动态，2015(12).

［33］ANG J B, MADSEN J B, ISLAM M R. The effects of human capital composition on technological convergence[J]. Journal of Macroeconomics, 2011(3).

[34] CLEARY S, POVEL P, RAITH M. The u - shaped investment curve: theory and evidence[J]. Journal of Financial & Quantitative Analysis, 2007(1).

[35] 李汇东，唐跃军，左晶晶. 用自己的钱还是用别人的钱创新？——基于中国上市公司融资结构与公司创新的研究[J]. 金融研究，2013(2).

金融地理结构对地方产业结构升级的影响及其区域差异

王小腾　徐璋勇[①]

摘　要：本文从金融地理学的视角，将金融地理结构区分为地方金融发展与区域金融中心，利用2003—2015年280个地级市的面板数据，实证检验其对地方产业结构升级的影响，并且进行了区域异质性分析。实证结果表明，地方金融发展对地方产业结构升级具有促进作用，而区域金融中心对地方产业结构升级具有抑制作用。金融地理结构影响地方产业结构升级的方向和程度还取决于城市所在区域的异质性。进一步研究发现，人力资本、偏向性技术进步、政府干预是金融地理结构影响地方产业结构升级的三个重要的调节效应，其调节效应的方向与程度同样取决于城市所在区域的异质性。本文的发现有助于理解金融地理结构与产业结构调整之间的关系，能够为当前的宏观经济决策提供研究基础。

关键词：地方金融发展；区域金融中心；产业结构升级；调节效应

① 作者简介：王小腾，经济学博士研究生，西北大学经济管理学院，E - mail：hbwxt2012@163.com.
徐璋勇，经济学博士，教授，西北大学经济管理学院，E - mail：xbdx568@163.com.

一、引言

金融危机导致世界经济下滑，尤其是中国经济从过去两位数的高速增长，下行到2017年6.9%的增长速度，这并非一个周期性现象，而是一种“结构性减速”，即进入了“新常态”经济发展阶段。而产业结构的优化升级既是发展中国家与发达国家经济发展差异的一个核心变量，也是发展中国家加快经济发展的本质要求。党的十九大报告明确提出，我国经济已由高速增长阶段转向高质量发展阶段，正处在转变发展方式、优化经济结构、转换增长动力的攻关期，建设现代化经济体系是跨越关口的迫切要求和我国发展的战略目标。要坚持深化供给侧结构性改革，支持传统产业优化升级，加快发展现代服务业，促进我国产业迈向全球价值链中高端。政府在战略层面上更倾向于在产业结构的优化升级中实现经济可持续增长。

产业结构的变迁与优化升级依赖于一定的外部环境和客观条件，尤其对资金需求和金融结构有着特殊的要求（孙晶、李涵硕，2012）。影响产业结构升级金融方面的研究大多关于金融发展（于泽、徐沛东，2014；易信、刘凤良，2015；易信、刘凤良，2018；罗超平等，2016；），较少涉及金融结构方面；其中涉及金融结构的研究也大多关于金融组织结构（林毅夫等，2009；龚强等，2014；杨子荣、张鹏扬，2018），较少涉及金融地理结构。古典经济学、制度经济学及金融地理学者都认为，地理区位对金融体系具有重要的影响力，地理区位较好的区域经济发展潜力大、信息流动通畅，而地理区位较差的区域经济发展潜力小、信息流动闭塞，从而使金融体系表现出集聚经济、地方锁定的特征，金融机构与金融功能向中心区集聚，反过来导致边缘区处于不利地位，这样的过程加剧了区域差异，形成中心—外围结构。金融集聚中心区内，金融信息也同样集聚，为了体现金融信息的价值需要金融信息从中心向外围地区传输，发挥金融信息的外部性，而信息在传输过程中会由于“解译”的偏差出现失真，从而产生“信息衰减”和“距离摩擦”（Klagge和Martin，2005）。因此，中心区与外围区之间的地理距离会引致金融活动产生市场摩擦以及与之相应的交易成本，地理距离的增加会提高这种交易成本

(Porteous, 1999)，反过来又会强化金融活动向中心的集聚，产生“金融排斥”现象（Alessandrini et al.，2010；Cotugno et al.，2013），使金融中心与外围区的金融可获得性产生巨大的差异性。因此，金融地理结构能够影响区域的金融资源配置效率，进而影响区域产业结构的优化升级与经济发展。

近年来，中国各个大中型城市纷纷提出打造国际性或区域性金融中心的战略目标，希望通过整合和集聚地区的金融资源，发挥辐射效应带动周边区域产业的发展，使金融资源明显向金融中心集中。根据国内权威机构发布的第9期“中国金融中心指数”统计，31个金融中心城市贡献了52%的全国金融业增加值，拥有81%的全国法人商业银行总资产、96%的法人证券公司总资产、96%的法人保险公司总资产，包揽100%的资本市场份额，而同期这31个金融中心城市的经济总量仅占全国的42.17%，金融地理结构与经济地理结构极不匹配。目前，全球处于领先地位的金融中心在形成过程中，市场机制发挥着主要作用，各国实践表明，市场主导的金融中心往往最具有竞争力，能够发挥出金融集聚的溢出效应；政府主导的金融中心最大的问题在于，当市场机制没有得到相应的发展时，政府的干预往往会限制金融资源的自由流动（闫彦明等，2013）。而中国的30多个金融中心无一例外都是在政府主导下推动建设的（孙国茂、范跃进，2013）。那么，地方政府主导推动建设的金融中心在功能上是否与一般意义上的金融中心相同？是否能够有效发挥金融中心的溢出效应？

此外，由于金融地理结构与经济地理结构不相匹配，大量非金融中心城市的发展所依赖的金融资源供给不足。在地方政府主导的产业发展模式下，由于制造业能够生产可贸易产品，流动性更大，地方政府迫于地方发展的压力必然会调动大量金融资源为其提供更为便利的融资服务，而服务业则会被地方政府忽视，导致金融资源供给不足（郭峰、熊瑞祥，2018）；同时，由于地方金融机构的经营会受到地方政府的严重干预，地方金融机构存在大量的非商业化行为，管理行政化以及外部监管有效性较为薄弱，发展受到严重制约（李维安、钱先航，2012；纪志宏等，2014）。那么，相比金融中心，地方金融是否重要？地方金融的发展是否会影响地方产业发展中的结构问题？

鉴于此，本文旨在讨论我国金融地理结构如何影响地方产业结构升级。

由于产业结构的优化升级是反映经济发展的重要表现形式，因此本文试图从金融地理学与金融集聚的视角，分析和比较地方金融发展、区域金融中心对地方产业结构升级的影响，并分析这种影响在区域以及城市层面的异质性，希望能够为金融地理结构影响地方产业结构升级的理论机制提供新的经验证据。本文可能的贡献在于，首先，过去对金融结构的考察主要集中于讨论金融组织结构，林毅夫等（2009）据此提出了最优金融结构假说。根据最优金融结构假说，龚强等（2014）、杨子荣、张鹏扬（2018）发现金融组织结构只有与产业结构相适应时，才能促进实体经济发展。而金融地理结构是金融结构的一个重要维度，本文从金融地理学的视角对金融结构与产业结构的内在关联给予了新的解释。其次，本文基于中国金融体制的转轨特征讨论了金融地理结构对地方产业结构升级的影响，用2003—2015年中国280个地级及以上城市的统计数据，检验了这种影响在区域以及城市层面的异质性，进一步在经验上识别了金融地理结构影响地方产业结构升级存在人力资本、偏向性技术进步以及政府干预的调节效应，研究结果既是对金融经济学文献的一个重要补充，也有助于扩展经济地理学的研究范畴。

二、金融地理结构影响地方产业结构升级的理论机制

（一）金融集聚与产业结构升级

在地方金融发展的过程中，大量的金融机构在一定范围内集中，促使金融中介持续发展与金融市场不断完善，能够将大量分散、利用率较低的储蓄集聚成资本，并且可以用较少的资金余额为较大规模的投资提供资金，降低融资成本，提高市场的流动性。金融机构通过提供股权融资和债权融资等服务方式将分散的资金聚集起来并使其流向科技投资项目，为资金供求方搭起桥梁。也就是说，金融集聚可以有效地缓解技术创新的信贷约束，持续且稳定地提升技术创新效率（Buera和Shin，2013）。金融集聚引致的创新效应推动了金融创新的差异化，这有利于金融机构向企业提供为其量身定制的金融产品（Butler和Cornaggia，2011），同时金融集聚的风险分散功能能够消除风险厌恶型企业流动性缺乏的顾虑，从而促使企业进行专业化投资，选择更为

先进的技术提升企业的生产效率（余泳泽等，2013）。

金融机构具有良好的信息生产优势，能够集中收集与规模化处理企业与市场的信息，有利于降低自身与企业之间的信息搜寻成本，提高金融资源的配置效率（Chava et al.，2013）。金融集聚一方面可以发挥信息收集与处理的规模经济效应，另一方面大量金融机构在一个区域集中，相关性辅助性产业与社会中介服务业会得到迅速发展，同时会伴随金融、信息与产业的相互融合，进而形成一个网络，成为众多金融机构、其他辅助性行业以及生产性企业之间信息交流的渠道，进一步削减信息搜寻以及交流成本。这种网络还能够促进企业之间的交流与学习，不仅使当地企业享受到马歇尔外部性（劳动池效应、中间产品分享和知识溢出），而且能够促进企业之间建立信誉机制，减少金融合约的监督成本。随着金融集聚程度的进一步提高，金融机构之间会形成良好的竞争机制，促使金融机构的专业化分工程度加深，提升金融资源的配置效率，进而提高区域内企业的整体效率，从而促进地区产业结构的优化升级。

金融集聚使区域内部金融机构之间的关联越发紧密，它们之间相互渗透、相互合作以及相互竞争，随着集聚程度的进一步加深，可能会造成金融资源的过度拥挤，使金融集聚效应变得无效，增加流动性管理与风险管理的难度，导致金融的过度集聚。金融的过度集聚会导致金融市场拥挤，行业过度竞争，进而导致宏观经济风险加剧，抑制产业结构升级。一方面，金融机构的过度集聚会导致流动性过剩，在盈利压力和目标考核机制下，金融机构之间的竞争性加剧，势必会向市场提供过多的金融产品，向市场注入过多的流动性供给，导致落后企业与淘汰产业也能够通过金融机构获取外部融资，这就削弱了金融体系的资源配置功能（Kreppner，2015），进而抑制了产业结构的优化升级。另一方面，金融过度集聚导致金融体系出现虚假繁荣，致使金融资产价格上升从而形成泡沫，金融资产受到高额资本回报率的驱使，大量金融资源在金融体系内部空转，并未流到其他产业部门中（Duran，2014）；同时企业受到金融行业高额回报率的影响，容易出现企业过度金融化的问题，从而增加了企业的经营风险与创新风险。因此，金融的过度集聚会扩大金融体系的系统性风险，高新技术产业、战略性新兴产业等高端产业的发展会受到阻碍，进而抑制产业结构的优化升级。

（二）区域金融中心的辐射效应

金融地理学以新经济地理学为基础，从金融信息流动的角度对金融集聚形成的动因进行了研究。“信息腹地论”“市场摩擦论”和“金融资源流动论”的提出表明，信息生产、收集和传播源头的“信息腹地”或“信息中心”是金融集聚或金融中心形成的主导力量（Porteous，1995）。根据历史的进程来看，随着金融集聚程度的不断加深，金融资源在地理空间变得越发集中，从而形成中心—外围结构（Klagge 和 Martin，2005）。金融中心包括一定区域内主要的金融中介与金融市场，而周边地区金融中介与金融市场的发展并不充分。金融中心聚集了大量的金融机构以及各种相关联的企业，存在信息与知识的共享、人力资本的溢出效应、技术扩散效应以及其他外部性，使金融中心对周边地区产业结构优化升级的辐射效应有了一定的现实基础。金融中心的辐射功能与集聚功能不仅相互依存，有时二者还会相互转换，集聚功能是辐射功能的前提和基础，没有大量金融资源的集聚就无法形成辐射源，当金融资源集聚到一定程度后，金融中心便能发挥其辐射功能，反过来金融中心的辐射又会进一步促进周边金融资源向中心的集聚（孙国茂、范跃进，2013）。

金融中心的空间扩散效应主要体现为服务扩散与信息扩散（余泳泽等，2013），服务扩散是指金融资源通过从业人员的传播、服务网络的延伸向周边地区扩散；信息扩散是指金融信息从金融中心向周边地区传递。由于服务在地理空间中的流动需要运输成本，信息在地理空间中的流动具有损耗性的特征，因而金融中心的这两种扩散效应分别涉及运输成本与信息成本，呈现出随着地理距离增加而衰减的特征（Porteous，1999；Klagge 和 Martin，2005），随着现代运输和通信技术的发展，人员、物质资本的运输成本以及信息的传递成本得以大幅下降，运输以及传递的速度和效率得以大幅提升，使金融中心扩散效应得到明显的增强，其扩散效应的地理边界也得到明显扩张。因此，金融中心能够充分利用自身的辐射功能，向周围地区设立金融分支机构和延伸服务网络，通过增加投资、信息溢出和专业化分工等途径提高周边城市的金融资源的可得性，影响地方的产业发展与产业结构的优化升级。

此外，金融中心的经济发展水平通常较高，竞争较为激烈，低效率的企业难以在金融中心生存，只能分布在外围城市（Combes et al.，2012），在市场机制下，金融中心的高效率金融机构或企业会与周边地区的低效率金融机构或企业展开竞争，致使周边地区的金融机构与企业处于不利地位。银行体系信贷决策中心通常位于区域金融中心，而周边地区的企业远离金融中心，信贷可得性受到了抑制，出现“金融排斥”现象，不利于企业进行创新活动，进而抑制产业结构的优化升级（Alessandrini et al.，2010；Cotugno et al.，2013）。金融机构在进行信贷选择的过程中需要企业的标准信息与非标准信息，标准信息能够低成本、无失真零距离传递，而非标准信息会随着地理距离的增加出现失真的现象，由于周边地区大量中小型企业信息不透明程度较高，金融中心获取其标准信息的难度较高，因此金融中心更加倾向于能够轻易获取大量标准信息的地方国有企业（陶峰等，2017）。单纯的地方国有企业垄断并不会影响地方产业结构升级，但是由于我国地方的产业发展模式是由地方政府主导的，国有企业是地方政府干预经济发展的重要载体，地方政府能够调动的金融资源越多，越会将这些资源投向基础设施和大型工业项目领域，尤其是高污染的重工业，对产业结构调整产生不利的影响，地方政府与国有企业相结合的行政垄断是抑制地方产业结构升级的主要原因（褚敏、靳涛，2013）。所以，金融中心会对地方产业结构升级产生抑制作用。

（三）金融地理结构与产业结构升级：调节效应

在金融集聚的过程中，金融机构以及大量的辅助性行业或社会中介服务业（例如，律师、会计、资产评估、信用评估、投资咨询等机构）倾向于在某一地区集中，这便产生了劳动力的集聚效应，金融集聚的深化会带来劳动力结构的改变，促进人力资本的累积。金融集聚自身能够降低流动性风险和分散技术创新风险，同时人力资本积累能够通过“干中学”与知识外溢，进而促进技术进步，而中国技术进步的变迁路径带有明显的偏向性（雷钦礼，2013）。地方政府具有发展地方经济的动力（柳庆刚、姚洋，2012），会通过干预金融资源的配置以及各种产业政策，影响地方产业结构的优化升级。因此，金融地理结构对地方产业结构升级会存在人力资本、偏向性技术进步以及政府干预的调节效应。

1. 人力资本的调节效应

金融集聚促进了劳动力的集聚，使“面对面交流”能够持续发生。“面对面交流”是促进知识外溢发生的重要途径，这样能够使区域的人力资本不断累积，人力资本的积累也会同时增加其他物质资本要素的集聚。区域人力资本水平越高，金融资源越会从低效率的产业向高效率的产业流动，同时具有人力资本比较优势的产业更容易进入高速增长期，进而有利于地方产业结构的优化升级（张国强等，2011）；反之，人力资本水平较低时，地方产业结构优化升级对高水平人力资本的需求难以满足，同时区域内的企业创新动力不足，金融资源难以流入产业发展中，产业结构优化升级乏力，成为制约地方产业结构升级的重要因素（王金营、贾少萌，2011）

2. 偏向性技术进步的调节效应

金融集聚的区域往往是信息中心与知识中心，信息传播迅速形成了十分有利于创新的环境，直接推动了技术进步。假如技术进步导致资本劳动边际产出比上升，则技术进步偏向资本；反之，则偏向劳动。技术进步的偏向特征导致各产业要素供给和需求结构发生改变与重新配置，致使产业结构发生变动。地区的技术进步的偏向特征与其要素禀赋结构的契合度会直接影响地区的技术创新效率，进而影响产业结构的优化升级（孔宪丽、米美玲，2015）。假如一个区域的要素禀赋结构偏向于劳动力，而其技术进步更偏向资本时，此时区域的技术进步偏向特征与其要素禀赋结构发生失衡，导致效率出现损失，而地方金融发展与区域金融中心在此区域集聚大量的金融资源，只会使该地区的生产率扭曲更为严重，制约产业结构的优化升级；反之，区域的技术进步偏向特征与要素禀赋结构十分适宜，则地方金融发展与区域金融中心越发能够促进地方产业结构的优化升级。

3. 政府干预的调节效应

从中国的国情来看，研究金融地理结构与地方产业结构升级的关系离不开地方政府行为的背景。中国政府体制的一个重要特征就是地方政府之间的“政治锦标赛”（周黎安，2007；Xu，2011）。在“政治锦标赛”的激励作用下，地方政府演变为“生产型政府”，地方政府官员具有发展地方经济动力（柳庆刚、姚洋，2012）。同时，中国现行的政治考核与官员选拔体制也为地方政府引导金融资源流向提供了制度“土壤”。具体体现在地方政府能够通过各种措施以及产业政策，鼓励高技术和具有发展潜力的新兴行业落户本区域。例如，可以实施一系列优惠政策，基础设施做到“三通一平”、税收优惠、地方银行配套贷款等，同时也能够限制、转移高能耗、高污染的传统行业，从客观上实现了地方产业结构的优化升级。此外，由于金融体系特别是国有银行是政府主导经济发展的重要手段，地方政府对规模较大的产业与大型企业依赖性较为严重，产业政策会被既得利益集团俘获，导致资源配置发生扭曲，地方金融与区域金融中心投入大量金融资源只会加重资源配置效率的进一步扭曲，从而抑制了地方产业结构的优化升级。

三、模型、变量与数据

（一）模型构建

前文已经从理论上分析了地方金融发展与区域金融中心对地方产业结构升级的影响机制，因此为了明确这种影响机制，本文设定如下计量模型（1）：

$$ind_{it} = \alpha + \beta_1 LocalFin_{it} + \beta_2 CenFin_{ct} + \gamma Ctrl + \delta_i + \theta_t + \varepsilon_{it}$$

其中，下标 i 与 c 分别表示地级市与其所属省份的省会城市；下标 t 表示年份；*LocalFin* 与 *CenFin* 分别表示地方金融发展与区域金融中心。根据现有研究，本文引入了地级市层面的控制变量，包括地方经济发展、教育程度、对外开放程度、基础设施、人口、市场化水平。α、β、γ 为待估参数。最后，所有非特异变量均计入误差项，包括三个部分：δ_i表示不可观测的城市个体固定效应；θ_t表示时间固定效应；ε_{it}是随机扰动项。

（二）变量选择

被解释变量。产业结构升级指数（*ind*）。本文借鉴徐敏、姜勇（2015）的做法，构建产业结构升级指数代表产业结构升级水平，具体测算公式如下：

$$ind = \sum_{i=1}^{3} I_i \times i = I_1 \times 1 + I_2 \times 2 + I_3 \times 3$$

其中，I_1、I_2、I_3分别表示第一、第二、第三产业增加值占 GDP 的比值，该指数反映了三次产业之间的升级关系，数值越大意味着地区的产业结构升级水平越高。

解释变量。本文用金融聚集度衡量城市的金融集聚水平，现有文献主要采用金融产业集中度、赫芬达尔—赫希曼指数、空间基尼系数、区位熵指数以及金融活动的地理密度等衡量金融集聚度。综合数据可得性考虑，本文借鉴陶峰等（2017）的做法，将金融地理结构分为地方金融发展与区域金融中心，其中地方金融发展是以金融集聚程度衡量的，具体计算公式如下：

$$LocalFin_{it} = Fin_{it} / S_{it}$$

其中，下标 i、t 分别表示第 i 个地级市与年份；Fin_{it}表示第 i 个地级市第 t 年的金融活动规模，选取市辖区年末金融机构各项贷款余额进行衡量；S_{it}表示第 i 个地级市的地理面积，选取城市建成区面积进行衡量。

区域金融中心（省会城市）的具体计算公式如下：

$$CenFin_{ct} = Fin_{ct} / (d_{ic} \times S_{ct})$$

其中，下标 i、c 分别表示第 i 个地级市及其所在省份的省会城市；Fin_{ct}表示省会城市 c 在第 t 年的金融活动规模，S_{ct}表示省会城市 c 的地理面积；d_{ic}表示第 i 个地级市与其所属省份的省会城市 c 的地理距离，d_{ic}的倒数刻画了区域金融中心（省会城市）的扩散效应随着省内其他地级市距离的增加而衰减的特征。

控制变量。地方经济发展：采用地区的人均国内生产总值衡量。教育程度：采用普通高等院校在校学生人数与总人口的比重衡量。对外开放程度：采用实际利用外商直接投资与固定投资总额的比重衡量。基础设施建设水平：考虑到数据的可得性，本文采用城市人均道路铺装面积衡量。人口总量：本文用地区人口总数不定期衡量。市场化程度：本文采用 1 减去财政支出占 GDP 比重不定期衡量。

调节变量。人力资本：根据 Autor 和 Dorn（2013）的做法，本文引入从事高技能密集型产业的劳动力进行衡量（见表 1）。偏向性技术进步：Autor 和 Dorn（2013）认为计算机与高技能劳动力具有良好的互补性，计算机普及率的提高引致对高技能劳动需求的增加。本文将计算机普及率作为衡量偏向性技术进步的代理变量。政府干预：本文用地方财政支出占地方财政收入的比重衡量。

表 1　　产业按技能分类

产业分类	对应行业
高技能密集型产业	管理与商务服务、教育、医疗和社会服务、信息技术和金融
中等技能密集型产业	制造业和零售
低技能密集型产业	交通、建筑、采掘业和低技能服务业

（三）数据来源

本文数据来源于 2003—2015 年的《中国城市统计年鉴》，并采用插值法对个别城市缺失的数据进行补充。需要指出的是，在 2004 年 1 月国务院设立了陇南市（原陇南地区和武都县），2011 年期间撤销了安徽省的地级市巢湖市，在贵州省设立毕节市（原县级毕节市）和铜仁市（原县级铜仁市和万山特区），2012 年在海南省成立三沙市，2013 年 2 月在青海省设立海东市（原海东地区）。由于新疆仅有乌鲁木齐与克拉玛依两个地级市的数据，青海仅有西宁的数据，而西藏的拉萨缺少历年数据，因此为了使统计口径保持一致且为后文分析区域金融中心考虑，本文最终选取 280 个地级及以上城市市辖区 2003—2015 年 13 年的面板数据进行分析。在单独考察地方金融发展对地方产业结构升级的影响时，本文选取这 280 个地级及以上城市 13 年的数据；在同时考察地方金融发展与区域金融中心对地方产业结构升级的影响时，考虑到中国特定体制下，金融中心扩散效应的行政层级特征和地理边界，会剔除各省省会城市的数据，选取 252 个地级市及以上城市市辖区 2003—2015 年 13 年的面板数据。

此外，为了减少异方差的问题，除对外开放程度、教育水平以及市场化程度以外的解释变量均利用对数的形式引入模型。由于地级市层面的 CPI 指数与 GDP 指数未披露，因此利用各地级市对应省份当年的 CPI 指数予以替换，以 2003 年为基期，将各个名义变量调整成为实际变量。表 2 报告了主要变量的描述性统计。

表 2　　主要变量的描述性统计

变量	观测值	均值	标准差	最小值	最大值
产业结构升级（*ind*）	3276	2.190	0.116	1.822	2.587
地方金融发展（*LocalFin*）	3276	10.401	0.703	5.665	13.274
区域金融中心（*CenFin*）	3276	6.539	0.831	3.221	9.485
经济发展水平（*gdp*）	3276	28545.386	25054.63	1892	256889
对外开放程度（*fdi*）	3276	0.038	0.052	0.000	0.593
人力资本存量（*edu*）	3276	0.010	0.014	0.000	0.383
市场化程度（*market*）	3276	0.845	0.087	0.142	0.997
人口总量（*pop*）	3276	397.12	229.62	16.37	1244.34
基础建设水平（*infra*）	3276	3.376	5.530	0.026	73.042

四、实证结果与分析

计量模型估计中，Huasman 检验在 1% 水平下显著，表明固定效应模型要优于随机效应模型。由于面板数据可能存在异方差、截面相关和时间序列相关性等问题，使用普通最小二乘法可能会低估标准误差而降低有效性。本文的面板数据结构属于“大 N 小 T”型，通过执行 Pesaran CD 检验，结果证明本文的面板数据存在截面相关，因此，采用 Driscoll - Kraay 标准误差调整的固定效应方法。本文使用控制地级市个体以及时间的双向固定效应，避免随时间变化以及随个体变化的不可观测因素导致的内生性问题。

（一）金融地理结构对地方产业结构升级的影响

表 3 报告了在控制时间与城市的双向固定效应，金融地理结构对地方产业升级的影响。首先，本文检验了城市金融集聚对产业结构升级的影响，回归结果对应模型（1）与模型（2）。无论是否加入控制变量，地方金融发展对地方产业结构升级都能产生显著的促进作用。其次，检验了地方金融发展与区域金融中心对地方产业结构升级的影响，回归结果对应模型（3）与模型（4），发现地方金融发展系数依旧显著为正，而区域金融中心的系数显著为负，表明地方金融发展对地方产业结构升级能产生显著的促进作用，而区域

金融中心会对地方产业结构升级产生显著的抑制作用，可能的原因在于区域金融中心在现阶段的集聚程度还没有达到产生辐射效应的程度，区域金融中心还在集聚周边地区的金融资源，从而抑制了周边地区的产业结构升级。

表 3　　城市金融集聚对产业结构升级的影响的基准回归

变量	模型（1）	模型（2）	模型（3）	模型（4）
LocalFin	0. 0058 *** （2. 59）	0. 0059 *** （2. 65）	0. 0078 *** （3. 30）	0. 0073 *** （3. 09）
CenFin			-0. 0089 *** （-2. 81）	-0. 0070 ** （-2. 02）
Ctrl	YES	YES	YES	YES
Year	YES	YES	YES	YES
City	YES	YES	YES	YES
N	3640	3640	3276	3276
R^2	0. 4011	0. 4132	0. 4094	0. 4244

注：*、**、*** 分别表示统计值在 10%、5%、1% 的显著性水平下显著，括号内为统计量。

（二）金融地理结构对地方产业结构升级影响的区域差异

表 4 是对样本按地区分组的回归结果，试图考察金融地理结构对不同地区的地方产业结构升级的影响。首先，本文把全国样本划分为东部地区、中部地区、西部地区等三个子样本系统，分别估计地方金融发展与区域金融中心对地方产业结构升级的影响效应，得到三个回归结果。在东部、中部、西部三个回归模型中，东部地区的地方金融发展的回归系数为正，但是不显著，可能原因在于东部地区的产业发展水平较高，在进一步促进产业结构升级的过程中，金融集聚已经不再是主要的驱动力了；而中部与西部地区的地方金融发展的回归系数均显著为正，表明中部与西部地区的地方金融发展对地方产业结构升级具有明显的促进作用。由于“中部崛起”与“西部大开发”国家战略的制度安排，中部地区与西部地区的地方金融发展得到显著增强，因此中部与西部地区的周边区域改善了劳动与资本要素的配置效率，通过金融发展的风险控制、创新激励等外部性促进了地区的产业结构升级；而东部地区的金融集聚程度处于

相对平稳状态，因此东部地区的地方金融发展虽然能够正向影响地方产业结构升级，但是这种作用不明显。而东部、中部地区的区域金融中心的系数显著为负，西部地区的区域金融中心的系数显著为正，说明东部、中部地区的区域金融中心会对地方产业结构升级产生显著的抑制作用，而西部地区的区域金融中心会促进地方产业结构升级。近年来，东部地区省域内各个城市的经济发展呈现日趋均衡的趋势，省会城市大多数并非在经济发展中“一枝独秀”，因而导致东部地区的省会城市的金融集聚程度并未达到一定水平，同时由于省会城市作为政治与行政中心，能够进行行政干预，对其他城市产生强大的“虹吸效应”，吸纳省会其他城市的金融资源、人力资本与创新资源等，强化了省会城市的金融集聚功能，从而抑制了周边地区的产业结构升级；中部地区的地方政府为了促进地方经济发展，进行行政干预，导致中部地区工业行业的产能严重过剩（黄秀路等，2018），进而抑制地方产业结构升级；西部地区省会城市的经济发展大多在省内处于“一枝独秀”的地位（例如，2015 年银川、成都、西安、兰州、昆明的 GDP 占比分别为 51.3%、35.8%、31.9%、30.9%、28.9%），省会城市的金融集聚程度也同样处于高度集中的状态，成为省域发展中的“增长极”，能够发挥金融集聚的辐射效应，而地方经济发展相对滞后、产业发展层次相对较低，地方在承接东部、中部地区以及省会城市的产业转移，实现产业结构升级的过程中，本地金融集聚程度可能难以满足大量的资金需求，因而需要区域金融中心给予资金支持以及配套的人力资本支持，因此西部地区区域金融中心能够促进地方产业结构升级。

表 4　　东、中、西部地区金融地理结构对地方产业结构升级的分组回归

变量	东部	中部	西部
LocalFin	0.0037 (1.05)	0.011 *** (3.73)	0.0075 ** (2.44)
CenFin	-0.0398 ** (-2.41)	-0.0182 * (-2.05)	0.041 * (1.81)
Ctrl	YES	YES	YES
Year	YES	YES	YES
City	YES	YES	YES

续表

变量	东部	中部	西部
N	1170	1196	910
R^2	0.6198	0.3347	0.3570

注：*、**、***分别表示统计值在10%、5%、1%的显著性水平下显著，括号内为统计量。

（三）内生性检验

本文的模型可能存在遗漏变量与反向因果关系，导致内生性问题。在测度金融地理密度时，本文采用了年末金融机构各项贷款余额这一指标。金融机构的贷款行为与产业结构升级关联紧密而直接，当年影响产业结构调整的其他因素也很可能影响金融机构的贷款业务，而当这些其他因素被遗漏时将造成内生性问题。此外，在地方产业结构升级过程中，产业发展对金融资源有着强烈的需求，从而促使地方金融与金融中心的贷款上涨，因此地方金融与金融中心的贷款增多成了地方产业结构升级的结果，导致了反向因果问题。虽然双向固定效应模型能够分离出时间不变因素和城市个体不变因素对地方产业结构升级的影响，但并不能完全解决遗漏变量问题和反向因果问题，从而排除内生性的影响。为了排除内生性问题，本文采用三种方法对地方金融发展与区域金融中心的内生性问题进行检验：①采用地方金融发展与区域金融中心的滞后项作为解释变量进行回归；②以滞后一期的地方金融发展与区域金融中心作为工具变量进行2SLS估计；③引入产业整体升级的滞后项作为控制变量，并采用GMM方法估计。

表5　　内生性检验与稳健性检验

变量	(1)	(2)	(3)	(4)	(5)	(6)
L. *ind*			0.8142*** (4.98)			
LocalFin	0.0085*** (3.76)	0.0215*** (2.77)	0.0021*** (4.58)	0.0012** (2.46)	0.0006** (2.24)	0.0047** (2.02)
CenFin	-0.0066** (-2.23)	-0.0358** (-2.19)	-0.0067*** (-7.17)	-0.0018** (-2.53)	-0.0055 (-1.65)	-0.0056** (-1.99)

续表

变量	(1)	(2)	(3)	(4)	(5)	(6)
Ctrl	YES	YES	YES	YES	YES	YES
Year	*YES*	*YES*	*YES*	*YES*	*YES*	*YES*
City	*YES*	*YES*	*YES*	*YES*	*YES*	*YES*
N	3024	3024	3024	3276	3276	3276
Hansen 检验		0.6417	0.3632			
R^2	0.5122			0.6183	0.4248	0.4791

注：*、**、***分别表示统计值在10%、5%、1%的显著性水平下显著，括号内为统计量。

（四）稳健性检验

为了保证上述结果的可靠性，本文从以下两个方面对回归结果进行稳健性检验。①考虑变量的测度问题。对于金融地理密度指标，本文根据陶峰等（2017）的研究将指标中城市年末金融机构各项贷款余额分别替换为年末金融机构存款余额以及年末城乡居民储蓄余额，重新进行估计。②关于样本的选择问题。2008年的金融危机使中国经济增长速度放缓，进入新常态。为了应对此次金融危机，我国出台了总投资约4万亿元的经济刺激计划拉动内需。同时，出台了适度宽松的货币政策，放松信贷约束、扩大贷款规模约10万亿元扩大总供给。政府大规模救助会对中国各个经济主体与产业部门产生巨大的冲击，因此本文选取2008—2015年的样本对金融地理结构与地方产业结构升级的影响进行稳健性检验。

经过一系列的稳健性检验，发现除了表5列（5）中区域金融中心的显著性发生变化外，其余模型的核心解释变量的符号和显著性均与上文保持一致，说明本文的主要结论具有较好的稳健性。

五、进一步分析

（一）人力资本的调节效应

为了检验人力资本的调节效应，在基准模型的基础上，添加反映人力资本与地方金融发展、区域金融中心的交互项作为解释变量，扩展为计量模型（2）：

$$ind_{it} = \alpha + \beta_1 LocalFin_{it} + \beta_2 CenFin_{ct} + \beta_3 LocalFin_{it} \times hum_{it} + \Theta \times Ctrl + \delta_i + \theta_t + \varepsilon_{it}$$

表6中报告了人力资本的调节效应，地方金融发展、区域金融中心与人力资本变量交互项的回归结果见表6，该表不仅显示了地方金融发展、区域金融中心对地方产业结构优化升级的影响，同时显示了地方人力资本水平对这两种影响的调节作用。从回归结果中可以看出，第一，地方金融发展、区域金融中心系数的符号与显著性均没有发生变化，而地方金融发展、区域金融中心与人力资本的交互项的系数均为正，且通过了显著性检验，表明地方金融发展与地方的人力资本具有良好的互补性，地方人力资本水平较高时，不论是地方金融发展，还是区域金融中心，在地方产业结构优化升级的过程中都能够合理利用当地的人力资本，有效发挥自身的知识和技术优势，还能够通过面对面的相互交流与学习产生知识溢出效应，进一步强化自身的人力资本，进而促进地区的产业结构优化升级。第二，在分地区的子样本中，人力资本的调节效应出现了差异性，在东部、中部地区的样本中，地方金融发展与人力资本的交互项显著为正，西部地区样本中地方金融发展与人力资本的交互项不显著，说明东、中部地区的地方金融发展与人力资本能够形成良好的互补性，地方人力资本水平更高时，地方金融发展对地方产业结构升级的促进作用更大；东部、中部地区样本中区域金融中心与人力资本的交互项不显著，西部地区样本中区域金融中心与人力资本的交互项显著为正，可能的原因在于东、中部地区的地方人力资本水平本身较高，且地方之间较为均衡，因此东、中部地区的地方人力资本没有表现出调节效应，而西部地区的地方人力资本水平较低，各地方之间极不均衡，因此西部地区的地方人力资本能够表现出调节效应，西部的地方人力资本水平越高，区域金融中心对地

方产业结构升级的促进作用越强。

人力资本异质性的调节效应具有深刻的现实意义与政策启示。地方人力资本对地方产业结构的优化升级十分重要。地方人力资本不仅自身直接对地方产业结构的优化升级产生作用，而且能够通过与地方金融发展、区域金融中心之间的相互协同促进地方产业结构升级；而这种促进作用是有条件的，或者说是有异质性的，例如区域异质性。中国的地域广袤，地区差异性较大，落后地区与小城市的人力资本水平往往较低，发达地区与大城市的人力资本水平较高，但是从实证上看，人力资本的调节作用却不尽相同。

表 6　　　　人力资本的调节效应

变量	模型（1）	模型（2）	模型（3）	模型（4）
LocalFin	0.007 *** (3.17)	0.009 (1.08)	0.007 *** (3.71)	0.089 ** (2.02)
CenFin	-0.009 *** (-1.25)	-0.042 ** (-2.43)	-0.015 * (-1.94)	0.088 ** (2.01)
LocalFin × hum	0.003 *** (2.81)	0.004 ** (2.75)	0.009 * (2.04)	0.001 (0.23)
CenFin × hum	0.006 *** (2.72)	0.006 (1.67)	0.006 (1.55)	0.016 *** (4.03)
hum	0.021 * (1.93)	0.091 * (2.10)	-0.048 (-1.20)	0.086 * (1.79)
Ctrl	YES	YES	YES	YES
Year	YES	YES	YES	YES
City	*YES*	*YES*	*YES*	*YES*
N	3276	1170	1196	910
R^2	0.426	0.620	0.338	0.463

注：*、**、***分别表示统计值在10%、5%、1%的显著性水平下显著，括号内为统计量。

（二）偏向性技术进步的调节效应

为了检验偏向性技术进步的调节效应，在基准模型的基础上，添加反映偏向性技术进步与地方金融发展、区域金融中心的交互项作为解释变量，扩展为计量模型（3）：

$$ind_{it} = \alpha + \beta_1 LocalFin_{it} + \beta_2 CenFin_{ct} + \beta_3 LocalFin_{it} \times tec_{it} + \beta_4 CenFin_{ct} \times tec_{it} + \Theta \times Ctrl + \delta_i + \theta_t + \varepsilon_{it}$$

表 7 中报告了偏向性技术进步的调节效应，地方金融发展、区域金融中心与偏向性技术进步变量的交互项的回归结果见表 7，该表不仅显示了地方金融发展、区域金融中心对地方产业结构优化升级的影响，同时也显示了地方偏向性技术进步对这两种影响的调节作用。表 7 的回归结果有两点值得强调：第一，地方金融发展与偏向性技术进步的交互项显著为正，而区域金融中心与偏向性技术进步的交互项显著为负，表明地方金融发展与地方偏向性技术进步具有良好的互补性，地方偏向性技术进步的层次较高时，地方金融发展在地方产业结构优化升级的过程中能够合理利用当地的偏向性技术进步，有效发挥出自身的技术进步的优势，进而促进地区的产业结构优化升级；而区域金融中心在地方产业结构的优化升级过程中未能合理利用当地的偏向性技术进步，使区域金融中心在当地的金融资源配置效率降低，阻碍了产业结构的优化升级。第二，在分地区的子样本中，人力资本的调节效应出现了差异性，在东部地区的样本中，地方金融发展、区域金融中心与偏向性技术进步的交互项显著为正，而西部地区的样本中，地方金融发展、区域金融中心与偏向性技术进步的交互项显著为负，说明在东部地区中，不论是地方金融发展还是区域金融中心均能够合理吸收与利用地方的偏向性技术进步，而在西部地区中，偏向性技术进步会阻碍地方金融发展与区域金融中心对地方产业结构优化升级的促进作用，可能的原因在于西部地区自身的产业结构层次较低，地方产业发展中无法充分利用较高层次的偏向性技术进步，因而会削弱资本配置效率，进而抑制地方产业结构的优化升级。

地方金融发展与区域金融中心对地方产业结构优化升级的影响作用取决于地方偏向性技术进步的异质性，而且这种影响作用同样是有条件的，取决于区域差异性，要引进适合当地的偏向性技术进步，而不应该一味追求脱离实际产业发展的高层次的偏向性技术进步，有效发挥地方金融发展与区域金融中心的资本配置效率，进而促进地方产业结构的优化升级。

表 7　　偏向性技术进步的调节效应

变量	模型（1）	模型（2）	模型（3）	模型（4）
LocalFin	0.007 *** (2.98)	0.008 (0.81)	0.007 *** (3.71)	0.014 *** (2.96)
CenFin	-0.008 ** (-2.53)	-0.038 ** (-2.23)	-0.018 * (-2.05)	0.007 * (1.86)
LocaLin × *tec*	0.007 *** (2.59)	0.007 ** (2.38)	0.006 (0.94)	-0.011 * (-1.85)
CenFin × *tec*	-0.003 ** (-2.06)	0.002 * (1.75)	0.003 (0.82)	-0.011 *** (-3.69)
tec	0.052 (1.06)	0.076 * (1.77)	-0.072 (-1.69)	-0.188 *** (-2.90)
Ctrl	YES	YES	YES	YES
Year	YES	YES	YES	YES
City	YES	YES	YES	YES
N	3276	1170	1176	910
R^2	0.426	0.623	0.337	0.463

注：*、**、*** 分别表示统计值在 10%、5%、1% 的显著性水平下显著，括号内为统计量。

（三）政府干预的调节效应

为了检验政府干预的调节效应，在基准模型的基础上，添加反映政府干预与地方金融发展、区域金融中心的交互项作为解释变量，扩展为计量模型（4）：

$$ind_{it} = \alpha + \beta_1 LocalFin_{it} + \beta_2 CenFin_{ct} + \beta_3 LocalFin_{it} \times gov_{it} + \beta_4 CenFin_{ct} \times gov_{it} + \Theta \times Ctrl + \delta_i + \theta_t + \varepsilon_{it}$$

表 8 报告了政府干预的调节效应，地方金融发展、区域金融中心与政府干预变量的交互项的回归结果见表 8，该表显示了政府干预对地方金融发展与区域金融中心的产业结构升级影响的调节作用。实证结果显示，地方金融发展、区域金融中心与政府干预的交互项不显著，而且政府干预的变量也不显著，说明总体上地方政府干预没有对地方产业结构的优化升级产生直接作用，而且地方政府干预与地方金融发展、区域金融中心的协同作用也没有产生显

著的作用。在分地区的子样本中，政府干预的调节效应出现了差异性，在中部的样本中，地方金融发展、区域金融中心与政府干预的交互项显著为负，说明在中部地区中，地方政府直接干预地方金融或是区域金融中心，均会抑制地方产业结构的优化升级，这也印证了上文中的结论：中部地区的金融中心对地方产业结构升级的抑制作用是由于地方政府的行政干预；而西部的样本中，区域金融中心与政府干预的交互项显著为正，说明地方政府直接干预区域金融中心对地方产业结构优化升级具有显著的促进作用，可能的原因在于东部地区的市场化程度较高，市场机制能够有效配置地方的金融资源，而政府强化对金融资源的干预会削弱这种配置效率，进而抑制地方产业结构的优化升级；而西部地区的市场化程度较低，市场机制的资源配置功能较差，同时地方的产业结构层次较低，政府强化干预能够弥补地方市场机制的缺陷，进而提升资源的配置效率，促进地方产业结构的优化升级。

虽然从总体样本上看政府干预的调节效应是不存在的，但是这种调节效应在分样本中却截然不同，地方政府应该根据自身的区域位置、城市规模的实际情况，采取不同的干预形式，东部地区应该降低地方政府对金融系统的干预动机，约束地方政府的控制能力；西部地区可以适当地增强地方政府对金融体系的干预，引导金融资源流入高新技术产业与战略性新兴产业等高水平的产业中，进而实现地方产业结构的优化升级。

表 8　　政府干预的调节效应

变量	模型（1）	模型（2）	模型（3）	模型（4）
LocalFin	0.007*** (3.01)	0.008 (1.13)	0.010*** (3.31)	0.010* (1.89)
CenFin	−0.009*** (−2.74)	−0.043** (−2.59)	−0.022** (−2.43)	0.006* (1.78)
LocalFin × *gov*	0.003 (0.82)	0.001 (0.07)	−0.009*** (−3.06)	−0.001 (−0.13)
CenFin × *gov*	0.003 (1.25)	0.004 (1.30)	−0.006*** (−3.16)	0.004** (2.30)
gov	0.031 (1.06)	−0.044 (−1.21)	−0.021 (−0.24)	0.035 (0.61)

续表

变量	模型（1）	模型（2）	模型（3）	模型（4）
Ctrl	YES	YES	YES	YES
Year	YES	YES	YES	YES
City	YES	YES	YES	YES
N	3276	1170	1196	910
R^2	0.428	0.622	0.342	0.453

注：*、**、*** 分别表示统计值在 10%、5%、1% 的显著性水平下显著，括号内为统计量。

六、结论与政策建议

最优金融地理结构要与现阶段地区产业结构对金融服务的地理需求相适应。本文基于中国地级市发展数据，估计了中国金融地理结构（即地方金融发展与区域金融中心）对地方产业结构升级的影响及其在城市层面的异质性，并考察了人力资本、偏向性技术进步以及政府干预对这种影响的调节效应。研究发现：第一，地方产业结构升级依赖于金融地理结构，地方金融发展对地方产业结构升级具有促进作用，而区域金融中心对地方产业结构升级具有抑制作用。第二，金融地理结构影响地方产业结构升级的方向和程度取决于区域差异性。按照所处区域来看，中、西部地区城市的金融集聚对地方产业结构升级具有促进作用，东、中部地区的区域金融中心对地方产业结构升级具有抑制作用，而西部地区的区域金融中心对地方产业结构升级具有促进作用。第三，人力资本、偏向性技术进步、政府干预能够对金融地理结构与地方产业结构升级的关系起到调节作用，而这种调节作用的方向与程度亦取决于区域。东部、中部地区的人力资本水平越高，地方金融发展对地方产业结构升级的促进作用越强，而西部地区的人力资本水平越高，区域金融中心对地方产业结构升级的促进作用越强；东部地区的技术进步越偏向高技能型时，地方金融发展对地方产业结构升级的促进作用越强，区域金融中心对地方产业结构升级的抑制作用越弱，而西部地区的技术进步越偏向高技能时，地方金融发展与区域金融中心对地方产业结构升级的促进作用越小；中部地区的政府干预越强，地方金融发展与区域金融中心对地方产业结构升级的抑制作用越强，而西部地区的政府干预越强，反而越能强化区域金融中心对地方产业结构升级的促进作用。

以上结论表明，从地方产业结构优化升级的视角来看，金融地理结构对我国经济结构的转型发展具有重要影响。金融地理结构的优化应该成为当前金融结构调整的一个重要方向，即要突出地方金融发展的功能。具体如下：

第一，增加和完善地方金融资源的供给能力，加快地方产业结构转型。应该构建多层次、网络化的金融服务体系，放松对金融市场的进入壁垒，推进普惠金融的发展，推动地方中小金融机构的发展，同时要鼓励大型金融机构向周边地区设置分支机构，并要求其赋予分支机构更大的决策自主权，针对不同地区实际的产业发展阶段，合理且有针对性地发挥各个金融机构的策略与金融创新，让金融切实有效地服务于实体经济发展。

第二，从国家层面限制区域（省域）金融中心的建设。从区域层次的实证结果来看，东部、中部的区域金融中心会抑制周边城市产业结构升级，因此盲目建立众多区域金融中心可能事与愿违，不利于地方产业结构的转型升级。同时，在金融中心建设过程中，要注重培育市场机制的建设，加强金融资源的流动性，强化主要金融中心的聚集功能和溢出效应，警惕周边城市出现产业结构倒退、产业空心化的现象。

第三，提高地方人力资本水平，充分释放人力资本的红利，发挥人力资本与地方金融、区域金融中心的协同作用，助推地方产业结构的优化升级。同时，各个区域的地方政府应该因地制宜，根据自身的要素禀赋结构，引进与发展相适宜的偏向性技术进步，确定重点产业与战略性产业，强化偏向性技术进步与地方金融、区域金融中心的协同作用，努力推动产业结构的优化升级。与此同时，应该限制地方政府对金融资源的干预，通过市场机制引导金融资源的自由流动，但是对经济欠发达、市场机制不成熟的西部地区而言，地方政府可以在基础设施、产业发展、公共服务等方面适当加大财政支出，引导产业的发展方向，从而促进产业结构的优化升级。

参考文献

[1] 孙晶，李涵硕．金融集聚与产业结构升级：来自2003—2007年省际经济数据的实证分析[J]．经济学家，2012(3)．

[2] 于泽，徐沛东．资本深化与我国产业结构转型：基于中国1987—2009年29省数据的研究[J]．经济学家，2014(3)．

[3] 易信，刘凤良．金融发展、技术创新与产业结构转型：多部门内生增长理论分析框架[J]．管理世界，2015(10)．

[4] 易信，刘凤良．金融发展与产业结构转型：理论及基于跨国面板数据的实证研究[J]．数量经济技术经济研究，2018(6)．

[5]罗超平，张梓榆，王志章．金融发展与产业结构升级：长期均衡与短期动态关系[J]．中国软科学，2016(5)．

[6] 林毅夫，孙希芳，姜烨．经济发展中的最优金融结构理论初探[J]．经济研究，2009(8)．

[7] 龚强，张一林，林毅夫．产业结构、风险特性与最优金融结构[J]．经济研究，2014(4)．

[8] 杨子荣，张鹏杨．金融结构、产业结构与经济增长：基于新结构金融学视角的实证检验[J]．经济学(季刊)，2018(2)．

[9] KLAGGE B, MARTIN R. Decentralized versus centralized financial systems: is there a case for local capital markets? [J]. Journal of Economic Geography, 2005(4).

[10] PORTEOUS D J. The development of financial centers: location, information, externalities and path dependence[J]. In Money and the Space Economy, 1999.

[11] ALESSANDRINI P, PRESBITERO A F, ZAZZARO A. Bank size or distance: what hampers innovation adoption by SMEs? [J]. Journal of Economic Geography, 2010(6).

[12] COTUGNO M, MONFERRA S, SAMPAGNARO G. Relationship lending, hierarchy distance and credit tightening: evidence from the financial crisis[J]. Journal of Banking and Finance, 2013(5).

[13] 闫彦明，何丽，田田．国际金融中心形成与演化的动力模式研究[J]．经

济学家，2013(2).

[14] 孙国茂，范跃进．金融中心的本质、功能与路径选择[J].管理世界，2013(11).

[15] 郭峰，熊瑞祥．地方金融机构与地区经济增长：来自城商行设立的准自然实验[J].经济学(季刊)，2018(1).

[16] 李维安，钱先航．地方官员治理与城市商业银行的信贷投放[J].经济学(季刊)，2012(4).

[17] 纪志宏，周黎安，王鹏，赵鹰妍．地方官员晋升激励与银行信贷：来自中国城市商业银行的经验证据[J].金融研究，2014(1)。

[18] BUERA F J, SHIN Y. Financial frictions and the persistence of history: a quantitative exploration[J]. Journal of Political Economy, 2013(2).

[19] BUTLER A W, CORNAGGIA J. Does access to external finance improve productivity? evidence from a natural experiment[J]. Journal of Financial Economics, 2011(1).

[20] 余泳泽，宣烨，沈扬扬．金融集聚对工业效率提升的空间外溢效应[J].世界经济，2013(2).

[21] CHAVA S, OETTL A, Subramanian A, Subramanian K V. Banking deregulation and innovation[J]. Journal of Financial Economics, 2013(3).

[22] KRIPPNER G R. The financialization of American economy[J]. Socio – Economic Review, 2005(2).

[23] DURAN J. Financialization: The AIDs of economic system[J]. Ensayos De Economia, 2014(44).

[24] PORTEOUS D J. The geography of finance: spatial dimensions of intermediary behaviors[M]. Avebury Press, 1995.

[25] COMBES P, DURANTON G, GOBILLON L, PUGA D, ROUX S. The productivity advantages of large cities: distinguishing agglomeration from firm selection[J]. Econometrica, 2012(6).

[26] 陶锋，胡军，李诗田，韦锦祥．金融地理结构如何影响企业生产率？——兼论金融供给侧结构性改革[J].经济研究，2017(9).

[27] 褚敏，靳涛．为什么中国产业结构升级步履迟缓：基于地方政府行为与

国有企业垄断双重影响的探究[J]. 财贸经济, 2013(3).

[28] 雷钦礼. 偏向性技术进步的测算与分析[J]. 统计研究, 2013(4).

[29] 柳庆刚, 姚洋. 地方政府竞争和结构失衡[J]. 世界经济, 2012(12).

[30] 张国强, 温军, 汤向俊. 中国人力资本、人力资本结构与产业结构升级[J]. 中国人口·资源与环境, 2011(10).

[31] 王金营, 贾少萌. 中国区域人力资本积聚路径和机制研究[J]. 中国人口科学, 2011(4).

[32] 孔宪丽, 米美玲, 高铁梅. 技术进步适宜性与创新驱动工业结构调整:基于技术进步偏向性视角的实证研究[J]. 中国工业经济, 2015(11).

[33] 周黎安. 中国地方官员的晋升锦标赛模式研究[J]. 经济研究, 2007(7).

[34] XU C. The fundamental institutions of China's reforms and development[J]. Journal of Economic Literature, 2011(4).

[35] 徐敏, 姜勇. 中国产业结构升级能缩小城乡消费差距吗? [J]. 数量经济技术经济研究, 2015(3).

[36] AUTOR D H, DORN D. The growth of low - skill service jobs and the polarization of the US labor market[J]. American Economic Review, 2013(5).

[37] 黄秀路, 葛鹏飞, 武宵旭. 中国工业产能利用率的地区行业交叉特征与差异分解[J]. 数量经济技术经济研究, 2018(9).

金融发展、产业结构升级与城乡收入差距关系
——基于省级层面数据的研究分析

韩永楠　杨建飞[①]

摘　要：基于产业结构变迁的视角，本文试图研究金融结构影响城乡收入差距的传导机制，基于对金融结构支持产业结构转型升级，产业结构调整影响城乡收入差距这一理论分析，提出了待检验的一系列假说，并利用1999—2016年全国省级层面的面板数据展开实证分析。理论分析表明，金融服务的增加和金融市场的开放有利于产业结构的转型升级，产业结构的调整通过要素资源的合理配置和增加劳动要素的回报率，缩小了城乡收入差距。实证结果显示：直接融资比例的提升和金融服务的增加促进了产业结构高度化的量和高度化的质的提高；产业结构合理化与产业结构高度化的质的提升缩小了城乡收入差距；金融服务对城乡收入差距的直接影响并不显著。由此可见，开放金融市场，增加金融服务实体经济、增强支持技术开发性企业的能力，有利于缩小城乡收入差距。

关键词：金融结构；城乡收入差距；产业结构合理化；产业结构高度化

① 作者简介：韩永楠，经济学博士研究生，西北大学经济管理学院，E－mail：523438241@ qq. com.
杨建飞，经济学博士，教授，西北大学经济管理学院，E－mail：renliyang126@ sina. com.

一、引言

党的十九大报告指出，中国社会的主要矛盾已经转化为人民日益增长的美好生活需要和不平衡不充分发展之间的矛盾。解决公平问题，妥善处理公平与效率的关系始终是改革开放以来中央决策层在制定社会经济政策时重点关注的关键性问题。城乡差距、地区差距与行业差距是导致收入差距扩大的三个主要原因，其中城乡差距是收入差距扩大的最重要原因（刘伟等，2018）。中国大量贫困人口集中在农村地区，研究城乡收入差距的产生机制并提出应对对策，对于缓解居民收入差距，增强经济发展的潜力与缓解社会矛盾具有重要的意义（刘贯春，2017）。

另外，研究产业结构变迁对于理解中国经济增长、城市化发展具有重要的现实意义，对于了解中国的城乡收入差距也具有关键性的作用。在新常态背景下，研究产业结构的转型升级问题及其对居民收入分配的影响是学者们近年来普遍关注的热点问题（刘伟等，2008；干春晖等，2011；易信等，2015；刘贯春，2017；王全景等，2018；吴万宗等，2018）。金融业作为现代经济发展的核心，在服务实体经济发展的过程中如何影响居民收入差距，也是学者们普遍关注的另一个问题（周立等，2002；陆铭等，2004；叶志强等，2011）。

学者们在探讨此类问题时，或者从金融发展对收入差距直接影响的角度进行分析（Kpodar 和 Singh，2011；Gimet 和 Segot，2011；Johansson 和 Wang，2014；叶志强等，2011；王全景，2018），或者从中介变量经济增长、城市化的影响效应视角，研究金融发展对城乡收入差距的间接效应（杨俊等，2012；刘贯春，2017），或者直接从产业结构转变的视角，单纯研究产业结构变迁与收入差距的关系（Chevan 和 Stokes，2000；Steckel 和 Moehling，2001；高霞，2011；程莉，2014；吴万宗等，2018）。

较少有学者从产业结构变迁的视角分析金融结构对城乡收入差距的间接影响。以往研究认为，金融发展通过影响经济增长、城市化进程，通过涓滴效应和对人力资本要素的需求影响城乡收入差距（杨俊等，2012；刘贯春等，

2016；李根等，2016；刘贯春，2017）。但本文认为，经济增长是伴随产业结构转型升级过程的，在现阶段供给侧结构性改革背景下，我们更需要从产业结构转变的角度审视经济增长问题。钱纳里、赛尔奎因（1975）指出，“城市化可能是因果链条上的各类事件的最后结果”。可见，以工业化的发展为开端，以农村剩余劳动力的转移为特征的城市化过程，也是由产业结构的变迁所引起的。因此，无论是从对理论认识的拓展还是对我国当前经济现实认识的需要出发，都需要研究产业结构调整在金融发展与城乡收入差距中的作用。我们想要回答的问题是：金融业作为生产性服务行业，在服务实体经济的过程中，如何促进了产业结构的转变，以及这样的转变是如何影响城乡收入差距的？

基于此，本文将从以下几个方面进行分析：首先，从理论层面说明产业结构变迁影响城乡收入差距的作用机制，并提出可供检验的研究假说；其次，对金融结构影响产业结构的变迁过程进行理论分析，提出研究假说；最后，以1999—2016年中国省级层面的面板数据为样本，实证检验以上假说并得出结论和政策建议。本文的主要贡献在于：第一，区别于以往分析视角，以产业结构变迁为中介变量，研究金融发展支持产业结构转型，产业结构调整影响城乡收入差距这一传导路径。第二，与以往文献仅将金融规模作为金融服务的指标变量，研究金融发展的影响效应相比，本文在金融规模的基础上，同时引入金融结构变量，从金融中介和金融市场两个角度研究金融发展的城乡收入分配效应。第三，本文在对产业结构影响城乡收入差距、金融结构影响产业结构变迁理论机制分析的基础上，提出了待检验的假说，并采用省级层面面板数据对此假说进行了检验，采用多种方法增加了实证结果的可信度。在结论与政策建议中，本文提出的政策建议具有一定的参考价值。

二、机理分析与研究假说

（一）产业结构变迁对城乡收入差距的影响机制

经典经济理论认为，当行业间的劳动报酬不等时，如果不存在流动限制，劳动力要素会从生产率低的行业流向生产率高的行业；当劳动力流动达到均衡状态时，行业间的劳动报酬率将相等。现实经济环境中，由于制度、文化、信息、空间等因素的存在，劳动力不能在产业之间得到完全自由流动，采用衡量劳动生产率的指标——产业产值与劳动就业人数之比，即产业间合理化程度与收入差距呈正向关系。改革开放以来，我国以重工业优先发展逐渐转向轻工业得到补偿发展、轻工业与重工业协调发展的工业体系转变，在生产要素市场则表现为，户籍限制的放松，劳动力市场的逐步完善，劳动力在城乡、地区和产业间的自由流动开始加快。程莉（2014）对1985—2011年的省级层面数据分析发现，产业结构合理化程度的提高有利于缩小城乡收入差距。吴万宗等（2018）对1978—2015年全国省级层面数据分析后，得出产业结构合理化有利于缩小居民收入基尼系数的结论。

根据本文测算，2016年全国31个省、市、自治区的产业结构合理化指标排名前五的省、市有福建、江苏、浙江、北京和上海，其相应的城乡收入差距指标（泰尔指数）排名分别为14、4、5、3、1；产业结构合理化指标排名后五位的省、自治区有宁夏、甘肃、贵州、内蒙古和云南，相应的城乡收入差距指标排名分别为23、31、29、26、30。因此，本文提出研究假说1：产业结构合理化程度的提高有利于缩小城乡收入差距。

配第—克拉克定律指出，随着经济的发展，第二产业和第三产业由于具有较高的劳动生产率，从而吸引劳动力从第一产业逐渐向第二、第三产业转移，这样的过程称为“产业结构的高度化过程”。产业高度化的过程伴随着农业劳动力占比的下降，第二、第三产业劳动力占比的上升。由于第二、第三产业基本布局于城镇地区，因此增加了城镇地区居民的收入水平，如果产业中劳动密集型产业得到快速发展，对低技术劳动力需求增加，将会吸引农村剩余劳动力进入城镇地区就业，增加了农村地区居民的收入水平。另外，从世界经济发展的历史来看，技术创新导致的劳动生产率提高将增加劳动力报酬率。在我国，由于农业人口占比较高，劳动回报率的提高将使农村地区人口受益更多。因此，提出研究假说2：劳动生产率得到提高的产业高度化能够缩小城乡收入差距，单纯的产业高度化对城乡收入差距的影响不确定。

（二）金融结构对产业结构的影响机制

按照上节的分析，产业结构合理化水平的提高将使劳动力和资本等生产要素得到合理的配置。我国的改革开放过程既是要素资源得到合理配置的过程，也是以重工业为主的工业体系向轻工业、重工业协调发展的转变过程。在这个过程中，民营经济得到快速发展，但僵化的制度体制变革落后于经济领域的变革，这导致改革滞后的金融部门仍在传统的计划经济体制内向国有企业提供贷款，因而得到逐步发展，需要资金支持的民营企业被排除在外。即使在国有商业银行的现代企业制度确立以后，基于防范风险的考虑，国有商业银行也在资金的借贷上存在所有制上的偏好。因此，提出研究假说 3：金融发展并没有支持产业结构合理化水平的提高。

金融作为现代经济发展的核心，通过服务实体经济促进了产业结构的转型升级。20 世纪 90 年代中后期，为防范国有商业银行逐渐积累的金融风险和适应现代化的市场经济环境，我国的金融机构进行了现代企业制度改革，更加强调企业的商业营利性，商业银行网点纷纷从农村市场退出，涌入大中城市，从而强化了金融服务实体经济的能力。同时，90 年代初，股票证券市场的开放扩大了企业的融资渠道，增强了企业的资金获取能力。因此，提出研究假说 4：金融发展促进了产业结构的高度化水平。

三、研究设计

（一）变量和数据说明

1. 被解释变量

城乡收入差距（tl）：参照王少平和欧阳志刚（2008）的做法，本文采用泰尔指数衡量城乡收入差距。泰尔指数是泰尔（H. Theil）利用信息理论中熵的概念计算出的地区间的收入分配差距，计算公式为 $T = \sum_{i=1}^{N} \frac{y_i}{\mu} \ln(\frac{y_i}{\mu} / \frac{n_i}{N})$。

2. 核心解释变量

（1）产业结构。本文借鉴袁航等（2018）的做法，从产业结构合理化与产业结构高度化两个维度测度产业结构的转型升级水平。其中，产业结构合理化程度借鉴泰尔指数测度，计算公式为 $theil_{it} = \sum_{m=1}^{3} y_{i,m,t}\ln(y_{i,m,t}/l_{i,m,t}), m = 1,2,3$。其中，$y_{i,m,t}$ 表示 i 地区 m 产业在 t 时期的产值占地区生产总值的比重；$I_{i,m,t}$ 表示 i 地区 m 产业在 t 时期的从业人数占总从业人数的比重。若生产要素能够在产业之间实现自由充分地流动，则该指标为 0，否则不为 0；该指标越大，反映了产业结构的不合理化水平越高。

产业结构高度化反映了产业结构根据经济发展的特征从低水平状态向高水平状态演进的动态过程，既有量的提高，也有质的提升部分。当一个国家或地区劳动生产率较高的产业比重提高时，表明产业结构的高度化水平较高（刘伟等，2008）。

本文采用产业结构的层次系数表示产业结构高度化的量（$ais1_{it}$）。公式为 $ais1_{it} = \sum_{m=1}^{3} y_{i,m,t} \times m; m = 1,2,3$。$y_{i,m,t}$ 同上，该指标反映了地区产业从第一产业向二、三产业逐渐过渡的过程，反映了产业结构高度化的量。

采用三次产业之间的劳动生产率的加权平均表示产业高度化的质（$ais2_{it}$）（刘伟等，2008），公式为 $ais2_{it} = \sum_{m=1}^{3} y_{i,m,t} \times lp_{i,m,t}, m = 1,2,3$。其中 $y_{i,m,t}$ 同上。$lp_{i,m,t} = Y_{i,m,t}/L_{i,m,t}$，$lp_{i,m,t}$ 表示 i 地区 m 产业在第 t 时期的劳动生产率；$Y_{i,m,t}$ 表示 i 地区 m 产业在第 t 时期的产业增加值；$L_{i,m,t}$ 表示 i 地区 m 产业在第 t 时期的就业人数。对产业结构高度化的质（$ais2_{it}$）指标进行均值化处理以消除量纲。

（2）金融结构。借鉴刘贯春（2017）的做法，用股票市场交易额对金融机构贷款余额的比重表示地区的金融结构（*fs*），该值反映了金融市场与金融中介的比例关系。当该值越大时，表示金融体系越偏向于市场主导型金融结构；否则，倾向于银行主导型金融结构。用股票市场交易额与金融机构的贷款余额之和占地区生产总值的比例（*fd*）表示地区经济发展中的金融规模（陈斌开、林毅夫，2013；钞小静、沈坤荣，2014）。

3. 控制变量

国有化率（*soe*）：用在岗的国有企业职工人数占在岗总职工人数比重表示，反映了地区经济的国有化程度。

对外开放（*op*）：采用进出口贸易总额占地区生产总值的比例表示，反映地区经济发展的贸易依存度。

城市化率（*urban*）：参考陆铭、陈钊（2004）的做法，城市化率的度量不采用传统的地区城市化率水平，而是采用非农业人口与总人口的比值，从而消除由户籍原因导致的统计调查总体误差。

人力资本水平（*hum*）：采用地区平均受教育年限表示。参考杨友才（2014）、陈钊等（2004）的估计方法，由《中国人口和就业统计年鉴》各省历年数据计算所得并取对数，用 ln*hum* 表示。

本文选取 1999—2016 年全国 31 个省、市、自治区数据为研究样本，共计 584 个观测值。数据来源为《中国统计年鉴》《中国人口和就业统计年鉴》《中国金融年鉴》《中国证券期货统计年鉴》《新中国六十年统计资料汇编》及各省、市、自治区统计局网站。

（二）计量模型与实证检验方法

本文主要考察以下三个问题：一是产业结构的转型升级如何影响城乡收入差距；二是金融结构如何影响产业结构的转型升级；三是除通过产业结构的间接影响效应以外，金融结构是否直接影响城乡收入差距。

针对问题一，本文构建如下计量模型：

$$tl_{it} = C + \alpha_1 theil_{it} + \alpha_2 ais1_{it} + \alpha_3 ais2_{it} + \beta X + \mu_i + \mu_t + \mu_{it} \quad (1)$$

其中，tl 表示城乡收入差距；$theil, ais1, ais2$ 分别表示产业结构转型升级中的合理化水平、产业结构高度化的量和产业结构高度化的质；X 为控制变量，μ_i 和 μ_t 分别表示个体和时间固定效应；μ_{it} 为残差项。

针对问题二，分别构建如下计量模型：

$$theil_{it} = C + \beta_1 fs_{it} + \beta_2 fd_{it} + \gamma X + \mu_i + \mu_t + \mu_{it} \quad (2)$$

$$ais1_{it} = C + \beta_3 fs_{it} + \beta_4 fd_{it} + \eta X + \mu_i + \mu_t + \mu_{it} \quad (3)$$

$$ais2_{it} = C + \beta_5 fs_{it} + \beta_6 fd_{it} + \lambda X + \mu_i + \mu_t + \mu_{it} \quad (4)$$

其中，fs, fd 分别表示金融结构与金融规模，其他变量的含义与（1）一致。

针对问题三，构建如下计量模型：

$$tl_{it} = C + \alpha'_0 f + \alpha'_1 theil_{it} + \alpha'_2 ais1_{it} + \alpha'_3 ais2_{it} + \beta' X + \mu_i + \mu_t + \mu_{it} \quad (5)$$

其中，f 表示金融结构 fs 或金融规模 fd，其他同上。

（三）事实分析

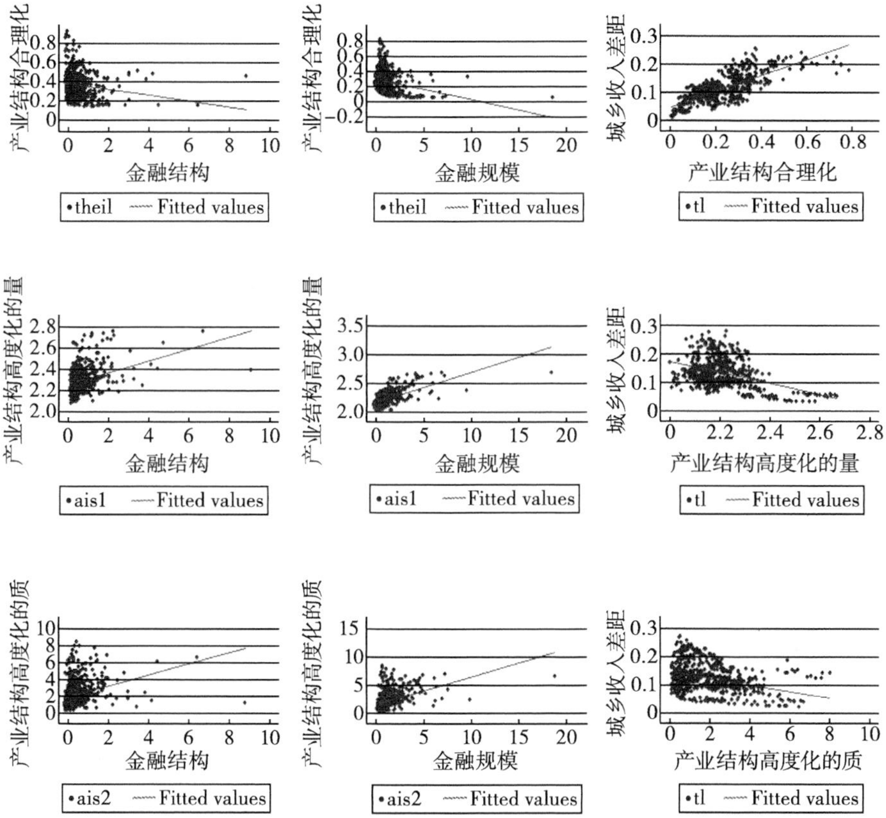

图 1　观察期样本数据的直观分析

图 1 汇报了金融结构和金融规模通过促进产业结构的转型升级影响城乡收入差距的典型事实，对图 1 的直观分析可知，金融结构和金融规模通过促进产业结构的合理化缩小了城乡收入差距；金融结构和金融规模通过促进产业结构高度化的量的提升缩小了城乡收入差距；金融结构与金融规模通过促进产业结构高度化的质的提高缩小了城乡收入差距。由于描述性分析只能从直观上给出变量之间可能存在数量关系的结论，需要通过计量经济学方法对此关系进行统计意义上的实证检验，下节内容将对此问题展开全面的分析说明。

四、实证分析

（一）基准回归分析

1. 产业结构对城乡收入差距的作用效应检验

利用 OLS、FE、GMM 三种方法对产业结构影响城乡收入差距的效应进行实证检验，结果如表 1 所示。

表 1　　产业结构对城乡收入差距的影响

被解释变量：城乡收入差距 *tl*						
解释变量	OLS	FE	GMM	OLS	FE	GMM
theil	0. 268 ***	0. 067 **	0. 272 ***	0. 210 ***	0. 056 **	0. 214 ***
	(−0. 036)	(−0. 027)	(−0. 012)	(−0. 036)	(−0. 023)	(−0. 0133)
*ais*1	−0. 011	0. 014	−0. 010	0. 042	0. 0310	0. 025 *
	(−0. 033)	(−0. 100)	(−0. 012)	(−0. 037)	(−0. 076)	(−0. 015)
*ais*2	−0. 006 ***	0. 000	−0. 008 ***	0. 000	−0. 001	−0. 003 ***
	(−0. 002)	(−0. 004)	(−0. 001)	(−0. 002)	(−0. 003)	(−0. 001)
ln*hum*	−0. 053 ***	−0. 148 **	−0. 052 ***			
	(−0. 019)	(−0. 054)	(−0. 017)			
urban				−0. 090 **	−0. 007	−0. 081 ***
				(−0. 043)	(−0. 060)	(−0. 015)
op				−0. 002	−0. 049 ***	0. 001
				(−0. 014)	(−0. 012)	(−0. 005)
constant	0. 097	0. 056	0. 106 ***	0. 122	0. 326	0. 165 ***
	(−0. 076)	(−0. 221)	(−0. 028)	(−0. 099)	(−0. 256)	(−0. 049)
样本量	558	558	496	558	558	496
调整 R^2	0. 6430			0. 6960		
Cragg – Donald			3883			2593
Hansen 检验			2. 6160			1. 3620
P 值			0. 1058			0. 2432

注：GMM 的工具变量为核心解释变量的滞后一期和滞后二期。*、**、*** 分别表示 10%、5%、1% 的显著性水平；括号内为各统计量的标准差。下表同。

由表1分析可知，在不同的分析方法和模型设定下，产业结构的合理化水平始终对城乡收入差距有显著的正向影响，且该作用是稳健的。从而在产业结构的调整过程中，提高产业结构的合理化水平有利于缩小城乡收入差距。产业结构高度化的量在采用不同的模型估计后始终不显著，说明在产业结构升级过程中，伴随经济发展出现的产业由第一产业向第二、第三产业逐次推进的过程，并不能缩小城乡收入差距。产业结构高度化的质能够缩小城乡收入差距，且这一效应是显著的，产业高度化的质在固定效应模型中不显著，说明模型存在一定的异质性和内生性，本文主要依赖GMM结果进行分析。因此，在经济发展过程中，产业结构合理化程度逐渐得到改善，由于生产率水平的大幅提高引起的产业结构调整，能够缩小城乡收入差距。吴万宗等（2018）研究也表明，产业结构合理化水平的提高有利于缩小居民收入分配差距。

对于控制变量而言，人力资本和城市化率的提高有利于缩小城乡收入差距。万广华（2013）的研究也表明，1995年后中国城市化的发展起到了缩小城乡收入差距的作用。对外开放对城乡收入差距的影响并不显著。正如刘贯春（2017）的分析指出，对外贸易的产业虽然主要集中在城镇地区，但是由于我国的对外出口产品主要是劳动密集型产品，对低技术劳动力的大量需求不仅增加了城镇地区的人均收入水平，也促进了农村地区人均收入水平的提高，因此不能判断其对城乡收入差距的影响。

2. 金融结构对产业结构的作用效应分析

上文是从产业结构的三个维度刻画产业结构转型升级对城乡收入差距的影响，进一步，我们对模型（2）、（3）、（4）进行实证分析，以验证金融结构的间接效应，即金融结构是否会通过对产业结构的影响间接作用于城乡收入差距。具体分析如表2、表3和表4所示。

由表2的分析结果可知，无论是OLS、FE和GMM，分析结果均表明金融结构和金融规模对产业结构的合理化水平不产生影响。

改革开放以来，我国的工业体系经历了从重工业主导向轻工业得到补偿发展的过程。20世纪90年代后期，国有企业重组改革，中国加入WTO通过促进出口贸易加快了劳动密集型产业的发展，在这个过程中，产业结构的合理化水平得到提升，但对所有制有特殊偏好的金融机构和金融市场并没有对民营企业和民间经济的发展注入所需的资金。因此，实证研究结论与我国的经济发展事实是相符的。

从控制变量的结果来看，国有经济比重的提升不利于产业结构的合理化水平的提高，对外开放、城市化率均促进了产业结构合理化水平的提升。这与相关文献的研究结论是一致的（袁航，2018）。

表 2　　金融结构对产业结构合理化的影响

被解释变量：产业结构合理化 *theil*						
解释变量	OLS	FE	GMM	OLS	FE	GMM
fs	-0.007	0.005	-0.028***			
	(-0.006)	(-0.004)	(-0.008)			
fd				0.002	-0.001	0.007
				(-0.006)	(-0.004)	(-0.005)
soe	0.286***	0.121	0.334***	0.289***	0.120	0.361***
	(-0.056)	(-0.168)	(-0.028)	(-0.060)	(-0.167)	(-0.031)
op	-0.083*	-0.050	-0.079***	-0.082*	-0.054*	-0.077***
	(-0.044)	(-0.031)	(-0.016)	(-0.045)	(-0.032)	(-0.018)
urban	-0.215	-0.215*	-0.182***	-0.228	-0.214*	-0.222***
	(-0.136)	(-0.112)	(-0.044)	(-0.148)	(-0.111)	(-0.054)
constant	0.203***	0.242*	0.185***	0.197***	0.247*	0.150***
	(-0.064)	(-0.129)	(-0.021)	(-0.062)	(-0.126)	(-0.021)
样本量	558	558	496	558	558	465
调整 R^2	0.448			0.447		
Cragg - Donald			73.212			116.906
解释变量	OLS	FE	GMM	OLS	FE	GMM
Hansen 检验			0.273			1.147
P 值			0.6014			0.2843

表 3　　金融结构对产业结构高度化的量的影响

被解释变量：产业结构高度化的量 *ais*1						
解释变量	OLS	FE	GMM	OLS	FE	GMM
fs	0.034 ***	0.006 **	0.079 ***			
	(−0.006)	(−0.002)	(−0.012)			
fd				0.030 ***	0.005 **	0.051 ***
				(−0.005)	(−0.002)	(−0.006)
soe	−0.124 *	−0.063	−0.112 ***	−0.095	−0.059	−0.058 **
	(−0.070)	(−0.111)	(−0.032)	(−0.070)	(−0.106)	(−0.027)
op	0.099 **	0.001	0.104 ***	0.098 **	0.001	0.102 ***
	(−0.041)	(−0.020)	(−0.017)	(−0.036)	(−0.022)	(−0.014)
urban	0.275 ***	−0.024	0.203 ***	0.210 ***	−0.028	0.114 ***
	(−0.086)	(−0.092)	(−0.036)	(−0.071)	(−0.093)	(−0.033)
constant	2.209 ***	2.259 ***	2.195 ***	2.180 ***	2.252 ***	2.153 ***
	(−0.056)	(−0.091)	(−0.022)	(−0.047)	(−0.088)	(−0.021)
样本量	558	558	496	558	558	496
调整 R^2	0.654			0.712		
Cragg − Donald			73.212			169.322
Hansen 检验			0.773			0.267
P 值			0.3794			0.6054

由表 3 可知，金融结构和金融规模促进了产业结构高度化的量的提高，且这一结论在 1% 的显著性水平下是显著的。产业结构高度化的量反映的是在经济发展过程中必然出现的产业依次转移的过程。早在 17 世纪，威廉·配第就指出，劳动力在产业之间的回报率是不同的。通常来说，工业的平均收入高于农业，服务业的平均收入高于工业，从而促使劳动力要素从农业依次向工业、服务业转移。资本是另一种重要的生产要素，在经济发展过程中，促进了产业从第一产业向第二、第三产业的转移，反过来，随着产业的转移也导致了其在产业间的流动。从实证结果来看，我国的金融机构和金融市场支持了产业结构的转型升级过程。

表 4　　金融结构对产业结构高度化的质的影响

被解释变量：产业结构高度化的质 *ais2*						
解释变量	OLS	FE	GMM	OLS	FE	GMM
fs	0.362***	0.018	0.950***			
	(-0.053)	(-0.061)	(-0.115)			
fd				0.176**	-0.031	0.288***
				(-0.074)	(-0.081)	(-0.057)
soe	-5.049***	0.380	-4.536***	-4.920***	0.361	-4.309***
	(-0.644)	(-2.497)	(-0.371)	(-0.793)	(-2.451)	(-0.277)
op	-2.197***	-0.955*	-2.261***	-2.213***	-0.990**	-2.305***
	(-0.562)	(-0.477)	(-0.244)	(-0.595)	(-0.484)	(-0.228)
urban	6.878***	4.220**	6.790***	6.671***	4.244**	6.816***
	(-1.229)	(-1.854)	(-0.600)	(-1.367)	(-1.855)	(-0.590)
Constant	3.385***	-0.535	2.780***	3.301***	-0.470	2.778***
	(-0.521)	(-1.985)	(-0.254)	(-0.569)	(-1.935)	(-0.219)
样本量	558	558	496	558	558	496
调整 R^2	0.617			0.607		
Cragg - Donald			73.212			169.322
Hansen 检验			0.028			0.112
P 值			0.8681			0.7376

从表 4 的分析结果来看，金融结构和金融规模均促进了产业结构高度化的质的提高。由前文分析可知，产业结构高度化的质是三次产业劳动生产率的加权平均，权重系数为产值占比，在一定程度上反映了地区三次产业的综合劳动生产率水平，能够真正反映产业结构的升级水平。实证分析表明，金融规模能够促进产业结构的质的升级，增加金融服务中直接融资比例也能提升这一效应。为防范潜在的金融风险和应对外国金融机构的竞争压力，2003年，中国银监会成立以后，全面推进我国商业银行的改革，推动包括体制和机制在内的制度体系向现代金融企业方向改革。以样本期的实证分析来看，商业银行和金融市场的发展促进了产业结构的转型升级。

3. 金融结构对城乡收入差距的直接效应检验

金融结构可以通过对产业结构转型升级的支持影响城乡收入差距，那么进一步分析，金融结构对城乡收入差距的直接效应是否存在？分析结果如表5所示。

表5　　金融结构对城乡收入差距的直接影响

被解释变量：城乡收入差距 *tl*						
解释变量	OLS	FE	GMM	OLS	FE	GMM
fs	0.002	-0.001	0.002			
	(-0.002)	(-0.002)	(-0.005)			
fd				0.001	-0.001	0.00562***
				(-0.002)	(-0.001)	(-0.002)
theil	0.213***	0.0562**	0.204***	0.212***	0.0557**	0.208***
	(-0.037)	(-0.022)	(-0.016)	(-0.037)	(-0.023)	(-0.015)
*ais*1	0.036	0.032	0.022	0.033	0.034	-0.026
	(-0.038)	(-0.078)	(-0.020)	(-0.038)	(-0.076)	(-0.022)
*ais*2	-0.001	-0.001	-0.00297**	-0.001	-0.001	-0.00333***
	(-0.002)	(-0.003)	(-0.001)	(-0.002)	(-0.003)	(-0.001)
ln*hum*	-0.0484**	-0.146**	-0.0520***	-0.0517**	-0.146**	-0.0509***
	(-0.020)	(-0.056)	(-0.019)	(-0.020)	(-0.053)	(-0.018)
urban	-0.0898**	-0.008	-0.0826***	-0.0900**	-0.007	-0.0843***
	(-0.043)	(-0.060)	(-0.015)	(-0.043)	(-0.060)	(-0.015)
解释变量	OLS	FE	GMM	OLS	FE	GMM
op	-0.001	-0.0498***	-0.001	-0.001	-0.0501***	0.005
	(-0.014)	(-0.012)	(-0.006)	(-0.014)	(-0.012)	(-0.006)
constant	0.124	0.321	0.175***	0.138	0.316	0.270***
	(-0.099)	(-0.264)	(-0.047)	(-0.099)	(-0.255)	(-0.059)
样本量	558	558	496	558	558	496
调整 R^2	0.697			0.696		
Cragg - Donald			24.186			55.735
Hansen 检验			0.21			1.201
P 值			0.647			0.273

由表5的结果可知，金融结构和金融规模对城乡收入差距的直接效应并不显著。Greenwood（1990）的研究表明，个人在享受金融服务的过程中是需

要支付成本的，通常富人比穷人更有能力支付金融服务的成本，从而享受更好的金融服务，导致收入差距扩大。在研究我国实际问题时，相关学者的研究也认为城市居民由于具有较高的学习能力，从而能够比农村居民享受更多的金融服务（李实等，2005）。然而，我们的实证分析表明，金融发展对城乡收入差距的直接影响并不显著，这和刘贯春（2017）的研究结果不同。

（二）稳健性检验

1. 变换变量的计算方法

本文借鉴陈斌开和林毅夫（2013）、钞小静和沈坤荣（2014）的计算方法，用城市居民实际人均可支配收入与农村居民实际人均纯收入之比表示城乡收入差距的大小，该值越大，说明城乡收入差距越大。借鉴吴万宗（2018）对产业结构高级化的度量方法，对产业结构的转型升级水平进行重新度量。公式分别如下：

$$gap_{it} = \frac{au_{it}}{ar_{it}} \tag{6}$$

其中，au 表示城市居民实际人均可支配收入；ar 表示农村居民实际人均纯收入。

$$e = \sum_{i=1}^{m} \left| \frac{Y_i/L_i}{Y/L} - 1 \right| \tag{7}$$

其中，Y_i 表示 i 产业的产业增加值；L_i 表示 i 产业的就业人数；Y 表示地区生产总值，L 表示地区的总就业人数。

实证结果如表 6 所示。在被解释变量和部分解释变量变换了度量方法以后，核心解释变量的符号并没有发生变化，只是大小和部分显著性水平发生了变化，从而证明了前文结果的稳健性。

表 6　　变换变量后的计量结果

被解释变量	城乡收入差距 *gap*		产业结构合理化 *e*			
解释变量	FE	GMM	FE	GMM	FE	GMM
e	0.154 *	0.553 ***				
	(0.0769)	(0.0574)				

续表

被解释变量	城乡收入差距 *gap*		产业结构合理化 *e*			
解释变量	FE	GMM	FE	GMM	FE	GMM
*ais*1	0.448	1.126***				
	(0.889)	(0.208)				
*ais*2	0.0175	0.00531				
	(0.0357)	(0.0150)				
fs			-0.0287	-0.0880		
			(0.0229)	(0.0604)		
fd					-0.0392	0.116***
					(0.0353)	(0.0327)
ln*hum*	-1.926***	-0.297				
	(0.589)	(0.249)				
urban	-0.00408	-1.154***	-0.0581	-1.535***	-0.0347	-2.059***
	(0.730)	(0.205)	(1.076)	(0.302)	(1.058)	(0.374)
op	-0.568***	0.163**	-0.181	-0.141	-0.234	-0.109
	(0.153)	(0.0814)	(0.133)	(0.0938)	(0.152)	(0.0998)
soe			1.707**	2.556***	1.590**	2.767***
			(0.628)	(0.183)	(0.638)	(0.211)
Constant	4.989*	0.0313	1.271*	1.369***	1.403*	1.136***
	(2.620)	(0.815)	(0.701)	(0.131)	(0.719)	(0.130)
样本量	558	496	558	496	558	496
调整 R^2	0.582	0.640	0.173	0.405	0.179	0.407
Cragg-Donald		2367.81		73.212		169.322
Hansen 检验		2.27993		0.3219		2.1866
P 值		0.1311		0.5705		0.1392

2. 样本的再构造

研究样本期为 1999—2016 年。在样本期内，中国经历了 2001 年加入 WTO、2008 年美国次贷危机以及 2009 年欧洲债务危机等国内外政治经济重大事件，使研究变量之间的关系面临较多的结构性问题。由于我们的研究主线始终是金融结构、产业结构变迁与城乡收入差距的关系，因此我们对这一时期的样本数据进行 5 年期的移动平均，以平滑特殊年份的经济事件对结果可能产生的不确定影响。结果如表7至表11所示，与上述结论一致，产业结构合理化对城乡收入差距的影响显著为正，合理化程度得到提高的产业结构能够缩小城乡收入差距。产业结构高度化的量对城乡收入差距的影响不显著，产业结构高度化的质能够缩小城乡收入差距。金融结构和金融规模能够促进产业结构高度化的量的提高和产业结构高度化的质的提高。金融结构只有通过促进产业结构高度化的质的提高，才能间接缩小城乡收入差距，其对城乡收入差距的直接效应并不显著。

表7　　　　产业结构对城乡收入差距的影响（稳健性检验）

被解释变量：城乡收入差距 *tl*w						
解释变量	OLS	FE	GMM	OLS	FE	GMM
*theil*w	0.269 ***	0.043	0.268 ***	0.196 ***	0.040	0.199 ***
	(0.041)	(0.045)	(0.013)	(0.044)	(0.032)	(0.016)
*ais*1w	-0.018	-0.002	-0.015	0.049	0.0252	0.043 **
	(0.036)	(0.113)	(0.013)	(0.047)	(0.074)	(0.017)
*ais*2w	-0.007 ***	0.002	-0.009 ***	0.001	-0.001	-0.002 **
	(0.002)	(0.004)	(0.001)	(0.002)	(0.003)	(0.001)
ln*hum*w				-0.055 **	-0.284 **	-0.038 **
				(0.026)	(0.134)	(0.017)
*urban*w				-0.127 **	0.050	-0.129 ***
				(0.052)	(0.079)	(0.019)
*op*w				-0.001	-0.058 ***	0.003
				(0.019)	(0.019)	(0.007)
constant	0.122	0.118	0.121 ***	0.130	0.629	0.119 **
	(0.085)	(0.261)	(0.030)	(0.124)	(0.399)	(0.051)
样本量	403	403	372	403	403	341
调整 R^2	0.689			0.766		
Cragg-Donald			580			320
Hansen 检验			1.71			0.403
P 值			0.191			0.5257

表 8　　　　金融结构对产业结构合理化的影响（稳健性检验）

被解释变量：产业结构合理化 *theil*w						
解释变量	OLS	FE	GMM	OLS	FE	GMM
*fs*w	-0.013	0.004	-0.024 ***			
	(0.016)	(0.013)	(0.008)			
*fd*w				0.017	-0.006	0.017 ***
				(0.016)	(0.010)	(0.006)
*soe*w	0.344 ***	0.218	0.403 ***	0.334 ***	0.213	0.368 ***
	(0.081)	(0.225)	(0.041)	(0.095)	(0.218)	(0.040)
*op*w	-0.066	-0.017	-0.057 **	-0.083	-0.010	-0.087 ***
	(0.056)	(0.047)	(0.023)	(0.060)	(0.047)	(0.023)
*urban*w	-0.236	-0.221	-0.215 ***	-0.276	-0.216	-0.249 ***
	(0.170)	(0.188)	(0.057)	(0.195)	(0.186)	(0.064)
Constant	0.180 **	0.200	0.149 ***	0.167 **	0.210	0.144 ***
	(0.070)	(0.175)	(0.024)	(0.075)	(0.172)	(0.025)
样本量	403	403	341	403	403	341
调整 R^2	0.473			0.479		
Cragg - Donald			851			1238
Hansen 检验			0.09			0.33
P 值			0.7641			0.5659

表 9　　　　金融结构对产业结构高度化的量的影响（稳健性检验）

被解释变量：产业结构高度化的量 *ais*1w						
解释变量	OLS	FE	GMM	OLS	FE	GMM
*fs*w	0.053 ***	0.023 **	0.057 ***			
	(0.013)	(0.009)	(0.007)			
*fd*w				0.058 ***	0.017 **	0.072 ***
				(0.008)	(0.007)	(0.006)
*soe*w	-0.078	-0.125	-0.090 ***	-0.037	-0.199 ***	-0.089 ***
	(0.076)	(0.113)	(0.031)	(0.078)	(0.052)	(0.032)
*op*w	0.123 **	0.012	0.122 ***	0.102 ***	-0.015	0.068 ***
	(0.045)	(0.024)	(0.016)	(0.029)	(0.020)	(0.012)

续表

被解释变量：产业结构高度化的量 *ais*1w						
解释变量	OLS	FE	GMM	OLS	FE	GMM
*urban*w	0. 202 **	0. 047	0. 187 ***	0. 104	0. 043	0. 058 **
	(0. 089)	(0. 151)	(0. 031)	(0. 067)	(0. 130)	(0. 029)
Constant	2. 182 ***	2. 310 ***	2. 191 ***	2. 130 ***	2. 361 ***	2. 157 ***
	(0. 064)	(0. 094)	(0. 022)	(0. 056)	(0. 073)	(0. 020)
样本量	403	403	372	403	403	279
调整 R^2	0. 681			0. 768		
Cragg - Donald			2038			363
Hansen 检验			0. 718			0. 42
P 值			0. 3968			0. 5171

表 10　　　金融结构对产业结构高度化的质的影响（稳健性检验）

被解释变量：产业结构高度化的质 *ais*2w						
解释变量	OLS	FE	GMM	OLS	FE	GMM
*fs*w	0. 781 ***	-0. 085	1. 089 ***			
	(0. 117)	(0. 186)	(0. 137)			
*fd*w				0. 393 ***	-0. 036	0. 356 ***
				(0. 127)	(0. 180)	(0. 055)
*soe*w	-4. 672 ***	2. 278	-4. 851 ***	-4. 074 ***	2. 122	-3. 570 ***
	(0. 541)	(3. 355)	(0. 394)	(0. 745)	(3. 232)	(0. 283)
*op*w	-2. 259 ***	-1. 297	-3. 021 ***	-2. 241 ***	-1. 282	-2. 405 ***
	(0. 612)	(0. 850)	(0. 330)	(0. 666)	(0. 811)	(0. 258)
*urban*w	6. 934 ***	5. 405 **	8. 425 ***	6. 436 ***	5. 429 **	7. 258 ***
	(1. 274)	(2. 432)	(0. 676)	(1. 452)	(2. 437)	(0. 641)
Constant	2. 852 ***	-1. 922	2. 537 ***	2. 476 ***	-1. 802	2. 111 ***
	(0. 471)	(2. 644)	(0. 243)	(0. 544)	(2. 589)	(0. 196)
样本量	403	403	279	403	403	341
调整 R^2	0. 630			0. 589		
Cragg - Donald			141. 223			1238. 272
Hansen 检验			1. 468			0. 396
P 值			0. 2257			0. 5289

表 11　　金融结构对城乡收入差距的直接影响（稳健性检验）

被解释变量：城乡收入差距 *tl*w						
解释变量	OLS	FE	GMM	OLS	FE	GMM
*fs*w	0.003	-0.012**	-0.005			
	(0.008)	(0.006)	(0.004)			
*fd*w				0.007*	-0.001	0.007***
				(0.004)	(0.003)	(0.002)
*theil*w	0.199***	0.059*	0.197***	0.197***	0.0497	0.204***
	(0.045)	(0.032)	(0.017)	(0.045)	(0.033)	(0.017)
*ais*1w	0.045	0.048	0.049***	0.008	0.030	-0.007
	(0.047)	(0.074)	(0.019)	(0.046)	(0.073)	(0.019)
*ais*2w	0.000	-0.001	-0.001	-3.73e-05	-0.001	-0.003**
	(0.002)	(0.003)	(0.001)	(0.002)	(0.003)	(0.001)
*lnhum*w	-0.047	-0.242*	-0.054***	-0.050*	-0.282**	-0.034*
	(0.030)	(0.121)	(0.016)	(0.026)	(0.133)	(0.018)
*urban*w	-0.129**	0.043	-0.126***	-0.130**	0.050	-0.132***
	(0.052)	(0.076)	(0.019)	(0.051)	(0.080)	(0.018)
*op*w	-0.000	-0.057***	0.003	0.000	-0.057***	0.005
	(0.019)	(0.018)	(0.007)	(0.020)	(0.020)	(0.007)
constant	0.123	0.496	0.138***	0.203	0.616	0.211***
	(0.127)	(0.375)	(0.051)	(0.122)	(0.394)	(0.056)
样本量	403	403	341	403	403	341
调整 R^2	0.766			0.771		
Cragg - Donald			247			644
Hansen 检验			2.0232			0.5242
P 值			0.1549			0.4691

（三）传导机制的路径分析

本文参考温忠麟等（2004）提出的中介效应检验程序，对上述计量实证结果进行中介效应检验，检验结果如表 12 所示。

表 12　　　　产业结构的中介效应检验

解释变量	*fs*			*fd*		
中介变量	*theil*	*ais*1	*ais*2	*theil*	*ais*1	*ais*2
$a \times b$	-0.0060	0.0008		0.0016	0.0005	
s_{ab}	0.0018	0.0014		0.0010	0.0009	
t 统计量	-3.3255	0.5840		1.5085	0.5848	
P 值	0.0010	0.5620		0.1270	0.5620	
中介效应占总效应比值			0.1790			0.0629

注：表中的数值结果根据上节相应的广义矩估计结果计算得出。

如表 12 所示，产业结构合理化水平对金融结构和金融规模的传导效应显著性并不相同，在金融结构中的中介效应显著，且通过 1% 的显著性检验，在金融规模中的中介效应未通过 10% 的显著性水平，并不显著。产业结构高度化的量对金融结构和金融规模的传导效应都不显著。产业结构高度化的质的传导效应显著，在金融结构的传导效应中占总效应的比例为 17.9%，在金融规模的传导效应中占总效应的比例为 6.29%，金融结构的传导效果优于金融规模相应值。

金融发展通过促进产业结构的转型升级间接影响城乡收入差距。通过以上分析可知，考虑产业结构的影响后，金融发展对城乡收入差距的直接影响效应并不显著。因此，个人享受的金融服务的差异并不能解释城乡收入差距的持续扩大。实际上，金融服务的城乡差异是国家经济政策中偏向城市发展政策的结果，而不是城乡收入差距的原因。直接融资比例的提高和金融信贷服务的增加在支持产业结构调整的过程中，主要服务并促进了产业结构的高度化水平的提高，这样的提高不仅包括量上的提高，也包括质上的提升，其对产业结构的调整影响并不明显。因此，金融业在一定程度上适应了市场化的环境，但是由于所有制上的偏好，其对产业结构调整的支持是有选择性的，对产业结构合理化水平贡献大的民营企业、小微企业并没有得到金融的支持；相反，技术密集型、资本密集型对技术水平贡献较大的国有大中型企业都得到了金融服务的支持。

产业结构合理化水平的提高，产业结构高度化的质的提高，均有利于城乡收入差距的缩小。金融服务只通过促进产业结构高度化的质的提高这一路径缩小城乡收入差距；由于金融服务机构的所有制偏好，金融服务通过促进产业结构合理化缩小城乡收入差距这一路径并不畅通（具有较弱的传导效应，如表 12 所示）。陈钊和陆铭（2004）、陈斌开和林毅夫（2013）、刘贯春（2017）在研究中指出，中国的城乡收入差距是国家在一定的历史阶段提出的城市偏向的发展政策导致的。如劳动力市场的城乡分割、社会福利与社会保障的城乡差异、农产品的价格管制等。当这些影响城乡差距的社会政策一一消除以后，我们的研究发现，金融市场与金融机构通过对产业结构高度化的质的提升途径缩小了城乡收入差距。此外，研究还发现，国有经济比重的提升和对外出口贸易并不利于产业结构的转型升级，因此从产业结构调整这一路径来看，是不利于缩小城乡收入差距的。

五、研究结论

从金融发展影响城乡收入差距的研究视角出发，学者们往往要么关注金融发展影响收入差距的直接效应，得出线性或非线性关系的研究结论；要么从金融发展影响城乡收入差距的间接作用出发，认为金融发展通过促进经济增长和城市化水平的提高缩小了城乡收入差距。理解经济增长的一个核心变量是产业结构调整，而城市化又是由产业支撑的人口集聚效应产生的最终结果，因此本文区别于以往的研究思路，从金融发展支持产业结构变迁的角度分析其对城乡收入差距的影响。

理论分析表明，在产业结构转型升级过程中，产业结构合理化水平的提高和产业结构高度化的提升均有利于缩小城乡收入差距。这是因为，产业结构合理化水平的提高意味着产业得到合理均衡的发展，包括劳动力要素在内的要素资源能够得到自由的流动，城乡间劳动力自由的流动使劳动回报率得到缩小。产业结构高度化（劳动生产率同时增加）的提升有利于缩小城乡收入差距，这是因为农村存在大量剩余劳动力，劳动生产率的提升将使农村居民相对于城市居民来说获益更多。我国特殊时期的特殊国情导致的直接融资比例的提升和金融机构的信贷发展并没有支持产业结构合理化水平的提升，金融服务在市场化导向的作用下支持了产业结构高度化水平的提升。

在上述理论分析的基础上，文章提出相关的研究假说，并使用 1999—2016 年全国省级层面的面板数据进行计量实证检验。整体来看，提升直接融资比例和增加金融部门的信贷服务，通过促进产业结构高度化水平的提升，缩小了城乡收入差距。金融服务既能够增加产业结构高度化的量的提升，也能增加产业结构高度化的质的提升，只有促进质的提升这条途径，才能长期促进城乡收入差距的缩小。文章同时还发现，在考虑产业结构的影响后，金融服务对城乡收入差距的影响并不显著；国有企业在经济中占比的提升既不能促进产业结构合理化水平的提高，也不能促进产业结构的高度化水平的提高。从产业发展角度来看，其长期不利于城乡收入差距的缩小；城市化水平的提高则相反，既促进了产业结构的合理化水平的提升，又促进了产业结构的高度化水平的提升，长期来看，有利于城乡收入差距的缩小；对外贸易虽然提高了产业结构高度化的量，但不利于产业结构高度化的质的提升，因此并不利于城乡收入差距的缩小。

本文的政策建议包括：第一，加快金融体制改革，创新金融体系发展，使之成为支持实体经济、产业结构调整的重要引擎。第二，放开金融市场管制，发挥“市场主导型”金融体系对高新技术产业的支持力度，增加产业结构转型升级中质的提升，全面优化产业结构。第三，加快信用制度建设，实现资金在金融中介与金融市场之间的自由流动，增强其服务实体经济的能力。第四，放弃城市偏向的经济政策，增加农村地区的教育投资、农业与农户生活基建投资、医疗保障等民生工程投资，为全面统筹城乡发展而布局。

参考文献

[1] CHEVAN A, STOKES R. Growth in family income inequality, 1970 - 1990: industrial restructuring and demographic change[J]. Demography, 2000(3).

[2] GIMET C, LAGOARDE - SEGOT T. A closer look at financial development and income distribution[J]. Journal of Banking &Finance, 2011(7).

[3] GREENWOOD J, JOVANOVIC B. Financial development, growth, and the

distribution of income[J]. Journal of Political Economy, 1990(5).

[4] JOHANSSON A C, WANG X. Financial sector policies and income inequality [J]. China Economic Review, 2014(3).

[5] KPODAR K, SINGH R J. Does financial structure matter for poverty? Evidence from developing countries[J]. World Bank Policy Research Working Paper, 2011(5915).

[6] STECKEL R H, MOEHLING C M. Rising inequality: trends in the distribution of wealth in industrializing New England[J]. The Journal of Economic History, 2011(1).

[7] 陈斌开，林毅夫. 发展战略、城市化与中国城乡收入差距[J]. 中国社会科学，2013(4).

[8] 陈钊，陆铭，金煜. 中国人力资本和教育发展的区域差异:对于面板数据的估算[J]. 世界经济，2004(12).

[9] 程莉. 产业结构的合理化、高级化会否缩小城乡收入差距:基于1985—2011年中国省级面板数据的经验分析[J]. 现代财经(天津财经大学学报)，2014(11).

[10] 干春晖，郑若谷，余典范. 中国产业结构变迁对经济增长和波动的影响[J]. 经济研究，2011(5).

[11] 高霞. 产业结构变动与城乡收入差距关系的协整分析[J]. 数学的实践与认识，2011(12).

[12] 刘贯春. 金融结构影响城乡收入差距的传导机制:基于经济增长和城市化双重视角的研究[J]. 财贸经济，2017(6).

[13] 刘伟，王灿，赵晓军，张辉. 中国收入分配差距:现状、原因和对策研究[J]. 中国人民大学学报，2018(5).

[14] 刘伟，张辉. 中国经济增长中的产业结构变迁和技术进步[J]. 经济研究，2008(11).

[15] 陆铭，陈钊. 城市化、城市倾向的经济政策与城乡收入差距[J]. 经济研究，2004(6).

[16] 万广华. 城镇化与不均等:分析方法和中国案例[J]. 经济研究，2013(5).

[17] 王全景，郝增慧. 中国城乡收入差距的经济结构基础:所有制结构与金融结构:基于双重二元结构的视角[J]. 经济科学，2018(3).

[18] 王少平，欧阳志刚. 中国城乡收入差距对实际经济增长的阈值效应[J].

中国社会科学，2008(2).

[19] 温忠麟，张雷，侯杰泰，刘红云．中介效应检验程序及其应用[J].心理学报，2004(5).

[20] 吴万宗，刘玉博，徐琳．产业结构变迁与收入不平等:来自中国的微观证据[J].管理世界，2018(2).

[21] 杨友才．金融发展与经济增长:基于我国金融发展门槛变量的分析[J].金融研究，2014(2).

[22] 易信，刘凤良．金融发展、技术创新与产业结构转型:多部门内生增长理论分析框架[J].管理世界，2015(10).

[23] 袁航，朱承亮．国家高新区推动了中国产业结构转型升级吗[J].中国工业经济，2018(8).

[24] 周立，王子明．中国各地区金融发展与经济增长实证分析:1978—2000[J].金融研究，2002(10).

金融结构是否影响了制造业企业技术创新?

——基于创新异质性视角的再考察

马　微　惠　宁[1]

摘　要：本文以创新异质性为切入点，构建金融结构匹配差异化创新模式的理论分析框架，并运用中国分省制造业数据对理论模型的结论加以验证。研究发现：不同风险—收益特征的技术创新模式会内生出不同的金融需求，进而引致差异化的最优金融结构；对于风险较低、收益稳定的引进模仿创新而言，银行是适宜的融资渠道；而对于风险较高、收益不确定的自主创新而言，金融市场是更优的选择，但特别值得注意的是，金融市场对自主创新的支持作用，需要以良好的金融生态环境为必要前提。本研究提供了金融结构影响技术创新的微观基础，拓展了最优金融结构理论，并为优化金融结构促进制造业企业技术创新水平提升提供了政策建议。

关键词：金融结构；技术创新；金融生态环境

① 作者简介：马微，经济学博士研究生，西北大学经济管理学院，E－mail：jgxymv@126.com.
惠宁，经济学博士，教授，西北大学经济管理学院，E－mail：jgxyhn@126.com.
＊感谢国家社会科学基金项目（17XJL004）的资助。

一、引言

中国经济发展进入速度变化、结构优化和动力转换的新常态，传统发展动力不断减弱，粗放型增长方式难以为继，迫切需要依靠技术创新培育发展新动力，促进经济提质增效、转型升级。我国技术创新水平正在步入以“跟跑”为主转向跟跑和“并跑”“领跑”并存的新阶段，技术创新能力的持续提升离不开金融体系的有力支持。中国制造业当前的创新模式主要体现为引进模仿型创新，由于技术的封锁和新兴技术的复杂化，引进模仿的难度越来越大，成本也在逐渐上升。因此，随着中国与世界先进国家技术差距的不断缩小，以引进模仿的模式实现技术创新将不可持续。创新模式面临由引进模仿向自主创新的转换（龚刚等，2013）。为实现制造业企业创新模式的成功转换，中国必须为技术创新尤其是自主创新提供相应的金融支持。

有鉴于此，本文尝试以创新异质性为切入点，在创新模式细分的基础上，结合中国当前经济发展的主要特点和制造业企业创新模式转换的前进态势，从理论和经验证据两个方面探讨金融结构与技术创新的关系，并在此基础上提出相应的政策建议。全文结构安排如下：第二部分对相关领域既有研究成果进行回顾并简要述评；第三部分构建理论分析框架，通过理论模型探讨金融结构与技术创新模式之间的匹配关系；第四至第五部分针对上述理论分析的结论构建模型进行实证检验；第六部分总结全文并提出相应的政策启示。

二、文献回顾及述评

Goldsmith（1969）首次明确了金融结构的概念及其具体衡量指标，并详尽阐述了金融发展进程中的12条规律性趋势，为金融结构理论的研究奠定了基础。Allen（1990），Rajan 和 Zingales（1998），Benmelech 和 Bergman（2009）等学者倡导银行主导论，并从信息传递、业务规模效应、资源配置和资金监督等不同角度展现了银行主导型金融结构对技术创新的重要推动作用。Beck 等（2010），Brown 等（2013），Hsu（2014）等学者坚持市场主导论，认为创新型企业本身在技术、市场、商业模式等方面尚不成熟，因而存在较大的信用风险和研发风险，金融市场通过创造投资流动性，允许投资者持有不同的看法，并且提供丰富多样的风险管理产品和衍生工具，使该类企业更易通过金融市场进行融资，而不必担心短期内因股票回报率低而被迫破产清算，因此金融市场具有为创新技术提供融资支持的比较优势。

林毅夫和姜烨（2006），Lin（2009）强调金融体系是复杂的，无论是银行还是金融市场都各有优缺点，最终选择何种金融结构依赖于一个国家在不同的发展阶段所拥有的不同要素禀赋组合及其对不同金融制度安排的需求。林毅夫等（2009）从要素禀赋的结构差异出发提出了最优金融结构理论，强调金融体系的结构安排应匹配实体经济对于金融服务的真实需求，后者又取决于特定发展阶段的主导产业结构、技术创新水平和企业面临的主要风险类型。张杰等（2012）运用国有及规模以上工业企业的微观数据，考察了中国经济转型背景下企业 R&D 投入的主要融资渠道与来源，研究结果表明，自身现金流、注册资本增加以及商业信用是现阶段中国企业 R&D 投入的主要来源，银行贷款抑制了非国有企业的 R&D 投入。谢家智等（2014）基于欧拉方程构建了企业的技术创新投资行为模型，并利用中国上市公司数据，实证检验了制造业金融化对技术创新的影响，研究发现，过度金融化对制造业企业技术创新能力的提升产生了负面影响。易信和刘凤良（2015）建立了包括金融中介在内的多部门熊彼特内生增长模型，系统分析了金融体系对技术创新和产业结构转型的影响，发现金融体系通过技术创新的“水平效应”与“结构效应”加速产业结构转型，促进经济增长。刘伟等（2017）通过构建面板门槛模型，实证检验了不同经济发展水平下金融结构与技术进步水平之间的非线性关系，发现金融结构对技术进步的作用确实会受到经济发展阶段的影响，经济发展阶段不同带来了不同的资源禀赋和产业结构，从而对金融结构提出匹配性要求。

我们可以观察到，包括上述文献在内，对于金融结构与技术创新关系的研究中均忽略了不同经济发展阶段创新模式的差异，以及由此引发的金融需求的差异。Vandenbussche 等（2006）提出一国在不同的发展阶段选择不同的创新模式以促进经济增长。当技术水平距离国际前沿较远时，一国更多依赖模仿以促进生产率的提高，而当技术水平逐渐接近国际前沿时，一国则更倾向于选择自主创新以实现技术进步。龚刚等（2013）从新阶段中国经济增长方式转变的视角出发，提出为实现持续的技术进步，中国必须为技术引进向自主研发的转变提供足够的激励。唐未兵等（2014）运用中国 1996—2011 年 28 个省、市、自治区的面板数据，实证检验了技术创新与技术引进对于经济增长方式转变的不同作用。上述研究虽然没有直接讨论金融结构与技术创新之间的关系，但其对技术创新模式的划分为我们深入研究创新模式差异与金融结构的关系提供了可借鉴的思路。

近年来，一些国内学者逐渐关注到不同产业技术的特征差异及其与金融结构的关系。龚强等（2014）基于金融结构与产业技术风险相匹配的视角构建理论分析框架，考察了银行和金融市场在不同产业中的效率差异及在不同经济发展阶段的作用，发现在产品和技术都较为成熟的产业发展阶段，银行能够提供有力的支持，而随着产业不断接近世界技术前沿，金融市场的作用将逐步显现。张一林等（2016）从技术创新企业的创新密度、资产规模等特性出发建立理论框架，分析了股权融资和银行贷款两种融资方式的融资效率及其对技术创新的不同支持作用，提出为实现金融资源向创新产业的高效流动和配置，需要建立与技术创新企业的特性更加匹配的股权融资市场。徐明和刘金山（2017）基于文献梳理、理论解构和大国崛起的实践解读，归纳出“金融结构分工与技术创新类型匹配”的分析框架，从微观角度和横向维度对金融结构与技术创新之间的关系进行了探讨，提出最优金融结构应根据技术创新类型的演化进行调整。

既有文献从不同的角度出发构建理论分析框架，对金融结构与技术创新之间的关系做出了卓有成效的探讨。但相关研究尚存在一定的不足：一是技术进步层面的研究较多，基于创新异质性的系统研究较少；二是理论层面的分析较多，基于中国制造业企业数据进行的经验研究较少；三是缺乏对金融生态环境这一关键影响因素的考察。有鉴于此，本文将结合中国制造业企业创新模式转换的前进态势，从金融结构调整视角研究技术创新问题，揭示与中国当前制造业企业技术创新需求相匹配的金融结构。在此基础上，运用 2001—2016 年中国 30 个省、直辖市、自治区的面板数据构建动态面板模型，实证检验金融结构对制造业企业技术创新的影响，以期为创新驱动发展战略下合理推进金融体系改革以助力制造业企业技术创新水平提升，提供具有一定价值的理论依据。

三、金融结构匹配差异化创新模式的理论分析框架

借鉴 Bolton 和 Freixas（2000）、龚强等（2014）的理论分析框架，构建一个由银行（贷款）或金融市场（发行股票）向制造业企业的创新项目（不同创新模式）提供金融支持的情形。在理论分析中先设定投融资阶段，再阐述不同创新模式的风险收益特征和金融生态环境，最后对差异化创新模式的金融支持进行分析，以厘清与不同创新模式相匹配的金融结构以及金融生态环境的重要作用。

（一）投融资阶段

将创新项目的投融资过程划分为三个阶段，如图 1 所示。在 $t=0$ 期，企业拥有投资额为 I 的创新项目和自有资金 ω（$\omega \leqslant I$），剩余的 $I-\omega$ 单位化为 1，需要从外部融资，由银行或金融市场投资者决定是否提供资金。在 $t=2$ 期，如创新成功，则企业按照约定的利率向银行支付本息或按照约定的股权比例向投资者发放股利；如创新失败，则无剩余。此外，无论项目最终成功与否，只要能持续经营到 $t=2$ 期，企业作为创新项目的所有者都可以获得无法向外转移的私人收益 k（$\omega \leqslant k \leqslant 1$）。

如果由银行以贷款形式向创新项目提供资金支持，则银行在 $t=1$ 期有权决定是否清算该项目。当银行选择清算该项目时，银行获得清算剩余 $R(R<1)$，此时项目结束，企业无剩余。当银行选择不清算该项目时，在 $t=2$ 期，项目清算价值为0，银行获得企业支付的 $\min\{H,\pi\}$，其中 H（$H>1$）为 $t=0$ 期银行与企业约定的本金利息之和，企业获得 $\max\{0,\pi-H\}$。如果由金融市场投资者以股权投资形式向创新项目提供资金支持，则该项目不存在清算风险，在 $t=2$ 期，投资者从企业获得股利 $s\pi$，其中 s（$0<s<1$）为股权比例，企业获得剩余的 $\pi-s\pi$。

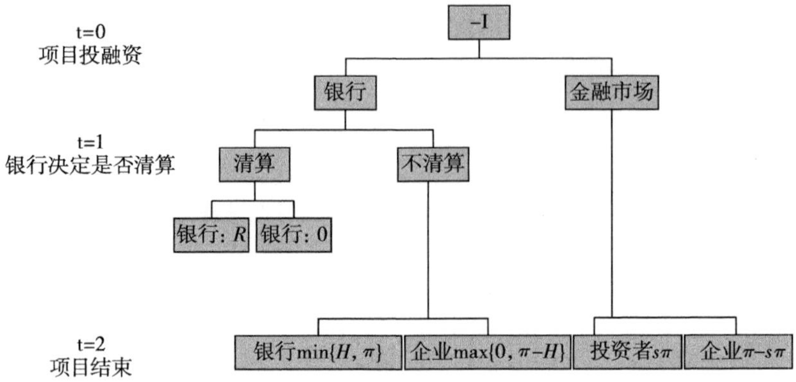

图1　投融资阶段

（二）风险收益特征与金融生态环境

按照风险收益特征的不同，技术创新模式可划分为引进模仿创新和自主创新。其中，引进模仿创新具有低成本、低风险，收益稳定的特征；自主创新则具有高成本、高风险，研发失败概率大，收益存在较高不确定性的特征。为刻画不同创新模式的风险收益特征差异，考虑存在两类技术创新项目——引进模仿创新项目 A 和自主创新项目 B。沿袭 Bolton 和 Freixas（2000）、龚强等（2014）的设定，在 t = 1 期 A 产生利润，B 不产生利润；A 和 B 都不确定在 t = 2 期是否产生利润；A 成功的概率为 p_A，利润为 π_A（$\pi_A > I$）；B 成功的概率为 p_B（$p_B < p_A$），利润为 π_B（$\pi_B > \pi_A$）。A 和 B 失败后皆无利润。令 $\delta(0 < \delta < 1)$ 代表技术创新项目为 B 的可能性，δ 越大表明技术创新项目越依赖于自主创新。图 2 刻画了技术创新项目的风险收益特征。

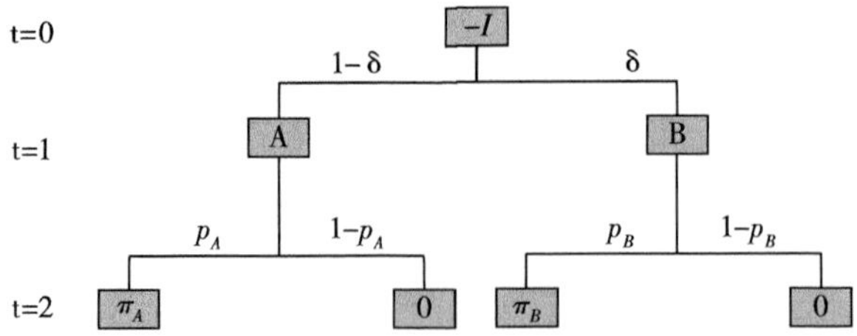

图2　技术创新项目的风险收益特征

“法律制度相关论”认为良好的法律制度是金融中介和金融市场发挥功能

的重要基础（La Porta，1998）。“新结构经济学”进一步提出为了给新升级的产业中的企业降低交易成本，并使其达到生产可能性边界，一个灵活、平稳的产业和技术升级过程需要基础设施同时做出相应的改善（林毅夫，2012）。包括法律制度在内的金融生态环境实质上就是一种“软件”基础设施。为刻画金融生态环境，考虑存在两类企业——优质企业 C 和劣质企业 D。C 的风险收益特征如上所述，D 则在 t = 1 期和 t = 2 期皆不产生利润，清算价值始终为 0，并且若 D 能持续经营至 t = 2 期，则可以获得私人收益 k（$\omega \leqslant k \leqslant 1$）。因此，在 t = 0 期，D 有激励模仿 C，投入自有资金 ω 并对外融资（Bolton 和 Freixas，2000；龚强等，2014）。金融生态环境的完善与法律法规、会计准则、信息披露、信用体系等制度的建立健全密切相关。良好的金融生态环境能够缓解资金供需双方的信息不对称，减少摩擦和不确定性，约束企业的道德风险，使 C 的数量更多。令 σ（$0 < \sigma < 1$）代表 C 的比例，并将企业总数单位化为 1。σ 越大表明金融生态环境越完善，优质企业的占比越高。

在 t = 0 期，风险收益特征和金融生态环境均为公开信息，即资金提供方确切地知道 δ 和 σ 的大小。但值得注意的是，对于某个具体的技术创新项目究竟是 A 还是 B 无法确定，只能知道其概率分布。在 t = 1 期，如果项目产生利润，就能够确定该项目为 A。注意到，资金供给方通过观察企业在 t = 1 是否产生利润可以甄别项目是否为 A，但由于 B 和 D 在 t = 1 期均不盈利，因而无法甄别 B 和 D。因而，我们需要进一步考察银行和金融市场在 t = 1 期能够甄别 A 但无法区分 B 和 D 的情况下对技术创新项目的金融支持情况。

（三）差异化创新模式的金融支持分析

为更加清晰地探讨创新模式的差异与金融结构的关系，后文的分析将基于以下假设。

假设 1：银行和金融市场都是完全竞争的，无风险利率为 0。

假设 2：$E(\pi_A) = E(\pi_B)$，$E(\pi_A) = p_A\pi_A$，$E(\pi_B) = p_B\pi_B$，且 $p_A = 1$。

假设 3：当 $\delta = 0$ 且 $\upsilon -1$ 时，$H \leqslant \pi_A$。

首先，考虑由银行以贷款形式为创新项目提供资金支持的情况。由于银行在 t = 1 期拥有清算项目的权利，而此时银行通过观察企业的获利情况可以识别 A，但不能区分出 B 和 D。我们需要依次考虑银行是否会行使该权利。在 t=1 期，当银行识别出项目为 A 时，如果行使清算权银行将获得清算剩余 R（$R<1$），如果不清算银行将获得 H（$H>1>R$）。可见，银行一定不会清算 A。在 t=1 期，当银行识别出项目为非 A 时，由于 B 和 D 在 t=1 期都不产生利润，因而无法进一步区分该项目究竟是 B 还是 D。如果银行不清算该非 A 项目，根据 MM 定理企业将从金融市场融资中获得不低于银行融资的利润。可见，在市场融资总是优于无清算的银行融资的情况下，银行一定会清算非 A 项目。此时 D 无法持续经营至 t=2 期，无利可图使 D 在 t=0 期将不再进入。由此可见，银行的清算机制能够在一定程度上将劣质企业拒之门外，缓解信息不对称和市场摩擦。但由于无法区分 B 和 D，B 通过银行融资将存在清算风险。企业通过银行融资以支持创新项目，其利润最大化目标函数如下：

$$\max(1-\delta)[E(\pi_A - p_A H)]$$

$$\text{s.t.}\quad \delta R + (1-\delta)p_A H \geqslant 1 \tag{1}$$

$$p_B H \leqslant R \tag{2}$$

条件（1）为银行的贷款约束，只有当银行提供贷款的预期收益大于等于 1 时，银行才会提供贷款。条件（2）为银行在 t=1 期清算非 A 项目的激励相容条件。在假设 1~3 下，由银行为创新项目提供贷款的条件如下：存在 $\hat{\delta}$，使当 $\delta \leqslant \hat{\delta}$ 时，银行贷款可行，此时 $H=\dfrac{1-\delta R}{1-\delta}$，$\pi=(1-\delta)\pi_A+\delta R-1$；当 $\delta \leqslant \hat{\delta}$ 时，银行贷款不可行。表明随着创新项目风险的增加，与风险对等的收益也会相应增加，当贷款利息大到违背条件（2）或假设 3 时，银行贷款不可行。

下面，我们考虑由金融市场以股权投资形式为创新项目提供资金支持的情况。企业通过金融市场融资以支持创新项目，其利润最大化目标函数如下：

$$\max(1-s)[\delta E(\pi_B)+(1-\delta)E(\pi_A)]$$

$$\text{s.t.}\quad vs[\delta E(\pi_B)+(1-\delta)E(\pi_A)] \geqslant 1 \tag{3}$$

条件（3）为金融市场的投资约束，只有当金融市场上投资者的预期收益大于等于 1 时，投资者才会投资该创新项目。在假设 1~3 下，由金融市场为创新项目提供资金支持的条件如下：存在 $\hat{\sigma}$，使当 $\sigma \geqslant \hat{\sigma}$ 时，金融市场融资可行，此时 $s = \frac{1}{\sigma\pi_A}, \pi = \pi_A - \frac{1}{\sigma}$ 时，金融市场融资不可行。表明随着金融生态环境的恶化，由信息不对称导致的企业融资成本将会不断增加，为获得金融市场的资金支持企业不得不让渡更多的股权。只有当金融生态环境满足 $\sigma \geqslant \hat{\sigma}$ 时，由金融市场向创新项目提供融资才是可行的。

通过对差异化创新项目金融支持的分析，我们发现，银行对技术创新风险具有相对较高的敏感性，但其规范、良好的清算机制能够在一定程度上缓解金融生态环境中由于信息不对称导致的逆向选择和道德风险等问题；金融市场对技术创新风险的敏感性则相对较低，但其功能的发挥高度依赖于良好的金融生态环境。可见，风险—收益特征不同的技术创新模式对应着不同的金融结构，最优金融结构应根据不同技术创新水平下创新模式的演化进行适时调整。在经济发展初期，要素禀赋结构会呈现出劳动力充裕、资本稀缺的特征，生产多集中于采用传统成熟技术的劳动力或资源密集型产业（林毅夫，2012），此时的技术创新水平往往处于“跟踪”阶段，创新模式以风险较低、收益稳定的引进模仿创新为主，通过银行融资的清算风险较低，且清算机制能够进一步降低信息成本，银行是适宜的融资渠道。随着要素禀赋结构的升级，资本或技术密集型产业成为主导产业，技术创新水平转向“并跑”或“领跑”阶段，持续的技术进步有赖于风险较高、收益不确定的自主创新，与其相匹配的最优金融结构则更加复杂。一方面，较高的创新风险抑制了银行的有效性；另一方面，缺乏良好的金融生态环境作为保障，金融市场的功能将难以发挥。从这个意义来看，在探讨与我国经济转型和技术创新水平提升相适应的最优金融结构时，考虑不同的技术创新模式和金融生态环境的影响是必要的。

四、模型设定、变量选取与数据说明

（一）模型设定与变量选取

这里从创新异质性的视角出发，将技术创新划分为风险较低、收益稳定的引进模仿创新和风险较高、收益不确定的自主创新，在此基础上探讨金融结构对制造业企业技术创新的影响。纵观既有研究成果，Bond 和 Meghir

（1994）构建的欧拉方程模型为该领域的研究奠定了基础，Brown 等（2009）、张杰等（2012）、谢家智等（2014）进一步将欧拉方程应用于企业创新投资行为的刻画。沿袭上述思路，基于欧拉方程构建如下模型：

$$ImIn_{i,t} = \alpha_0 + \alpha_1 ImIn_{i,t-1} + \alpha_2 (ImIn_{i,t-1})^2 + \alpha_3 FinStr_{i,t} + \sum_{j=4}^{n} \alpha_j X_{ij,t} + \mu_i + \omega_t + \varepsilon_{i,t} \tag{1}$$

$$InIn_{i,t} = \alpha_0 + \alpha_1 InIn_{i,t-1} + \alpha_2 (InIn_{i,t-1})^2 + \alpha_3 FinStr_{i,t} + \sum_{j=4}^{n} \alpha_j X_{ij,t} + \mu_i + \omega_t + \varepsilon_{i,t} \tag{2}$$

其中，下标 i 和 t 分别代表省份和时期；$ImIn$ 和 $InIn$ 分别为表征引进模仿创新和自主创新的变量；$FinStr$ 为表征金融结构的变量；X 为控制变量。

被解释变量。已有研究大多采用 R&D 经费投入衡量技术创新，其缺点在于无法有效区分不同创新模式的实际产出。随着中国知识产权保护制度的不断完善，越来越多的自主创新成果以专利的形式出现，虽然专利数据并不能完全等同于自主创新，但其优势在于专利制度本身可以诱导创新（李兵等，2016）。因此，这里选取各地区规模以上工业企业有效发明专利数与 GDP 的比值衡量自主创新（$InIn$）。在引进模仿创新方面，《中国科技统计年鉴》除统计了 R&D 支出外，还详细统计了各地区规模以上工业企业技术获取和技术改造经费支出，包括了引进技术经费支出、购买国内技术经费支出、消化吸收经费支出和技术改造经费支出四项。其中，前两项衡量了企业从外部引进技术的支出，后两项衡量了企业对外界技术进行模仿改造的支出。因此，这里采用各地区规模以上工业企业技术获取和技术改造经费支出与 GDP 的比值综合衡量引进模仿创新（$ImIn$）。

解释变量。对于金融结构（$FinStr$）的度量，既有文献广泛使用“股票市场市值与银行信贷余额之比”这一指标，然而用该指标度量金融结构存在以下缺陷：一方面，除股票市场外，债券市场也是直接融资的一个关键渠道，由于数据获取等困难，大量文献忽略了对债券市场的度量，将对研究结论产生重大影响；另一方面，股票市场市值并非股票市场的实际融资额，市值会随股价波动而波动，与间接融资对应的银行信贷余额不具有可比性，无法真实表征金融结构。基于此，本文采用“股票融资额与债务融资额之和/贷款融资额”衡量金融结构，在将债券市场纳入直接融资的同时，用股票市场融资额①替代股票市值总额，既避免了由于股价剧烈波动对直接融资度量的影响，又增强了与银行贷款融资的可比性。*FinStr* 的值越大，说明金融结构中的市场导向越强。

控制变量。①人力资本水平（*Edu*），人力资本是推动技术进步的关键，可能对引进模仿创新和自主创新产生重要影响，这里选取 6 岁以上人口人均受教育年限衡量。②固定资产投资水平（*Capital*），采用固定资产投资总额占各省份 GDP 衡量。③贸易水平（*Trade*），以进出口总额占各省份 GDP 衡量。④财政支出水平（*Public*），采用财政支出占各省份 GDP 衡量。⑤外资依存度（*Fdi*）：使用外商直接投资实际使用金额与 GDP 的比值度量。⑥金融发展（*Fin*）：选取金融机构各项贷款余额与 GDP 的比值反映。⑦经济发展水平（*Eco*）：由于地区技术进步会受到当地经济发展水平的影响，这里借鉴现有研究的普遍做法，使用各地区人均 GDP（取自然对数）作为反映地区经济发展水平的综合指标。此外，为控制不同省份之间政策环境和制度差异等不可观察的因素对制造业企业技术创新能力的影响，引入省份固定效应 μ_i；同时，还增加了时间固定效应 ω_t，用以控制不可观测的随时间变动的经济政策等因素的影响；$\varepsilon_{i,t}$ 为随机误差项。

同时，健全的法律制度有助于金融中介和金融市场的有效运行（La Porta,et al.，1997）。尤其在金融市场上，由于股权融资难以通过抵押、清算等机制约束企业的道德风险，因而更需要优良的制度环境作为保护投资者权益的前提（龚强等，2014；张一林等，2016）。为进一步考察包括法律制度在内的金融生态环境的影响，本文在式（1）和式（2）的基础上引入金融生态环境（*Market*）及其与 *FinStr* 的交互项（$FinStr \times Market$），并构建如下形式的实证模型：

$$ImIn_{i,t} = \alpha_0 + \alpha_1 ImIn_{i,t-1} + \alpha_2 (ImIn_{i,t-1})^2 + \alpha_3 FinStr_{i,t} + \alpha_4 Market_{i,t} + \alpha_5 FinStr_{it} \times Market_{it} + \sum_{j=6}^{n} \alpha_j X_{ij,t} + \mu_i + \omega_t + \varepsilon_{i,t} \quad (3)$$

$$InIn_{i,t} = \alpha_0 + \alpha_1 InIn_{i,t-1} + \alpha_2 (InIn_{i,t-1})^2 + \alpha_3 FinStr_{i,t} + \alpha_4 Market_{i,t} +$$

① 考虑到融资额和再融资额是证券一级市场上的主要融资来源，因此在计算股票融资额时将两者汇总计算。

$$\alpha_5 FinStr_{it} \times Market_{it} + \sum_{j=6}^{n} \alpha_j X_{ij,t} + \mu_i + \omega_t + \varepsilon_{i,t} \quad (4)$$

其中，*Market* 采用樊纲等（2011）编著的《中国市场化指数——各地区市场化相对进程 2011 年报告》、王小鲁等（2017）编著的《中国分省份市场化指数报告（2016）》和王小鲁等（2019）编著的《中国分省份市场化指数报告（2018）》中的“市场中介组织的发育和法律制度环境”指数衡量。*Market* 的值越大，说明金融生态环境越完善。$FinStr \times Market$ 是金融结构与金融生态环境的交互项，用于反映某一给定的金融结构在不同金融生态环境下的异质性影响。

（二）数据说明

本文的数据样本是 2001—2016 年中国 30 个省、市、自治区（不包括西藏自治区）关于前述各变量的数据。本文的原始数据来自历年的《中国科技统计年鉴》《中国金融年鉴》《中国统计年鉴》《中国市场化指数——各地区市场化相对进程 2011 年报告》《中国分省份市场化指数报告（2016）》《中国分省份市场化指数报告（2018）》和 Wind 数据库。此外，由于中国各地区人口规模和经济发展水平差异很大，本文在对控制变量进行处理时均使用人均数和相对比率，以消除上述因素对于地区间统计结果比较的影响。

五、实证结果及分析

为保证模型估计结果的有效性，首先需要对模型中可能存在的内生性问题加以考虑：一方面，由于在设定的计量模型中引入了因变量的滞后项及其二次项作为解释变量，因而不可避免地存在内生性问题；另一方面，金融结构是技术进步过程中的内生变量，这意味着模型中可能存在金融结构与技术创新的联立性（Simultaneity），即技术创新与金融结构之间互为因果关系，从而引发内生性问题。这里如果采用混合最小二乘法、固定效应模型等传统的面板数据估计技术，往往会造成参数估计的有偏性和不一致性。用这样的参数估计值解释金融结构对技术创新的影响势必会造成错误的结论。因此，需要对上述变量可能存在的内生性问题加以控制和解决。Arellano 和 Bond

（1991）提出的动态面板模型差分 GMM 估计技术，克服了解释变量的内生性问题，从而相比传统的估计方法具有更高的估计效率。Blundell 和 Bond（1998）结合差分 GMM 和水平 GMM，提出了系统 GMM 估计技术，增加了更多可用的工具变量，同时控制了模型中可能存在的内生性和异方差问题，从而进一步增强了估计结果的有效性。考虑到两步 GMM 估计量的标准差在有限样本条件下会产生严重的向下偏倚（Bond，2002），从而影响统计推断的结果，故本文采用一步系统 GMM 估计技术，以解释变量和被解释变量的滞后项及其二次项作为工具变量对模型进行估计，并控制住了省份固定效应和时间固定效应。同时，为了进一步克服异方差可能带来的不利影响，本文在估计时均对样本数据进行了 Robust 稳健标准误处理。

（一）金融结构与引进模仿创新

基于模型（1）和模型（3）的估计结果汇总为表 1。考虑估计结果的有效性：首先，工具变量的有效性检验 Hansen Test 在 10% 的显著性水平上不能拒绝过度识别约束有效的原假设，表明我们选取的工具变量不存在过度识别问题；其次，一阶序列相关性检验的结果 $AR(1)$ 显著，表明存在一阶序列相关，即存在内生性问题，二阶序列相关性检验的结果 $AR(2)$ 不显著，表明不存在二阶序列相关，即内生性问题得以克服。因此，表 1 中的一步系统 GMM 的估计结果是可靠有效的。

根据表 1 给出的估计结果，我们发现，在所有考虑了 *FinStr* 的模型中，*FinStr* 的估计系数 α_3 的符号均为负，只是各模型的显著性水平有所不同。表明对于引进模仿创新而言，银行是更适宜的融资渠道。这一结论与 Brown 等（2013）等学者持有的"资本市场比银行中介更能促进技术创新"的观点相左。这主要由以下原因造成：首先，不同于以往研究大多采用 R&D 投入直接衡量技术创新，本文根据风险收益特征的差异对技术创新模式进行了细分，并在此以技术获取和技术改造经费支出具体衡量引进模仿创新，对技术创新范围的细化可能弱化了金融市场的影响力；其次，在相关信息较为丰富的确定性条件下，银行拥有消除信息不对称的明显优势和大规模批量处理信息的规模经济效应（Allen，1990），因而对于风险较低、收益稳定的引进模仿创新，银行能以较低的成本进行有效识别，从而相较于金融市场在降低融资过程中的清算风险和信息成本上更具优势。

此外，表1进一步显示，无论是*FinStr*的估计系数α_4还是*FinStr*×*Market*的估计系数α_5，均没有通过显著性检验，表明银行体系对引进模仿创新的积极影响不受金融生态环境因素的制约。这主要是因为银行的清算机制能够缓解金融生态环境中由于信息不对称导致的逆向选择和道德风险等问题，因而相较于金融市场而言，银行的有效运行对金融生态环境的依赖较小（马微、惠宁，2019）。其他控制变量中，*Edu*的估计系数在所有的模型中显著为正，表明人力资本水平对引进模仿创新具有正向促进作用。*Capital*和*Trade*对引进模仿创新的影响虽然在方向上为正，但均不显著，表明本文并不能为固定资产投资水平和贸易水平促进引进模仿创新提供证据。*Public*的估计系数在所有模型中均为负数，且在模型（2）~模型（4）中显著，表明财政支出水平对引进模仿创新具有抑制作用，这主要是因为两者之间的关系可能并不是简单的线性关系，而是呈现出倒“U”形，大量的财政拨款使企业获得了在不进行创新投入的情况下维持其利润水平的能力，因此企业倾向于依赖财政拨款而非继续提升自身的创新能力。*Fdi*的估计系数在所有模型中均不显著为正，这与已有研究提出的“外商直接投资能促进技术溢出、提高技术创新水平”的观点相左，我们认为外资进入对内资企业技术创新产生的挤出效应可能在一定程度上弱化了技术溢出对技术创新水平提升带来的积极影响。*Fin*的估计系数在所有模型中均为正，且显著性水平较高，表明金融发展水平的提升有利于推动引进模仿创新。*Eco*的估计系数在所有模型中均为负数，且在模型（2）~模型（5）中显著，表明随着经济发展水平的提升，对引进模仿创新的投入在不断下降，这是由于随着经济的发展，技术水平不断接近世界前沿，技术的封锁和新兴技术的复杂化使引进模仿的难度越来越大，依赖引进模仿的模式实现技术创新将不可持续（龚刚等，2013）。

表 1　　金融结构对引进模仿创新的影响

变量	(1)	(2)	(3)	(4)	(5)
$ImIn_{t-1}$	1.0514 *** (13.05)	1.0204 *** (14.33)	1.0138 *** (14.57)	1.0205 *** (14.32)	1.0020 *** (14.36)
$(ImIn_{t-1})^2$	-10.7318 *** (-5.35)	-10.2322 *** (-5.76)	-10.0906 *** (-5.68)	-10.2425 *** (-5.83)	-9.8837 *** (-5.66)
FinStr		-0.0040 *** (-3.26)	-0.0039 *** (-3.01)	-0.0039 * (-1.72)	-0.0038 * (-1.66)
Market			0.0000 (0.35)		0.0001 (1.04)
FinStr × *Market*				0.0000 (0.03)	-0.0001 (-0.41)
Edu	0.0009 *** (2.98)	0.0008 ** (2.22)	0.0008 ** (2.20)	0.0008 ** (2.15)	0.0008 ** (2.22)
Capital	0.0023 (0.87)	0.0015 (0.61)	0.0016 (0.62)	0.0016 (0.64)	0.0022 (0.83)
Trade	0.0007 (0.69)	0.0004 (0.35)	0.0005 (0.47)	0.0003 (0.26)	0.0004 (0.42)
Public	-0.0050 (-1.36)	-0.0068 * (-1.92)	-0.0063 * (-1.66)	-0.0064 * (-1.83)	-0.0054 (-1.49)
Fdi	0.0176 (0.94)	0.0181 (1.01)	0.0191 (1.07)	0.0147 (0.87)	0.0172 (0.93)
Fin	0.0013 (1.27)	0.0025 ** (2.30)	0.0023 * (1.93)	0.0023 ** (2.18)	0.0020 * (1.72)
Eco	-0.0011 (-1.34)	-0.0014 * (-1.76)	-0.0014 * (-1.72)	-0.0015 * (-1.74)	-0.0017 * (-1.83)
Constant	0.0061 (0.65)	0.0062 (0.65)	0.0067 (0.70)	0.0072 (0.74)	0.0081 (0.86)
省份 时间	控制	控制	控制	控制	控制
Hansen 检验	12.61	11.26	12.26	10.07	9.87
AR(1)	0.000	0.001	0.001	0.001	0.001
AR(2)	0.261	0.306	0.308	0.302	0.291

注：***、**和*分别表示在1%、5%和10%的水平上显著；估计系数下方括号内的数值为经 Robust 修正后的 *z* 统计量。表 2 与此注相同。

（二）金融结构与自主创新

基于模型（2）和模型（4）的估计结果汇总见表2。同上文分析类似，表2中的一步系统GMM的估计结果是可靠有效的。关注核心解释变量 *FinStr* 的系数符号和显著性水平。一方面，在所有引入 *FinStr* 的模型中，*FinStr* 的系数符号均为正，表明不同于引进模仿创新，自主创新较高的创新风险抑制了银行资金供给的有效性，而对创新风险敏感性相对较低的金融市场凭借其多元审查和风险分散机制更有利于为自主创新聚集资金；另一方面，*FinStr* 的显著性水平均不高，我们猜测这是由于金融市场对自主创新的促进作用会受到金融生态环境的约束，缺乏良好的金融生态环境作为保障，金融市场的功能难以发挥。

值得注意的是，$FinStr \times Market$ 的估计系数在模型（4）和模型（5）中均显著为正，这验证了我们上文的猜想，表明在良好的金融生态环境下，金融结构中金融市场导向越强越有利于推动自主创新。这一结论肯定了金融市场对自主创新的重要推动作用，但与传统金融结构理论中市场主导论者持有的“市场主导型金融结构更有利于技术创新”的结论有所偏差。这主要是因为，虽然金融市场对技术创新风险的敏感性相对较低，但信息不对称、外部性和规模经济的存在会加剧金融市场的不稳定，抑制金融市场功能的发挥，而健全的游戏规则有助于金融市场的有效运行（Stiglitz，1993）。以往的研究在考察金融市场对技术创新的影响时，恰恰忽略了金融生态环境这一重要的约束条件，从而得出了较为片面的结论。

其他控制变量中，*Market* 的估计系数在10%的水平上显著为正，表明市场中介组织服务水平的提升、知识产权保护力度的加强和维护市场的法制环境的改善在一定程度上有助于制造业企业自主创新能力的提升。*Edu* 的估计系数在所有的模型中均为正，但显著性水平不高，这与“人力资本水平与自主创新能力显著正相关”的直觉不符，我们猜想人力资本水平对自主创新的解释力可能更多地体现在质量层面上，而非数量层面上。*Capital* 和 *Trade* 在模型（1）~模型（5）中均不显著，表明本文并不能为固定资产投资水平和贸易水平影响自主创新提供证据。*Public* 的估计系数在所有的模型中均为负，且在模型（1）~模型（2）中高度显著，表明中国的财政支出水平与自主创新能力的提升呈现严重的不匹配，不合理的财政支出反而使自主创新呈现弱化效应。新结构经济学中关于政府与市场分工的理论对此做出了解释，即市场应在资源配置中发挥核心作用，政府运用其掌握的大量财政资金对新兴产业进行直接投资，只会产生低效率甚至腐败。新技术的研发和创新应由企业在市场乃至参与国际竞争中实现（林毅夫，2012）。*Fdi* 的估计系数在所有模型中均不显著为正，与表 2 中的估计结果类似，此处不再赘述。*Fin* 的估计系数在模型（1）~模型（2）中不显著为正，在模型（3）~模型（5）中不显著为负，这与表 1 中的估计结果存在较大差异，表明单纯提高金融体系总体规模并不能显著促进制造业企业自主创新水平的提升，这也正是我们需要进一步探究金融体系内部结构的原因所在。*Eco* 的估计系数在所有模型中均显著为正，表明随着经济的发展，制造业企业的自主创新水平也在不断提升，这与 Vandenbussche 等（2006）和龚刚等（2013）的研究结论具有一致性。

表 2　　金融结构对自主创新的影响

变量	(1)	(2)	(3)	(4)	(5)
$InIn_{t-1}$	0.8011*** (5.66)	0.8158*** (6.28)	0.7305*** (4.86)	0.7974*** (6.18)	0.8368*** (6.01)
$(InIn_{t-1})^2$	0.1744** (2.20)	0.1738** (2.33)	0.2144** (2.48)	0.1867** (2.45)	0.1603** (1.99)
FinStr		0.0426 (1.60)	0.0574* (2.03)	0.0355 (1.19)	0.0375 (1.15)
Market			0.0108* (2.05)		0.0042* (1.96)
FinStr × *Market*				0.0256*** (2.80)	0.0218** (2.33)
Edu	0.0041 (1.58)	0.0050 (1.62)	0.0033 (1.55)	0.0051 (1.69)	0.0032 (1.29)
Capital	−0.0728 (−0.95)	−0.0459 (−0.66)	−0.0305 (−0.44)	−0.0306 (−0.42)	−0.0192 (−0.28)

续表

变量	(1)	(2)	(3)	(4)	(5)
Trade	0. 0280 (1. 05)	0. 0315 (1. 37)	0. 0098 (0. 29)	0. 0182 (0. 67)	0. 0072 (0. 23)
Public	-0. 1868 *** (-2. 66)	-0. 1756 *** (-2. 73)	-0. 0687 (-1. 05)	-0. 0897 (-1. 28)	-0. 0365 (-0. 63)
Fdi	0. 0750 (1. 65)	0. 0693 (1. 39)	0. 0715 (1. 52)	0. 0299 (0. 86)	0. 0596 (1. 04)
Fin	0. 0286 (1. 32)	0. 0182 (0. 78)	-0. 0040 (-0. 15)	-0. 0085 (-0. 30)	-0. 0188 (-0. 71)
Eco	0. 0249 ** (2. 32)	0. 0255 ** (2. 53)	0. 0413 *** (2. 85)	0. 0207 * (2. 04)	0. 0254 ** (2. 44)
Constant	0. 3714 ** (2. 65)	0. 4632 *** (3. 15)	0. 4027 *** (3. 08)	0. 4031 ** (2. 53)	0. 3975 *** (2. 71)
省份 时间	控制	控制	控制	控制	控制
Hansen 检验	9. 26	10. 16	10. 64	9. 29	9. 53
AR(1)	0. 000	0. 001	0. 001	0. 001	0. 002
AR(2)	0. 210	0. 199	0. 123	0. 166	0. 126

上述分析表明，不同经济发展阶段创新模式的差异会内生出差异化的金融结构，这主要是因为在经济发展水平较低时，劳动力充足、资本稀缺的要素禀赋结构决定了生产多集中于采用传统成熟技术的劳动力密集型产业（林毅夫，2012），此时的技术创新模式以引进模仿创新为主，具有可预测、低风险、收益稳定等特点。银行体系公开条件下信息处理的规模优势、流动性供给的短期性和风险管理的内在化机制决定了其更能够以较低的成本满足引进模仿创新的融资需求。而随着要素禀赋结构的升级，主导产业逐渐转向资本或技术密集型产业，持续的技术进步有赖于不可预测、风险较高、收益不确定的自主创新。较高的创新风险抑制了银行资金供给的有效性，而金融市场的多元审查模式、期限转换功能和“风险共担，收益共享”的风险分散机制决定了其更有利于为自主创新聚集资金。然而，值得注意的是，不同于银行体系能够利用债务合同、抵押清算等方式进行有效的贷后监管，金融市场上的股权融资使投资者难以约束企业的道德风险，因而其有效运行有赖于法律

和相关中介组织对投资者的保护，缺乏良好的金融生态环境作为保障，金融市场的功能将难以发挥。从这个意义来看，在探讨与经济转型和技术创新水平提升相适应的金融结构时，考虑不同的技术创新模式和金融生态环境的影响是必要的。

（三）稳健性检验

为保证研究结论的可靠有效，本文进行以下多项稳健性检验：首先，为克服采用规模以上工业企业技术获取和技术改造经费支出衡量引进模仿创新可能存在的异常值和非随机性对模型估计结果产生的不利影响，分别剔除3%的引进模仿创新极大值和极小值样本后进行估计；其次，鉴于规模以上工业企业有效发明专利数不能全面地反映自主创新，这里进一步采用专利申请授权数作为自主创新的替代指标；最后，沿袭Blundell和Bond（2000）的思想，同时采用固定效应模型和混合OLS模型进一步检验系统GMM的估计有效性，因为前者往往会高估，而后者往往会低估模型的滞后项系数，所以当一步系统GMM的估计值介于二者给出的真实估计值之间时，我们认为估计结果是有效的。

稳健性检验结果见表3。其中，模型（1a）~模型（1c）为以引进模仿创新为被解释变量的模型估计结果，$ImIn_{t-1}$的混合OLS、固定效应和一步系统GMM的估计量分别为1.0531、0.2539和1.0434。可见，因变量滞后项的一步系统GMM的估计值介于混合OLS模型和固定效应模型给出的真实估计值之间，符合GMM估计有效性的判断标准。模型（1c）显示，在分别剔除3%的引进模仿创新极大值和极小值样本后，*FinStr*的估计系数仍然显著为负，并且无论是*Market*的估计系数α_4还是$FinStr \times Market$的估计系数α_5，均没有通过显著性检验，这与表2得到的结论一致，再次表明银行体系对引进模仿创新具有显著的促进作用，且这一促进作用不受金融生态环境的约束。

模型（2a）~模型（2c）为以自主创新为被解释变量的模型估计结果，与上文分析类似，模型（2c）中的一步系统GMM的估计结果是有效的。从模型（2c）的回归结果来看，在替换了自主创新的代理指标后，解释变量和控制变量的估计系数符号与上文的结论呈现出较高的一致性，差别仅在于部分变量的显著性水平有所不同，从而佐证了上文的结论，即在良好的金融生态环境下，金融结构中金融市场导向越强越有利于推动自主创新。

表 3　　稳健性检验

变量	模型（1a）	模型（1b）	模型（1c）	模型（2a）	模型（2b）	模型（2c）
	OLS	FE	GMM	OLS	FE	GMM
$ImIn_{t-1}$	1.0531 *** (7.57)	0.2539 (1.46)	1.0434 *** (8.24)			
$(ImIn_{t-1})^2$	-11.9150 ** (-2.54)	0.3264 (0.07)	-12.1979 *** (-2.80)			
$InIn_{t-1}$				0.9879 *** (14.32)	0.9480 *** (7.25)	0.9873 *** (14.84)
$(InIn_{t-1})^2$				-0.0404 ** (-2.62)	-0.0488 * (-1.97)	-0.0407 *** (-2.77)
FinStr	-0.0034 ** (-2.16)	-0.0017 (-1.20)	-0.0032 ** (-2.12)	0.0399 (0.34)	-0.0745 (-0.56)	0.0443 (0.39)
Market	0.0002 (1.48)	-0.0000 (-0.12)	0.0002 (1.59)	0.0792 *** (3.86)	0.0762 *** (2.91)	0.0803 *** (3.95)
FinStr × *Market*	-0.0005 (-1.60)	-0.0003 (-0.98)	-0.0003 (-0.79)	0.0011 (0.08)	0.0122 (0.67)	0.0206 ** (2.15)
Edu	0.0003 (1.04)	-0.0000 (-0.21)	0.0005 * (2.07)	0.0096 (0.67)	0.0081 (0.72)	0.0092 (0.66)
Capital	0.0008 (0.32)	0.0029 (0.80)	0.0004 (0.17)	0.0965 (0.85)	-0.0888 (-0.72)	-0.0947 (-0.83)
Trade	0.0008 (0.64)	0.0011 (0.33)	0.0009 (0.82)	-0.1653 (-1.55)	-0.1497 (-0.70)	0.0182 (1.35)
Public	-0.0022 (-0.56)	0.0139 (1.44)	-0.0018 (-0.50)	-0.2263 (-1.12)	-0.6718 (-1.67)	-0.2236 ** (-2.54)
Fdi	0.0088 (0.61)	-0.0174 (-0.58)	0.0084 (0.57)	-0.3436 (-0.60)	0.3888 (0.38)	0.0567 (0.79)
Fin	0.0014 (1.31)	0.0061 * (1.93)	0.0025 ** (2.47)	0.0774 (1.16)	0.3744 ** (2.31)	-0.0147 (-1.14)

续表

变量	模型（1a）	模型（1b）	模型（1c）	模型（2a）	模型（2b）	模型（2c）
	OLS	FE	GMM	OLS	FE	GMM
Eco	-0.0013** (-2.53)	0.0032 (1.18)	-0.0010 (-1.30)	0.1142*** (2.87)	-0.0010 (-0.01)	0.1121*** (2.90)
Constant	0.0109 (1.41)	-0.0239 (-0.97)	0.0085 (1.15)	0.9686** (2.57)	-0.5809 (-0.49)	0.9454*** (2.63)
省份 时间	控制	控制	控制	控制	控制	控制
Hansen 检验			10.18			7.38
AR(1)			0.000			0.009
AR(2)			0.257			0.720

注：***、**和*分别表示在1%、5%和10%的水平上显著；估计系数下方括号内的数值为经 Robust 修正后的 t 统计量或 z 统计量。

六、研究结论及政策启示

中国制造业技术创新水平正在步入从以“跟跑”为主转向“跟跑”与“并跑”“领跑”并存的新阶段，技术创新能力的持续提升离不开金融体系的有力支持。基于此，本文以创新异质性为切入点，在创新模式细分的基础上，利用2001—2016年中国30个省、市、自治区的制造业数据构建动态面板模型，采用一步系统GMM估计技术考察了金融结构与制造业企业技术创新之间的关系。本文研究表明：不同风险—收益特征的技术创新模式会内生出差异化的金融结构；银行体系对于风险较低、收益稳定的引进模仿创新具有显著的促进作用，且这一促进作用不受金融生态环境的约束；在良好的金融生态环境下，金融结构中市场导向越强越有利于推动风险较高、收益不确定的自主创新。因此，在中国技术创新模式由借助后发优势的引进模仿逐渐转向原创性的自主创新的过程中，需要推动金融结构的适时转型，并全面营造有利于金融市场发展的金融生态环境。

本文的研究结论对于中国的现实具有明晰的启示意义。中国经济发展进入新常态，其主要特点之一是发展动力从主要依靠资源和低成本劳动力等要素投入转向创新驱动。大力发展知识经济，实现技术创新模式由引进模仿型向自主创新型的转变，是推动经济持续稳定发展的根本途径，这已经成为共识（龚刚等，2013）。如何借助金融的力量提升技术创新水平，实现技术创新模式的顺利转换，是中国现阶段国家创新驱动发展战略下迫切需要解决的重要问题。本文的研究结论表明，不同的创新模式下都存在与之相对应的金融结构，因此为解决上述问题，不仅需要增强整个金融体系服务实体经济的能力，更需要进一步协调金融结构与技术创新之间的结构关系，实现金融结构与技术创新模式之间的最佳耦合。然而，当前金融体系在支持制造业技术创新尤其是自主创新上还存在诸多问题，应采取调整金融结构与优化金融生态环境并举的措施。一方面，在建立结构平衡、可持续的金融体系进程中，应以技术创新水平提升为导向，着力提高直接融资比重，建设直接融资和间接融资协调发展的金融体系。在加快商业银行转型的同时大力发展多层次资本市场，拓宽创新型企业的融资渠道，助力技术创新水平的提升。另一方面，持续完善有利于金融市场发展的金融生态环境。要为创新型国家建设和创新驱动发展战略提供良好的金融支持，在不断优化金融结构的同时，还需要以法治化和市场化为中心，构建层级适当、结构合理、内容科学的法律法规体系，严厉惩处金融市场违法违规行为，完善信息披露制度体系，健全社会信用系统，推进非商业银行性质的金融中介机构的改革与发展，以此营造良好的金融生态环境，为金融市场发挥作用创造有利条件。

参考文献

[1] 龚刚，黄春媛，张前程，陈维涛，赵亮亮. 从技术引进走向自主研发:论新阶段下的中国经济增长方式[J]. 经济学动态，2013(5).

[2] GOLDSMITH R. Financial structure and development[M]. Published by Yale University Press, 1969.

[3] ALLEN F. The market for information and the original of financial intermediation[J]. Journal of Financial Intermediation, 1990(1).

[4] RAJAN R G, ZINGALES L. Which capitalism? Lessons from the East Asian crisis[J]. Journal of Applied Corporate Finance, 1998(3).

[5] BENMELECH E, BERGMAN N K. Collateral pricing[J]. Journal of Financial Economics, 2009(3).

[6] BECK T, DEMIRGüç-KUNT A, LEVINE R. Financial institutions and markets across countries and over time: the updated financial development and structure database[J]. The World Bank Economic Review, 2010(1).

[7] BROWN J R, MARTINSSON G, PETERSEN B C. Law, stock markets and innovation[J]. Journal of Finance, 2013(4).

[8] HSU P H, TIAN X, XU Y. Financial development and innovation: cross-country evidence[J]. Journal of Financial Economics, 2014(1).

[9] 林毅夫,姜烨. 经济结构、银行业结构与经济发展:基于分省面板数据的实证分析[J]. 金融研究, 2006(1).

[10] LIN J Y. Economic development and transition: thought, strategy, and viability[J]. Published by Cambridge University Press, 2009.

[11] 林毅夫,孙希芳,姜烨. 经济发展中的最优金融结构理论初探[J]. 经济研究, 2009(8).

[12] 张杰,芦哲,郑文平,陈志远. 融资约束、融资渠道与企业R&D投入[J]. 世界经济, 2012(10).

[13] 谢家智,王文涛,江源. 制造业金融化、政府控制与技术创新[J]. 经济学动态, 2014(11).

[14]易信,刘凤良. 金融发展、技术创新与产业结构转型:多部门内生增长理论分析框架[J]. 管理世界, 2015(10).

[15] 刘伟,张辉,黄昊. 改革开放以来中国产业结构转型与经济增长[M]. 北京:中国计划出版社, 2017.

[16] VANDENBUSSCHE J, AGHION P, MEGHIR C. Growth, distance to frontier and composition of human capital[J]. Journal of Economic Growth, 2006(2).

[17] 唐未兵,傅元海,王展祥. 技术创新、技术引进与经济增长方式转变[J]. 经济研究, 2014(7).

[18] 龚强,张一林,林毅夫. 产业结构、风险特征与最优金融结构[J]. 经济研究, 2014(4).

[19] 张一林,龚强,荣昭. 技术创新、股权融资与金融结构转型[J]. 管理世

界，2016(11).

[20] 徐明，刘金山. 何种金融结构有利于技术创新:理论结构、实践导向与启示[J]. 经济学家，2017(10).

[21] BOLTON P, FREIXAS X. Equity, bonds, and bank debt: capital structure and financial market equilibrium under asymmetric information[J]. Journal of Political Economy, 2000(2).

[22] LA PORTA R, LOPEZ - DE - SILANES F, SHLEIFER A, VISHNY R W. Law and finance[J]. Journal of Political Economy, 1998(6).

[23] 林毅夫. 新结构经济学:反思经济发展与政策的理论框架[M]. 北京:北京大学出版社，2012.

[24] BOND S, MEGHIR C. Dynamic investment models and the firm's financial policy[J]. Review of Economic Studies, 1994(2).

[25] BROWN J R, FAZZARI S M, PETERSEN B C. Financing innovation and growth: cash flow, external equity and the 1990s R&D boom[J]. Journal of Finance, 2009(1).

[26] 李兵，岳云嵩，陈婷. 出口与企业自主技术创新:来自企业专利数据的经验研究[J]. 世界经济，2016(12).

[27] LA PORTA R, LOPEZ - DE - SILANES F, SHLEIFER A, VISHNY R W. Legal determinants of external finance[J]. Journal of Finance, 1997(3).

[28] 樊纲，王小鲁，朱恒鹏. 中国市场化指数:各地区市场化相对进程 2011 年报告[M]. 北京:社会科学文献出版社，2011.

[29] 王小鲁，樊纲，余静文. 中国分省份市场化指数报告(2016)[M]. 北京:社会科学文献出版社，2017.

[30] 王小鲁，樊纲，胡李鹏. 中国分省份市场化指数报告(2018)[M]. 北京:社会科学文献出版社，2019.

[31] ARELLANO M, BOND S. Some tests of specification for panel data: monte carlo evidence and an application to employment equation[J]. Review of Economic Studies, 1991(2).

[32] Blundell R, BOND S. Initial conditions and moment restrictions in dynamic panel data models[J]. Journal of Econometrics, 1998(2).

[33] BOND S. Dynamic panel data models: a guide to micro data methods and practice[J]. Portuguese Economic Journal, 2002(2).

[34] 马微，惠宁. 中国制造业创新模式转换与金融结构转型:来自中国省级面板数据的经验证据[J]. 经济经纬，2019(1).

[35] STIGLITZ J E. The role of the state in financial markets[J]. The World Bank Economic Review, 1993(1).

[36] BLUNDELL R, BOND S. GMM estimation with persistent panel data: an application to production functions[J]. Econometrics Reviews, 2000(3).

中国信贷所有制歧视的双重效率损失

李　勇①

摘要：对于新常态时期的产业结构失衡，本文基于我国要素市场化改革相对滞后的背景，具体分析了信贷所有制歧视与产业结构优化之间的关系。本文认为：信贷所有制歧视不仅制约了产业结构合理化，同时还制约了产业结构高级化。因此，信贷所有制歧视具有双重效率损失。为了验证上述命题，本文基于1997—2011年的省际面板数据进行实证分析，结果证实了我们的判断，随后的稳健性分析也表明了本文研究结论的可信性。最后，本文得出了结论并提出了相关的政策建议。

关键词：信贷所有制歧视；产业结构高级化；产业结构合理化；双重效率损失

一、问题的提出

改革开放以来，重工业优先发展战略被逐步扬弃，取而代之的是与我国要素禀赋结构（资本稀缺、劳动力资源丰富）相一致的“比较优势”发展战略（林毅夫，2013）。在这一发展战略下，农业、轻工业、重工业比例严重失调的产业结构被逐渐矫正，大量的农村剩余劳动力被转移到非农产业中，产

① 作者简介：李勇，经济学博士，副教授，西北大学经济管理学院。

业结构高级化和合理化程度不断提高，进而成为理解这一时期经济快速增长的重要线索（戴魁早，2012 等）。但随着我国经济进入新常态，自主创新瓶颈和产业结构失衡问题日益凸显①，与之相伴随的产业结构优化升级步履维艰，并最终对跨越中等收入陷阱、实现持续的经济增长构成了严重挑战。那么，是什么因素制约了我国现阶段的产业结构优化呢？

始于 King 和 Levine（1993）的开创性研究开始关注金融深化与产业结构优化升级之间的关系，他们认为金融深化不仅会促进资本积累，还会促进自主创新（技术进步）和产业的发展。根据这个思路，一部分研究学者从金融中介（尤其是证券和股票市场）的角度论述了金融中介发展对于自主创新、产业结构优化的重要作用，其研究结论发现，金融中介（证券和股票市场）的发展可以提供多样化的风险管理服务，降低企业的破产风险，增加企业的融资可能性，这将极大地促进创新活动，进一步促进产业结构优化。其中，Morck 和 Nakamura（1999）及 Lin 等（2013）研究学者发现，与股权融资相比，银行融资必须按时还本付息，一旦发生意外银行就有权破产清算并进行偿债，这将一些不确定性程度较高、收益较好的投资项目排除在外。Weinstein 和 Yafeh（1998），Allen 和 Gale（1999）则发现，证券市场允许投资者持有个性化的偏好和信息，这使高风险的投资项目在证券市场的融资可能性大大增加。除此之外，Levine（2005）还发现金融市场管理风险的方式更加灵活，可以提供更加多样化的风险管理服务。

金融中介的发展对于自主创新、产业结构优化的作用固然重要，但还是有相当部分的研究学者（Holmstrom 和 Tirole，1997；Rajan 和 Zingales，1999；Benmelenech et al.，2009 等）论述了银行体系的发展对于产业结构优化的积极作用，认为银行融资对于产业结构优化具有合理性。这主要因为：银行融资虽然不利于高风险投资项目的发展，却避免了股权融资分散监管带来的"搭便车"问题，可以有效地进行资金监督。除此之外，银行部门通常要求企业以投入项目或者自有资产作为抵押品，当企业出现无法按期还款的违约行

① 具体来说，我国农村剩余劳动力的转移任务依然沉重，三次产业的就业结构严重滞后于产出结构。与发达国家相比，第三产业（尤其是关系制造业优化升级生产性服务业）的比重仍然较低，"后工业化"时代的结构转型仍旧任重道远。

为时，银行将有权对抵押物进行清算，甚至要求企业破产进行偿还。这将有利于银行克服因资金借贷双方信息不对称带来的逆向选择和道德风险，充分保护银行和储蓄者的权益，进而提高金融资源的配置效率和产业结构的优化升级。相关的经验研究（蔡红艳、阎庆民，2004；Song et al.，2011 等）也肯定了银行体系（信贷资金）对于产业结构优化的积极作用。例如，Song 等（2011）考察了银行体系对于中国出口产业的影响，结论发现，在信息不对称的前提下银行体系支持了出口产业的优化升级并最终实现了增长。

总结以上论述可以发现，不论是金融中介还是银行体系的发展，金融深化对于产业结构优化的重要性是不言而喻的，金融抑制对产业结构优化具有阻碍作用，这也与我国要素市场化改革相对滞后，金融市场尚未全面放开的典型性事实相符。然而，仔细分析中国具体的情况还可以进一步发现，银行融资在我国企业的融资方式中仍然占据主导地位，因此分析银行体系扭曲对产业结构优化产生的扭曲作用应该成为理解现阶段产业结构失衡的逻辑起点。而从中国银行体系的扭曲来看，中国银行信贷的分配具有典型的“转轨”特征——“信贷所有制歧视”，这极大地影响了信贷资金的配置效率和使用效率（Brandt 和 Li，2003；Gordon 和 Li，2003；刘瑞明，2011）。因此，尽管部分的经验研究已经证明银行信贷对于我国产业结构优化的积极作用，但在国有企业效率较低，银行信贷资金的分配存在所有制歧视的前提下，我们仍然有理由认为信贷所有制歧视构成了现阶段产业结构优化的重要约束，信贷所有制歧视具有双重效率损失：不仅制约了产业结构合理化，还抑制了产业结构高级化。那么，从理论上阐述信贷所有制歧视与产业结构优化之间的关系，分析信贷所有制歧视的双重效率损失将无疑具有重要的理论和实践价值，从而构成了本研究的努力方向。

本文剩余部分的结构安排如下：（1）第二部分进行理论分析，阐述信贷所有制歧视的双重效率损失，得出相应的研究命题；（2）第三部分构造指标，选取相应的数据进行实证检验，验证研究命题的合理性；（3）第四部分为结论和相关的政策建议。

二、理论分析

与大多数的发展中国家相类似，中国的金融市场一直存在人为的扭曲：第一，我国的金融发展一直处于“抑制”状态，这不仅表现在金融机构的官方利率长期低于市场利率，同时还表现在国有银行的垄断地位和门槛准入等方面（刘瑞明，2011）；第二，作为经济增长重要推动力的民营经济在贷款门槛、抵押担保、筹资渠道等方面或多或少地受到了国有金融部门的差别对待，中、小企业面临普遍的“融资难”问题（卢峰、姚洋，2004；方军雄，2007等）。例如，方军雄（2007）发现，在中国上市公司融资的过程中，普遍存在政府干预或者利用政府资源或者渠道获取资金供给的现象。与非国有企业相比，国有工业企业获得的贷款更多、期限更长，国有股份比重越高，公司收到外源融资约束的可能性越低。根据卢峰、姚洋（2004）的估计，非国有部门对于 GDP 的贡献超过了 70%，但其所获得的贷款不超过银行正式贷款的 20%。

除此之外，与股权融资相比，银行融资的优势在于其可以通过抵押担保、破产清算等方式约束企业的“道德风险”，保护银行和投资人的利益（Rajan 和 Zingales，1999；Benmelenech et al.，2009 等）。一方面，在信贷所有制歧视的条件下，大量的信贷资金被分配给了效率较低的国有企业，非国有企业的资金被间接“挤出”；另一方面，国有企业的显著特征是“软预算约束”。在软预算约束的条件下，银行的抵押担保和破产清算机制“失效”，国有企业的非理性投资行为（具体包括增加控制权收益、在职消费以及寻租等道德风险行为）将不能得到有效的约束，银行和投资人的利益将受到侵蚀，信贷资金的使用效率和配置效率大打折扣，并最终产生严重的宏观效率损失（Brandt 和 Li，2003；Gordon 和 Li，2003 等）。例如，张杰（1998）的研究结果表明，1985—1996 年政府给予国有企业的金融补贴几乎占 GDP 比重的 9.7%，1993 年曾经一度高达 18.81%。在国有企业道德风险和经营绩效低下的情况下，国有企业向银行的借款形成了大量的坏账，由于这些坏账的最终买单者是政府或人民，所以最终导致“准财政赤字”（樊纲，2000）。另外，政府对国有企业的补贴虽然显著地改善了受益企业的财务报表，但并没有从根本上提高国有企业的效率，大量廉价租金的获取反而使国有企业产生了严重的道德风险和逆向选择问题，国有企业的经营风险开始向金融领域转嫁，并在国有银行内部形成巨额不良资产（卢文鹏，2002）。

根据以上论述可以进一步推断，在信贷所有制歧视和软预算约束的条件下，银行同样不能制约国有企业偏离产业结构优化的投资行为。因此，信贷所有制歧视将抑制产业结构优化。由于产业结构优化具体包括产业结构合理化和产业结构高级化两个方面（戴魁早，2012 等），故本文的理论分析也从这两个方面具体展开。

（一）信贷所有制歧视和产业结构合理化

与民营企业相比，政府与国有企业的“父子”关系使其经营决策不仅受到市场因素的影响，同时还会体现政府的意图。对于中国的国有企业而言，在传统发展战略(“重工业优先发展”）的影响下，国有企业产业分布大多集中于钢铁、机械和石油等资本、能源密集型行业。改革开放以来，“重工业优先发展战略”虽然被逐渐扬弃，国有企业的产业分布虽然受到了市场因素的影响，但总体分布于资本、能源密集型行业的格局没有改变①（张航燕，2014）。国有企业的这种产业布局特征与现阶段的比较优势（劳动力密集、资本稀缺）不相符，在正常的市场环境下缺乏“自生能力”，产业合理化程度和微观经营绩效较差。为了保证国有企业的正常运营，政府不得不通过人为的方式——“信贷所有制歧视”为国有企业提供变相补贴。这种扭曲的资金使用方式不仅损害了国有企业的产业绩效，同时还因为“挤出”了非国有企业的“资金”抑制了总体的产业绩效及其合理化水平的提升（刘小玄，2003；孙早、王文，2011 等）。例如，刘小玄（2003）利用 1995 年全国工业企业普查数据分析了中国转轨经济中产权结构和市场结构对于产业绩效的影响，结果发现国有企业通常与垄断、缺乏竞争的市场结构密切相关，故国有企业的产权变量对于产业绩效具有明显的负效应。国家发展改革委非国有经济运行

① 这说明国有企业的产业分布还受到政府对其定位的影响。

监测小组（2003）在其发布的一份关于中国工业资产产业分布的报告中指出，纺织、电子、建材和普通机械等竞争性行业中41% ~72%的资产集中在民营企业，55% ~95%的利润由民营企业贡献，以民营企业快速发展为主要标志的产业结构所有制的变化是20世纪90年代我国产业绩效大幅提高的主要原因。孙早、王文（2011）也利用2003—2008年工业行业面板数据对产业所有制结构与产业绩效之间的关系进行了估计，结果发现规模以上国有企业比重与产业绩效之间呈现负相关关系，规模以上民营企业对整个工业，尤其是资本密集度强的战略性产业具有显著的正效应。

（二）信贷所有制歧视和产业结构高级化

收入和创新是促进产业结构高级化的重要因素，但从现有文献（吴延兵，2012；李勇、郭丽丽，2016等）的分析结果来看，国有企业的创新效率和就业吸纳能力较低。那么，信贷所有制歧视将因为“挤占”了本应用于非国有企业的资金，从而限制了总体的创新和就业水平，并最终抑制产业结构高级化。

（1）与一般的商品不同，创新虽然收益巨大，但其生产过程面临巨大的不确定性和风险，这往往需要创新剩余索取权与控制权的匹配。然而，产权改革虽然实现了生产剩余索取权与控制权的匹配，但仍旧没有实现创新剩余索取权与控制权的匹配。与此同时，由于软预算约束的存在，国有企业的经理人反而将更多的精力用于增加控制权收益、在职消费和寻租等非生产性活动。因此，与非国有企业相比，国有企业的创新动机较弱，创新效率较低（吴延兵，2012等）。非国有企业的创新动机虽然较高，但在信贷所有制歧视的影响下（中、小企业融资难），非国有企业面临普遍的融资约束，创新资金被“挤出”，总体的创新和产业结构高级化水平也受到影响（戴静、张建华，2013等）①。

（2）农村剩余劳动力转移和城市化对于产业结构高级化具有促进作用，但国有企业主要分布于资本、能源密集型行业，故其解决就业的能力也较低

① 戴静、张建华（2013）从金融所有制歧视的角度阐述了国有企业的创新产出问题，结果发现国有企业比重越高的地方创新产出越低，金融所有制歧视抑制了国有企业的创新活动，进而“拖累”了地方创新产出。

（李勇、郭丽丽，2016）。不仅如此，信贷所有制歧视的存在同样因为“挤出”了非国有企业的资金导致总体的就业吸纳能力下降，这不仅导致城乡收入差距的扩大和城镇化的滞后，同时还限制了市场规模的扩张和产业结构高级化（陈斌开、林毅夫，2010）。

总结以上论述可以发现，信贷所有制歧视通过人为的方式将大量的信贷资源分配给国有企业，但国有企业因为其产业布局特征和产权安排的缺陷阻碍了产业结构高级化和合理化，因此信贷所有制歧视具有双重效率损失，即不仅阻碍了产业结构合理化，还抑制了产业结构高级化。据此，本文得出以下可供验证的命题：

信贷所有制歧视具有双重效率损失，信贷所有制歧视与产业结构合理化和高级化的关系为负。

三、实证检验

根据第二部分的理论分析，本文发现中国的信贷所有制歧视具有双重效率损失，即不仅制约了产业结构合理化，还抑制了产业结构高级化。为了验证这个命题，本文选取 1997—2011 年的相关数据构造相应的指标进行实证检验。

（一）指标选取、变量定义和具体计算方法

表 1　　指标选取、变量定义和具体计算方法

变量性质	变量名称	变量含义	具体计算方法
被解释变量	*RIFS*	产业结构高级化	各地区第三产业产值/各地区第二产业产值
	RINS	产业结构合理化	$RINS = TL = \sum_{i=1}^{n}(\frac{Y_i}{Y})\ln(\frac{Y_i}{L_i}/\frac{Y}{L})$
核心解释变量	*RSLOAN*	国有企业贷款比重	参考刘瑞明（2011）和王守坤（2015）等的计算方式
	SFE	国有企业固定资产投资比重	各地区国有企业固定资产投资额/各地区固定资产投资额

续表

变量性质	变量名称	变量含义	具体计算方法
控制变量	*PGDP*	人均 GDP	各地区 GDP/各地区总人口数
	TFP	技术进步率	Malmquist 指数（DEA 方法）
	MAR	市场化水平	参考樊纲等（2011）关于市场化指数的度量方法
	OPEN	开放程度	各地区进出口总额/各地区国内生产总值
	UBR	城市化率	各地区非农人口数/各地区总人口数
	HC	人力资本	各地区普通高校人数/各地区总人口

根据表 1，本文选取的指标如下。

1. 被解释变量

根据戴魁早（2012）等人的研究结论，产业结构优化包括产业结构合理化（*RINS*）和产业结构高级化（*RIFS*）两个方面的内容，故本文选取这两个指标反映产业结构优化。其中，产业结构高级化通过各地区第三产业产值/（各地区第一产业产值 + 第二产业产值）计算得出，产业结构合理化的计算通过泰尔系数计算得出，具体的计算公式为：

$$RINS = TL = \sum_{i=1}^{n} \left(\frac{Y_i}{Y}\right) \ln\left(\frac{Y_i}{L_i} / \frac{Y}{L}\right) \tag{1}$$

其中，Y 为各地区总产出；L 为各地区就业人数；Y_i、L_i（$i=1, 2, 3$）分别为各地区三次产业的总产出和就业人数。当 $RINS = TL = 0$ 时，表明产业结构处于最合理的状态，*RINS* 越大，产业结构不合理程度越高。

2. 核心解释变量

（1）国有企业贷款比重（*RSLOAN*）：大量的研究文献（刘瑞明，2011；王守坤，2015 等）将国有企业贷款比重作为金融抑制以及信贷所有制歧视的代理指标。但遗憾的是，我们还无法从公开的统计年鉴中直接获取国有企业贷款的数据。沿用这些文献的处理办法，本文利用“残差结构一阶自相关的固定效应模型”进行估计，具体做法为：① 首先将全部银行信贷划分为分配给国有企业的信贷和分配给非国有企业的信贷两部分；②从相应年份的《中国统计年鉴》《中国工业经济统计年鉴》中获取“各地区规模以上国有工业企业总产值”和“各地区规模以上工业企业总产值”的原始数据，进一步计算出“各地区规模以上国有工业企业产出份额”；③从相应年份的《中国金融统计年鉴》和《中国统计年鉴》中获取“各地区银行信贷总额”和“各地区国内生产总值（GDP）”的原始数据，进一步计算出“各地区银行贷款份额”；④假定分配给国有企业的贷款份额与国有企业的产出份额存在固定的正向比例关系，基于以上步骤计算出的“各地区规模以上国有工业企业产出份额”和“各地区银行贷款份额”，利用“残差结构一阶自相关的固定效应模型”进行估计，得出固定比例系数[①]；⑤ 利用“各地区银行信贷份额”乘以固定比例系数，便可以最终求得“各地区国有企业贷款份额”这一指标。

（2）国有企业固定资产比重（*SFE*）：为了保证估计结果的稳健性，本文还计算出了国有企业固定资产比重以反映信贷所有制歧视，具体计算公式为各地区规模以上国有企业固定资产投资额/各地区固定资产投资额。

3. 控制变量

（1）收入水平（*PGDP*）：从需求层面来看，收入水平是影响产业结构合理化和高级化的重要因素，故本文利用人均 GDP（*PGDP*）作为收入水平的衡量指标，具体计算公式为各地区国民生产总值（GDP）/各地区人口数。

（2）技术进步率（*TFP*）：技术水平的变化从供给层面影响产业结构高级化和合理化，是影响产业结构优化的重要因素，本文利用 Malmquist 指数进行衡量。第一步，获取 1997—2011 年各地区固定资产投资额，并利用永续盘存法以 1997 年为基期对各地区资本额进行估计；第二步，获取各地区 GDP 和就业人口数这两个原始指标，并根据计算出的各地区资本额利用 DEAP2.1 核算各地区的技术进步率（全要素生产率）。

（3）市场化水平（*MAR*）：结合我国经济的转轨特征，市场化因素构成了影响我国产业结构优化升级的重要制度变量，故本文选择樊纲等（2011）计算出的市场化水平进行衡量。由于樊纲等（2011）计算出的市场化指数只更

---

① 估计的具体公式为 $loan_{it} = \alpha + \beta \times soe_{it} + \eta_i + \mu_{it}$；$\mu_{it} = \rho\mu_{it-1} + \varepsilon_{it}$，$|\rho| < 1$，其中，$loan_{it}$ 为各地区银行信贷份额；soe_{it} 为各地区国有企业产出份额；α 为常数项；β 为固定比例系数；η_i 为截面效应；μ_{it} 为残差项，具有一阶自相关 $AR(1)$ 特征；ε_{it} 为参差；ρ 为一阶自相关系数。

新到2009年，故对于各地区2010—2012年的市场化指数本文利用三项移动平均MA（3）的方法进行了填充。

（4）开放程度（*OPEN*）：本文利用地区进出口总额占GDP的比重反映开放因素（国际贸易）对于产业结构优化的影响。由于地区进出口总额是用美元计算，故本文用当年美元兑人民币的中间比价（间接标价法）将其核算成人民币单位。

（5）其他控制变量：城市化（*UBR*）和人力资本（*HC*）也是影响我国产业结构优化的重要因素，故本文也选择了这两个控制变量。城市化率根据“地区非农人口数/地区总人口数”计算得出，人力资本根据“地区普通高校人数/地区总人口”计算得出。

以上数据的起始年份为1997—2011年①，所选样本为除了海南、西藏和港澳台之外的全国29个省（直辖市、自治区）。② 所有数据均来源于《新中国六十年统计资料汇编》《中国金融统计年鉴》《中国工业经济统计年鉴》和各年度的统计年鉴，对于以上指标的原始数据，我们分别以1997年的GDP平减指数、固定资产投资价格指数为基期，将其换算成定基指数后对相应年份的产出、固定资产进行了调整，从而获得了这些变量的实际数据，地区进出口数据则利用当年的中间汇率进行了调整，所有变量经过换算后都是无量纲的，剔除了单位的影响。相应变量的描述性统计结果如表2所示：

表2　　相应变量的描述性统计结果

变量名称	均值	最大值	最小值	标准差
RIFS	0.8938	3.093	0.019	0.8253
RINS	0.4671	0.726	0.0946	0.3321
RSLOAN	0.6137	0.8441	0.1294	0.1365
SFE	0.4211	0.7482	0.0143	0.0977
PGDP	0.1172	0.0154	0.2382	0.0251
TFP	0.9812	1.1124	0.8502	0.0341

① 由于国有企业和工业的产出数据只更新到了2011年，故本文的截止年份也只能选到这里。

② 由于重庆在1997年成为直辖市，故不需要再对重庆和四川的数据进行合并处理。

续表

变量名称	均值	最大值	最小值	标准差
MAR	5.87	12.33	3.22	1.0472
OPEN	0.3171	1.7222	0.0322	0.4034
HC	0.1143	0.3158	0.0002	0.4031
UBR	0.4112	0.8931	0.1276	0.1554

（二）估计模型

本文检验信贷所有制歧视双重效率损失的具体模型为：

$$y_{it} = \alpha + \beta X_{it} + \sum_j \beta_j \times Control_{jt} + \mu_i + \varepsilon_{it} \quad (2)$$

式（2）中，y_{it} 为被解释变量；μ_i 为不随时间变化的不可观测效应（具体包括固定效应和随机效应两种类型，可以通过 Hauseman 检验判定）；X_{it} 为核心解释变量；α、β 和 β_j 均为待估参数；$Control_{jt}$ 为影响被解释变量的其他控制变量；ε_{it} 为参差。

（三）实证检验

1. 信贷所有制歧视

本文利用"残差结构一阶自相关的固定效应模型"估计国有企业的贷款份额。为了保证模型估计结果的准确性，我们还选取了几篇代表性文献的估计结果进行对比分析，具体的估计结果如表 3 所示。

表 3　"残差结构一阶自相关的固定效应模型"估计结果文献对比

主要内容	张军、金煜（2005）	钱水土、周永涛（2010）	刘瑞明（2011）	李青原等（2013）	王守坤（2015）	本文
因变量	各地区银行信贷总额/各地区 GDP					
自变量	各地区规模以上国有工业企业总产值/各地区规模以上工业企业总产值					
β	0.507***	0.493***	0.161	0.883***	0.180**	0.203***
$\rho(AR(1))$	0.806	0.747	—	0.722	0.708	0.744
Within R^2	0.172	—	—	0.100	0.19	0.17

续表

主要内容	张军、金煜（2005）	钱水土、周永涛（2010）	刘瑞明（2011）	李青原等（2013）	王守坤（2015）	本文
时间段	1987—2001	—	1985—2004	2000—2006	1994—2012	1997—2011
样本数	406	252	580	210	476	435

注：***、**、*分别代表1%、5%和10%的显著性水平，“—”代表文献中未报告估计值。

根据表3的估计结果可以发现，相关文献的固定系数（β估计值）估计值均通过了5%的显著性水平检验，且残差存在明显的AR（1）效应，说明选用“残差结构一阶自相关的固定效应模型”进行估计是较为合理的。但尽管如此，不同文献估计的固定系数还是存在较大的差异，李青原等（2013）的估计值最大，但其选取的时间段和样本数较小，刘瑞明（2011）选取的样本最多，样本数达到了580个，β估计值最小。分析上述文献的估计值可以发现，随着样本数的增加，β估计值是逐渐减小的。本文的样本数与刘瑞明（2011）和王守坤（2015）的估计值较为接近，β估计值也相差不大（本文的估计值为0.203），这个估计结果还是较为可信的。

在估计出β后便可以最终求得各地区国有企业贷款份额的绝对值和相对份额。为了便于对比分析，本文核算出不同区域1997—2001年国有企业贷款份额的时间序列均值，具体如图1所示。

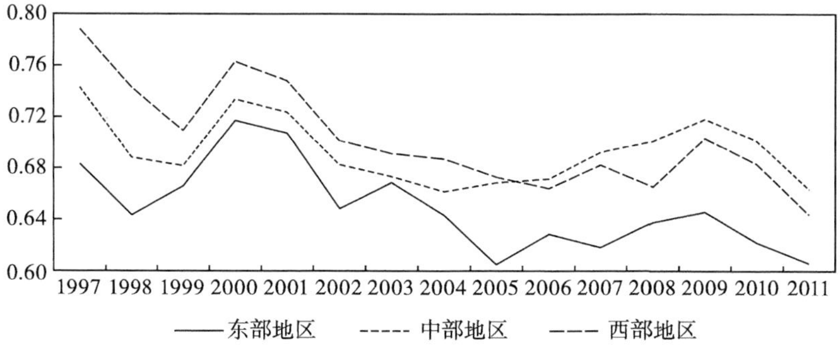

图1 1997—2011年各地区国有企业贷款份额分解均值

根据图 1 可以发现：

（1）从总的变化趋势来看，国有企业贷款份额仍旧占据相当大的比重。1997—2001 年，各地区国有企业的贷款份额总体呈“下降”趋势，总的贷款份额由 1997 年的 0.7542 下降至 2011 年的 0.6413，这说明在产权改革的影响下，国有企业的“职能定位”更加明确（从竞争性领域退出），绩效有所提高，其所需要的补贴及其实现的具体形式——信贷所有制歧视也便自然下降。但尽管如此，各地区国有企业贷款份额分别在 1998—2000 年、2008—2010 年有一个显著的增加趋势，这反映了外部冲击（亚洲金融危机和次贷危机）对于不同所有制企业的非对称影响。①

（2）从分区域的计算结果来看，东部地区信贷所有制歧视的程度较小，中、西部地区的信贷所有制歧视程度较大，这与东部地区市场化水平较高、信贷市场扭曲程度较小有密切关系。但反观中、西部地区，部分省、自治区重工业的“拖累”作用明显，发展模式仍然以粗放型的资源密集、能源消耗为主要特征，国有企业的效率低下，所需要的信贷支持和信贷所有制歧视也便严重。

2. 信贷所有制歧视的双重效率损失

利用计算出的反映信贷所有制歧视和产业结构优化的相关指标，本文利用式（1）进行估计，具体结果如表 4 所示。

如表 4 所示，本文首先利用信贷所有制歧视（*RSLOAN* 和 *SFE*）与产业结构高级化（*RIFS*）估计方程（1）和方程（2），F 检验和 Haseman 检验说明固定效应模型的估计结果要优于混合和随机效应模型的估计结果。具体的回归结果中，在控制了时间效应和截面效应后，核心解释变量的估计系数分别为 -1.068 和 -2.092（通过了 1% 的显著性水平检验），说明信贷所有制歧视的提高显著地降低了产业结构高级化。② 其次，为了剔除遗漏变量（解释变量

① 在这一时期，金融危机对于民营企业的冲击较大，导致银行对民营企业贷款的风险溢价急剧增加，而银行对于国有企业的贷款则受到较少的冲击，银行对于国有企业的贷款部分“挤出”了非国有企业贷款，出现了“国进民退”的特征。

② 为了检验信贷所有制歧视影响产业结构高级化的内生机制（创新机制和城市化机制），本文还构造了自主创新和城市化指标，进一步引入交互项重新进行回归，结果发现交互项的系数同样显著为负，说明信贷所有制歧视通过制约创新、城市化，并进一步抑制产业结构高级化的机制是较为可信的。

表 4　　信贷所有制歧视双重效率损失的具体估计结果

解释变量		产业结构高级化(*RIFS*)				产业结构合理化(*RINS*)			
		方程(1)	方程(2)	方程(3)	方程(4)	方程(5)	方程(6)	方程(7)	方程(8)
截距项		8.377**	2.417***	-3.866***	-1.381	6.982***	5.071***	4.383***	-2.061*
RSLOAN		-1.068***		-1.883***		-1.067**		-2.993***	
SFE			-2.092***		-2.367***		-3.097***		-2.627***
控制变量	*PGDP*			0.839***	0.667***			0.776***	0.937***
	TFP			1.336***	1.832***			1.582***	1.873***
	MAR			0.667**	0.602***			0.599***	0.883**
	OPEN			-0.269**	-0.187***			0.117**	0.129***
	HC			0.361	0.262			0.471***	0.562***
	UBR			0.109**	0.127***			-0.092**	-0.109***
时间效应		控制	控制	控制	控制	控制	控制	控制	控制
截面效应		控制	控制	控制	控制	控制	控制	控制	控制
Within R^2		0.082	0.073	0.102	0.117	0.094	0.102	0.153	0.162
F - statistics		80.38***	91.62***	97.68***	102.35***	60.92***	88.38***	90.62***	107.66***
Hausman 检验		802.15***	866.72***	902.57***	1021.26***	802.96***	811.17***	917.21***	966.35***
估计方法		FE	FE	FE	FE	FE	FE	FE	FE
样本数		435	435	435	435	435	435	435	435

注：＊＊＊、＊＊、＊分别代表1%、5%和10%的显著性水平。

与残差项之间的相关性）产生的内生性，本文进一步加入了控制变量估计方程（3）和方程（4），核心解释变量的回归结果仍然显著为负（估计系数分别为 -1.883和 -2.367）。除此之外，控制变量具体的回归结果中，收入水平的提高（*PGDP*）和技术进步率（*TFP*）的加快将会对产业结构高级化产生积极作用（系数显著为正），这说明需求和供给因素对于产业结构高级化的作用是较为明显的。市场化水平（*MAR*）和城市化水平（*UBR*）的提高也显著增加了产业结构高级化程度，但要比人均 GDP 和 *TFP* 稍小，这与戴魁早（2012）等人的研究结论是一致的。开放程度（*OPEN*）的估计系数显著为负，人力资本（*HC*）的估计系数也不显著，这说明我国人力资本积累还未越过一定的门槛，国际贸易的开展仍然是以技术引进、模仿创新为主，人力资本远未达到促进自主创新、提高产业结构高级化的程度，这样只会拉大与发达国家之间的技术差距，技术创新的方式需要实现模仿创新向自主创新的转变（郭玉清、杨栋，2007 等）。

最后，本文重复上述步骤估计了信贷所有制歧视与产业结构合理化之间的关系，即方程（5）~（8），核心解释变量的估计系数仍然显著为负，说明信贷所有制歧视不仅制约了产业结构高级化，还同时抑制了产业结构合理化，信贷所有制歧视具有双重效率损失，即命题得证。与产业结构合理化的估计结果不同，城市化率的估计系数不再显著，这说明我国的城市化的“粗放型”特征较为明显,“城市化”模式的资源环境代价较高。开放程度（*OPEN*）和人力资本（*HC*）的估计系数显著为正，表明我国现有的发展模式虽然没有提高自主创新，但对纠正农、轻、重比例不协调，改善产业结构合理化程度起到一定的积极作用。除此之外，其他变量与产业结构高级化的估计结果类似，故本文不再详述。

本文的稳健性检验包含两个部分：①解决遗漏变量内生性的另外一个重要方法是两阶段最小二乘（TSLS）方法。为此，本文采用 TSLS 对信贷所有制歧视和产业结构优化之间的关系进行估计。②信贷所有制歧视不仅抑制产业结构优化，产业结构优化同样也会对信贷所有制歧视产生影响。因此，为了控制被解释变量和解释变量“双向因果关系”所产生的内生性，本文还利用 GMM 方法重新进行估计。结果发现，不论是 TSLS 还是 GMM 估计结果，在控制了内生性后，核心解释变量与被解释变量的关系仍然显著为负，说明信贷所有制歧视制约产业结构优化的研究结论是较为可信的，从而表明本文研究结论的稳健性。

四、结论和相关政策建议

自主创新瓶颈和产业结构失衡是制约我国跨越中等收入陷阱、实现持续经济增长的两大难题。回顾已有文献的发展脉络，本文发现更多的研究学者开始关注产业结构优化过程中的金融因素，认为金融抑制是抑制产业结构优化的重要因素。沿着这个思路，本文具体分析了中国金融抑制的重要表现形式——“信贷所有制歧视”对于产业结构优化的阻碍作用。本文认为，受到传统发展战略和国有企业职能定位的影响，国有企业大多分布于资本、能源密集型行业，但这些行业偏离现阶段的比较优势，将导致国有企业在正常的环境下缺乏“自生能力”，进一步需要信贷所有制歧视这一附属的制度安排为国有企业变相提供补贴。在这一背景下，信贷所有制歧视无法约束国有企业的道德风险行为，不仅导致银行和投资人的利益受损，还会因为间接“挤出”了非国有企业的投资而同时引起总体的产业结构失衡。因此，信贷所有制歧视具有双重效率损失，即不仅制约产业结构合理化，同时还抑制产业结构高级化。为了验证这个结论，本文基于 1997—2011 年的省际数据构建相应的指标进行实证分析，结果证实了我们的判断，随后的稳健性分析也同时说明这个研究结论是较为可信的。为此，本文具体的政策建议如下。

（1）努力营造公平、竞争的融资环境，消除信贷所有制歧视。本文发现，信贷所有制歧视是抑制产业结构优化、产生产业结构失衡的重要原因。那么，消除银行信贷对于不同所有制企业的差别性待遇，努力营造公平、合理的融资环境将对促进自主创新，实现产业结构优化升级产生重要的积极作用。

（2）进一步推进产权改革（尤其是推进混合所有制改革）、改善公司治理结构。根据本文的分析，软预算约束的存在使银行信贷不能很好地制约国有企业的道德风险行为，进而抑制自主创新，引起产业结构失衡。那么，硬化国有企业预算约束，推进国有企业的混合所有制改革，不仅有利于国有企业摆脱信贷所有制歧视的依赖，也使信贷所有制歧视丧失其存在的土壤。

（3）改善国有企业的产业布局，提高国有企业的“自生能力”。受到传统发展战略和国有企业职能定位的影响，国有企业的产业布局具有资本、能源密集的特征，在正常的市场环境下缺乏“自生能力”，这是信贷所有制歧视抑制产业结构优化的又一重要原因。那么，改善国有企业的产业布局，提高国有企业的“自生能力”，将使信贷所有制歧视引起的双重效率损失不至于太多。

参考文献

[1] ALLEN F, GALE D. Diversity of opinion and financing of new technologies [J]. Journal of Financial Intermediation, 1999(1).

[2] BRANDT L, LI H. Bank discrimination in transition economies: ideology, information or incentives? [J]. Journal of Comparative Economics, 2003(3).

[3] BENMELENECH E, BERGMAN N K. Collateral pricing[J]. Journal of Financial Economics, 2009(3).

[4] MORCK R, NAKAMURA M. Banks and corporate control in Japan[J]. Journal of Finance, 1999(1).

[5] GORDON R, LI W. Government as a discriminating monopolist in the financial market: the case of China[J]. Journal of Public Economics, 2003(2).

[6] HOLSTORM B, TIROLE J. Financial intermediation, loanable funds, and real srector[J]. Quarterly Journal of Economics, 1997(1).

[7] KING R G, LEVIN R. Financial and growth: Schumpeter might be right[J]. Quarterly Journal of Economics, 1993(3).

[8] LEVINE R. Finance and growth: theory and evidence[J]. Handbook of Economic Growth, 2005.

[9] LIN J Y, SUN X, JIANG Y. Endowment, industrial structure and appropriate financial structure: a new structure economics perspective[J]. Journal of Economic Policy Reform, 2013(2).

[10] RAIAN R G, ZINGALES L. Which capitalism? lessons from East Asia crisis [J]. Journal of Applied Corporate Finance, 1999(3).

[11] SONG Z, STORESLETTEN K, ZILIBOTTI F. Growth like China[J]. American Economic Review, 2011(1).

[12] WEINSTEIN D E, YAFEH Y. On the costs of a bank - centered financial system: evidence from changing main bank relation in Japan[J]. Journal of Finance, 1998(2).

[13] 蔡红艳,阎庆民. 产业结构调整与金融发展:来自中国的跨行业调查研究[J]. 管理世界, 2004(10).

[14] 陈斌开,林毅夫. 重工业优先发展战略、城市化与城乡收入差距[J]. 南开经济研究, 2010(1).

[15] 戴静,张建华. 金融所有制歧视、所有制结构与创新产出:来自中国地区工业部门的证据[J]. 金融研究, 2013(5).

[16] 戴魁早. 中国工业结构变迁的驱动因素:1985—2010[J]. 当代经济科学, 2012(11).

[17] 方军雄. 所有制、制度环境与信贷资金配置[J]. 经济研究, 2007(12).

[18] 樊纲. 论体制转轨的动态进程:非国有部门的成长与国有部分的改革[J]. 经济研究, 2000(1).

[19] 樊纲,王晓鲁,朱恒鹏. 中国市场化指数:各地区市场化相对进程2011年报告[M]. 北京:经济科学出版社, 2011.

[20]国家发改委非国有经济运行监测小组. 中国民营经济发展报告No.1(2003)[M]. 北京:社科文献出版社, 2004.

[21]郭玉清,杨栋. 人力资本门槛、创新互动能力与低发展陷阱[J]. 财经研究, 2007(6).

[22]李青原,李江冰,江春,HUANG K. 金融发展与地区实体经济资本配置效率[J]. 经济学(季刊), 2013(2).

[23]李勇,郭丽丽. 国有企业的就业拖累效应及其门槛特征[J]. 财经研究, 2016(2).

[24] 刘小玄. 中国转轨经济中的产权结构和市场结构:产业绩效水平的决定因素[J]. 经济研究, 2003(1).

[25] 林毅夫. 新结构经济学:反思经济发展与政策的理论框架[M]. 北京:北京大学出版社, 2013.

［26］刘瑞明．金融压抑、所有制歧视与增长拖累：国有企业效率损失在考察［J］．经济学(季刊)，2011(1)．

［27］卢峰，姚洋．金融抑制下的法治、金融发展和经济增长［J］．中国社会科学，2004(1)．

［28］卢文鹏．金融抑制、路径依赖与中国渐进改革中的制度性公共风险［J］．复旦大学学报(社会科学版)，2002(4)．

［29］钱水土，周永涛．金融发展、技术进步与产业升级［J］．统计研究，2011(1)．

［30］孙早，王文．产业所有制结构变化对于产业绩效的影响［J］．管理世界，2011(8)．

［31］王守坤．政府与金融的政治关联：经济效应检验及其中介路径判断［J］．经济评论，2015(5)．

［32］吴延兵．国有企业的双重效率损失［J］．经济研究，2012(3)．

［33］张航燕．中国国有经济的现状及其改革的方向［J］．经济与管理研究，2014(12)．

［34］张杰．渐进改革中的金融支持［J］．经济研究，1998(10)．

［35］张军，金煜．中国的金融深化和生产率关系的再检测［J］．经济研究，2005(11)．

第三篇

金融生态环境

金融生态环境对于家庭创业选择的影响
——基于广义多层线性模型

吴振磊　李桥鸽①

摘　要：家庭创业作为促进经济增长的举措之一，能够引领一国（地区）持续的经济增长。对于家庭创业选择的研究，不仅应考虑金融市场发展的影响，还应考虑与金融相关的各要素的影响，如政治、经济、文化等。由此，本文提出从金融生态环境这一系统性指标的角度探究影响家庭创业选择的因素，并实证分析了金融生态环境对于家庭创业选择影响的直接及间接途径。结果发现，良好的金融生态环境对家庭创业选择具有直接的促进作用，但抑制了受教育年限、家庭净资产对家庭创业选择的促进作用。进一步的研究还发现，金融生态环境越完善，高人力资本家庭越不愿意选择创业。

关键词：金融生态环境；家庭创业选择；人力资本；家庭财富；广义多层线性模型

一、引言

创业作为促进经济增长的举措之一，能够引领一国（地区）持续的经济增长。创业能够创造更多的就业机会、提高收入水平。2015 年的政府工作报

① 作者简介：吴振磊，经济学博士，教授，西北大学经济管理学院，E－mail：xdwzl@126.com.
李桥鸽，金融学硕士研究生，西北大学经济管理学院，E－mail：2395113936@qq.com.

告提出了“大众创业、万众创新”的期望，从国家发展战略的层面肯定了创新创业的积极作用。党的十九大报告特别指出，我国现阶段应努力“激发和保护企业家精神，鼓励更多社会主体投身创新创业”。鼓励创业正逐渐成为我国新时代实现经济可持续发展的重要措施之一。

研究影响家庭创业的因素不能仅关注家庭自身特征因素，还需考虑外部环境因素，需要将家庭创业放入体系中进行全面分析。金融生态环境能够完整地衡量一个地区的金融及相关各要素的发展状况。将金融生态环境与家庭创业选择联系起来，能够从更加系统的角度研究家庭创业选择的影响因素及其在不同样本中的差异化表现，并以此研究如何激发企业家精神、促进家庭创业，进而增加居民收入，促进经济发展。

二、文献综述

（一）金融生态环境相关研究

1. 金融生态概念的研究

金融生态是一个仿生学概念（李扬，2005）。对于金融生态概念的研究主要分为两大类，即狭义角度的金融生态环境观及广义角度的金融生态系统观。

从狭义角度定义金融生态，即仅考察金融的外部环境，而不考察处于环境中的金融主体行为对外部环境的影响。周小川（2004）首次提出了“金融生态”的定义，他认为金融生态是指使金融体系有序运作的外部环境，包括法制、会计和审计标准、社会信用以及银行和企业之间的关系等方面。

从广义角度定义金融生态，即不仅考察金融的外部环境，处于环境中的金融主体影响也在考察范围内，同时还包括金融主体与环境之间的调节作用。金融生态系统的组成如图 1 所示。徐诺金（2005）、韩平（2005）指出，金融生态是各种金融组织为了生存和发展，与其生存环境之间密切联系、相互作用的动态平衡系统。

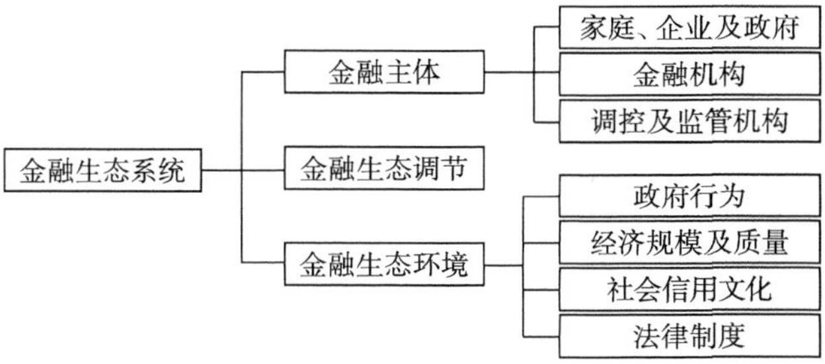

图 1　金融生态系统的组成

2. 金融生态环境评价指标体系的研究

在金融生态环境评价指标体系的建立方面，徐诺金（2007）建立了一个包含经济状况、法制建设、社会信用和地方政治环境四个方面的金融生态环境评价指标体系，并对广东省的金融生态环境状况进行了分析。胡斌（2009）从政府对经济的影响、经济运行质量、金融发展和信用基础四个方面选取了 20 个二级指标评价金融生态环境。高连和（2009）采用定性和定量结合的方法，从经济基础、法制建设和社会信用三个方面设计了金融生态环境评价指标体系。王国刚等（2015）发布了“中国地区金融生态环境评价”报告，认为金融生态环境主要包括地方政府债务的影响、经济基础、金融发展和制度诚信文化四个要素。

（二）创业选择影响因素相关研究

目前，国内外针对影响创业选择因素的相关研究较多，且均侧重从单个影响因素的角度进行研究。影响创业选择的因素主要可以分为三个层面：个体层面、家庭层面及环境层面。下面本文将对三类影响创业选择的因素进行逐一分析。

1. 个体因素

从性别角度考虑，主流的研究通常认为男性比女性具有更高的创业意愿。在国外，Gupta 和 Bhawe（2008），Ngrid（2012）等学者的研究均发现，男性的创业意向明显高于女性。钱永红（2007）指出，男性认为创业是一种获取财富的途径，男性的创业意愿与创业风险高度相关；而女性群体中很大一部分人将创业视为一种实现自我理想的方式。女性的社会刻板印象也是造成女性创业意愿较低的原因之一，因为性别刻板印象，50 岁及以上女性表现出较低的创业意愿（Hatak，2015）。

在年龄与创业选择关系的研究方面，主流的研究结论通常认为，年龄越大个体进行创业选择的意愿越小。张晖（2012）以失地农民调查数据为样本研究，发现年龄对失地农民自主创业具有显著负向影响。类似的研究还有戚迪明等（2012）、郑军（2013）。

在人力资本方面，大部分研究都认可了人力资本对于创业选择的促进作用。郝朝艳等（2012）、戚迪明等（2012）、吴易雄（2017）利用农户调查数据进行的实证研究均发现，户主受教育程度越大，家庭越愿意选择创业；相反，也有部分学者的研究显示，受教育程度越高，创业意愿反而越低。Hart（1994）认为，受过高等教育的人创业有很高的机会成本，所以他们不愿意选择创业。

2. 家庭因素

家庭规模对于创业的影响较为显著。一方面，家庭规模大对于创业可能是不利因素。Aldrich（2003）指出，当父母养育较少的子女时，他们的经济负担和责任负担较小，更可能放弃稳定的工作而选择创业。另一方面，家庭规模增加可能促进影响家庭创业选择。Pencavel（1986）指出，规模大的家庭需要抚养的人口较多，这对于父母选择创业这样一个具有高风险和高财务回报潜力的职业产生激励。类似的研究有朱明芬（2010）、刘俊杰（2014）、莫媛等（2018）。

家庭自有财富水平对创业选择影响非常重要。Holtz – Eakin 等（1994），Paulson 和 Townsend（2004）的研究均指出，财富水平与创业选择之间具有正相关关系。张龙耀和张海宁（2013）通过研究发现，财富水平越高的家庭，选择创业的概率越大。郝朝艳等（2012）还发现，地区经济发展水平越低下，有信贷约束的农户比例越高。

国内外研究一致认为，社会网络对创业产生了显著的正向促进作用（Yueh，2009；马光荣、杨恩艳，2011；蒋剑勇等，2014；安舜禹等，2014；Zhang 和 Zhao，2015；吕诚伦，2016；孙健，2016；柴时军，2017；赵清军等，2018）。社会网络影响创业的途径有：①拓宽信息获取渠道，帮助识别创业机会，从而激励网络成员的创业意愿（Hoang 和 Young，2000；Bhagavatula 等，2010；吴晓波，2014）。②降低网络内成员的信贷约束，促进创业选择（Bates，1997；边燕杰，2006；马光荣，2011；蒋剑勇，2014；孙健，2016）。③分担风险、改善风险偏好并降低风险感知（Fafchamps 和 Gubert，2007；Mushi 和 Rosenzweig，2009）。④家庭成员能够提供无私的帮助（Kinnan 和 Townsend，2002）。

3. 环境因素

环境因素是影响创业选择的重要因素。第一，完善的基础设施对于创业选择有促进作用（阳立高等，2008；朱红根，2008、2011）。第二，地区经济发展水平对创业有显著影响（Barbosa 和 Gerhardt，2007；吴易雄，2017）。第三，优良的融资环境能够促进创业活动（Wang，2012；吴晓瑜等，2014；翁辰和张兵，2015；李祎雯和张兵，2016）。第四，有关创业的制度、政策能够显著影响创业活动（North，2005；Paul Gompers 等，2005；韩璐等，2017；吴易雄，2017；蒋志辉和马爱艳，2017）。

三、金融生态环境影响家庭创业的理论分析

（一）家庭创业选择的理论分析模型

本文参考 Evans 和 Jovanovic 的研究，采用静态职业选择模型说明家庭选择创业的机制。假设家庭财富水平为 fa，而家庭选择就业所获的总工资收入为 w，家庭有两种选择，即创业或就业。

若家庭选择创业，创业产出函数及创业的净收益函数如下：

$$Y = Ak^{\alpha} \ (0 < \alpha < 1) \tag{1}$$

$$\pi = Ak^{\alpha} - (1 + r)k \ (0 < r < 1) \tag{2}$$

其中，A 代表创业能力；k 代表资本投入；r 代表利率。

1. 不考虑融资约束的情况

根据净收益函数的一阶条件，可以求得最佳的净收益水平为

$$\pi^{*} = \left(\frac{\alpha A}{1 + r}\right)^{\frac{\alpha}{1-\alpha}} \tag{3}$$

当家庭没有受到融资约束时，家庭是否选择创业与创业能力 A 与工资收入 w 有关。若创业能力 A 使 $\pi^* > w$，那么家庭会选择创业；反之，当创业能力 A 不能够使 $\pi^* > w$ 时，家庭不会选择创业。

2. 考虑融资约束的情况

假设存在融资约束，每个家庭能够获得的最大额度的信贷资金是资本投入水平 k 的一定比例 $(1-\beta)$（$0<\beta<1$）。因此，每个家庭能投入的最大资本投入水平为 $(1-\beta)k+fa$，其中 fa 代表家庭财富水平。由于家庭的资本投入 k 不会大于其最大资本投入水平，因此 $k \leqslant (1-\beta)k+fa$，化简可得 $k \leqslant \frac{fa}{\beta}$。这说明，家庭在面临信贷约束的状况下，能够投入的最大资本投入水平为

$$k = \frac{fa}{\beta} \tag{4}$$

将家庭在面临信贷约束的状况下投入的最大资本，即式（4），代入创业的净收益函数式（2），可得家庭在信贷约束下的创业收益函数：

$$\pi(fa) = A\left(\frac{fa}{\beta}\right)^{\alpha} - (1+r)\left(\frac{fa}{\beta}\right)\ (0<r<1) \tag{5}$$

与家庭在不受融资约束时的分析相同，当家庭受到融资约束时，家庭是否选择创业与 $\pi(fa)$ 和工资收入 w 有关。若 $\pi(fa) > w$，那么家庭会选择创业；反之，家庭不会选择创业。本文假设，创业存在一个资本门槛 $fa^{\min}$，能够使 $\pi(fa^{\min}) = w$，这是家庭选择创业与否的临界值。

另外，家庭创业与家庭财富相关。fa 越大，$\pi(fa)$ 越大，家庭更倾向于创业。当 $fa < fa^{\min}$ 时，家庭受到的融资约束使其无法选择创业，而会选择就业。

此外，家庭创业也与人力资本相关。人力资本影响创业能力 A，$\pi(fa)$ 越大，家庭越倾向于创业。

3. 不同金融生态环境水平下的创业选择

根据模型可推导出以下结论：

第一，若 $fa_{good}^{\min}$ 代表金融生态环境良好地区的创业门槛，$fa_{bad}^{\min}$ 代表金融生态环境较差地区的创业门槛，当给定工资为 w 时，有 $fa_{good}^{\min} < fa_{bad}^{\min}$，这说明金

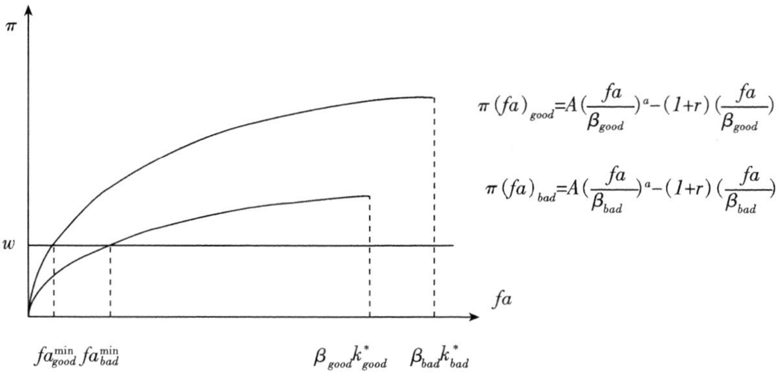

图 2　存在金融约束时不同金融生态环境水平家庭创业收益

融生态环境水平的提高可以降低创业资本门槛。①

第二，若（$1-\beta_{good}$）代表金融生态环境良好地区的借贷系数，（$1-\beta_{bad}$）代表金融生态环境较差地区的借贷系数，则有（$1-\beta_{good}$）>（$1-\beta_{bad}$）。金融生态环境良好地区融资渠道更为通畅、借贷更方便，借贷系数更高。而在金融生态环境较差的地区创业则更加依赖家庭财富水平。

（二）金融生态环境及其分项指数影响家庭创业的理论分析

目前，国内外结合金融生态环境与家庭创业的相关研究较少，仅有的研究也只是从理论角度提出了提升创业投资金融生态环境的建议，并未有相关实证研究。本文参考的《中国地区金融生态环境评价》（王国刚等，2015）在评价地方金融生态环境时，从四个角度进行考察，它们分别是地方政府债务的影响、经济基础、金融发展以及制度和诚信文化。

政府对于经济的掌控一方面可以利用其优势进行投资，补齐地方经济发展短板；另一方面，政府的行政管控手段会扰乱市场，政府的经济管控手段则会造成政府债务的积压。特别是当政府对银行的债务与土地等价格可变的资产相连时，尽管风险暂时未显露，但这种行为却隐藏着随时可能爆发的巨大风险。本文认为，银行可借出的资金是有限的，当地方政府向银行借入大量用以发展经济的资金时，银行能够提供给潜在创业家庭的资金池将会缩小。

① 该结论与 Alfaro 等（2003）的研究相同，Alfaro 认为金融发展水平的提高可以降低创业资本门槛。

不仅如此，为了降低整体风险，银行的借贷门槛也将提高（显性门槛及隐性门槛）。这将导致潜在创业者的资金约束进一步加强，阻碍家庭的创业选择。

实体经济的发展状况可以反映在金融领域，影响整个金融体系的运行。第一，基础设施完善能够促进集聚效应和创新的产生，降低交易成本。朱红根（2011）的实证研究表明，经济基础条件好能够促进创业意愿。基础设施越完善，产业越容易形成集聚，而产生集聚效应能够显著促进交易费用的降低，进而促进创业活动。第二，经济形势能够显著影响可利用的创业机会。朱明芬（2010）的研究表明，区域经济发展状况对农民选择创业与否具有非常重要的影响。所处地区经济发展较好的农民创业意愿显著更高。第三，良好的商业环境能够促进创业活动。地区商业环境有活力，能够使该地区家庭以更低的成本获得同样或更多的原材料、产品、服务等，促进家庭创业（张龙耀、张海宁，2013；刘俊杰等，2014）。

地区金融发展状况对于创业有着较大的影响，金融市场越完善，对创业选择的促进作用越大。第一，发展更完善的地区金融市场具备更通畅的融资渠道，存在融资约束的情况更少。由于创业存在一定的资金门槛，金融资源的可获得性是影响个体是否选择创业的关键（刘俊杰等，2014）。金融发展水平越高，由于自有资金不足而放弃创业的人越少。第二，创业资本门槛本身也受金融发展状况影响。在金融市场较为完善的地区，创业资本门槛更低。资本门槛的降低能够进一步促进创业（Alfaro 等，2003）。第三，金融资源配置效率高能够使潜在创业者获得更多的正规金融支持，从而促进创业选择（杨军等，2013）。第四，金融资源的覆盖程度越高，潜在创业者获得贷款越容易，越有利于创业选择（张海洋、袁雁静，2011；张龙耀、张海宁，2013；刘俊杰等，2014；莫媛等，2018）。

制度和诚信文化属于社会软约束，包括三个方面，分别是政府诚信、法治环境和诚信文化。第一，市场的良好运行离不开法治约束。政府制定的各项政策和法律法规能够影响家庭的创业意愿和行为（Fonseca，2001）。North（2005）提出，以产权为核心的正式制度可以影响居民的创业活动。第二，诚信是市场经济的灵魂，政府在整个社会的诚信中起着主导作用。政府如果不诚信，对市场经济信用的危害最大。地方政府政策较为透明、政策连贯性较好，能够促使当地企业、个人形成合理预期，助力市场经济的良好运行并促进地方金融交易活跃。第三，市场经济的本质是信用经济。虽然诚信文化属于金融信用关系中的软约束，但它对于社会信用基础、金融交易的成本、地方金融资产质量、资本运作有效性等都具有非常积极的影响。可见，政府诚信、法治环境与诚信文化均对家庭创业选择有着积极的影响。由此，本文提出如下假设。

H1：金融生态环境越完善，越有助于促进家庭创业选择。

（三）金融生态环境及家庭微观因素影响家庭创业的理论分析

通过文献综述及分析家庭创业选择的理论模型，本文认为，在影响家庭创业的微观因素中，人力资本及家庭财富是不可忽视的两个最重要的因素。同时，家庭微观因素对于家庭创业选择的作用又受到金融生态环境的调节效应影响。因此，本文将基于调节效应的视角，系统阐释金融生态环境是如何通过影响微观因素（人力资本、家庭财富）影响家庭创业决策。

基于调节效应，本文构建了如图 3 所示的分析框架。

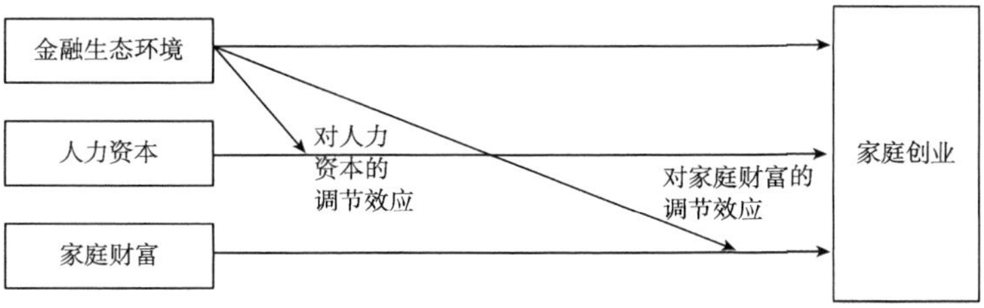

图 3　金融生态环境、家庭微观因素对家庭创业的影响及其调节效应分析框架

1. 金融生态环境、人力资本影响家庭创业的理论分析

人力资本对于家庭创业选择的促进作用已被多数学者证实。其影响途径主要有以下几类：①人力资本能够影响人们认识和识别新的机会的能力。文化程度越高的人，一般而言见识更高、接受新事物的速度更快，因而更能够接受创业。②人力资本水平越高，个体掌握的显性知识越多（科学知识和各类技能），这些知识能够对创业过程提供帮助，因而能够对创业选择起正向的影响作用。③人力资本水平越高，个体具备的隐性知识越多（交流沟通能力、战略性思考能力、解决问题的模式、团队合作能力等），这些知识从创业机会识别阶段就能够对创业者产生积极的帮助，因此也能够促进创业选择。④人力资

本越丰富，开展的交际就越广泛，积累的社会资源也越丰富。⑤人力资本可以帮助创业者获得外部投资。人力资本越高的个体，越有可能受到风险资本的青睐。⑥人力资本越高的个体，获得高薪酬、环境优良工作的可能性越大，选择创业的机会成本也越高，因此往往不愿意放弃高报酬的工作而选择创业。

综上，人力资本影响创业的方向尚未有定论，因此有必要对于人力资本与创业选择之间的关系进行研究。根据主流研究的结论，本文提出假设 H2。

H2：受教育水平越高，家庭越倾向于选择创业。

金融生态环境代表了一个国家（地区）经济和金融发展的情况，金融生态环境水平越高，地方经济发展的环境越好，市场机制也越完善。金融生态环境优良不仅能够直接对创业活动产生积极的影响，同时也能够影响人力资本与创业选择之间的联系。第一，优良的金融生态环境降低了融资约束，使融资渠道更加畅通，因而缓解了低人力资本面临的融资约束，削弱了高人力资本在获取风险投资方面的优势。第二，地方经济的发展催生了对人力资本有要求的就业机会，同时提升了高人力资本的工资水平，这极大地增加了高人力资本面临的创业机会成本。由此可知，金融生态环境对人力资本与家庭创业的关系具有显著的调节作用。

因此，本文提出假设 H3 和 H4。

H3：相比于金融生态环境较差的地区，在金融生态环境良好的地区，受教育年限水平对家庭创业选择的促进作用更小。

H4：金融生态环境越完善，高人力资本家庭越不愿意选择创业。

2. 金融生态环境、家庭财富影响家庭创业的理论分析

家庭创业资金的来源分为两类：一是家庭的自有财富；二是外部来源资金。外部资金的供给又分为正规金融（Formal Finance）和非正规金融（Informal Finance），前者是从银行等正规金融机构进行融资，后者则是通过亲朋好友之间的借贷及民间金融机构借款。首先，从正规金融机构借款需要家庭提供资产证明，能够证明家庭还款能力越高，家庭能够通过正规金融借贷获得的资金越多。其次，不管是从亲朋好友处借款，还是从民间金融机构处借款，家庭财富越多往往能够获得的资金越多。因此，家庭自有财富不仅可以直接影响家庭的创业选择，还可以通过控制家庭从外部获得的资金数额来影响家庭创业决策。多数学者已经证明财富水平与创业选择之间具有正相关关系，金融约束是家庭创业选择的重要决定因素。

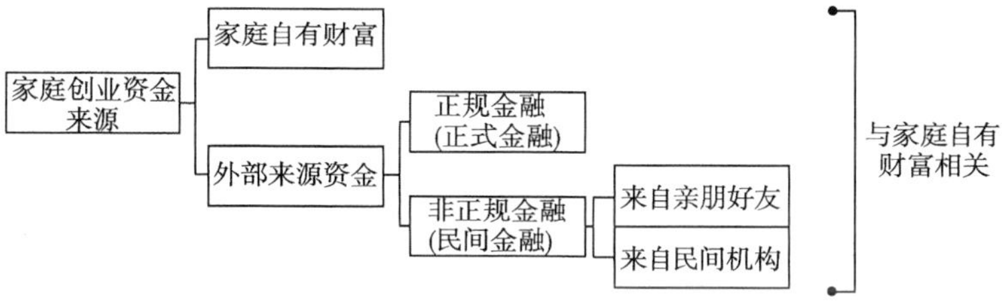

图4　家庭创业资金来源分类

除此之外，家庭财富对于家庭创业的影响还存在一定的区域异质性。郝朝艳等（2012）和张龙耀、张海宁（2013）认为，在经济发展较为落后的地区，家庭财富对家庭创业的影响相对更为明显。本文认为，金融生态环境水平较差的地区融资渠道更为狭窄，金融市场的发展更加不完善，因而限制了家庭能够获得的信贷额度。在这种情况下，自有财富将对创业起到更加重要的作用。由此可知，金融生态环境对家庭财富与家庭创业的关系具有显著的调节作用。因此，本文提出如下假设。

H5：家庭财富越多，越倾向于选择创业。

H6：相比金融生态环境良好的地区，在金融生态环境较差的地区，家庭财富对家庭创业选择的促进作用更大。

四、研究设计

（一）数据说明

本文研究采用的数据分为宏观、微观两个层面。微观层面的数据来源于2014年中国家庭追踪调查（Chinese Family Panel Studies，CFPS）数据库。宏观层面的数据来源于2014年《中国地区金融生态环境评价》报告及2014年《中国统计年鉴》。

本文根据研究的需要剔除了相关数据。第一，剔除微观层面CFPS数据中填写不适用、不知道的项目和缺失数据；第二，剔除宁夏、海南这两个观测数据过少的地区；第三，剔除不符合数据处理要求的少量样本。最终得到8639个家庭个案，覆盖25个省、市、自治区。①

（二）变量选取与描述

1. 被解释变量

家庭是否选择创业。该变量的取值依照CFPS数据库中“过去12个月，您家是否有家庭成员从事个体经营或开办私营企业”的回答选取，回答是取值1，回答否取值0。

2. 层一核心解释变量

①家庭决策者受教育程度。本文使用家庭决策者受教育程度衡量人力资本特征，家庭决策者受教育程度变量的取值用受教育年限表示。② 家庭决策者选择为家庭储蓄投资保险主事人（即家庭大额资金使用决策者）。②家庭财富。借鉴Hurst和Lusardi（2004）的研究，使用家庭资产净值衡量家庭的财富水平。家庭净资产为家庭总资产与家庭总负债之差。③ 为了使数据更加平稳、回归模型更加稳定，将家庭净资产数目做对数处理。

3. 层二核心解释变量

金融生态环境指标，使用《中国地区金融生态环境评价》（王国刚等，2015）报告中对地方金融生态环境的评价结果，包括四个方面指数，分别是地方政府债务的影响、经济基础、金融发展以及制度和诚信文化。

4. 层一控制变量

①家庭决策者性别，女性取值1，男性取值0。②家庭决策者年龄，用数值表示。③家庭决策者民族，使用CFPS数据库中“是否少数民族”的回答取值，是取值1，否取值0。④家庭规模，该变量用家庭同灶吃饭人数表示。⑤社会网络，该变量用家庭在节日或者婚丧嫁娶时互赠的礼品及礼金支出表示（即人情

---

① 未覆盖到的省、市、自治区有：海南省、青海省、内蒙古自治区、西藏自治区、宁夏回族自治区、新疆维吾尔自治区。

② 其中，文盲/半文盲=0；小学教育程度=6；初中教育程度=9；高中教育程度=12；中专及职高教育程度=13；大专教育程度=15；本科教育程度=16；硕士教育程度=19；博士教育程度=22。

③ 其中，家庭资产包括土地、房产、金融资产、生产性固定资产和耐用消费品；家庭负债包括住房负债和非住房负债；家庭净资产为家庭资产减去家庭负债。

礼支出），并做对数处理。⑥政治资本，用家庭成员中党员数量表示。⑦家庭类别，使用CFPS数据库中“是否城镇户口”的回答取值，是取值1，否取值0。

5. 层二控制变量

①教育培训环境，用财政教育和培训支出①数值表示，并做对数处理。②社会保障，用财政社会保障和就业支出②数值表示，并做对数处理。所有变量的符号、名称、说明及描述性统计如表1所示。

表1　各变量描述性统计

类别	变量符号	样本数量	均值	标准差	最小值	最大值
被解释变量	*FE*	8639	0.09	0.29	0	1
微观解释变量及控制变量	*GENDER*	8639	0.38	0.49	0	1
	AGE	8639	50.53	13.03	18	92
	NATION	8639	0.08	0.27	0	1
	EDUY	8639	7.59	4.42	0	22
	FSIZE	8639	3.69	1.73	1	14
	FASSET	8639	5.27	0.61	1.7	7.28
	RELATION	8639	3.31	0.51	0	5.02
	POLI	8639	0.18	0.44	0	4
	URBAN	8639	0.49	0.5	0	1
宏观解释变量及控制变量	*FECO*	25	0.45	0.11	0.3	0.73
	FECO1	25	0.49	0.09	0.3	0.64
	FECO2	25	0.37	0.17	0.16	0.79
	FECO3	25	0.46	0.11	0.3	0.67
	FECO4	25	0.47	0.13	0.33	0.89
	GOVEDU	25	10.87	0.17	10.6	11.26
	GOVSS	25	10.72	0.16	10.41	10.97

① 地方财政教育和培训支出包括：教育行政管理、学前教育、小学教育、初中教育、普通高中教育、普通高等教育、初等职业教育、中专教育、技校教育、职业高中教育、高等职业教育、广播电视教育、留学生教育、特殊教育、干部继续教育、教育机关服务。

② 地方财政社会保障和就业支出包括：社会保障与就业管理事务、民政管理事务、财政对社会保险基金的补助、补充全国社会保障基金、行政事业单位离退休、企业改革补助、就业补助、抚恤、退役安置、社会福利、残疾人事业、城市居民最低生活保障、其他城镇社会救济、农村社会救济、自然灾害生活补助、红十字事务。

（三）模型设定

本文的研究目的在于分析金融生态环境对家庭创业选择的影响。该影响存在两类机制与路径：一是金融生态环境对家庭创业选择的直接影响作用，二是金融生态环境对决策者个人及其家庭特征与家庭创业选择之间的关系的影响。

金融生态环境指标属于宏观层次的变量，而决策者个人及其家庭特征属于微观层面的变量，为此，本文将建立一个两层面的线性回归模型。另外，由于本文所选取的被解释变量——家庭创业选择属于二分变量，因此最终决定设定广义多层线性模型（Generalized Hierarchical Linear Model，GHLM）。基于上述分析，本文最终设定实证模型如下：

$$P(\omega_{ij} = 1) = \pi_{ij}$$

$$\text{Level} - 1 \quad Log\left[\frac{\pi_{ij}}{1 - \pi_{ij}}\right] = Y_{ij}$$

$$Y_{ij} = \beta_{0j} + \beta_{1j} \times EDUY + \beta_{2j} \times FASSET + \beta_{kj} \times X_{kj} + \gamma_{ij}$$

$$\text{Level} - 2 \quad \beta_{0j} = \gamma_{00} + \gamma_{01} FECO_{ij} + \gamma_{02} GOVEDU_{ij} + \gamma_{03} GOVSS_{ij} + \mu_{0j}$$

$$\beta_{1j} = \gamma_{10} + \gamma_{11} FECO_{ij} + \gamma_{12} GOVEDU_{ij} + \gamma_{13} GOVSS_{ij} + \mu_{1j}$$

$$\beta_{2j} = \gamma_{20} + \gamma_{21} FECO_{ij} + \mu_{2j}$$

$$\beta_{kj} = \gamma_{k0} + \mu_{kj}$$

其中，Y_{ij} 表示家庭选择创业的概率；i 表示第 i 个家庭；j 表示第 j 个省市；$\mu_{mj}(m = 0,1,...,k)$ 为组间随机效应，表示变量在组间的差异；*EDUY* 表示家庭决策者受教育年限；*FASSET* 表示家庭净资产；X_k 表示第 k 个控制变量；*FECO* 表示金融生态环境水平；*GOVEDU* 表示教育培训环境；*GOVSS* 代表社会保障。

五、实证分析

（一）零模型

为分析金融生态环境对于家庭创业选择的直接影响及间接影响，全样本实证分析首先使用零模型检验是否能够建立多层线性模型：

Level－1 $P(\omega_{ij}=1)=\pi_{ij}$

$$Log\left[\frac{\pi_{ij}}{1-\pi_{ij}}\right]=Y_{ij}$$

$$Y_{ij}=\beta_{0j}+\gamma_{ij}$$

Level－2 $\beta_{0j}=\gamma_{00}+\mu_{0j}$

上述模型将 β_{0j} 分解为固定成分 γ_{00} 和地区层次的随机成分 μ_{0j}。其中，Y_{ij} 代表 j 地区的家庭创业选择情况；β_{0j} 代表截距；下标 j 表示不同地区的截距①；γ_{00} 代表总截距，是固定参数；μ_{0j} 代表地区层次的随机变量；γ_{ij} 是家庭决策者个体及家庭层次的随机变量。运行结果如表 2 所示。

表 2　　零模型固定效应及随机效应估计结果

效应	系数	标准差	*T* 值	*P* 值
固定效应	-2.1591	0.0703	-30.70	0.00
	标准差	方差成分	卡方检验	*P* 值
随机组间效应	0.3083	0.0950	83.58	0.00
随机组内效应	0.9920	0.9841		

若设决策者个人及家庭层次随机成分 γ_{ij} 的方差成分 ${\sigma_0}^2=Var(\gamma_{ij})$，地区层次随机成分 μ_{0j} 的方差成分 ${\tau_0}^2=Var(\mu_{0j})$。${\sigma_0}^2$ 和 ${\tau_0}^2$ 之间的关系被称为"群间关联度系数"（Intra Class Correlation，ICC）：$ICC=\frac{{\tau_0}^2}{{\tau_0}^2+{\sigma_0}^2}=0.088059231$，*ICC* 显著不为零，也说明有必要采用 GHLM 模型。

（二）随机截距回归模型

在零模型的微观层面（第一层）中加入微观解释变量及微观控制变量，且层二方程不包括随机效应以构建随机截距模型，用来检验个人及家庭特征变量对于家庭创业选择的影响在不同地区间是否有显著差异。设定随机截距回归模型如下：

① 代表地区的下标 j 是区分多层模型与普通模型的标志，普通回归模型的截距没有下标。

Level－1 $$P(\omega_{ij}=1)=\pi_{ij}$$

$$Log\left[\frac{\pi_{ij}}{1-\pi_{ij}}\right]=Y_{ij}$$

$$Y_{ij}=\beta_{0j}+\beta_{1j}\times GENDER+\beta_{2j}\times AGE+\beta_{3j}\times NATION+\beta_{4j}\times EDUY+\beta_{5j}\times FSIZE+\beta_{6j}\times FASSET+\beta_{7j}\times RELATION+\beta_{8j}\times POLI+\beta_{9j}\times URBAN+\gamma_{ij}$$

Level－2

$$\beta_{0j}=\gamma_{00}+\mu_{0j}$$
$$\beta_{1j}=\gamma_{10}$$
$$\beta_{2j}=\gamma_{20}$$
$$\beta_{3j}=\gamma_{30}$$
$$\beta_{4j}=\gamma_{40}$$
$$\beta_{5j}=\gamma_{50}$$
$$\beta_{6j}=\gamma_{60}$$
$$\beta_{7j}=\gamma_{70}$$
$$\beta_{8j}=\gamma_{80}$$
$$\beta_{9j}=\gamma_{90}$$

其中，γ_{i0} 代表微观变量 i 对家庭创业选择的影响效果。运行结果如表 3 所示。

表 3　　随机截距回归模型固定效应及随机效应估计结果

效应	变量	系数	标准差	*T* 值	*P* 值
固定效应	截距	－10. 1701	0. 7653	－13. 29	0. 00
	GENDER	－0. 3351	0. 0990	－3. 39	0. 00
	AGE	－0. 0283	0. 0040	－7. 10	0. 00
	NATION	0. 1252	0. 2452	0. 51	0. 60
	EDUY	0. 0095	0. 0152	0. 62	0. 53
	FSIZE	0. 0693	0. 0222	3. 12	0. 00
	FASSET	1. 3708	0. 1466	9. 35	0. 00
	RELATION	0. 4718	0. 0848	5. 56	0. 00
	POLI	－0. 1655	0. 0619	－2. 68	0. 00
	URBAN	0. 1559	0. 0924	1. 69	0. 09

续表

	变量	标准差	方差成分	卡方检验	P 值
随机效应	组间效应	0.4252	0.1808	134.65	0.00
	组内效应	1.0015	1.0029		

注：*** 代表在 1% 的水平显著，** 代表在 5% 的水平显著，* 代表在 10% 的水平显著。

从表 3 的结果可以看出，家庭决策者为男性的家庭更倾向于选择创业（-0.3351）；家庭决策者年龄越小，家庭越倾向于选择创业（-0.0283）；家庭规模越大，家庭往往会选择创业（0.0693）；较多的家庭财富对家庭创业选择具有促进作用（1.3708）；人情礼支出多的家庭更倾向于选择创业（0.4718），假设 H5 被证实；家庭成员中党员数量越多，家庭越倾向于不选择创业（-0.1655）；城镇户口的家庭具有更高的创业倾向（0.1559），但该影响的显著性不强。

除此之外，家庭决策者受教育年限对于家庭创业选择有正向的影响作用（0.0095），但该影响并未达到统计学意义上的显著，通过单独对家庭决策者受教育年限在第二层模型上添加随机效应①，本文发现，家庭决策者受教育年限对家庭创业选择的促进作用在我国各省市间存在显著的差异（与此同时其他变量的显著性及其对因变量的影响方向并未有明显变化），卡方检验 P 值非常接近于 0。说明决策者受教育年限对于家庭创业选择的影响在不同省份间有着明显的差别，与地区因素高度相关。

（三）随机系数回归模型

随机系数回归模型的作用在于帮助判断微观解释变量的回归系数是否受到地区因素的显著影响。设定模型如下：

Level - 1 $$P(\omega_{ij} = 1) = \pi_{ij}$$

$$\mathrm{Log}\left[\frac{\pi_{ij}}{1 - \pi_{ij}}\right] = Y_{ij}$$

① 这里是指在本节设定的随机截距回归模型的基础上，仅在受教育年限变量的第二层系数方程内添加随机项，以判断受教育年限对家庭创业的影响在地区间是否存在差异。

$$Y_{ij} = \beta_{0j} + \beta_{1j} \times GENDER + \beta_{2j} \times AGE + \beta_{3j} \times NATION + \beta_{4j} \times EDUY + \beta_{5j} \times FSIZE + \beta_{6j} \times FASSET + \beta_{7j} \times RELATION + \beta_{8j} \times POLI + \beta_{9j} \times URBAN + \gamma_{ij}$$

Level－2

$$\begin{aligned}
\beta_{0j} &= \gamma_{00} + \mu_{0j} \\
\beta_{1j} &= \gamma_{10} + \mu_{1j} \\
\beta_{2j} &= \gamma_{20} + \mu_{2j} \\
\beta_{3j} &= \gamma_{30} \\
\beta_{4j} &= \gamma_{40} + \mu_{4j} \\
\beta_{5j} &= \gamma_{50} \\
\beta_{6j} &= \gamma_{60} + \mu_{6j} \\
\beta_{7j} &= \gamma_{70} \\
\beta_{8j} &= \gamma_{80} \\
\beta_{9j} &= \gamma_{90}
\end{aligned}$$

其中，μ_{1j} 代表性别 *GENDER* 对家庭创业选择的影响在区域间的变差；μ_{2j} 代表年龄 *AGE* 对家庭创业选择的影响在区域间的变差；μ_{4j} 代表受教育年限 *EDUY* 对家庭创业选择的影响在区域间的变差；μ_{6j} 代表家庭净资产 *FASSET* 对家庭创业选择的影响在区域间的变差。运行结果如表 4 所示。

表 4　　　　随机系数回归模型固定效应及随机效应估计结果

效应	变量	系数	标准差	*T* 值	*P* 值
固定效应	截距	－8.0613	0.4643	－17.36	0.00
	GENDER	－0.2698	0.0818	－3.30	0.00
	AGE	－0.0205	0.0033	－6.30	0.00
	NATION	0.2054	0.1610	1.28	0.20
	EDUY	0.0225	0.0100	2.24	0.03
	FSIZE	0.0505	0.0149	3.38	0.00
	FASSET	0.9486	0.0744	12.75	0.00
	RELATION	0.4359	0.0663	6.58	0.00
	POLI	－0.0975	0.0537	－1.82	0.07
	URBAN	0.2448	0.0752	3.26	0.00

续表

	变量	标准差	方差成分	卡方检验	*P* 值
随机效应	截距	3.8022	14.4564	60.04	0.00
	GENDER	0.4532	0.2054	45.60	0.00
	AGE	0.0199	0.0004	39.82	0.02
	EDUY	0.0634	0.0040	53.35	0.00
	FASSE	0.5268	0.2775	40.08	0.02
	组内效应	0.9830	0.9664		

从表4的随机效应估计结果来看，性别、年龄、受教育年限、家庭净资产在第二层上呈现显著差异，说明这四个变量对家庭创业选择的影响在地区间有显著的差异，应保留随机效应。

另外，在随机截距模型中，受教育年限对于家庭创业选择没有产生显著影响，但在对家庭决策者受教育年限变量引入随机效应之后，家庭决策者受教育年限对于家庭创业选择具有显著的正向影响作用（0.2054）。本文分析，这是由于人力资本高的决策者在收集创业信息、收集创业资源、掌握创业技术等方面都具有明显的优势，而这些信息、资源优势与地区发展状况高度相关。由此，假设H2被证实。

（四）完整的模型

根据上文随机系数回归模型的估计结果，分别在截距项、受教育年限和家庭净资产的系数方程中引入地区层面的解释变量，以此研究宏观层面的解释变量对家庭创业选择的直接影响和间接影响，由此设定模型如下：

Level - 1 $$P(\omega_{ij} = 1) = \pi_{ij}$$

$$\mathrm{Log}\left[\frac{\pi_{ij}}{1-\pi_{ij}}\right] = Y_{ij}$$

$$Y_{ij} = \beta_{0j} + \beta_{1j} \times GENDER + \beta_{2j} \times AGE + \beta_{3j} \times NATION + \beta_{4j} \times EDUY + \beta_{5j} \times FSIZE + \beta_{6j} \times FASSET + \beta_{7j} \times RELATION + \beta_{8j} \times POLI + \beta_{9j} \times URBAN + \gamma_{ij}$$

Level 2

$$\beta_{0j} = \gamma_{00} + \gamma_{01}FECO_{ij} + \gamma_{02}GOVEDU_{ij} + \gamma_{03}GOVSS_{ij} + \mu_{0j}$$
$$\beta_{1j} = \gamma_{10} + \mu_{1j}$$
$$\beta_{2j} = \gamma_{20} + \mu_{2j}$$
$$\beta_{3j} = \gamma_{30}$$
$$\beta_{4j} = \gamma_{40} + \gamma_{41}FECO_{ij} + \gamma_{42}GOVEDU_{ij} + \gamma_{43}GOVSS_{ij} + \mu_{4j}$$
$$\beta_{5j} = \gamma_{50}$$
$$\beta_{6j} = \gamma_{60} + \gamma_{61}FECO_{ij} + \mu_{6j}$$
$$\beta_{7j} = \gamma_{70}$$
$$\beta_{8j} = \gamma_{80}$$
$$\beta_{9j} = \gamma_{90}$$

完整模型的变量影响运行结果如表 5 所示。

表 5　　完整模型固定效应及随机效应估计结果

效应	变量	系数	标准差	*T* 值	*P* 值
固定效应	截距	-15.1468	4.1584	-3.64	0.00
	FECO	7.9154	2.6328	3.01	0.00
	GOVEDU	-0.4241	0.4052	-1.05	0.31
	GOVSS	0.7122	0.4938	1.44	0.16
	GENDER	-0.2571	0.0848	-3.03	0.00
	AGE	-0.0224	0.0033	-6.81	0.00
	NATION	0.1742	0.1733	1.01	0.32
	EDUY	-0.0582	0.3631	-0.16	0.88
	FECO	-0.1662	0.0456	-3.65	0.00
	GOVEDU	0.1537	0.0352	4.37	0.00
	GOVSS	-0.1417	0.0509	-2.78	0.01
	FSIZE	0.0524	0.0153	3.42	0.00
	FASSET	1.6789	0.2340	7.17	0.00
	FECO	-1.4268	0.5157	-2.77	0.01
	RELATION	0.4652	0.0667	6.97	0.00
	POLI	-0.1044	0.0574	-1.82	0.07
	URBAN	0.2328	0.0775	3.00	0.00

续表

	变量	标准差	方差成分	卡方检验	*P* 值
随机效应	截距	3.3880	11.4787	52.80	0.00
	GENDER	0.4551	0.2072	45.11	0.00
	AGE	0.0203	0.0004	39.48	0.02
	EDUY	0.0528	0.0028	37.89	0.01
	FASSET	0.4703	0.2211	35.65	0.04
	组内效应	0.9864	0.9729		

在表 5 的回归结果中，金融生态环境对家庭创业选择的影响显著为正（7.9154），金融生态环境的良好运行缓解了潜在创业者面临的融资约束，也降低了创业的门槛，能够促进家庭创业选择。由此，假设 H1 被证实。

在受教育年限的系数方程中，根据受教育年限的方差缩减比例，金融生态环境、教育培训环境和社会保障解释了受教育年限对家庭创业选择的影响在地区间差异的 30% [（0.0040 - 0.0028）/0.0040 × 100%]。良好的金融生态环境抑制了受教育程度对家庭创业意愿的贡献（ - 0.1662）。虽然人力资本常被用来衡量个人的可信任程度、进取心、努力程度等，且人力资本越高，在借贷市场上更有优势，受到信贷约束的可能性越小（Marvel，2010），然而优良的金融生态环境降低了融资约束，在缓解低人力资本借贷困难的同时，也意味着高人力资本在获取风险投资方面的优势被削弱。另外，金融生态环境良好的地区往往拥有更多需求高人力资本的高薪就业机会，这提升了金融生态环境良好地区高人力资本面临的创业机会成本。这两方面的因素都将制约金融生态环境良好地区的受教育程度对家庭创业选择的促进作用。由此，假设 H3 被证实。

在家庭净资产的系数方程的回归结果中，良好的金融生态环境抑制了家庭净资产对家庭创业意愿的贡献（ - 1.4268）。根据家庭净资产的方差缩减比例，金融生态环境解释了家庭净资产对家庭创业选择的影响在地区间差异的 20.32% [（0.2775 - 0.2211）/0.2775 × 100%]。在经济发展较为落后的地区，家庭受到更大的信贷约束作用，家庭财富对家庭创业的影响相对更为明显。由此，假设 H6 被证实。

（五）进一步分析：区分人力资本

根据上文的分析，良好的金融生态环境降低了融资约束，削弱了高人力资本在获取风险投资方面的优势。另外，金融生态环境良好的地区往往能够给高人力资本提供更多高薪就业机会，增加了高人力资本的创业机会成本。在本节将继续区分高人力资本和低人力资本样本，在不同人力资本水平下，进一步分析区域特征对于家庭创业选择的影响。①

分别对低人力资本样本及高人力资本样本进行零模型的估计。低人力资本样本的 ICC 计算结果为 5.37%，高人力资本样本为 20.52%，显著不为 0，说明地区差异可以分别解释低人力资本、高人力资本样本家庭创业选择差异的 5.37% 和 20.52%。另外，低人力资本、高人力资本样本零模型估计的 P 值都接近 0，同样也说明了可以使用多层线性模型。

表 6　低人力资本、高人力资本样本随机系数回归模型及完整模型估计结果

效应	变量	低人力资本		高人力资本	
		随机系数回归模型	完整模型	随机系数回归模型	完整模型
固定效应	截距	−7.2820*** (−14.07)	−19.5047*** (−5.44)	−6.5745*** (−7.77)	−7.2115 (−1.41)
	FECO		8.7665** (2.14)		−4.4768*** (−3.97)
	GOVEDU		0.7155*** (3.04)		2.5739*** (3.36)
	GOVSS		−0.1414 (−0.37)		−2.5966*** (−2.91)
	GENDER	−0.1895** (−2.48)	−0.1999** (−2.25)	−0.5290*** (−2.69)	−0.4612*** (−3.22)
	AGE	−0.0304*** (−8.82)	−0.0347*** (−8.61)	−0.0041 (−0.52)	−0.0098* (−1.82)

① 在区分高人力资本与低人力资本时，将受教育年限在 9 年及 9 年以下（即最高学历为高中及高中以下）的家庭决策者划分为低人力资本，将受教育年限在 9 年以上的家庭决策者划分为高人力资本。

续表

效应	变量	低人力资本		高人力资本	
		随机系数回归模型	完整模型	随机系数回归模型	完整模型
固定效应	*NATION*	0.4024 ** (2.22)	0.3147 (1.54)	-0.0133 (-0.08)	-0.1284 (-0.75)
	FSIZE	0.0480 ** (2.15)	0.0459 * (1.72)	0.0640 ** (2.43)	0.0678 ** (2.48)
	FASSET	0.9052 *** (11.34)	2.1442 *** (5.94)	0.6427 *** (7.15)	1.0343 *** (8.91)
	FECO		-1.8969 ** (-2.39)		
	RELATION	0.3972 *** (6.14)	0.4195 *** (6.56)	0.4772 *** (5.28)	0.6182 *** (5.66)
	POLI	0.0576 (0.76)	0.0416 (0.53)	-0.1824 *** (-3.01)	-0.2481 *** (-3.28)
	URBAN	0.5635 *** (5.74)	0.5254 *** (5.29)	-0.1644 (-1.49)	-0.2419 * (-1.69)
随机效应	组间方差	9.7487 *** (34.93)	5.8433 ** (24.14)	6.8708 (24.34)	1.1846 ** (33.10)
	GENDER	0.08377 (20.94)	—	0.4981 ** (39.77)	0.3759 ** (37.66)
	AGE	—	—	0.0010 *** (45.85)	0.0010 ** (41.35)
	NATION	0.6784 ** (27.39)	0.7280 ** (29.45)	—	—
	FSIZE	0.0068 * (26.16)	0.0083 ** (26.62)	0.0124 (26.89)	—
	FASSET	0.3826 *** (41.86)	0.2209 ** (26.54)	0.2799 (29.50)	—
	组内效应	0.9628	0.9766	0.8583	0.8886

注：*** 代表在 1% 的水平显著，** 代表在 5% 的水平显著，* 代表在 10% 的水平显著。

从固定效应来看，对于低人力资本样本的回归结果，随机截距模型中性别、年龄、家庭规模、家庭净资产、人情礼支出、政治资本及家庭类别对家庭创业决策的影响与完整模型的回归结果并未有较大差别。对于高人力资本样本有同样的结论。下面讨论在两类样本中，地区特征变量对家庭创业选择的影响。

在表6 完整模型的回归结果中，低人力资本的家庭中，金融生态环境对家庭创业选择的影响显著为正（8.7665），而在高人力资本的家庭中，金融生态环境对家庭创业选择的影响显著为负（-4.4768）。根据本文理论部分的分析，这一方面由于在金融生态环境良好地区，市场机制较为完善、融资渠道畅通、融资约束普遍较低，缓解了低人力资本面临的融资约束，也削弱了高人力资本在获取风险投资方面的优势，能够促进低人力资本的创业选择。另一方面，在金融生态环境良好的地区，经济发展状况较好，对于高人力资本有更高的需求，高薪工作机会更多，提升了高人力资本创业的机会成本。另外，高人力资本的风险偏好比低人力资本更小，存在“教育筛选”机制。① 因此，金融生态环境越完善，高人力资本家庭越不愿选择创业。由此，假设 H4 被证实。

从随机效应来看，金融生态环境、教育培训环境和社会保障解释了低人力资本家庭创业选择在地区间差异的 40.06% [（9.7487 - 5.8433）/9.7487 × 100%]，解释了高人力资本家庭创业选择在地区间差异的 82.76% [（6.8708 - 1.1846）/6.8708 ×100%]，宏观解释变量对于模型具有非常好的解释力。

对于低人力资本样本，良好的金融生态环境抑制了家庭净资产对家庭创业意愿的贡献（-1.8969）。根据家庭净资产的方差缩减比例，金融生态环境解释了家庭净资产对家庭创业选择的影响在地区间差异的 42.26% [（0.3826 - 0.2209）/0.3826 ×100%]，宏观解释效应较好。

六、结论与建议

本文在理论分析的基础上，构建了广义多层线性模型，以进一步检验金融生态环境影响家庭创业的路径。实证研究结果如下：

① “教育筛选”机制是陈昊、吕越（2017）提出的，他们认为教育水平越高，对风险厌恶水平越高。

首先，家庭决策者为男性的家庭更倾向于选择创业；家庭决策者年龄越小，家庭越倾向于选择创业；家庭规模越大，该家庭越倾向于选择创业；较多的家庭财富对家庭创业选择具有促进作用，且该变量对于家庭创业选择的影响在所有变量中占比最大，这也说明目前普遍存在较为严重的金融约束；家庭支付的人情礼能够反映家庭的社会网络状况，它们均与家庭创业选择显著正相关。实证研究结果还显示，政治资本少的家庭更愿意选择创业。

其次，家庭决策者受教育年限项在全样本随机截距回归模型中对家庭创业的作用不显著，但当对其添加随机效应后发现，随机效应的卡方检验值较为显著。随机系数回归模型的结果说明了受教育年限对于家庭创业选择具有显著的正向影响作用，且该作用与地区因素高度相关。

最后，全样本完整模型的实证结果显示，良好的金融生态环境对家庭创业意愿具有直接的促进作用，但抑制了受教育年限对家庭创业选择的促进作用。同样地，也抑制了家庭净资产对家庭创业选择的促进作用。

综上，本文认为，完善的金融生态环境体系对于家庭创业选择能够产生积极的影响。如何能够培育良好的经济基础、金融市场状况、制度和诚信文化环境是目前面临的问题。另外，还应思考如何激励农村家庭利用新的创业机会，以及如何引导和激励高人力资本参与创业。

目前，我国大部分地区金融生态环境发展状况滞后，融资渠道较为狭窄，市场机制有待进一步完善，缺乏社会诚信文化氛围等因素不足以为家庭提供良好的创业环境。因此，为了更好地激励家庭创业选择，尤其是具有较大创业潜力的高人力资本家庭，助力我国在新经济时代实现经济可持续发展，本文提出以下具有针对性的政策建议。

一是培育良好的创业制度环境，增加创业的政策支持力度。首先，对于知识产权的保护直接影响家庭创业的积极性，政府各级部门应当明确违法的处罚力度，加大对此类事件的关注力度，并增加相关宣传，营造良好的社会信用文化环境。其次，应适当降低市场准入，制定扩大进入机会的规章制度，减少家庭因市场门槛而放弃良好的创业机会的情况。最后，政府应当着力降低家庭的创业成本，通过落实税收优惠减免政策、提供创业孵化平台、减少行政干预手段、简化审批流程等，有效减轻创业的成本。

二是培育良好的社会信用体系。首先，政府在整个社会的诚信中起着主导作用，健全社会信用体系首先要提高政务信用信息透明度，建设政务信息公共披露体系，促使当地企业、个人形成合理预期，助力市场经济的良好运行并促进地方金融交易活跃。其次，应鼓励行业协会及会员单位建立自律组织，维护同业信用体系。最后，应引导企业加强信用管理，督促企业不断提升自身的信用能力，尤其应注意中小企业的信用能力，建立企业信用体系。

三是加大金融生态环境脆弱地区的金融供给，缓解金融约束。与城市家庭相比，农村家庭的创业激励措施不足。农村地区金融资源的覆盖程度较低、金融资源的可得性较差，政府可以通过放松农村地区的金融管制以加大地区金融市场的开放程度，丰富当地可利用的金融资源，以此缓解农村家庭面临的较为严重的融资约束，提高创业积极性。此外，应开发适合农村家庭的创新金融产品，丰富金融产品和服务的类型，优化金融产品结构。提高金融服务的质量和效率，以满足农村家庭的多样化金融需求。

四是改善区域基础设施环境，提高公共服务水平。政府应加大基础设施建设力度，提高基础设施质量，为区域产业发展提供基本保障。基础设施的提升还可促进形成产业集聚、促进创新活动，更能进一步减少交易费用，降低创业成本，促进创业活动。

五是加大人力资本培养力度，着力培养高人力资本创业意愿。人力资本水平与创业机会识别、创业成效、创业收益等因素密切相关。因此，要注重培养高人力资本，增加财政教育支出，培养更多高素质的创业人才。然而，本文的研究还发现，高人力资本家庭往往具备更高的机会成本，在创业风险方面也较为谨慎。因此，本文认为应重点培养高人力资本的创业意愿，出台激励高人力资本家庭创业的配套政策。如发布高人力资本创业津贴补助政策，减免高人力资本创业的税收及各项费用等。

参考文献

[1] 李扬，王国刚，刘煜辉．中国城市金融生态环境评价[M].北京:人民出版社,2005.

[2] 周小川．完善法律制度、改进金融生态[R]．经济学50人论坛，2004.

[3] 徐诺金．论我国的金融生态问题[J].金融研究，2005(2).

[4] 韩平．改善金融生态环境是系统工程[N]．金融时报，2005－05－24.

[5] 胡滨．区域金融生态环境评价方法与实证研究[J].经济管理，2009(6).

[6] 高连和．区域金融生态环境评价体系设计[J].河南科技大学学报(社会科学版)，2009(5).

[7] 王国刚，冯光华，刘煜辉．中国地区金融生态环境评价(2013—2014)[M].北京:社会科学文献出版社,2015.

[8] GUPTA V K, BHAWE N M. The effect of gender stereotype activation on entrepreneurial intentions[J]. Journal of Applied Psychology, 2008(5).

[9] NGRID V, THURIK R, GRILO I. Explaining preferences and actual involvement in self－employment: gender and the entrepreneurial personality[J]. Journal of Economic Psychology, 2012(2).

[10] 钱永红．个人特质对男女创业意向影响的比较研究[J].技术经济，2007(7).

[11] HATAK I. Age, job identification, and entrepreneurial intention[J]. Journal of Managerial Psychology, 2015(1).

[12] 张晖，温作民，李丰．失地农民雇佣就业、自主创业的影响因素分析:基于苏州市高新区东渚镇的调查[J].南京农业大学学报(社会科学版)，2012(1).

[13] 戚迪明，张广胜，杨肖丽．农民创业意愿的影响因素分析:基于沈阳市119户农民的微观数据[J].农业经济，2012(1).

[14] 郑军．农民参与创业培训意愿影响因素的实证分析:基于对山东省的调查[J].中国农村观察,2013(5).

[15] 郝朝艳，平新乔，张海洋．农户的创业选择及其影响因素:来自“农村金融调查”的证据[J].中国农村经济，2012(4).

[16] 吴易雄. 新型职业农民创业的决策机制及其影响因素分析[J]. 统计与决策, 2017(1).

[17] HART M. Spatial variations in new firm formation in the Republic of Ireland, 1980—1990[J]. Regional Studies, 1994(4).

[18] ALDRICH H E. The pervasive effects of family on entrepreneurship: toward a family embeddedness perspective[J]. Journal of Business Venturing, 2003(5).

[19] PENCAVEL J. Chapter 1 Labor supply of men: A survey[J]. Handbook of Labor Economics, 1986.

[20] 朱明芬. 农民创业行为影响因素分析:以浙江杭州为例[J]. 中国农村经济, 2010(3).

[21] 莫媛, 张妤佳, 许少达. 家庭人口学特征与农户的创业选择:来自江苏省的实证调研[J]. 西北人口, 2018(2).

[22] 刘俊杰, 张龙耀, 陈畅. 西部家庭创业的城乡差异及影响因素:以甘肃省为例[J]. 华中农业大学学报(社会科学版), 2014(6).

[23] HOLTZ - EAKIN D, JOULFAIAN D, ROSEN H S. Entrepreneurial decisions and liquidity constraints[J]. Rand Journal of Economics, 1994(2).

[24] PAULSON A L, TOWNSEND R. Entrepreneurship and financial constraints in Thailand[J]. Journal of Corporate Finance, 2004(2).

[25] 张龙耀, 张海宁. 金融约束与家庭创业:中国的城乡差异[J]. 金融研究, 2013(9).

[26] YUEH L. Self - employment in urban China: networking in a transition economy[J]. China Economic Review, 2009(3).

[27] 马光荣, 杨恩艳. 社会网络、非正规金融与创业[J]. 经济研究, 2011(3).

[28] 蒋剑勇, 钱文荣, 郭红东. 社会网络、先前经验与农民创业决策[J]. 农业技术经济, 2014(2).

[29] 安舜禹, 蔡莉, 单标安. 新企业创业导向、关系利用及绩效关系研究[J]. 科研管理, 2014(3).

[30] ZHANG J, ZHAO Z. Social - family network and self - employment: evidence from temporary rural - urban migrants in China[J]. Journal of Labor & Development, 2015(1).

[31] 吕诚伦. 农民工返乡创业意愿的影响因素分析:基于湖南省482位返乡农民工调查数据[J]. 求索,2016(9).

[32] 孙健, 周欣, 王冬妮. 社会网络对农民创业的影响[J]. 技术经济, 2016(9).

[33] 柴时军. 关系、家庭创业与创业回报[J]. 现代经济探讨, 2017(9).

[34] 赵清军, 张非凡, 阙春萍. 失地农民创业意愿及其影响因素分析:基于福建省A市的调查数据[J]. 湖南农业大学学报(社会科学版), 2018(1).

[35] HOANG H, YOUNG N, Social embeddedness and enterpreneurial opportunity recognition; (More) evidence of embeddedness[J]. Working Paper, 2000.

[36] BHAGAVATULA S, ELFRING T, TILBURG A V. How social and human capital influence opportunity recognition and resource mobilization in India's handloom industry[J]. Journal of Business Venturing, 2010(3).

[37] 吴晓波, 张超群, 王莹. 社会网络、创业效能感与创业意向的关系研究[J]. 科研管理, 2014(2).

[38] BATES T. Financing small business creation: the case of Chinese and Korean immigrant entrepreneurs[J]. Journal of Business Venturing, 1997(2).

[39] 边燕杰, 张磊. 网络脱生:创业过程的社会学分析[J]. 社会学研究, 2006(6).

[40] FAFCHAMPS M, GUBERT F. The formation of risk sharing networks[J]. Journal of Development Economics, 2007(83).

[41] MUNSHI K, ROSENZWEIG M. Why is mobility in India so low? social insurance, inequality, and growth[J]. NBER Working Papers, 2009.

[42] KINNAN C, TOWNSEND R. Kinship and financial networks, formal financial access, and risk reduction[J]. American Economic Review, 2012(3).

[43] 阳立高, 廖进中, 张文婧, 李伟舵. 农民工返乡创业问题研究:基于对湖南省的实证分析[J]. 经济问题, 2008(4).

[44] 朱红根. 外部环境与农民工返乡创业意愿关系的实证分析:基于江西省1145个农民工样本调查数据[J]. 经济问题探索, 2011(6).

[45] BARBOSA S D, GERHARDT M W, KICKUL J R. The role of cognitive style and risk preference on entrepreneurial self - efficacy and entrepreneurial intentions[J].

Journal of Leadership & Organizational Studies, 2007(4).

[46] WANG S Y. Credit constraints, job mobility, and entrepreneurship: evidence from a property reform in China[J]. Review of Economics & Statistics, 2012(2).

[47] 吴晓瑜，王敏，李力行. 中国的高房价是否阻碍了创业？[J]. 经济研究，2014(9).

[48] 翁辰，张兵. 信贷约束对中国农村家庭创业选择的影响:基于 CHFS 调查数据[J]. 经济科学，2015(6).

[49] 李祎雯，张兵. 非正规金融对农村家庭创业的影响机制研究[J]. 经济科学，2016(2).

[50] NORTH D C. Understanding the process of economic change[M]. Princeton University Press, 2005.

[51] PAUL GOMPERS, JOSH L, SCHARFSTEIN D. Entrepreneurial spawning: public corporation and the genesis of new ventures: 1986 – 1999[J]. The Journal Of Finance,2005(3).

[52] 韩璐，鲍海君，唐云峰. 失地农民创业行为的影响因素研究:基于"意向—情境—行为"理论模型与实证检验[J]. 华中农业大学学报(社会科学版)，2017(5).

[53] 蒋志辉，马爱艳. 维吾尔族农民工创业意愿影响因素调查[J]. 西北人口，2017(1).

[54] ALFARO L, CHANDA A, KALEMLI – OZCAN S. FDI and economic growth: the role of local financial markets[J]. SSRN Electronic Journal, 2003(1).

[55] 杨军，张龙耀，姜岩. 社区金融资源、家庭融资与农户创业:基于 CHARLS 调查数据[J]. 农业技术经济，2013(11).

[56] 张海洋，袁雁静. 村庄金融环境与农户创业行为[J]. 浙江社会科学，2011(7).

[57] FONSECA R. Entrepreneurship: start – up and employment[J]. European Economic Review, 2001(4).

[58] HURST E, LUSARDI A. Liquidity constraints, household wealth, and entrepreneurship[J]. Journal of Political Economy, 2004(2).

[59] MARVEL M R. Technology entrepreneurs' human capital and its effects on innovation radicalness[J]. Entrepreneurship Theory & Practice, 2010(6).

区域金融生态环境与信贷配置效率差异的关系研究

王耀平　康建华[①]

摘　要：随着区域协调发展政策的不断实施，城市群的关键地位与作用日益凸显。作为区域发展的重要载体，如何实现城市群的协调发展也就成为缓解我国发展不平衡的重要举措。信贷资源作为最重要的生产要素之一，其配置效率对于地区经济发展至关重要。由此可知，提高区域配置效率以及缓解区域效率差异已然成为我们急需考虑的重要问题。金融生态环境作为影响金融主体行为的外部条件，能够对信贷配置效率产生重要影响。有鉴于此，本文就以五大国家级城市群为研究对象，对二者差异之间的关系展开进一步分析，丰富现有的研究。回归结果显示，金融生态环境差异确实会对信贷配置效率差异产生影响。基于上述分析结论，本文从经济基础、金融发展、社会环境以及政府行为四个方面提出相应的措施，以缓解区域信贷配置效率差异，实现区域全面协调均衡发展。

关键词：金融生态环境；信贷配置效率；区域差异；五大城市群

① 作者简介：王耀平，加拿大康考迪亚大学 JMSM 商学院金融系学生。
康建华，金融学研究生，西北大学经济管理学院。

一、引言

党的十九大明确提出我国主要矛盾已经转化为“不平衡不充分发展”。由此可以看出，缓解区域差异实现协调发展已然成为我国可持续发展的关键所在。作为主要的投入要素之一，金融资源特别是信贷资源对经济发展的重要性不言而喻①，可以说我国经济不平衡在很大程度上是由金融不平衡造成的。资源分布不均衡显而易见，东部区域集中大量的信贷资源，而中西部地区由于各方面因素导致拥有的信贷资源较少。那么，这种配置和分布是否有效，是否符合经济学原理？只有将有限的信贷资源配置在最为适合的地方才是经济发展的有效保障，也只有降低区域信贷资源配置效率不平衡程度才能真正促进区域协调发展的实现。那么问题随之而来，目前我国各个地区的信贷配置效率如何？地区与地区之间的效率差异有多大？应当采取怎样的措施提升配置效率以及缓解区域效率差异？

已有学者的研究表明，经济基础、产业结构、政府行为、人力保障以及金融市场发展等（徐建军，2011；王珏等 2015；李敬、王朋朋，2015；朱映惠，2017）因素均能够对资源配置效率产生不同程度的影响。周小川（2004）提出的“金融生态环境”是将影响金融业运行的外界因素综合后构建出的一个系统性概念，可以同时体现各个因素的影响。鉴于此，本文将以金融生态环境为切入点，分析其与信贷资源配置效率之间的关系以及二者差异之间的关系，从而为缓解我国地区信贷配置效率失衡提供一个全新的视角。

此外，随着我国区域发展政策的不断实施，城市群得以迅速发展。近年来的研究文献（茹乐峰等，2014；张浩然，2016 等）也证实，中国金融资源的分布开始呈现出“向核心城市”集聚的趋势。核心城市的金融集聚一方面带动自身发展，另一方面通过“外溢效应”和“区位优势”等方面向周边城市扩散，形成了“点—线—面”的新型发展格局。城市群的辐射带动作用已

① 作为一个以银行为主导的金融体系国家，银行信贷仍是我国主要的融资方式。

经成为实现协调发展的重要载体。因此，本文就以中国五大国家级城市群[①]为研究对象，对其金融生态环境和信贷配置效率之间的关系，二者的差异现状以及差异与差异之间存在的关系进行研究，为推动我国全面协调发展提供新的政策意见。

二、相关文献综述

（一）关于信贷资源配置效率的研究

信贷资源配置效率一直以来都是学术界研究的热点问题，Wurgler（2000）开创性地构造出测度资本效率的模型，成为此后学者研究的基础。Beck 和 Levine（2002）以此模型为基础，进一步证实了金融市场发展有助于提高资本配置效率。李青原等（2013）以工业行业为研究对象，同样证实了金融发展对于地区资本配置效率提升的正向作用。连立帅等（2015）则从产业政策的角度出发，研究结果显示产业政策的制定可以作用于资金投向高成长型企业发展，促进实体行业资本配置效率的提升。但是政府的干预同样会对信贷资源配置产生不利的影响，财政分权改革之后，由于财政压力，政府会干扰地区信贷资源配置，从而影响资金的使用效率（宋艳伟，2011；徐浩等，2015）。除此之外，人力资本、利用外资等因素也是影响信贷资源配置效率的主要因素。

（二）关于金融生态环境的研究

周小川（2004）首次提出"金融生态环境"这一概念，并将其定义为对金融主体产生影响的外界因素，包括法律制度、中介体系、社会信用等方面。徐诺金（2005）在界定金融生态环境的概念时首先定义了金融生态的概念，认为金融生态是由外部环境以及内部组织相互作用形成的动态平衡系统，而影响这个系统的环境即为金融生态环境。关于金融生态环境测度方面的研究，

① 参考陈明华等在《中国五大城市群金融发展的空间差异及分布动态：2003—2013 年》一文中的研究。具体来看，五大城市群涵盖京津冀、长三角、长江中游、珠三角以及成渝城市群。

2005 年社科院金融所负责的《中国城市金融生态环境评价》是我国迄今最为权威、最为详细的城市金融生态环境评价，在此基础上大量学者对指标进行修正和筛选，刘伟玲（2010）则利用经济发展水平、金融发展水平、社会信用水平和金融生态保障机制选取了 22 个指标，构建了综合指标对黑龙江的金融生态环境进行评价。杨昌辉等（2014）将经济发展、金融发展、社会诚信、社会保障以及政府行为作为第一层次指标，采用层次分析法并在此基础之上运用 TOPSIS 评价模型对皖江城市带内 9 个城市的金融生态环境进行评价。王军和耿建（2014）在测度时将金融生态环境分为外部环境和内部环境两个大类，外部环境由经济、财政、贸易、产业以及社会衡量，而内部环境由金融衡量。

（三）关于金融生态环境与信贷资金配置的研究

从金融生态视角对信贷资源配置的研究相对较少，万良勇和魏明海（2009）以河北省担保行业为研究对象，指出金融生态对信贷资金配置的重要作用。李勇辉等（2016）研究了金融生态与信贷资源规模配置的差异以及收敛性研究，结果显示全国金融生态环境与信贷资源配置规模差异呈现收敛态势，而且除了中部以外，二者收敛性确实表现出高度相关，金融生态环境差异的降低有助于资源的有效流动，从而实现合理配置。姚耀军和黄林东（2013）对金融生态环境和信贷资金配置效率进行研究，结果显示改善金融生态环境确实对于信贷资金配置效率的提升有积极意义。还有部分学者引入中间变量，研究了二者之间的关系。刘艳宏（2014）以上市公司数据为研究对象，检验结果显示良好的金融环境有助于提升审计意见的定价作用，从而降低融资成本，提高信贷资金配置效率。管考磊（2010）的研究显示在金融生态环境较好的地方，金融机构会提高信贷资金配置决策的准确性，尤其针对财务风险不可控的公司，从而有助于提升资金配置效率。魏志华等（2012）也得出相似的结论，并且指出良好的金融生态环境有利于降低不同所有权性质企业的融资成本差距，从而有助于提高信贷资金配置效率。

从已有的研究来看，存在两方面的不足：一是研究样本选取。对于金融生态以及信贷资源配置效率的研究，大多是以省际数据为研究对象。但是从信贷资源配置理论来看，影响信贷资源配置的关键因素在于金融机构与贷款者之间的信息不对称以及对于风险的考虑，所以在实际的信贷资源配置中，信贷资源的流动应当倾向于周边城市，因此以城市为研究对象更符合信贷资源配置的实际情况。二是研究内容。对于金融生态与信贷资源配置效率关系的研究相对较少，尤其是二者之间差异的关系更是寥寥无几。对此，本文就从上述两个方面进行拓展研究，对金融生态与信贷资源配置效率的关系进行实证检验，为我国区域发展提供新的看法。

三、机制分析

Jaffee 和 Russlle（1976）、Stiglitz 和 Weiss（1981，1987，1992）与 Williamson（1987）等人认为信贷市场是受到不完全信息和合约理论影响的，并将这两方面的因素运用到对市场行为的分析中。随着理论的不断完善，逐步形成了具有重大影响力的信贷配置理论。本文就以此为基础，对金融生态与信贷资源配置效率的耦合机制进行分析。

第一，经济基础方面。当宏观经济处于下行时期时，整个经济运行系统风险加大，金融机构出于对风险的考虑，在进行资源配置决策时更为谨慎。除了金融机构之外，信贷配置对象的主体企业在经济下滑时，同样会降低投资比例，提高企业持有的现金数量。由此可见，无论是金融机构还是企业主体，在宏观经济发展处于下滑时期都会采取保守的决策，从而降低了信贷资金的配置效率。第二，金融发展方面。金融体系的发展对于缓解信息不对称和降低交易成本有着积极的影响，有助于提高信贷资源配置效率，其作用机制也主要是从金融机构和企业主体两个方面体现的。对于金融机构来说，金融体系发展水平越高，金融机构掌握的信息量越大，在进行信贷资源配置时会更加有效，避免决策的过度保守；而对于企业来说，金融发展水平较高，有助于发挥债务对企业决策的监督与约束作用，避免企业的过度投资。第三，社会环境方面。人民生活水平以及人口素质对社会诚信的影响重大。较高的生活、教育水平以及较为完善的社会保障，都有助于提高整个社会的信用水平，从而对信贷资源效率的提升有着积极意义。除此之外，地区人力资源不仅在提高社会信用方面发挥作用，对于推动金融业发展也是至关重要的。充足的人力资源保障有助于提升金融机构与企业决策的高效性，对于信贷资源的优化配置以及有效利用意义重大。第四，政府行为方面。政府行为主要体现在政府财政方面，1994 年我国财政分权改革导致财权与事权不对等，导致地方政府需要通过加大对金融体系的干预，才能维护政府的正常运行，再加上晋升激励的影响，干预的动机更大，政府有意干预金融资源的配置，将信贷资源更多地集中于效率低下的国有企业，从而导致信贷资源配置效率的下降（见图 1）。

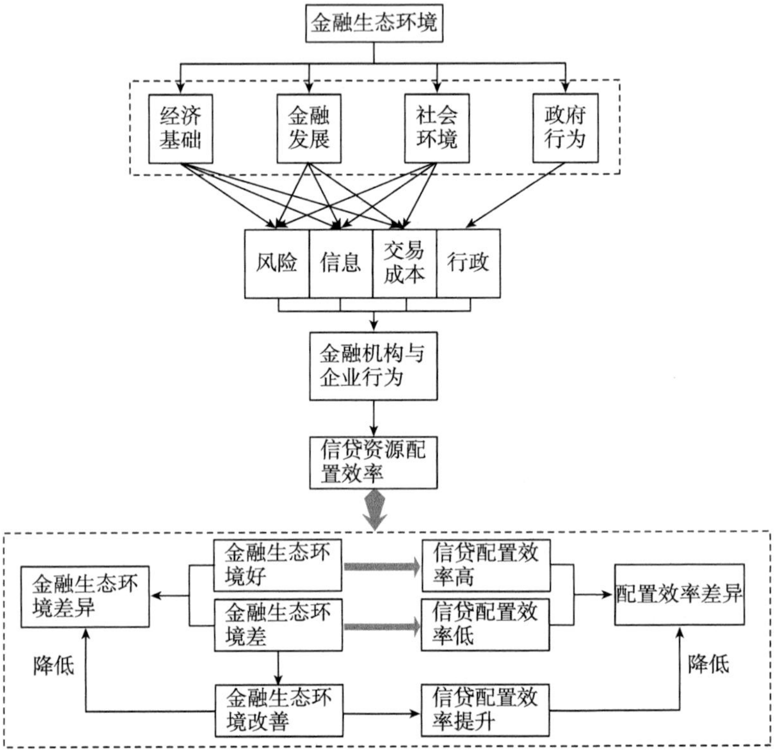

图 1　金融生态环境影响信贷配置效率的机制分析

基于信贷配置理论，本文从经济基础、金融发展、政府行为以及人民生活与人口素质方面阐述了各自对信贷资源配置效率的影响。由上述分析可以看出，这四个方面的优化均对信贷资源配置效率的提升有积极意义，对此本文认为金融生态的优化有助于信贷资源配置效率的提升，二者之间确实存在紧密的联系，在此基础上本文提出假设：区域金融生态环境差异的下降，有助于区域信贷配置效率差异的下降。

四、指标选取与模型构建

（一）指标选取

1. 金融生态环境测度指标

为了全面系统地测度地区金融生态环境，本文以李扬的测度指标为参考依据，由于数据的可得性问题，本文最终构建了一套具有经济基础、金融发展、社会环境以及政府行为四个层面共计 20 个二级指标的指标体系。

表 1　　金融生态环境测度指标体系

	一级维度	二级维度	具体指标	变量名称
金融生态环境测度指标体系	经济基础	经济发展	人均 GDP	X1
			GDP 增速	X2
		产业结构	第三产业占比	X3
			第二产业占比	X4
		对外开放程度	进出口额占 GDP 比重	X5
			利用外资占 GDP 比重	X6
		基础设施保障	固定资产投资占 GDP 比重	X7
			人均通信	X8
	金融发展	储蓄水平	人均城乡居民存款余额	X9
			金融机构存款余额占 GDP 比重	X10
		保险发展	人均保费收入（保险密度）	X11
			保费收入占 GDP 比重（保险深度）	X12
		直接融资状况	上市公司市值占 GDP 比重	X13
	社会环境	收入水平	城镇人均可支配收入	X14
			城镇职工工资收入	X15
		医疗保障	万人拥有医生人数	X16
		人口文化素质	每万人高校在校人数	X17
	政府行为	财政平衡	财政收入与财政支出之比	X18
		政府规模	财政支出占 GDP 比重倒数	X19
			财政收入占 GDP 比重	X20

2. 信贷资源配置效率测度指标

为了对金融生态与信贷配置效率的耦合关系进行动态研究，在信贷源配置效率的测度上，本文并没有选取 Wurgler（2000）构造的测度资本效率的模型，而是借鉴陆远权和张德钢（2012）以及赵楠和李江华（2015）等学者的研究，运用数据包络分析（DEA）测度各地区的信贷资源配置效率。

对于 DEA 模型而言，最为关键的是投入与产出要素的选取。从已有的研究来看，信贷配置效率测度分为两个方向：一是以存款为投入变量，以银行为分析对象，考虑其投入产出效率，分析较为微观；二是以 GDP 为产出变量，以贷款是否真正推动经济发展为衡量对象。本文在机制分析过程中，主要侧重分析信贷资源对经济发展的推动作用，因此在选择投入产出变量时重点是将 GDP 设定为产出变量，在具体的变量选择时借鉴了王晓莉和韩立岩（2008）的研究。另外，依据学者研究，本文认为各个地区金融贷款规模已经是最优规模并不会随时进行调整，鉴于此，本文在测度信贷配置效率时采用的是规模报酬不变模型，即 CRS。

（二）样本选取以及数据来源

本文以长江三角洲城市群、珠江三角洲城市群、长江中游城市群①、成渝城市群以及京津冀城市群五大城市群为研究对象，以 2003—2015 年为研究区间。本文的研究数据来源于《中国城市统计年鉴》《中国保险统计年鉴》、各省市统计年鉴以及各地区的统计公报。

（三）模型构建

第一，在测度金融生态时，本文采用主成分分析法利用 SPSS 软件进行测度。由于财政支出占比为负向指标，因此本文对其取倒数，保证所有的指标反映的均是正向影响。

第二，在测度金融生态与信贷资源配置效率差异时，本文选用泰尔指数进行测度。具体公式如下：公式（1）对数离差均值 GE_0 对于水平较低的样本

① 由于仙桃市、天门市、潜江市属于县级市，为了保持研究对象的一致性，本文将这三个县级市剔除。

变化较为敏感，而公式（2）泰尔指数 GE_1 则对于水平较高的样本变化较为敏感，同时计算两个指标有助于全面精准地对区域差异进行测度。其中，n 代表样本个数；μ 代表样本均值；y_i 代表样本值。

$$GE_0 = \frac{1}{n}\sum_{i=1}^{n}\ln\frac{\mu}{y_i} \tag{1}$$

$$GE_1 = \frac{1}{n}\sum_{i=1}^{n}\frac{y_i}{\mu}\ln\frac{y_i}{\mu} \tag{2}$$

五、实证分析

（一）区域金融生态环境测度结果

1. KMO 和 Bartlett 球度检验

在进行主成分分析之前，首先要对数据能否满足模型处理要求进行检验，结果如表 2 所示。

表 2　　检验结果

检验方法		数值
取样足够度的 Kaiser - Meyer - Olkin 度量（KMO）		0.8190
Bartlett 的球形度检验	近似卡方	26665
	df	190
	Sig.	0.0000

表 2 中的检验结果显示，KMO 的值为 0.8190，超过设定的标准 0.5，符合处理要求。进一步观测 Bartlett 的球度检验的 Sig. 值，其值为 0.0000，显著低于 0.05，意味着样本数据可以进行主成分分析。因此，本文继续进行下一步分析。

2. 综合指标选取

表3　　　　解释的总方差

成分	初始特征值			提取平方和载入			旋转平方和载入		
	合计	方差（%）	累积（%）	合计	方差（%）	累积（%）	合计	方差（%）	累积（%）
1	8.006	40.032	40.032	8.006	40.032	40.032	5.881	29.405	29.405
2	2.770	13.851	53.883	2.770	13.851	53.883	3.166	15.828	45.233
3	1.810	9.048	62.931	1.810	9.048	62.931	2.341	11.704	56.938
4	1.512	7.560	70.491	1.512	7.560	70.491	2.170	10.851	67.788
5	1.107	5.536	76.027	1.107	5.536	76.027	1.648	8.238	76.027
…									
20	0.019	0.095	100.000						

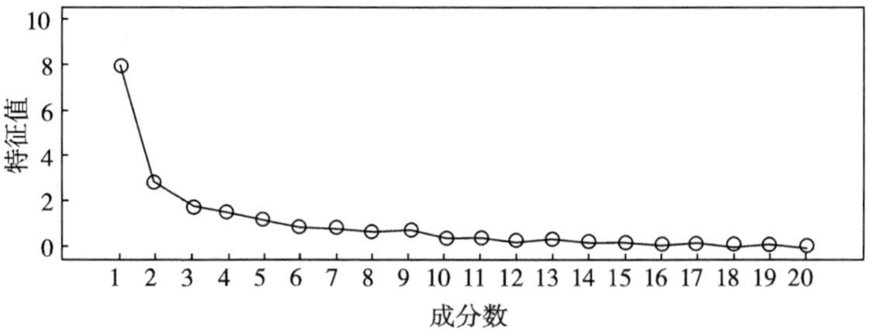

图2　碎石图

依据表3和图2，本文最终选取前五个成分作为最终的主成分，五个主成分各自的贡献度依次为29.405%、15.828%、11.704%、10.851%以及8.238%，总的累计贡献度达到76.027%，意味着最终构造的综合性指标能够反映原指标的76.027%。

由于本文选取的指标个数较多，因此累计贡献度并没有超过80%，但是仍超过模型设定的70%的最低要求，这意味着最终构建的指标可以客观真实地反映各个地区的实际状况。金融生态环境评价的最终指标 *FC* 的具体计算方法如公式（3）：

$$FC = x_1 \times f_1 + x_2 \times f_2 + x_3 \times f_3 + x_4 \times f_4 + x_5 \times f_5 \tag{3}$$

其中：$x_1 = \frac{29.405}{76.027}$，$x_2 = \frac{15.828}{76.027}$，$x_3 = \frac{11.704}{76.027}$，$x_4 = \frac{10.851}{76.027}$，$x_5 = \frac{8.238}{76.027}$

3. 各个城市的金融生态环境评价结果

表 4　　2015 年 96 个城市金融生态环境评价结果

城市群	城市	评价结果	城市	评价结果	城市	评价结果
长三角城市群	上海	0.6366	镇江	0.2911	安庆	0.2219
	常州	0.3162	杭州	0.4951	池州	0.2938
	南京	0.4156	湖州	0.2952	滁州	0.3268
	南通	0.2900	嘉兴	0.3384	合肥	0.3219
	苏州	0.4144	金华	0.3491	马鞍山	0.3282
	泰州	0.2330	宁波	0.3912	铜陵	0.2652
	无锡	0.3343	绍兴	0.2642	芜湖	0.2900
	盐城	0.2351	台州	0.2579	宣城	0.2972
	扬州	0.2236	舟山	0.3096		
珠三角城市群	东莞	0.6698	江门	0.3002	云浮	0.2681
	佛山	0.4076	清远	0.1846	肇庆	0.2092
	广州	0.4671	汕尾	0.1297	中山	0.4614
	河源	0.1931	韶关	0.1846	珠海	0.6306
	惠州	0.3255	深圳	0.9212		
长江中游城市群	鄂州	0.1904	常德	0.1608	吉安	0.2828
	黄冈	0.2120	郴州	0.2333	景德镇	0.2259
	黄石	0.2056	衡阳	0.1909	九江	0.2716
	荆门	0.2139	娄底	0.1514	南昌	0.3346
	荆州	0.2430	湘潭	0.2546	萍乡	0.2333
	武汉	0.3691	益阳	0.1773	上饶	0.2611
	咸宁	0.1950	岳阳	0.1783	新余	0.2349
	襄樊	0.2070	长沙	0.3182	宜春	0.2672
	孝感	0.2124	株洲	0.2421	鹰潭	0.2580
	宜昌	0.2191	抚州	0.2398		

续表

城市群	城市	评价结果	城市	评价结果	城市	评价结果
成渝城市群	重庆	0.3303	泸州	0.2544	雅安	0.2577
	成都	0.4316	眉山	0.2373	宜宾	0.1999
	达州	0.1403	绵阳	0.2252	资阳	0.1745
	德阳	0.1822	南充	0.1874	自贡	0.1354
	广安	0.1871	内江	0.1449		
	乐山	0.2217	遂宁	0.2487		
京津冀城市群	北京	0.8620	承德	0.3213	石家庄	0.2841
	天津	0.4342	衡水	0.2440	唐山	0.1872
	保定	0.2559	廊坊	0.2699	张家口	0.2211
	沧州	0.1816	秦皇岛	0.2840		

注：表中的数据是经过标准化处理得出的。为了便于统计观察以及满足后续处理要求，本文将计算得出的原始评价结果利用 min - max 标准化方式进行处理。

通过表 4 可以看出，各个城市间金融生态环境存在较大差异，首先是以上海、北京、深圳、广州、东莞、珠海、杭州、中山为代表的第一梯度，其金融生态环境评价结果均超过0.5（其中广州的评价结果接近0.5），意味着8个城市的金融生态环境良好，这与已有的研究结论较为符合。北京、上海以及广州、深圳一直以来都是我国的中心城市，在各方面表现均优于其他地区。其次是以南京、苏州、宁波、武汉、成都、天津、重庆等地为代表的第二梯度，评价结果处于0.3 ~0.5。最后是以达州、汕尾、自贡、河源、鄂州以及常德等为代表的第三梯度，金融生态环境评价结果较差，这与地区的发展基础、地理位置、资源配置等均有较大关系。

由上述的汇总分类能够明显看出，不同等级的城市分布表现出一定的聚集和差异，一方面是五大城市群之间的差异，珠三角城市群内部各个城市的金融生态环境评价结果相对较高，而成渝城市群以及长江中游城市群的整体评价结果相对偏低，可以初步判断出区域之间的差异是存在的；另一方面是区域内部差异，各个城市群内部的评价结果同样处于不同的等级，以长三角城市群为例，其最高值和最低值分别为0.6366 和0.2219，极差达到0.4147，可以推断出区域内部之间是存在显著差异的。静态的数据只能说明部分问题，还需要采用时间序列数据对近几年五大城市群金融生态环境的变化趋势进行描述分析。

4. 2003—2015 年五大城市群金融生态环境描述

基于表 5 中的数据以及图 3 的走势可知：第一，从变化趋势来看，2003—2015 年随着时间的推移，我国金融生态环境整体表现为不断优化，各个城市群的金融生态环境较之前都有所改善，尤其是成渝城市群由 2003 年的 0.1009 提升到 2015 年的 0.2224，增幅达到 120.42%；长江中游城市群的增幅也达到 109.03%。第二，从均值来看，五大城市群的生态环境存在一定差异。

表 5　2003—2015 年五大城市群金融生态环境评价均值

年份	长三角城市群	珠三角城市群	长江中游城市群	成渝城市群	京津冀城市群
2003	0.2061	0.2906	0.1119	0.1009	0.1633
2004	0.2245	0.2800	0.1206	0.1072	0.1860
2005	0.2168	0.2650	0.1261	0.1193	0.1874
2006	0.2390	0.3017	0.1372	0.1339	0.1973
2007	0.2749	0.3324	0.1685	0.1638	0.2537
2008	0.2603	0.3076	0.1754	0.1818	0.2297
2009	0.2768	0.3204	0.2010	0.2221	0.2707
2010	0.2910	0.3559	0.2209	0.2337	0.2854
2011	0.2806	0.3221	0.2066	0.2341	0.2720
2012	0.2833	0.3197	0.2008	0.2228	0.2771
2013	0.2906	0.3388	0.2116	0.1989	0.2670
2014	0.2981	0.3545	0.2166	0.2084	0.2902
2015	0.3244	0.3823	0.2339	0.2224	0.3223
均值	0.2666	0.3208	0.1793	0.1807	0.2463

注：均值为整体均值，由各年度均值总和除以时间长度计算得出。

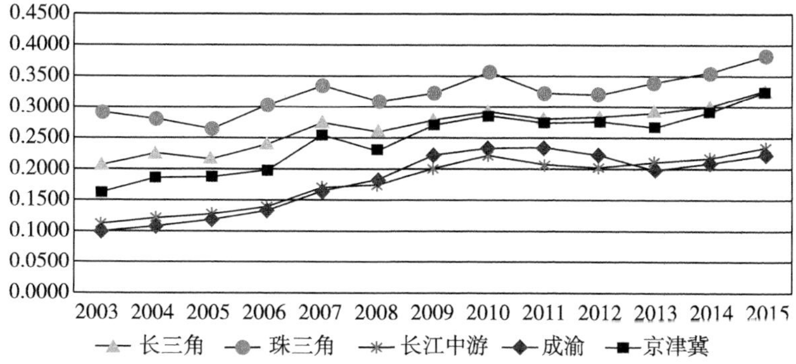

图 3　2003—2015 年五大城市群金融生态环境评价均值走势

具体来看，珠三角城市群整体排名处于第一，特别是2006年以后区域评价均值都超过0.3，2015年得分甚至达到0.3823。改革开放政策的实施为珠三角地区发展注入了强劲动力，经过几十年的发展，珠三角地区已经成为全国发展的领先区域，集聚了大量的资源、资金，金融生态环境得分第一毋庸置疑。紧接着是长三角城市群和京津冀城市群，期初得分分别为0.2061和0.1633，处于中下等水平。此后二者均呈现出波动上升状态，到2015年两区域的得分均值分别达到0.3244和0.3223，处于中等偏上水平，由此可知，经过十几年的发展，两区域得分均值的差异已经微乎其微，甚至可以忽略不计。最后是长江中游城市群和成渝城市群。两个城市群分别地处我国中、西部地区，较处于东部区域的其他城市群发展相对落后。但是，近几年随着支持中、西部地区各类政策的不断实施，特别是以武汉、重庆、成都为代表的中心城市在人才引进、金融发展以及信用建设等方面都开展了大量工作，三大城市群开始快速崛起。不仅如此，它们还通过辐射溢出效用带动周边地区建设发展，对于资源的吸引力度不断提升，东部地区资源开始逐步向中、西部区域转移，经济基础、金融发展以及社会环境较之前都有所提升，区域整体金融生态环境在逐步优化。

上述两部分的分析使我们对区域金融生态环境差异也有了初步的认识，我国区域（五大城市群）在金融生态环境方面的差异确实存在，区域内部和区域之间的差异均有所体现。基础的数据描述只能粗略体现差异程度，为了进行准确科学的研究，本文将在后文中以客观的方法测度我国五大城市群金融生态环境的具体差异程度和变化趋势。

（二）信贷资源配置效率测度结果

1. 各个城市信贷资源配置效率的评价结果

与金融生态环境分析一致，出于篇幅的考虑，本文就以2015年为例，对96个城市的信贷配置效率展开描述（见表6）。

表 6　　　　2015 年 96 个城市信贷资源配置效率评价结果

城市群	城市	信贷配置效率	城市	信贷配置效率	城市	信贷配置效率
长三角城市群	上海	0.849	镇江	0.206	安庆	0.320
	常州	0.258	杭州	0.526	池州	0.246
	南京	0.487	湖州	0.261	滁州	0.229
	南通	0.289	嘉兴	0.296	合肥	0.351
	苏州	0.310	金华	0.358	马鞍山	0.211
	泰州	0.219	宁波	0.350	铜陵	0.159
	无锡	0.276	绍兴	0.277	芜湖	0.187
	盐城	0.190	台州	0.314	宣城	0.223
	扬州	0.215	舟山	0.277		
珠三角城市群	东莞	0.293	江门	0.303	云浮	0.230
	佛山	0.275	清远	0.239	肇庆	0.164
	广州	0.493	汕尾	0.149	中山	0.248
	河源	0.218	韶关	0.239	珠海	0.455
	惠州	0.209	深圳	0.617		
长江中游城市群	鄂州	0.125	常德	0.153	吉安	0.262
	黄冈	0.264	郴州	0.175	景德镇	0.188
	黄石	0.196	衡阳	0.195	九江	0.206
	荆门	0.186	娄底	0.179	南昌	0.375
	荆州	0.253	湘潭	0.187	萍乡	0.155
	武汉	0.328	益阳	0.181	上饶	0.246
	咸宁	0.180	岳阳	0.112	新余	0.171
	襄樊	0.147	长沙	0.302	宜春	0.237
	孝感	0.229	株洲	0.168	鹰潭	0.165
	宜昌	0.153	抚州	0.232		
成渝城市群	重庆	0.342	泸州	0.243	雅安	0.359
	成都	0.499	眉山	0.249	宜宾	0.225
	达州	0.278	绵阳	0.305	资阳	0.195
	德阳	0.232	南充	0.303	自贡	0.208
	广安	0.254	内江	0.180		
	乐山	0.238	遂宁	0.232		

续表

城市群	城市	信贷配置效率	城市	信贷配置效率	城市	信贷配置效率
京津冀城市群	北京	1.000	承德	0.255	石家庄	0.330
	天津	0.318	衡水	0.357	唐山	0.226
	保定	0.332	廊坊	0.357	张家口	0.308
	沧州	0.210	秦皇岛	0.342		

注：DEA 处理结果为三位小数，而且处理结果均处于 0 ~ 1 之间，因此直接采用处理结果，并没有进行标准化处理。

从表 6 中的测度结果可以看出，与金融生态环境的评价结果相似，信贷配置效率的评价结果同样可以分为三个梯度：首先是以北京、上海、杭州、广州、深圳、珠海、成都、南京为代表的第一梯度，这八个城市的信贷配置效率均超过 0.4。特别是北京和上海两个地区，信贷配置效率分别达到 1.000 和 0.849，二者作为金融中心具有其相应的特质和显著的优势，例如，丰富的金融资源、便利的基础设施、充足的人力资源，这些外部条件都为信贷效率的提升提供了支持。其次是以武汉、苏州、重庆、天津、长沙、张家口、宁波、金华、南昌等共计 20 个城市为代表的第二梯度，信贷配置效率处于 0.3 ~ 0.4 之间，相比第一梯度的城市，信贷配置效率略低，与区域发展基础、地理位置等各方面因素都有直接关系。最后是以景德镇、鄂州、郴州、铜陵、新余等城市为代表的第三梯度，其信贷配置效率处于 0.3 以下，急需提升和改善。通过初步的分类归总可以看出，信贷配置效率的分布情况与上文的金融生态环境分布情况较为一致，金融生态环境处于第一梯度的北京、上海、深圳，其信贷配置效率也同样处于第一梯度，尽管存在如成都等城市金融生态环境与信贷配置效率不同的情况，但是并不影响整体判断，即金融生态环境与信贷配置效率的表现较为一致，符合基础研究理论。

进一步深入分析可以看出，区域信贷配置效率差异也确实是存在的。一方面体现在五个区域之间，初步观测可以看出长三角和京津冀城市群内部各个城市的信贷配置效率相对较高，而长江中游城市群内部城市的信贷配置效率相对较低，整个区域中信贷配置效率最高的仅为 0.375；另一方面体现在各个区域的内部差异，以京津冀城市群为例，信贷配置效率最高的北京达到 1.000，而效率最低的沧州仅有 0.210，仅为前者的 1/5。

2. 五大城市群信贷资源配置效率测度结果

从图4中可以看出，五大城市群平均信贷效率的走势较为一致，大致可以将研究期间分为两个阶段：第一阶段是2003—2008年，属于变化较为平缓的阶段，京津冀城市群和珠三角城市群略微下降，其他三个城市群基本不变；第二阶段是2009—2015年，属于波动式上升阶段，京津冀城市群的平均信贷配置效率从2009年的0.3023增加到2015年的0.3668，增长幅度达到21.34%。尽管长江中游城市群的信贷配置效率平均水平较低，但是在此阶段也是有所改善的，由2009年的0.1824提升到2015年的0.2052。

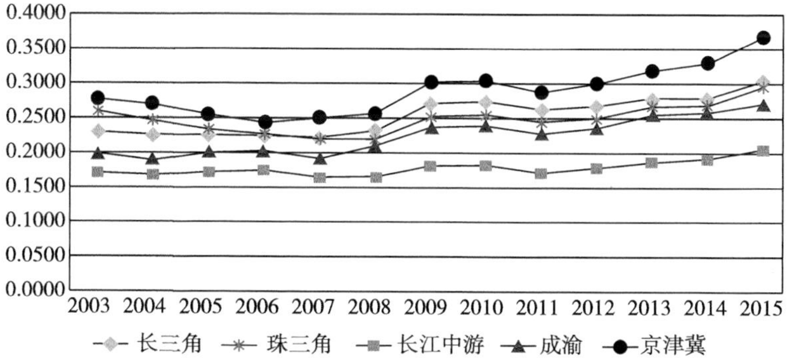

图4　2003—2015年五大城市群信贷资源配置效率评价均值

虽然五大城市群的走势较为一致，但是平均水平出现一定的分化。一是京津冀城市群的信贷配置效率一直以来都是处于五大城市群中的第一，明显高于其他城市群。二是长三角、珠三角和成渝城市群，三大城市群2015年信贷配置效率均值分别为0.3032、0.2951和0.2714。相比于2003年，三个区域的信贷配置效率差异有所减小。这得益于成渝城市群的快速发展，该区域的信贷配置效率从2003年的0.1991增加到2015年的0.2714，增幅达到36.31%，是五大城市群中增幅最大的城市群，充分显示出成渝城市群近些年在金融发展方面所做出的巨大努力。三是长江中游城市群，尽管与期初相比有所改善，但是发展速度较为缓慢，整个研究期间的增速仅为19.53%，处于五大城市群中的倒数第二位（见表7）。

表 7　　　　　　2003—2015 年五大城市群信贷资源配置效率均值

年份	长三角城市群	珠三角城市群	长江中游城市群	成渝城市群	京津冀城市群
2003	0.2300	0.2604	0.1717	0.1991	0.2777
2004	0.2255	0.2476	0.1685	0.1917	0.2704
2005	0.2252	0.2349	0.1729	0.2026	0.2550
2006	0.2252	0.2271	0.1755	0.2039	0.2447
2007	0.2222	0.2206	0.1652	0.1931	0.2505
2008	0.2317	0.2198	0.1653	0.2124	0.2571
2009	0.2706	0.2521	0.1824	0.2376	0.3023
2010	0.2737	0.2549	0.1829	0.2398	0.3033
2011	0.2623	0.2447	0.1720	0.2279	0.2870
2012	0.2669	0.2507	0.1792	0.2365	0.3000
2013	0.2783	0.2664	0.1878	0.2548	0.3178
2014	0.2793	0.2683	0.1913	0.2599	0.3303
2015	0.3032	0.2951	0.2052	0.2714	0.3668
均值	0.2534	0.2494	0.1785	0.2254	0.2894

各个区域之间的差异状况也存在一定的变化。京津冀和长中游城市群在研究期间一直处于五大城市群中的首尾位置，整体来看两个区域的差异处于上升态势，二者差值从 2003 年的 0.1060 增加到 2015 年的 0.1109。但是长三角、珠三角和成渝城市群这三个区域的差异随时间推移在逐步减小，从图 4 中可以看出 2003—2015 年三大城市群信贷配置效率逐步趋同，到 2015 年三大城市群的极差仅为 0.0318，相比 2003 年的 0.0613 下降 48.12%。

上述两个部分的分析可以对区域信贷配置效率差异进行初步判断，即区域信贷资源配置效率是存在差异的，而且各个区域内部以及区域之间的差异均是造成差异的关键原因。

（三）区域金融生态环境差异和信贷配置效率差异的测度

1. 区域金融生态环境差异测度结果

利用公式（1）和公式（2），对 2003—2015 年五大城市群的金融生态环境差异进行测度，具体结果如表 8 所示。

表 8　　　五大城市群金融生态环境差异测度结果

年份	金融生态环境 GE_0	金融生态环境 GE_1
2003	0.25790	0.25267
2004	0.29255	0.20870
2005	0.20100	0.14323
2006	0.20554	0.14573
2007	0.17622	0.14321
2008	0.13314	0.10437
2009	0.08206	0.08044
2010	0.08350	0.07430
2011	0.06990	0.06996
2012	0.08036	0.07803
2013	0.12383	0.09030
2014	0.11410	0.09012
2015	0.11127	0.08749

表 8 展示了 2003—2015 年各个年度五大城市群金融生态环境的差异程度。不难看出，利用对数离差均值和泰尔指数两种方法得出的结论并没有较大差异，其变化趋势可以大致分为两个阶段：第一阶段是 2003—2011 年，呈现出波动式的下降态势，以对数离差均值为例，从 2003 年的 0.25790 下降到 2011 年的 0.06990，差异下降幅度达到 72.90%；第二阶段是 2012—2015 年，变化趋势类似于“倒碗底”型，2013 年对数离差均值达到 0.12383，是四年中最高的。尽管 2012—2015 年变化中有一个较为明显的波动，但是整体而言，在所研究的时间段内，我国五大城市群的金融生态环境差异是有所缓解的。

2. 信贷资源配置效率差异的测度结果

同样利用上述两种方法对区域信贷配置效率差异进行测度，结果如表 9 所示。

表 9　　五大城市群信贷配置效率差异测度结果

年份	信贷配置效率 GE_0	信贷配置效率 GE_1
2003	0. 08203	0. 10733
2004	0. 06003	0. 10005
2005	0. 03142	0. 06532
2006	0. 03202	0. 06085
2007	0. 03261	0. 06565
2008	0. 02120	0. 06832
2009	0. 02783	0. 07569
2010	0. 03168	0. 07878
2011	0. 03223	0. 07842
2012	0. 02290	0. 07262
2013	0. 01587	0. 07021
2014	0. 00980	0. 07025
2015	0. 02528	0. 08879

由表 9 的测度结果可以看出，利用对数离差均值和泰尔指数两种方法分别计算出的五大城市群信贷配置效率的结果有一定的差异，尽管绝对值有一定的不同，但是二者的走势基本一致。在 2003—2015 年整体呈现下降的趋势，同样以对数离差均值为例，其由 2003 年的 0. 08203 下降到 2015 年的 0. 02528，下降了 69. 18%，这意味着我国五大城市群的信贷配置效率差异也在不断缩小。

上述分析可知，尽管两种方法测度出的金融生态环境和信贷配置效率差异不大，但是为了保证研究的准确性，本文在实证分析过程中分为两组：第一组金融生态环境 GE_0 和信贷配置效率 GE_0；第二组金融生态环境 GE_1 和信贷配置效率 GE_1，两组数据同时展开研究。

（四）区域金融生态环境差异对信贷配置效率差异影响的实证分析

1. 单位根检验

表 10 的结果显示，两组数据四个时间序列均是平稳序列，尽管金融生态环境 GE_0 的 T 值为 -1. 758302，P 值为 0. 0752，超过 0. 05，但是仍小于 0. 1。

因此，可以认为在10%的显著性水平上，金融生态环境 GE_0 是平稳序列。总而言之，上述检验结果表明可以进行进一步的回归分析。

表10　单位根检验结果

原假设	t 值	P 值	检验结果
金融生态环境 GE_0 含有单位根	-1.758302	0.0752*	拒绝原假设
金融生态环境 GE_1 含有单位根	-4.006352	0.0121**	拒绝原假设
信贷配置效率 GE_0 含有单位根	-3.173869	0.0044***	拒绝原假设
信贷配置效率 GE_1 含有单位根	-5.030091	0.0029***	拒绝原假设

注：***、**、*分别表示在1%、5%、10%水平下显著。

2. 回归分析

（1）采用对数离差均值方法测度的二者差异之间的回归分析。

对数利差均值（GE_0）回归结果如下：

$$XL_{(GE_0)} = 0.215 \times ST_{(GE_0)}$$
$$t = 9.74788$$
$$P = 0.0000$$
$$R^2 = 0.525596$$

由上述回归结果可以看出，金融生态环境（GE_0）的回归系数为0.215，且 P 值小于0.01，完全显著，意味着其确实会对信贷配置效率（GE_0）产生正向影响。当金融生态环境差异（GE_0）降低1个单位时，信贷配置效率差异（GE_0）则会降低0.215个单位，与本文提出的研究假设一致。

（2）采用泰尔指数方法测度的二者差异之间的回归分析。

泰尔指数（GE_1）回归结果如下：

$$XL_{(GE_1)} = 0.140 + 0.060 \times ST_{(GE_1)}$$
$$t = 7.471906 \quad t = 2.302589$$
$$P = 0.0000 \quad P = 0.0418$$
$$R^2 = 0.325233$$

利用泰尔指数计算出的差异分析结果如上所示，可以看出金融生态环境（GE_1）的回归系数为0.060，P 值为0.0418，小于0.05，虽然回归系数的绝对值很小，但还是会对信贷配置效率产生正向作用。回归系数的数值表明当金融生态环境（GE_1）下降 1 个单位时，信贷配置效率（GE_1）下降 0.060 个单位，同样符合本文提出的研究假设。

通过上述回归分析可以看出，无论是用对低水平数据较为敏感的对数离差均值测度出的差异数据，还是用对高水平数据较为敏感的泰尔指数测度出的差异数据分析，其结果都显示金融生态环境差异的降低有助于信贷配置效率差异的降低，由此可知本文提出的研究假设得以验证。

六、结论与政策建议

（一）主要结论

本文分别用主成分分析（PCA）以及数据包络分析（DEA）对我国五大城市群的金融生态环境以及信贷配置效率进行测度，并进一步对二者的差异进行分析。实证结果显示，金融生态环境与信贷配置效率整体上表现出了一定的上升趋势，这意味着区域金融身体环境得以改善，信贷配置效率得以提升。而从二者的差异来看，相对于期初均有所下降。回归检验结果进一步验证了区域金融生态环境差异对区域信贷配置效率差异的正向影响。

（二）政策建议

基于研究结论，本文认为有必要从金融生态环境的构成，即经济基础、金融发展、社会环境和政府行为四个方面采取相应的措施，缓解我国区域金融生态环境之间的差异，从而有效地降低区域信贷配置效率差异，提高资源的利用效率，促进我国实现协调可持续发展。

第一，培育发展新动力，促进区域经济均衡发展。区域经济发展既是构成金融生态环境的重要部分，也是缓解金融生态环境差异的首要切入点。降低区域经济发展差异的重点任务在于培育落后区域的发展新动力。

第二，推动金融市场发展和创新，降低区域金融发展差异。未来应当加快落后地区金融中心建设，有效地发挥其辐射和带动作用，从而促进区域金融交易的速度和质量的提升，同时有助于交易的风险和成本的降低。并且，借助大数据、云计算等技术，加快金融产品的研发和金融服务的创新，让更多的企业和居民享受到便捷高效的金融服务，扩大金融产品的覆盖范围，提升区域金融发展水平，降低不均衡程度。

第三，优化教育医疗资源配置，改善社会环境。发展多元化融资渠道，加大对落后区域的教育资金投入力度，弥补区域教育投入的不足。借助现代互联网技术，实现教育资源共享，让落后地区的学生也可以接触到优质的教育资源，降低教师分布不均带来的负面影响，加快教育公平化步伐，为落后区域发展提供充足的人力支持。另外，还需要不断优化医疗资源配置，提高落后区域的医疗保障水平。

第四，提高区域市场化程度，减少政府干预。优化和改革官员考核机制，是解决这一问题的根本性措施。政府对于资源干预的动机来源于对政府官员的政绩考核机制，基于 GDP 的考核机制使政府有极强的意愿参与市场活动，致使其在市场活动中既扮演着参赛者的角色又扮演着裁判的角色，从而引发市场冲突。由此可知，未来需要在优化和改革官员考核机制方面做出努力，从根本上消除政府干预的动机，实现政府职能的转变。

参考文献

[1] BECK T, LEVINE R. Industry growth and capital allocation: does having a market - or bank - based system matter? [J]. Journal of financial economics, 2002(2).

[2] JAFFEE D M, MODIGLIANI F. A theory and test of credit rationing[J]. The American Economic Review, 1969(5).

[3] JAFFEE D M, RUSSELL T. Imperfect information, uncertainty, and credit rationing[J]. The Quarterly Journal of Economics, 1976(4).

[4] JEFFREY W. Financial markets and the allocation of capital[J]. Journal of Financial Economics, 2000(1 - 2).

[5] STIGLITZ J E, WEISS A. Credit rationing in markets with imperfect information[J]. The American economic review, 1981(3).

[6] 管考磊. 金融生态环境、财务风险与银行信贷决策[J]. 中南财经政法大学学报, 2010(6).

[7] 李敬，王朋朋. 政府干预、信贷资本配置效率与工业发展转型[J]. 经济经

纬, 2017(1).

[8] 李青原, 李江冰, 江春, HUANG K. 金融发展与地区实体经济资本配置效率:来自省级工业行业数据的证据[J]. 经济学(季刊), 2013(2).

[9] 李勇辉, 袁旭宏, 杨杏. 地区金融生态演进差异与信贷配置失衡的关系:基于中国宏观面板数据的检验[J]. 当代经济科学, 2016(4).

[10] 连立帅, 陈超, 白俊. 产业政策与信贷资源配置[J]. 经济管理, 2015(12).

[11] 刘伟玲. 黑龙江省金融生态环境体系评价分析[J]. 理论探讨, 2010(2).

[12] 刘艳宏. 金融环境、审计意见与民营上市公司债务融资成本[J]. 财会通讯, 2014(3).

[13] 陆远权, 张德钢. 我国区域金融效率测度及效率差异研究[J]. 经济地理, 2012(1).

[14] 茹乐峰, 苗长虹, 王海江. 我国中心城市金融集聚水平与空间格局研究[J]. 经济地理, 2014(2).

[15] 宋艳伟. 财政压力、地方政府干预与信贷资源配置[J]. 山西财经大学学报, 2011(5).

[16] 万良勇, 魏明海. 金融生态、利益输送与信贷资源配置效率:基于河北担保圈的案例研究[J]. 管理世界,2009(5).

[17] 王珏, 骆力前, 郭琦. 地方政府干预是否损害信贷配置效率? [J]. 金融研究, 2015(4).

[18] 王军, 耿建. 基于熵权法的县域金融生态环境实证分析:以沭阳县为例[J]. 武汉金融, 2014(10).

[19] 王晓莉, 韩立岩. 基于 DEA 的中国各地区金融资源分布有效性评价[J]. 北京航空航天大学学报(社会科学版), 2008(4).

[20] 魏志华, 王贞洁, 吴育辉, 李常青. 金融生态环境、审计意见与债务融资成本[J]. 审计研究, 2012(3).

[21] 徐建军. 我国农村资金配置的效率及其影响因素分析[J]. 统计与决策, 2011(5).

[22] 徐浩, 冯涛, 张蕾. 金融发展、政府干预与资本配置效率:基于中国 1978—2013 年的经验分析[J]. 上海经济研究, 2015(10).

[23] 徐诺金. 论我国的金融生态问题[J]. 金融研究, 2005(2).

[24] 杨昌辉, 邱立伟, 丁帅. 基于加权 GRA - TOPSIS 的皖江城市带金融生态环境评价[J]. 合肥工业大学学报(自然科学版), 2014(11).

[25] 张浩然. 中国城市金融集聚的演进趋势与影响因素:区域异质性视角[J]. 广东财经大学学报, 2016(3).

[26] 朱映惠. 我国金融资源配置的结构与效率研究:基于泰尔指数编制[J]. 技术经济与管理研究, 2017(6).

金融包容与家庭创业决策的研究
——基于互联网金融视角

王满仓　陶楠如[①]

摘　要：创新创业的活跃度对一国经济增长具有重要意义。本文从互联网金融视角出发，旨在分析我国互联网金融背景下的金融包容发展水平对家庭创业决策的影响。本文通过构建互联网金融背景下的金融包容指标体系，运用2016年中国家庭追踪调查数据（CFPS），通过建立广义多层线性模型，对互联网金融背景下金融包容发展影响家庭创业意愿的作用机制进行实证研究。之后，进一步探究了城乡家庭、不同收入水平和不同人力资本等情况下家庭创业决策的变化。结果发现：互联网金融下金融包容的发展显著提升了家庭创业意愿。金融体系的包容性发展通过缓解金融排斥、提高正规银行业金融机构的融资偏好，提升了家庭创业决策概率。

关键词：金融包容；家庭创业；广义多层线性模型

一、引言

创新创业是我国“新常态”阶段，促进经济体系稳定运行和经济可持续发展的重要途径之一。然而，由于参与创新创业通常存在一个资本的准入门

① 作者简介：王满仓，经济学博士，教授，西北大学经济管理学院，E-mail：wang-mc@126.com.
陶楠如，金融学硕士研究生，西北大学经济管理学院，E-mail：916228346@qq.com.

槛，国家及地区的信贷排斥问题成为影响小微企业及普通家庭创业活动的关键因素。源于世界各国对金融排斥问题的关注，联合国于 2005 年提出了构建金融包容体系、推动金融包容性发展的理念，这已成为世界各国特别是发展中国家关注的重要领域。2008 年，世界银行在工作报告 *Finance for All* 中进一步丰富了金融包容的内涵，指出金融的包容性包括金融服务的获取和使用两个层面，且在这两个层面上不应当存在价格或非价格的壁垒。2013 年，中国人民银行行长周小川进一步定义了金融包容服务的对象及其特征。首先，金融包容服务的获取需要建立在“完善金融基础设施”的基础上；其次，这种服务面对的群体需要包含“欠发达地区和社会低收入人群”；最后，金融服务需要满足“可负担、价格合理、方便快捷、可获得”等条件。

与此同时，随着我国“互联网 +”行动计划的不断推进，互联网金融的创新发展冲击了人们对传统银行业金融机构服务的认知，改变了外部金融环境。移动网络、手机的迅速普及对传统银行业金融机构的业务模式产生了深刻的影响。根据中国互联网络信息中心（CNNIC）公布的数据信息，我国的网民规模在过去 20 年中，已经由 1997 年的 62 万人增长到 2016 年的 7.31 亿人，2016 年底互联网普及率达到 53.2%。网络的迅速普及及其与金融业的融合，将人们带入前所未有的互联网金融时代，市场参与者可以直接依托互联网平台收集信息并进行资源配置。随着互联网金融的发展，以第三方支付、P2P 网络信贷、众筹融资等为代表的新型金融服务模式逐渐产生。如今，随着信息通信技术的发展和手机、网络等移动终端设备的普及，互联网金融打破了空间和地理的界限，已经渗透人们的日常生活。以信息网络等先进科技为依托，互联网金融改变了信息获取和筛选的传统方式，不同收入群体和资金供求双方可以通过网络平台直接交易，解决了长期以来传统金融行业发展面临的信息不对称和交易成本过高等问题。互联网金融模式的出现使更多人有机会获得更为全面的金融服务，为普惠金融发展提供了新机遇。面对网络信息技术的进步和互联网金融模式的迅猛发展，我国政府在加强监管的同时鼓励创新发展。2016 年初，国务院发布的《推进普惠金融发展规划（2016—2020 年）》提出以信息技术为手段创新金融服务模式，鼓励互联网金融通过与金融包容的融合发展，进一步推进金融发展的普惠程度。

互联网与金融的结合，带来了很大程度的创新，具体体现为金融模式和功能的创新。互联网金融创新模式进一步推动了金融服务覆盖的人群，关注贫困人群、偏远地区居民等受到传统银行业金融机构排斥的弱势群体，让他们也能平等地享受金融发展成果，扩大了金融服务范围和边界，对我国建设和发展金融包容体系具有重要的意义。因此，认清互联网金融背景下我国金融体系包容性发展的现状，探求互联网金融背景下金融包容性发展影响创业生态环境、促进家庭创业的作用机制具有十分重要的意义。

二、文献综述

在互联网金融发展趋势下，有许多学者对互联网金融背景下金融包容的发展状况进行了深入研究。余点点（2013）基于2005—2012年全球186个国家和地区的面板数据，对高、中和低收入国家和地区分别进行研究，发现高水平的互联网技术提高了金融包容度，金融包容度的提高进一步加快了经济发展，而经济快速发展互联网技术的进步又产生了正向影响，三者之间形成了一个良性循环、螺旋上升的增长关系。魏微（2014）的研究从广度和深度两方面分析了互联网金融提升金融包容度水平的路径，通过计量模型研究，结果表明我国互联网技术进步促进了金融包容性，同时间接推动了我国实体经济的发展。丁杰（2015）认为互联网金融的发展一方面提高了金融服务的效率，另一方面在发展过程中也存在种种与普惠金融背离的现象，包括互联网金融机构的目标偏移、金融排斥、实际融资成本较高、互联网金融机构本身的脆弱性等。任洁（2015）从可获得性和使用情况两个维度构建了金融包容性测度评价体系，对我国2010—2013年的相关数据赋权并进行综合评价，研究结果验证了互联网金融能够促进金融包容性的发展。马广奇和魏梦珂（2018）以蚂蚁金服为例，分析了互联网金融服务对消除地域、阶层差异，降低征信成本，改善融资难问题的优势，以及对普惠金融实践的促进作用。

目前，关于互联网金融下金融包容促进创业活动的研究主要侧重于其对信贷约束的缓解。徐二明和谢广营（2015）从制度性创业的视角分析互联网金融背景下普惠金融的发展方向，总结并预测了制度性创业过程及制度化的互联网普惠金融的组织形态。王莹（2016）认为普惠金融体系的逐渐完善为小微企业等金融弱势群体提供了金融支持，解决了小微企业融资难问题，具体包括互联网金融融资模式创新、商业银行信贷产品创新、民间金融拓展融资渠道以及担保模式的创新等。田霖和金雪军（2018）采用 CHFS（中国家庭金融调查）数据分析了主流和非主流金融对家庭创业选择的影响。研究发现，主流金融对家庭创业的选择占主导作用，以互联网金融为代表的非主流金融对创业的影响力初步显现。周洋和华语音（2017）基于对 2014 年 CFPS 的分析，发现农村地区互联网的普及显著促进了农村家庭的创业意愿和创业收入，互联网的发展有利于智慧农村的构建，具有重要的现实意义。湛泳和徐乐（2017）利用 2014 年的 CFPS 数据，通过实证分析讨论了“互联网 +”下包容性金融的发展及其对家庭创业决策的影响。结果表明，包容性金融的发展对位于城市、具有高收入和较高受教育程度等特征家庭的创业决策有显著的促进作用。同时，通过银行等正规金融渠道进行融资的偏好也大大增加。

金融包容发展的一个表现是家庭金融意识提高，进而对提升家庭创业意愿具有正向的促进作用。谭燕芝和李高娟（2014）基于 2011 年中国家庭追踪调查数据（CFPS），采用 Tobit 模型研究了农户信用评价及其影响因素。实证分析表明，从事农业生产的农户守信意愿高于非农业生产的农户，家庭财产对农户的信用水平有正向的影响。谭燕芝和罗午阳（2015）对金融意识、风险偏好、社会信用与农户贷款行为进行实证分析。结果表明，农户的金融意识越强、风险偏好程度越高、社会信用越高，通过正规金融渠道和民间借贷进行融资的金额越高。袁天池和浦毓涵（2018）认为我国应加强金融知识和互联网知识的普及，通过互联网金融与传统金融服务的结合促进普惠金融的持续健康发展。尹志超等（2015）的研究表明，金融知识的提高一方面能够改变家庭的融资渠道偏好，提高了家庭对正规信贷的需求，获得正规信贷的概率有所提升，另一方面改善了家庭的风险态度，提高了家庭主动创业的概率。赵朋飞等（2015）的研究发现在金融知识水平相近的情况下，农村家庭创业概率更大；具有风险偏好、宗教信仰的城乡家庭创业概率更大。还有研究从认知能力的角度分析其对家庭创业决策的影响。周洋和刘雪瑾（2017）基于 2015 年中国家庭追踪调查的数据进行实证研究，结果显示字词识记能力对城乡居民和不同年龄段创业者的决策和收入有显著的正向影响。

综上所述，目前很少有文献从“互联网金融背景下金融包容对家庭创业意愿的影响”这一视角进行深入的研究。一方面，我国关于金融包容的研究还处于探索阶段，大多数关于互联网金融下金融包容发展的文献多是从信息网络技术发展推动金融包容这一角度进行分析，鲜有学者从互联网与金融业的创新融合方面进行计量研究；另一方面，针对创业的研究大多集中在与信贷约束关系的理论分析方面，缺乏互联网金融服务层面的分析和考量。因此，本文试图从互联网金融的视角出发，采用2016年中国家庭追踪调查和2017年《中国统计年鉴》的数据，建立互联网金融下的金融包容度指标体系。运用广义多层线性模型的方法进行量化分析，研究在互联网金融背景下金融包容发展水平对家庭创业决策的作用机制。本文安排如下：第三部分梳理了相关理论，提出了本文的研究假设；第四、第五部分进行实证研究；第六部分为结论及政策建议。

三、理论分析和研究假设

本文基于王维维（2017）的理论模型，尝试建立一个两期的职业选择模型分析影响创业决策的主要因素。通过模型的推导，具体分析在互联网金融背景下金融包容发展带来的创业环境变化如何影响居民的创业意愿，为后文的实证分析提供理论支撑。

（一）模型设定

本文构建的模型假定个体面临两种职业选择：创业者（自我雇佣）或雇员（企业职工）。个体通过比较两种职业获得的效用，选择创业行为或者成为雇员。

假设每个个体 i 拥有的初始财富为 ω ，只存在两期。如果个体 i 在第一期选择成为雇员，那么每期将获得固定水平的工资 w 用于消费或储蓄。如果个体 i 成为创业者，在第一期需要向银行等正规金融机构贷款并投资创业以实现个人的最大化效用水平。假设市场利率由资本市场外生给定，r 为 1 加上市场利率；贷款上限为 $\bar{b}$ ，且假定银行贷款在当期投资创业，在第二期实现回报。

假设个体 i 从事成功开展创业活动的概率为 π ，则该行为失败的概率为（$1-\pi$）。如果成功创业，个体 i 将会在第二期获得创业回报。假设第 i 个个体的企业家才能用 R^i 表示，R^i 为线性生产函数，且在 $[R_{\min}, R_{\max}]$ 上服从均匀分布。个体的企业家才能决定了创业的投资收益，因而个体 i 在第二期的回报为 R^i 。若创业成功，个体 i 的投资收益足以还清银行借贷的本息之和。若创业者创业失败，个体 i 将在第二期获得数值为 ψ 的固定投资残差收入，并且法院按照比例 θ 没收其投资残差的一部分以用于偿还银行借贷。

（二）创业者问题

首先考虑个体 i 成为创业者的最优化问题。假设个体 i 第一期成为创业者，且在两期消费中均获得效用。为了实现最大化预期效用，个体 i 需要在约束条件下选择贷款额 b^i 和投资额 x^i ：

$$\max_{\{b^i, x^i\}} u(c_1^{i,e}) + \beta[\pi u(c_2^{i,s}) + (1-\pi) u(c_2^{i,f})]$$

$$s.t.\ c_1^{i,e} = \omega + b^i - x^i$$

$$c_2^{i,s} = \frac{R^i m}{C} x^i - r b^i$$

$$c_2^{i,f} = (1-\theta)\psi$$

$$b^i \leqslant \bar{b} \tag{1}$$

其中，β 是对第二期预期效用的折现因子，效用函数 U（·）满足严格递增、凹函数、二次可导的性质。个体 i 在第一期进行创业的消费为 $c_1^{i,e}$ ，在第二期成功和失败的消费分别为 $c_2^{i,s}$ 和 $c_2^{i,f}$ 。第一期用于创业的投资额为 x^i ，市场规模为 m，创业成本为 C。因此，$R^i \mathrm{m} \mathrm{x}^i / C$ 为第二期创业成功后的收益。可以看出，创业收益与企业家才能 R^i 、市场规模 m 和投资额 x^i 成正比，因此企业家才能的提高、市场环境的变化和创业投资金额对创业收益产生影响。

在第一期消费中包含初始财富 ω 、银行贷款额 b^i 和创业投资 x^i 。个体 i 在第二期创业成功时，消费额为收益与银行贷款本息之和的差值。假设银行抵押品总额为 λ ，且抵押所得贷款全部投资于创业活动。个体 i 在第二期创业失败时，消费额为扣除上缴法院金额之后的剩余部分。另外，假设银行贷款存在上限为 $\bar{b}$ ，满足 $b^i \leqslant \bar{b}$ 。

创业者具有最大化效用时，贷款额 b^i 和投资额 x^i 的最优解满足以下库恩－塔克（Kuhn－Tucker）的表达式（＊表示最优解）：

$$u'(\omega + b^{i,*} - x^{i,*}) - \beta\pi(1+r)\pi u'(\frac{R^i m x^{i,*}}{C} - rb^{i,*}) \geqslant 0, b^{i,*} \leqslant \bar{b} \quad (2)$$

$$-u'(\omega + b^{i,*} - x^{i,*}) + \beta\frac{R^i m}{C}\pi u'(\frac{R^i m x^{i,*}}{C} - rb^{i,*}) = 0 \quad (3)$$

将式（3）带入式（2）得到 $\frac{R^i m}{C} \geqslant (1+r)$，由于创业成功情况下收益至少能够还清贷款，因此式（2）恒大于0，最优解为创业者获得最高贷款额的情况 $b^{i,*} = \bar{b}$。于是，将最高贷款额 $\bar{b}$ 和最优投资额 $x^{i,*}$ 带入式（2），得到个人选择创业行为的间接价值方程：

$$V^{i,e} = u(\omega + \bar{b} - x^{i,*}) + \beta\pi u(\frac{R^i m}{C}x^{i,*} - r\bar{b}) + \beta(1-\pi)u(1-\theta)\psi \quad (4)$$

假设银行提供贷款的单位机会成本为 ρ 且利润为0，此时个人融资上限 $\bar{b}$ 由银行提供贷款的成本和收益决定：

$$(1+\rho)\bar{b} = \pi\bar{b}r + (1-\pi)\theta\psi\text{，即 } \bar{b} = \frac{(1-\pi)\theta\psi}{(1+\rho) - \pi r} \quad (5)$$

（三）雇员问题

个人 i 如果选择成为企业雇员，需要在第一期进行储蓄以实现个体效用最大化。假设工资收入为 w，此时的最优决策为

$$\max_s u(c_1) + \beta u(c_2)$$
$$s.t.\ c_1 = \omega + \mathrm{w} - s$$
$$c_2 = w + rs \quad (6)$$

对储蓄金额求导，通过下式得到最优储蓄金额 s^*：

$$-u(\omega + w - s^*) + \beta r u'(w + rs^*) = 0 \quad (7)$$

将 s^* 带入式（6）得到个人 i 选择成为雇员的间接价值函数：

$$V = u(\omega + w - s^*) + \beta u(w + rs^*) \quad (8)$$

（四）个人职业选择

通过上述分析可知，个体 i 的职业选择基于对间接价值函数式（4）与式（8）的比较。当 $V^{i,e} > V$ 时，个体将选择创业，否则选择成为工资性工作者。

假设存在一个企业家才能的阈值 $\hat{R}$，则高于这个值的个体选择创业，即 $V^{i,e}|_{R^i=R_{\max}} > V$；当企业家才能等于阈值 $\hat{R}$ 时，创业与雇员的间接价值函数相同，满足：

$$V^{i,e}|_{R^i=\hat{R}} - V = u(\hat{c}_1^{e,*}) + \beta\pi u(\hat{c}_2^{s,*}) + \beta(1-\pi)u(c_2^f) - u(c_1^*) - \beta u(c_2^*) = 0 \tag{9}$$

当 $R^i = \hat{R}$ 时，存在 $\hat{c}_1^{e,*} = \omega + \bar{b} - \hat{x}^*$，$\hat{c}_2^{s,*} = (\frac{\hat{R}m}{C})\hat{x}^* - r\bar{b}$ 以及 $\hat{x}^*$，且 $c_2^f = (1-\theta)\psi$，$c_1^* = \omega + w - s^*$，$c_2^* = w + rs^*$。只有当企业家才能大于阈值时 $R^i > \hat{R}$，个人才会选择创业，整个社会公众中创业人口比例为 $\frac{R_{\max} - \hat{R}}{R_{\max} - R_{\min}}$。

（五）创业环境变化对创业决策的影响

第一，市场范围扩大。银行业依托网络信息技术和网络平台，缩短了资金供需双方的距离，降低了借贷成本，实现了更有效的资源配置。一方面，在互联网金融和普惠金融的共同推进下，削弱了地理限制对经济欠发达地区人群、偏远地区人群、贫困人群等弱势群体获取金融服务的制约，拓宽了金融服务覆盖的群体。另一方面，潜在创业者可以通过网络获取公开透明的信息，在一定程度上降低了信息不对称问题对创业决策的负面影响。可以看出，互联网金融背景下金融包容体系的广度和深度都得到了提升，扩大了市场范围。本文将由互联网金融背景下金融包容发展导致的创业生态环境的变化记为市场效应，在模型中用 m 表示，讨论市场范围的扩张是否对创业意愿产生积极的促进作用。

因此，对式（9）求偏导，根据隐函数定理可得市场范围 m 的变化对阈值 $\hat{R}$ 的影响：

$$\frac{\partial\hat{R}}{\partial m} = -\frac{\beta\pi(\hat{R}/C)\hat{x}^* u'(c_2^{s,*})}{\beta\pi(m/C)\hat{x}^* u'(c_2^{s,*})} = -\frac{\hat{R}}{m} < 0 \tag{10}$$

可以看出，随着市场范围 m 的扩张，企业家才能的阈值 $\hat{R}$ 减小，会使更多人从事创业活动。也就是说，互联网金融和金融包容的发展拓展了市场范围，带来了创业环境的改善，提高了创业的收益水平，进而提升了个人选择创业的概率。

第二，创业成本降低。根据以往的研究，互联网的普及产生了成本效应，分别从市场准入、可变成本以及与上下游企业的交易三个方面降低了企业的创业成本（王维维，2017）。此外，互联网金融背景下金融包容的发展加剧了市场上服务供给主体之间的竞争，激发了金融机构对传统金融服务的创新。为了满足了不同创业者的需求，金融服务和产品越来越多样化和个性化，有助于潜在创业者以低成本获取创业初期的资本，进而影响创业决策。在本文的理论模型中，创业成本 C 的降低提高了创业净收益 $R^i mx^i/C$ 。

因此，对式（9）求偏导，根据隐函数定理可得创业成本 C 的变化对阈值 $\hat{R}$ 的影响：

$$\frac{\partial \hat{R}}{\partial C} = -\frac{[-\beta\pi(\hat{R}m/C^2)\,\hat{x}^*u'(c_2^{s,*})]}{\beta\pi(m/C)\,\hat{x}^*u'(c_2^{s,*})} = \frac{\hat{R}}{C} > 0 \tag{11}$$

可以看出，创业成本的减少会降低企业家才能的阈值 $\hat{R}$ ，进而提高创业人口所占比例 $\frac{R_{\max} - \hat{R}}{R_{\max} - R_{\min}}$ 。因此，互联网金融与金融包容的发展减小了创业成本，会使更多潜在创业者投身于创新创业。

综上所述，根据理论模型的推导分析，发现互联网金融与金融包容的融合发展带来了创业环境和创业成本的变动，从宏观层面优化了金融生态环境和创业环境，对创业概率的提升产生了积极的影响。因此，本文做出以下研究假设：

H1：互联网金融背景下金融包容发展水平的提高可以直接作用于创业决策，提高创业意愿。

不仅如此，互联网金融背景下金融包容的发展还可以通过缓解金融排斥、提高对正规金融市场的参与度两个方面作用于创业创新：

一是缓解金融排斥。从职业选择的角度来看，家庭财富水平和信贷约束往往是制约个人创业决策的关键。从事创业活动初期通常需要从银行等正规金融机构融资，而银行的贷款合约通常存在准入成本和抵押物总额的最低要求。此时，收入较低、身处偏远地区等弱势群体往往难以满足信贷门槛，成为被排斥群体，无法获得创业所需的资本。同时，家庭财富较高的人群从金融体系获得融资，投资于收益较高的产业，进一步扩大了贫富差距。可以看出，金融发展的包容性程度较低会抑制弱势群体的创业行为，即使被排斥群体通过亲戚朋友或民间借贷融资从事创业活动，也难以实现最佳投资收益。在这种情况下，不平等的金融市场准入减少了创业机会，融资约束限制了小微企业等弱势群体的创业意愿，社会流动性进一步降低，不利于企业精神的形成和地区经济的可持续发展。

互联网金融视角下金融包容的发展为缓解金融排斥提出了新的思路和途径。随着互联网的普及和互联网金融产品的出现，初创者接触金融产品和服务的渠道得到了拓宽，促进了金融包容性的发展。一方面，正规金融机构创新了金融服务的提供方式，以更加个性化的金融服务满足小微群体的融资需求，降低了金融排斥对创业决策的影响，提高了创业家庭在金融市场的参与度。另一方面，互联网平台基于历史交易记录等信息对创业者进行征信、确定贷款额度，以高效、低成本的金融服务进一步缓解了信贷约束。因此，互联网金融和金融包容的融合发展有助于促进创业行为的可持续发展，为创业者带来更优质的服务和更高的预期收益，进而促进更多家庭投身创业活动。

二是提高正规金融市场的参与度。金融的包容性发展不仅关注扶贫、小微信贷、农村金融等，从长远来看，还需要提高广大消费者的金融素养。金融知识的缺乏不利于弱势群体融入主流金融体系，享受金融发展的成果，这一现象在偏远地区和农村地区更加明显。金融包容的发展通过加强金融教育和培训，提高个人和家庭的金融知识，有利于潜在创业者更好地识别风险和规避风险，提高创业者在创业过程中应对风险的能力。在网络信息复杂多变的情况下，具有良好金融素养的投资者能够有效地识别信息，做出正确的投资决策，在创业活动中更有优势。同时，金融知识的丰富有利于提高家庭通过银行等正规金融机构进行融资的意愿，有利于创业初期的资本积累；财务规划水平的提高能够帮助潜在创业者进行资产的合理配置，有利于创业活动的开展。因此，金融包容性发展通过金融知识普及，增加居民对资本市场和正规金融机构信贷流程的了解，可以提高弱势群体对正规金融机构的偏好，促使更多家庭从事创业活动。

因此，本文进一步提出以下研究假设：

H2：互联网金融背景下金融包容的发展减弱了金融排斥程度，进而提升了创业意愿。

H3：互联网金融背景下金融包容的发展提高了潜在创业者对银行业金融机构的偏好，促进了创业决策。

四、模型构建、数据来源与变量选取

（一）模型构建

本章旨在考察互联网金融背景下，金融包容发展水平对我国家庭创业决策产生的影响及其作用机制。本文第三部分构建的在互联网金融背景下的金融包容发展指标体系属于宏观层面的变量，而家庭创业行为属于微观层面的变量，家庭创业选择嵌入地区宏观变量下，形成“家庭—地区”两层级数据，广义多层线性模型为研究此类分级数据提供了一个良好的框架。基于广义多层线性模型，本文实证模型如下：

$$\mathrm{prob}(sub_{ip}=1)=\beta_{0p}+\beta_{1p}bankpref_{ip}+\beta_{2p}excluloan_{ip}+\beta_{kj}X_{kip} \quad (12)$$

（4·1）

$$\beta_{0p}=\gamma_{00}+\gamma_{01}FI\_ITFIN_P+\gamma_{02}TGDP_P+u_{0p} \quad (13)$$

$$\beta_{1p}=\gamma_{10}+\gamma_{11}FI\_ITFIN_P+\gamma_{12}TGDP_P+u_{1p} \quad (14)$$

$$\beta_{2p}=\gamma_{20}+\gamma_{21}FI\_ITFIN_P+\gamma_{22}TGDP_P+u_{2p} \quad (15)$$

$$\beta_{kp}=\gamma_{k0}+u_{kp} \quad (16)$$

其中，式（12）为层一方程，式（13）~（16）为层二方程，又称系数方程。$\mathrm{prob}(sub_{ip}=1)$ 表示家庭创业的概率；i 表示第 i 个家庭（$i=0,1,2,\cdots,k$）；p 表示第 p 个省市；$u_{mp}(m=0,1,\cdots,k)$ 为组间随机效应，表示组间差异；*bankpref* 表示家庭创业者对正规融资渠道的偏好；*excluloan* 表示金融排斥水平；X_k 表示微观层面第 k 个控制变量；*FI_ITFIN* 表示互联网金融下的金融包容发展水平；*TGDP* 表示产业结构，为宏观层面控制变量。

（二）数据说明

本文实证研究采用的数据包括微观和宏观两个层面：

微观层面的数据采用2016年中国家庭追踪调查（CFPS）项目下的家庭和个人数据。CFPS数据来自北京大学中国社会调查研究中心（ISSS），该项目覆盖了中国内地31个省、市、自治区，目标样本规模为16000户。2016年，实际完成样本14033户家庭访谈个案、33296个成人访谈对象，关注经济活动、家庭关系、教育、人口、健康等情况。按照本文研究所需变量，剔除了微观数据调查条目中填写的“不适用”“不知道”“拒绝回答”及空缺数据，删除了样本量极少的内蒙古、海南、西藏、青海、宁夏、新疆等省、市、自治区的数据样本，最终得到了8135个家庭个案，覆盖了25个省、市、自治区。

宏观地区层面指标。我国25个省、市、自治区的宏观数据来源于2017年中国各省市《统计年鉴》《中国互联网发展统计报告》《中国区域金融运行报告》《互联网金融行业报告》及官方行业报告等。本文研究的宏微观数据完全反映了同一时间的情况，可以通过省市编码直接进行对接。

（三）变量选取与描述

1. 被解释变量

本文将家庭是否选择创业作为被解释变量。在2016年CFPS调查问卷中的条目“过去12个月，您家是否有家庭成员从事个体经营或开办私营企业”。

2. 解释变量

第一层解释变量：微观层面的核心解释变量为正规融资渠道偏好和金融排斥水平。金融包容发展程度越高，正规金融市场对家庭创业的排斥程度越低（徐乐，2017）。因此，将正规融资渠道偏好记为*bankpref*，用“首选借款对象”条目衡量，若首选银行或非银行正规金融机构借款，则赋值为1，否则为0。家庭是否在贷款方面受到金融排斥记为*excluloan*，当家庭没有购房、装修、购车、教育等贷款时赋值为1，否则为0。

第二层解释变量：构建互联网金融下的金融包容指标体系作为宏观层面解释变量，记为*FI_ITFIN*。本文对金融包容指标体系的构建以Beck等（2007）等人列举的相关指标为基础，首先从金融可获得性的评价和金融使用情况的评价两个维度构建指标体系。之后，综合考虑创新型互联网金融视角下金融包容的发展，参考了任洁（2015）等的构建方法，引入网络基础设施、网络信息水平、互联网金融服务的投入作为金融包容的前提，衡量互联网金融的覆盖广度。引入互联网金融服务的使用情况，是为了将弱势群体以及难以获得贷款的小微企业纳入金融包容水平评价体系，反映了客户的使用习惯和对新型金融服务的接受程度，体现了包容发展的深度。

指标体系的构建如表 1 所示，在利用主成分分析法对指标体系进行降维前，首先进行可行性检验，得到 KMO 检验值为 0.754，Bartlett 检验的卡方值为 795.948，在 1% 水平下达到统计意义上的显著，可以进行因子分析。其次，选取主成分并根据方差解释度进行加权得到因子得分，方差累积解释程度达到 86.21%，因此将原有的 17 个指标转化为 2 个新指标。

表 1　　　互联网金融下的金融包容度指标体系

指标体系	一级指标	二级指标	三级指标	计量单位
互联网金融下的金融包容度指标体系	可获得性	网络基础设施建设	IP 地址数量	万
			域名数	个
			网站数量	万
			网页数量	亿
		网络信息水平	移动电话年末用户数	万户
			互联网上网人数	万人
			互联网普及率	%
		商业银行	每万人拥有银行网点数	家
			每万人拥有的银行业金融机构从业人员数	人
		互联网金融服务	P2P 网贷平台数量	个
			第三方支付牌照获批平台数	个
			大宗商品电子交易平台数	个
			众筹平台数量	个
	实际使用	商业银行	银行业金融机构贷款余额与 GDP 之比	%
			银行业金融机构存款余额与 GDP 之比	%
		互联网金融服务	P2P 网贷平台交易规模	亿元
			众筹融资规模	万元

表 2 报告了 2016 年我国各省市金融包容发展水平评价的综合指标。图 1 直观展示了 2016 年我国各省市互联网金融下金融包容度发展水平的相对大小。可以看出，2016 年金融包容性发展水平综合评价得分最高的三个省市是：广东省（6.935）、北京市（5.091）、山东省（3.014）。得分最低的三个省市是：甘肃省（-2.315）、吉林省（-1.991）、贵州省（-1.954）。从图 1 显示的省级层面的得分比较来看，我国金融包容发展水平的地区差异悬殊，得分较高的地区主要集中在我国东部沿海省份，而中、西部地区较低，各省市金融包容发展程度参差不齐。

金融包容指数排名前6位的省市分别为广东、北京、山东、浙江、上海、江苏，均为东部地区省市，其金融包容度综合得分均大于1.5。这可能与东部地区经济发展水平较高密切相关。经济实力较强的地区产业结构优越，金融业也比较发达，覆盖人群广，提供的金融服务也更加丰富，因而金融发展的包容度较高。

表2　　2016年我国各省市互联网金融下的金融包容度评价结果

省市	金融包容度	省市	金融包容度	省市	金融包容度	省市	金融包容度
北京	5.091	上海	2.011	山东	3.014	重庆	-1.741
天津	-1.818	江苏	1.649	河南	0.263	四川	0.283
河北	0.021	浙江	2.839	湖北	-0.722	贵州	-1.954
山西	-1.463	安徽	-1.005	湖南	-0.700	云南	-1.825
辽宁	-0.281	福建	-0.079	广东	6.935	陕西	-1.401
吉林	-1.991	江西	-1.576	广西	-1.581	甘肃	-2.315
黑龙江	-1.651						

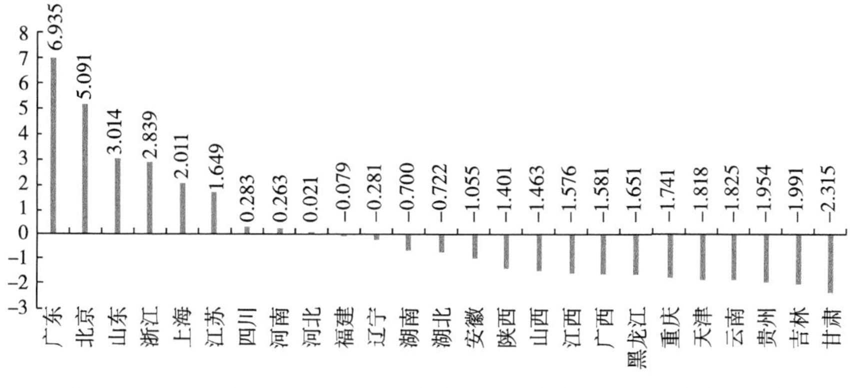

图1　2016年我国各省市互联网金融下金融包容发展水平的综合评价

3. 控制变量

参照以往研究的做法，本文选取的微观层面控制变量主要包括：人口特征变量，如户主性别（*gender*，男性 = 1，女性 = 0）；户主年龄①（*age*）；政治面貌（*party*，党员 = 1，非党员 = 0）；婚姻状况（*marry*，在婚 = 1，同居、未婚、离婚、丧偶 = 0）；健康状况（*health*，非常健康 = 5，很健康 = 4，比较健康 = 3，一般 =

① 为了剔除样本中的异常值，户主年龄指标删掉18岁以下和70岁以上的样本。

2,不健康 = 1);家庭规模(*size*);城乡归属(*urban*,城镇 = 1,乡村 = 0);户主是否农业户口(*agri*,农业户口 = 1,非农业户口 = 0);户主受教育水平(*edu*,初中及以下 = 1,高中 = 2,大专 = 3,本科 = 4,研究生及以上 = 5);信任水平(*trust*,大多数人是可以信任的 = 1,和人相处要越小心越好 = 0);工资水平(ln*wage*,用户主工资的对数表示)。家庭社会关系特征变量选取家庭社会网络维度(ln*soci*,用家庭人情礼支出的对数度量)。

宏观层面控制变量用产业结构(*tgdp*) 表示。有研究发现，产业结构调整会对地区创新活动产生影响（李建等，2015）。周士敏和马骎（2018）关于河北省学生创业的研究表明，产业结构的优化升级对河北省学生创业有正向的促进作用。郑筱婷和李美棠（2017）的研究以广东省为例，结果表明产业结构的快速变动在短期内会对创业活动产生冲击，但长期来看促进了地区的创业创新活动。因此，本文选取第三产业在 GDP 中的比重控制各地区的产业结构，并对此进行考察。各变量的描述性统计如表 3 所示。

表 3　　相关变量描述性统计

类别	变量	回归符号	观测量	均值	标准差	最大值	最小值
层一变量	家庭创业	*sub*	8135	0.11	0.32	1.00	0.00
	户主性别	*gender*	8135	0.50	0.50	1.00	0.00
	户主年龄	*age*	8135	46.16	12.80	70.00	18.00
	政治面貌	*party*	8135	0.10	0.29	1.00	0.00
	婚姻状况	*marry*	8135	0.86	0.35	1.00	0.00
	健康状况	*health*	8135	2.91	1.20	5.00	1.00
	家庭规模	*size*	8135	3.74	1.78	15.00	1.00
	城乡归属	*urban*	8135	0.53	0.50	1.00	0.00
	户主是否农村户口	*agri*	8135	0.71	0.46	1.00	0.00
	户主受教育水平	*edu*	8135	1.45	0.86	5.00	1.00
	信任水平	*trust*	8135	0.56	0.50	1.00	0.00
	户主工资水平	ln*wage*	8135	0.50	1.21	7.50	−6.91
	家庭社会网络维度	ln*soci*	8135	0.98	1.06	5.86	−5.30
	正规融资渠道偏好	*bankpref*	8135	0.27	0.45	1.00	0.00
	金融排斥	*excluloan*	8135	0.92	0.27	1.00	0.00

五、实证结果分析

在利用多层次线性模型之前，首先需要检验该模型的可行性。利用零模型（又称截距模型或无条件均值模型）将家庭创业的整体差异分解到个体和各省市之间，并通过检验组间差异检验各省市家庭创业决策的差异程度。如果家庭创业的组间相关系数显著，则应利用广义多层线性模型进行研究；反之，用传统的线性回归模型即可。其次，在零模型中引入微观层面的解释变量，即在第一层变量式（1）中引入户主个人特征变量，此时第二层方程中不含有任何解释变量或随机效应，构成模型一。再次，通过在户主受教育水平、户主工资水平、社会网络维度、首选借款对象、金融排斥五个变量的系数方程中引入随机效应，构成模型二，这样处理可以检验引入的这五个变量对家庭创业决策的影响在地区间的差异。最后，在模型二的基础上引入宏观层面的变量：互联网金融下的金融包容指标变量与产业结构变量，构成模型三，以检验金融包容指标体系的发展对家庭创业意愿的影响。

首先，零模型的构建如式（17）和式（18）所示：

$$第一层:\operatorname{prob}(sub_{ip} = 1) = \beta_{ip} \tag{17}$$

$$第二层:\beta_{ip} = \gamma_{00} + u_{0p} \tag{18}$$

其中，$\operatorname{prob}(sub_{ip} = 1)$ 表示第 p 个省市的第 i 个家庭选择创业的概率；γ_{00} 为第二层截距项，表示家庭选择创业的总体平均概率；u_{0p} 为第二层的随机效应，表示组间差异。由于这个模型不包含任何自变量，所以可以用来检验总方差的分布。零模型的回归结果见表 4 中的第一列。

表 4 汇报了基于总样本的金融包容指标体系对家庭创业选择的回归结果。在零模型回归结果中，组间方差为 0.344，在 1% 水平下达到统计意义上显著，说明家庭的创业决策在地区间存在显著差异，因此应利用广义多层线性模型进行研究。

模型二在户主受教育水平、户主工资水平、社会网络维度、首选借款对象、金融排斥五个变量的系数方程中引入随机效应，通过比较模型二与模型一可以看出回归结果未出现较大差别，在回归系数和显著性方面存在较高的一致性，这也验证了本文构建的回归模型稳健性较好。根据模型二第二层系数方程随机效应的回归结果，在截距项和首选借款对象、金融排斥两个变量的第二层方程中引入宏观层面的解释变量。

从模型三的回归结果可以看出，截距项的系数方程中，互联网金融下的金融包容发展水平对家庭创业意愿的影响显著为正（0.117），在1%的水平下达到统计意义上显著，即金融包容的发展提高了家庭创业的概率。该回归结果验证了本文的研究假设H1。互联网金融推进金融包容的发展，加速了信息的流动和金融部门的效率，缓解了交易活动的信息不对称，增加了获取金融服务的渠道，激发了潜在创业者投身创业活动的热情。产业结构变化对创业的直接影响为正，但不显著。

根据家庭创业决策总样本的回归结果，首先对本文主要的解释变量进行分析，可对研究假设H2和H3进行检验。金融包容的发展缓解了金融排斥对家庭创业意愿的抑制（-0.081），且在10%水平下达到统计意义上显著。这是因为大数据分析等新技术和金融业的创新融合拓展了金融服务覆盖的广度，资金需求方可以更有效地筛选优质贷款人和贷款信息，削弱了信息不对称；普惠金融的发展改善了金融生态环境，在综合考评信贷项目的基础上，尽可能使信贷资金向发展潜力大、社会效益高的小微企业倾斜，缓解信贷配给约束对创业活动的负面影响；政府对金融机构的引导和鼓励也进一步缓解了市场对小微企业的金融排斥，弱势群体对正规金融市场的参与度提高，有助于提升家庭创业创新的积极性，验证了本文的研究假设H2。

同时，互联网金融视角下金融的包容性发展，显著提高了人们选择银行等正规金融机构作为首选融资渠道的可能性（0.036），回归系数在1%的水平下达到统计意义上显著。一方面，互联网金融下的金融包容性发展，网络信息技术的发展以及手机银行、网上银行的普及，使信息的获取更加容易；另一方面，以往传统银行等主流金融体系倾向于服务大规模、信誉好的国企或大型企业，在普惠金融的倡导和政府对小微企业的支持下，正规金融机构扩大了对小微企业和弱势群体的服务，融资环境的优化和融资成本降低，提高了家庭主动参与主流金融体系的积极性，进而正向促进了家庭创业活动，验证了本文的研究假设H3。

对于微观控制变量来说，户主为男性（0.200）、户主已婚（0.152）、户主为城镇居民（0.583）的家庭更倾向于创业。此外，户主年龄的增加对创业意愿有一定的抑制作用（-0.026）。这与已有的大量研究结果相似（周广肃等，2015；周洋和华语音，2017）。家庭规模越大的家庭具有更强的创业意愿（0.099），这是由于较大的家庭规模在风险应对、信息获取、社会资源等方面都具有优势。户主受教育程度越高，创业的可能性越低，这可能由于高人力资本的群体在就业市场中有更多的选择。社会信任水平的提高，增加了家庭创业的概率。个人收入水平越高反而会抑制创业意愿（-0.287），这可能是由于工资水平较高的群体选择创业的机会成本更高。社会网络维度高的家庭更倾向于创业（0.352）。一方面，广泛的社会网络有利于创业初期的资本积累，减少了融资约束，有助于提升家庭创业意愿；另一方面，社会网络以亲戚朋友为主，在一定程度上拓宽了创业者的信息获取渠道，有助于创业者应对市场风险并做出相关决策，从而促进家庭的创业选择。此外，户主是否具有党员身份、健康水平、户主是否农业户口对家庭创业决策的影响不显著。

综上所述，在互联网金融普及的背景下，金融包容体系的发展对家庭创业选择具有直接的促进作用。具体来看，金融包容通过提升正规融资需求和缓解金融排斥，减少了创业风险，对潜在创业者的家庭创业意愿有积极的影响，验证了本文的研究假设。

表4　　　　家庭创业决策总样本回归结果

变量		零模型	模型一	模型二	模型三
固定效应	截距	-0.980*** (-27.312)	-1.781*** (-5.685)	-1.710*** (-6.601)	-0.833 (-1.459)
	FI_ITFIN				0.117*** (2.890)
	TGDP				-1.760 (-1.613)
	bankpref		0.277*** (4.031)	0.297*** (5.700)	-0.033 (-0.098)
	FI_ITFIN				0.036*** (3.105)

续表

变量		零模型	模型一	模型二	模型三
固定效应	*TGDP*				0. 687 (1. 051)
	excluloan		-0. 575 *** (-5. 467)	-0. 610 *** (-6. 800)	-0. 091 (-0. 176)
	FI_ITFIN				-0. 081 * (-2. 026)
	TGDP				-1. 087 (-1. 077)
	gender		0. 209 *** (2. 758)	0. 198 *** (3. 077)	0. 200 *** (2. 977)
	age		-0. 027 *** (-7. 734)	-0. 026 *** (-8. 561)	-0. 026 *** (-8. 189)
	party		-0. 164 (-1. 064)	-0. 164 (-1. 297)	-0. 160 (-1. 176)
	marry		0. 179 * (1. 805)	0. 156 * (1. 954)	0. 152 * (1. 823)
	health		0. 025 (0. 898)	0. 021 (0. 892)	0. 021 (0. 846)
	size		0. 104 *** (9. 347)	0. 100 *** (9. 303)	0. 099 *** (9. 036)
	urban		0. 613 *** (4. 989)	0. 585 *** (5. 782)	0. 583 *** (5. 574)
	agri		0. 126 (1. 273)	0. 109 (1. 384)	0. 101 (1. 221)
	edu		-0. 104 ** (-2. 276)	-0. 096 ** (-2. 528)	-0. 107 ** (-2. 738)
	trust		0. 183 *** (4. 419)	0. 178 *** (5. 115)	0. 175 *** (4. 732)
	ln*wage*		-0. 337 *** (-6. 168)	-0. 301 *** (-8. 746)	-0. 287 *** (-8. 004)
	ln*soci*		0. 347 *** (9. 353)	0. 351 *** (11. 496)	0. 352 *** (10. 935)

续表

变量		零模型	模型一	模型二	模型三
随机效应	组间方差	0.344 *** (102.754)	0.320 *** (92.922)	0.657 ** (42.421)	0.620 ** (37.511)
	edu			0.089 (20.776)	0.096 (20.843)
	ln*wage*			0.185 ** (39.981)	0.193 ** (39.800)
	ln*soci*			0.112 (27.609)	0.073 (28.599)
	bankpref			0.168 (23.543)	0.146 (21.065)
	excluloan			0.320 * (33.120)	0.328 (29.514)
样本量		8135	8135	8135	8135

注：①***、**、*分别表示在1%、5%、10%水平下显著。固定效应下括号内为t值，随机效应下括号内为卡方值。②小写英文字母表示的变量为层一变量，大写英文字母表示的变量为嵌套在层一变量下的层二变量。

六、结论与政策建议

本文以互联网金融下金融包容发展水平为研究视角，采用2016年中国家庭跟踪调查（CFPS）项目所得数据，通过建立多层线性模型，实证检验了在互联网金融下金融包容的发展通过金融排斥和正规融资渠道偏好两个方面，对我国家庭创业决策的影响。研究发现：在互联网金融背景下金融包容的发展能够显著提升家庭创业意愿；不仅如此，在互联网金融背景下金融包容的发展通过缓解金融排斥、提升家庭参与正规银行等金融机构信贷活动的意愿，促进了家庭创业活动的开展。本文的研究假设均得到了验证。

基于本文的主要研究结果，提出以下几点政策建议：①在互联网金融与金融包容融合发展的背景下，大力推进我国中西部地区省市金融包容体系的发展。②关注弱势群体的金融需求，提供多样化、可负担的金融服务和金融产品。③重视金融知识的普及和金融素养的提升，鼓励社会公众主动参与主流金融活动。④从政策层面支持金融体系的包容性发展，推出相关补贴和优惠政策，鼓励创业创新活动的开展。

参考文献

[1] 丁杰. 互联网金融与普惠金融的理论及现实悖论[J]. 财经科学，2015(6).

[2] 马广奇，魏梦珂. 基于"互联网＋"促进普惠金融发展的路径探索：以蚂蚁金服为例[J]. 产业与科技论坛，2018(5).

[3] 任洁. 基于ICT推动的金融包容性测试评价研究[D]. 太原：太原科技大学，2015.

[4] 谭燕芝，李高娟. 基于Tobit模型的农户信用分析：来自CFPS的证据[J]. 区域经济评论，2015(1).

[5] 谭燕芝，罗午阳. 农户金融行为偏好与借贷行为：来自中国家庭追踪调查的证据[J]. 区域经济评论，2015(5).

[6] 田霖，金雪军. 主流与非主流金融对家庭创业的影响：基于CHFS项目28143户家庭的调查数据[J]. 重庆大学学报(社会科学版)，2018(2).

[7] 王维维. 互联网对创业的影响研究[D]. 杭州：浙江大学，2017.

[8] 王莹. 基于普惠金融视角的小微企业融资问题研究[D]. 合肥：安徽大学，2016.

[9] 魏微. 互联网金融与金融包容性[D]. 济南：山东大学，2014.

[10] 徐二明，谢广营. 互联网普惠金融发展趋向：一种制度性创业视角[J]. 中国流通经济，2015(7).

[11] 尹志超，宋全云，吴雨，彭嫦燕. 金融知识、创业决策和创业动机[J]. 管理世界，2015(1).

[12] 余点点. 互联网技术、金融包容与经济增长[D]. 广州：广东财经大学，2014.

[13] 袁天池，浦毓涵. 互联网时代下的普惠金融[J]. 商业经济，2018(2).

[14] 湛泳，徐乐. "互联网＋"下的包容性金融与家庭创业决策[J]. 财经研究，2017(9).

[15] 赵朋飞，王宏健，赵曦．人力资本对城乡家庭创业的差异影响研究：基于CHFS调查数据的实证分析[J]．人口与经济，2015(3)．

[16] 周洋，华语音．互联网与农村家庭创业：基于CFPS数据的实证分析[J]．农业技术经济，2017(5)．

[17] 周洋，刘雪瑾．认知能力与家庭创业：基于中国家庭追踪调查(CFPS)数据的实证分析[J]．经济学动态，2017(2)．

主观预期寿命对中老年人投资风险偏好影响研究

——基于 CHARLS 数据

杨　婕　史益玮　刘慧侠[①]

摘　要： 风险偏好是个体在面临不确定性时影响其经济决策的重要因素之一，现有研究大多使用实际年龄（Chronological Age）分析老龄化与投资风险偏好的关系。本文通过采用中国健康与养老追踪调查（CHARLS）数据，建立 Logit 和 Tobit 模型，实证分析中老年人主观预期寿命对其投资风险偏好的影响。结果表明，我国中老年人持有风险资产的概率与其主观预期寿命呈正相关关系，主观预期寿命越长的中老年人更偏好投资风险资产；认知能力下降削弱了主观预期寿命对中老年人持有风险资产的正向影响，具有一定的调节作用；主观预期寿命对投资风险偏好的正向影响以及认知能力的调节作用主要反映在45～60 岁的中年子样本和城镇家庭子样本中，其他子样本均不显著。

关键词： 主观预期寿命；投资风险偏好；中老年人

---

① 作者简介：杨婕，金融学硕士研究生，西北大学经济管理学院，E－mail：yangjie_nwu@163.com.
史益玮，数量经济学硕士研究生，西北大学经济管理学院，E－mail：shiyiwei@stumail.nwu.edu.cn.
刘慧侠，经济学博士，教授，西北大学经济管理学院，E－mail：lhuix369@163.com.
＊感谢陕西省社会科学基金项目“陕西保险精准扶贫模式创新及脱贫效果研究”（2017D033）的资助。

一、引言

主观预期寿命（Subjective Life Expectancy，SLE）是个体对剩余寿命长短的主观期望，提供了影响个体动机和行为的个性化时间框架（Van Solinge 和 Henkens，2010），反映了个体对健康状况和其他因素的认知，对晚年的经济决策，包括终生资产的积累和分配、晚年生活安排的决策等具有重大影响。国家卫生健康委发布的统计公报数据显示，随着经济发展水平和医疗卫生条件的不断提高，我国人均预期寿命表现出明显的增长趋势，由 1981 年的 67.9 岁提高到 2019 年的 77 岁。此外，统计局数据显示，截至 2019 年底，我国 60 周岁及以上人口总计 25388 万人，其中 65 周岁及以上人口 17603 万人，占比高达 12.6%，较 2018 年新增 945 万人，同比增长 0.7 个百分点。可见，在当前我国人口快速老龄化的关键阶段，养老负担仍然沉重，其所带来的财政问题亟须解决。相关研究显示，未来老年人口养老的资金缺口主要来源于投资报酬，而投资的报酬率与人们的投资风险偏好具有密切关系（齐明珠等，2019）。

偏好反映了个人的权衡取舍，是所有经济决策模型的核心基础（Sunde et al. ,2016）。大量研究表明，个体的投资风险偏好与一系列重要的经济决策相关，如储蓄和投资、职业选择和劳动力供应、退休决策、保险和卫生服务购买、生活方式等。随着老龄化程度的不断加深，关于中老年人投资者风险偏好影响因素的研究逐渐增多，其中年龄成为学者们关注的重要因素。但现有文献都是基于个人的实际年龄，倾向于将中老年人视为具有固定特征的同质群体，这具有一定的局限性，因为相同年龄的个体可能对他们剩余的时间有不同的看法（Lee et al. , 2019）。实际年龄可能对个体在青年时期的经济决策有着重要影响，但这种影响在中老年时期表现出的效果较差（Baars, 2013）。在生命周期的后半段，对年龄的主观评价比实际年龄更能体现出一个人的真实状况（Diehl et al. , 2014）。因此，本文认为中老年人做出的投资决策是基于他们对剩余时间的感知，即主观预期寿命。

探究主观预期寿命对中老年人投资风险偏好的影响对制定宏观政策有着重要的现实意义。随着人口结构的变化，越来越多的人进入老年，了解未来老年群体的金融风险偏好是成功设计投资产品和福利计划的重要途径，有助于决策者实施与老年群体密切相关的养老金、养老保险和医疗保险等领域的相关政策。基于此，本文采用北京大学采集的2015年中国健康与养老追踪调查（CHARLS）数据，实证研究主观预期寿命对中老年人投资风险偏好的影响，并在此基础上提出合理的政策建议。

本文的后续结构如下：第二部分是文献综述，第三部分是理论分析与研究假设，第四部分是模型构建与变量选择，第五部分是实证分析，第六部分是主要结论及政策建议。

二、文献综述

投资风险偏好的相关研究最早可追溯到20世纪50年代的期望效用理论（Expected Utility Theory），冯·诺依曼和摩根斯坦通过逻辑和数学工具，建立了不确定条件下对理性人选择的分析框架。此后，风险偏好被大量的模型所应用，但大多数经典的理论模型都假设风险偏好是稳定的，在生命的不同阶段不会发生变化。从理论和经验的角度来看，这种观点面临一定的挑战。预期理论表明，当在不同的框架中提出相同的选择时，个人会表现出不同的风险偏好（Kahneman 和 Tversky，1979），并且会以不同的概率权衡损失和收益，表现出不同程度的风险承受能力。在相关已有文献中，发现在整个生命周期中，随着时间的变化，偏好可能有很大的差异（Chuang 和 Schechter，2015；Schildberg - Hörisch，2018），为了了解个体投资风险偏好在整个生命周期的变化情况，越来越多的学者开始关注年龄对投资风险偏好的影响。

大量研究发现，年龄与风险偏好负相关（Dohmen et al.，2011；Boyle et al.,2012；陈其进等，2014；易祯等，2017）。相比青年人，中老年人更不愿意承担风险，这在社会经济地位较低的群体中表现得尤为明显（Schurer，2015）。齐明珠等（2019）发现，随着年龄的增加居民家庭投资风险偏好表现出明显的下降趋势，但在65岁以后年龄的边际效应保持在稳定水平。此外，有部分研究表明风险偏好与年龄之间的关系是非线性的，如车树林等（2016）发现居民参与风险类资产投资的概率呈现倒“U”形分布，中年人比年轻人和老年人更偏好投资风险资产。但是也有其他研究表明，年龄与风险偏好正相关（Bommier 和 Rochet，2006）。

以上研究都是基于个人的实际年龄，忽略了个体的异质性，这可能导致参数估计出现偏差（Gan et al.，2015）。因此，用中老年人的实际年龄解释投资风险偏好的变化具有一定的局限性。Keyes 和 Westerhof（2012）认为，与客观变量（如实际年龄）相比，主观的年龄评价通常可以更好地预测未来的行为决策。有证据表明，预期寿命的自我估计是相当准确的（Kotter - Gruhn et al.，2010）。Charles 和 Carstensen（2010）认为，随着年龄的增长人们对剩余寿命的看法会趋于理性，对剩余时间的意识会影响一个人对目标的选择，因此投资决策会随着时间范围的缩小而改变。Akerlof 和 Kranton（2000）开创性地认为，个体的自我意识对经济决策和结果有重要影响。而主观预期寿命作为个体认同的一个方面，也是一个与时间相关的重要变量，但在整个生命周期内投资风险偏好的影响因素研究中，现有文献却很少着重于对主观预期寿命的研究。

在 Dan Hamermesh（1985）提出关于个人消费和储蓄的生命周期模型中并未考虑个体预期寿命的长短以后，主观预期寿命逐渐引起了经济学家的关注。现有的文献主要集中于以下两个方面：一是对主观预期寿命主要决定因素进行了研究。Perozek（2008）发现，主观预期寿命可能与家庭遗传和健康风险行为（例如吸烟、不健康饮食）等个人信息相关。二是对使用主观预期寿命分析经济选择时的重要性进行了研究，包括退休计划（Griffin et al.，2012）、健康、储蓄行为和投资组合选择等。Hurd（2002）通过研究发现，即使在控制了可观察到的人口和社会经济特征之后，寿命预期也可以预测死亡率。Van Solinge 和 Henkens（2010）发现，在控制了重要的人口统计学因素（例如性别、年龄、收入、教育、健康、婚姻状况和父母寿命）后，主观预期寿命仍是预期退休年龄的重要预测指标。国内的学者大多从人口平均预期寿命的视角出发，分析其对经济决策行为的影响。赵向琴（2015）认为，人口平均预期寿命的延长会使个人投资更为保守，从而降低投资组合中的风险资产占比。杨芊芊（2019）利用省级面板数据的分析得到了相反的结论，发现随着长寿风险的增加，家庭对股票市场的参与越广，人口平均预期寿命的延长显著增加了家庭购买风险资产的可能性。此外，也有部分学者从微观角度探讨了主观预期寿命与经济行为的关系，发现主观预期寿命对投资风险偏好的影响普遍呈现正相关关系（吴敏，2019；杨芊芊，2019）。

综上所述，现有国内外文献大多注重实际年龄对投资风险偏好的影响研究，但由于未考虑到个体的异质性特征，因此在具体的影响程度以及影响方向上还存在分歧。主观预期寿命作为与时间相关的重要变量，在决定中老年人的经济行为方面与实际年龄同样重要。通过对文献的梳理，我们发现现有研究中国内学者多选择将人口平均预期寿命作为预期寿命的代理变量，数据类型多采用省级面板数据，且人口平均预期寿命对个体投资风险偏好的影响没有一致性的结论，而从主观预期寿命角度切入，利用家庭微观数据的研究还很少。本文基于微观视角，就主观预期寿命如何影响中老年人的投资风险偏好展开讨论。

三、理论分析与研究假设

（一）中老年人投资风险偏好受到主观预期寿命的影响

根据莫迪利安尼提出的生命周期理论，个人会在整个生命周期内计划其收入的使用，以使其资产在一生中得到合理的分配，实现效用最大化。在此基础上，众多学者开始考虑将个体的投资决策纳入生命周期框架。主观预期寿命作为一个与时间相关的重要变量，也开始受到国内外学者的广泛关注。Spaenjers 等（2015）发现，主观风险承受能力会随着预期寿命的增加提高，这是因为投资周期通常与自身寿命相匹配，风险敞口通常会随着投资期限的增加而提高（Bovenberg et al.，2008）。邹小芃等（2019）通过理论分析也得到了类似的结论，认为主观预期寿命会通过投资期限效应影响家庭的金融资产配置，主观预期寿命的增加不仅会增加家庭持有风险资产的可能性，还会增加风险资产的投资比重。基于此，本文提出研究假设 1。

H1：主观预期寿命对中老年人投资风险偏好具有显著的正向影响。

（二）认知能力的调节作用

老龄化可能伴随着多个维度的并发因素，这些因素会影响个体的风险偏好，包括劳动力的退出、家庭关系的变化以及认知能力的丧失等。对风险的态度会随着人的一生改变，而认知能力也会随着时间的变化发生改变，研究结果表明，随着年龄的增长，个人的认知能力会明显下降（Sunde 等 2016）。

虽然有部分学者认为认知能力的下降似乎并不能解释中老年投资者较低的风险厌恶情绪（Brooks 等 2018），但大多数学者还是认为认知能力与风险偏好存在显著的相关关系。饶育蕾和朱锐（2014）认为，认知能力的差异是影响中老年居民持有风险资产的重要因素之一。Falk 等（2015）从全球的数据集中选出了具有代表性的 76 个国家的风险偏好相关数据，研究发现风险偏好与认知能力之间存在很强的正相关关系。Bonsang 和 Dohmen（2015）发现，冒险意愿的下降与认知能力的下降有关，与年龄有关的风险态度的变化在 70% 的程度上可以归因于认知老化，表明老年人风险态度的部分变化是由认知能力下降引起的。Sunde 等（2016）通过多元回归分析发现，年龄与冒险意愿之间存在显著的负相关关系。然而，一旦认知能力被纳入解释变量，这种关系就会被大大削弱。基于此，本文提出基本假设 2。

H2：认知能力的下降会削弱主观预期寿命对中老年人投资风险偏好的正向影响。

四、模型构建与变量选择

本文数据主要来源于北京大学收集的 2015 年中国健康与养老追踪调查（CHARLS）。该调查涵盖中国 45 岁及以上中老年家庭、个人及其配偶的基本信息、家庭、健康状况、工作、退休和养老金、收入、支出与资产等七大模块的详细信息。因为该调查问卷的受访对象主要针对 45 岁以上居民，同时我们认为 90 岁以上居民的调查信息存在一定的不可靠性，故在数据处理时剔除了严重缺失和异常信息以及年龄低于 45 岁和高于 90 岁的受访居民调查信息。

结合本文的研究需要，在通过个人及家庭编码匹配汇总后，最终处理后得到混合截面数据，共计5714个研究样本。

（一）变量选择

1. 被解释变量

投资风险偏好。根据CHARLS调查中“是否持有股票”“是否持有基金”两个问题，我们认为拥有这些行为的受访者投资风险偏好较高，因此将持有相关资产赋值为1，否则为0。此外，本文还从资产组合的视角，以风险资产占总资产的比重衡量投资风险偏好，参考雷晓燕（2010）、尹志超（2014）等学者的方法，将家庭投资资产分为风险资产和无风险资产两类，其中风险资产包括股票和基金等，无风险资产包括现金、银行存款储蓄和政府债券等。

2. 核心解释变量

主观生存概率。根据CHARLS调查中的问题“您设想您活到这个年龄的可能性有多大”，以概率的形式即主观生存概率（SPS）作为主观预期寿命的代理变量。根据受访者当前的年龄，问题有所不同：如果受访者年龄低于65岁，则会问他们活到75岁的可能性；如果年龄在65～69岁，则会问他们活到80岁的可能性；如果年龄在70～74岁，则会问他们活到85岁的可能性；如果年龄在75～79岁，则会问他们活到90岁的可能性；如果年龄在80～84岁，则会问他们活到95岁的可能性；如果年龄在85～89岁，则会问他们活到100岁的可能性。受访者在五个等级即“1. 几乎不可能、2. 不太可能、3. 有可能、4. 很可能、5. 简直一定”中做出选择，分别对应“0、25%、50%、75%、100%”的主观生存可能性。

图1报告了男性和女性受访者主观生存概率五个等级的分布占比情况。整体来看，不同受访者对自己的预期寿命存在一定差异，选择对应50%主观生存概率的最为普遍。对比男性和女性样本结果，可以发现男性选择对应25%和100%的主观生存概率占比较高，而女性选择对应0和25%的主观生存概率占比较高，表明男性对于自身预期寿命更为乐观。

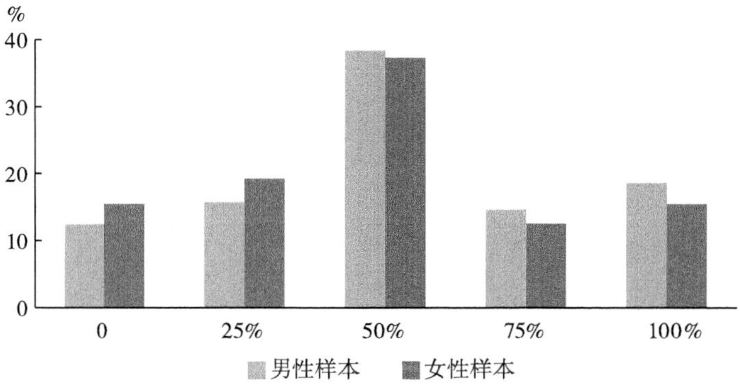

图 1　主观生存概率分布

3. 控制变量

参考相关文献（饶育蕾和朱锐，2014），本文选择的相关控制变量主要包括年龄、性别、婚姻状况、自评健康状况、精神状况、是否拥有养老保险、认知能力、家庭收入。

其中，自评健康数据来自调查中受访者对健康的自评，分为很好、好、一般、不好、很不好五个等级，分别赋值 1 ~ 5。精神状况数据来自调查中有关抑郁模块的 10 个问题，每个问题计 1 ~ 3 分，总分超过 10 分且越高的居民，被认为其抑郁程度越重，精神状况越不好。

参考相关心理学文献（Mcardle et al.，2007），本文认为认知能力主要从定向能力、记忆能力、执行能力和语言能力测度。基于数据的可得性，就调查问题中“请受访者回答受访时的日期和星期几（得分 0 ~ 4 分）、计算 100 依次减去 7 的结果（得分 0 ~ 5 分）、延时回忆 10 个词汇（得分 0 ~ 10 分）”，总分 19 分反映受访者的认知能力，得分越高，认知能力越强。

具体的变量定义如表 1 所示。

表 1　变量定义

变量类别	变量名称	虚拟变量	计算方法
被解释变量	是否持有股票	是	持有股票 = 1，否则 = 0
	是否持有基金	是	持有基金 = 1，否则 = 0
	风险资产占比	否	风险资产占总资产的比重

续表

变量类别	变量名称	虚拟变量	计算方法
解释变量	主观生存概率	否	主观生存概率问题中1~5（“几乎不可能”至“简直一定”）分别对应赋值0、25%、50%、75%、100%的可能性
控制变量	性别	是	男=1，女=0
	年龄	否	受访者实际年龄
	婚姻状况	是	已婚=1，单身=0
	是否购买养老保险	是	已购买养老保险=1，否则=0
	自评健康状况	否	很好、好、一般、不好、很不好五个等级分别赋值1~5
	精神状况	否	总分越高，抑郁程度越重，精神状况越不好
	收入	否	家庭总收入
	认知能力	否	总分越高，认知能力越强

（二）模型设定

本文的基准模型设定如下：

$$RISK_i = \alpha_0 + \alpha_1 SPS_i + X_i\beta + \mu_i \quad (1)$$

其中，$RISK_i$ 表示投资风险偏好；SPS_i 表示主观生存概率；X_i 表示控制变量矩阵；α_0、α_1 和 β 分别表示常数项、解释变量系数和控制变量系数矩阵；μ_i 表示随机扰动项。

此外，根据本文的假设2，认为认知能力会对主观预期寿命与中老年人投资风险偏好的相关关系产生影响，因此引入主观生存概率（SPS）与认知能力（COG）的交互项，修正的实证模型设定为

$$RISK_i = \alpha_0 + \alpha_1 SPS_i + \gamma SPS_i \times COG_i + X_i\beta + \mu_i \quad (2)$$

本文选择“是否持有股票”“是否持有基金”为被解释变量，采用二元Logit回归模型估计主观预期寿命对投资风险偏好的影响；而当风险资产占比作为被解释变量时，取值区间为［0，1］，采用Tobit模型进行相关实证分析。

五、实证分析

（一）描述性统计分析

从变量的描述性统计结果（见表2）来看，样本中持有股票和基金的家庭占比较低，分别为1.47%和0.66%，而且风险资产占比仅为0.98%，这与我国金融市场仍不发达、居民风险厌恶程度较高和人均收入的特征相一致（王燕、高玉强，2018）。在抽取的样本中，居民的平均年龄为59.27岁，处于45~60岁的受访居民占比较高。主观生存概率平均为50.61%，认知能力的平均得分为8.994分，居民间的差异较为明显。养老保险在样本居民家庭中覆盖率并不高，仅有59.10%的受访居民参与社会养老保险。

表2　　描述性统计

变量	均值	标准差	最小值	最大值
是否持有股票	0.0147	0.1202	0.0000	1.0000
是否持有基金	0.0066	0.0810	0.0000	1.0000
风险资产占比	0.0098	0.0851	0.0000	1.0000
主观生存概率	0.5061	0.3114	0.0000	1.0000
认知能力	8.9994	3.9166	0.0000	19.0000
性别	0.5159	0.4998	0.0000	1.0000
年龄	59.2660	9.4311	45.0000	90.0000
婚姻状况	0.8937	0.3083	0.0000	1.0000
是否购买养老保险	0.5910	0.4957	0.0000	1.0000
自评健康状况	2.9206	1.0227	1.0000	5.0000
精神状况	18.9349	5.0354	11.0000	39.0000
家庭总收入	1.8478	2.5132	0.0000	50.0000

（二）基准回归结果

表3报告了主观预期寿命、认知能力影响投资风险偏好的估计结果，其中第（1）、（2）、（3）、（4）列分别是建立以“是否持有股票”“是否持有基

金”为被解释变量的 Logit 回归模型，第（5）、（6）列是建立以“风险资产占比”为被解释变量的 Tobit 回归模型。

表 3　　主观预期寿命对投资风险偏好的基准回归结果

解释变量	股票		基金		风险资产占比	
	(1)	(2)	(3)	(4)	(5)	(6)
主观生存概率	1.0623**	0.6801	0.4492*	0.4842	0.5551**	0.1674
	(0.46)	(0.49)	(0.67)	(0.70)	(0.25)	(0.27)
交互项		0.2882***		0.3112**		0.1731***
		(0.10)		(0.14)		(0.06)
自评健康状况	0.0828	0.0695	0.0301	0.0249	-0.0470	-0.0498
	(0.13)	(0.13)	(0.20)	(0.20)	(0.07)	(0.07)
精神状况	-0.0365	-0.0135	-0.0295	-0.0341	-0.0149	-0.0110
	(0.03)	(0.03)	(0.04)	(0.04)	(0.02)	(0.02)
年龄	-0.0200**	-0.0371**	-0.0093	-0.0120	-0.0138	-0.0143
	(0.02)	(0.02)	(0.02)	(0.02)	(0.01)	(0.01)
性别	0.2553	0.2291	-0.6103*	-0.5872	-0.1361	-0.1252
	(0.25)	(0.25)	(0.37)	(0.37)	(0.13)	(0.13)
婚姻状况	-0.4112	-0.2973	1.1470	1.1591	0.5902	0.6081
	(0.47)	(0.46)	(1.04)	(1.04)	(0.42)	(0.41)
养老保险	2.0942***	2.5221***	2.3163***	2.2994***	0.9372***	0.8891***
	(0.27)	(0.26)	(0.38)	(0.39)	(0.16)	(0.15)
收入	0.1682***	0.1653***	0.1021***	0.8294**	0.1054**	0.0851*
	(0.31)	(0.30)	(0.39)	(0.42)	(0.05)	(0.05)
常数项	-8.0793***	-3.8531***	-5.9673***	-5.8322***	-3.4571***	-2.8942***
	(1.46)	(1.24)	(2.01)	(2.03)	(1.09)	(1.05)
N	5714	5714	5714	5714	5714	5714
R^2	0.30	0.26	0.14	0.15	0.19	0.20

注：*、**、*** 分别表示在 10%、5% 和 1% 的水平上显著，括号中数值为稳健标准误差。

从 Logit 模型的基准回归结果可以看出，在控制一系列的特征变量后，主观生存概率的估计系数均为正，且在一定的水平上显著，表明主观预期寿命的增加对家庭持有股票和基金的可能性有显著的正向影响。主观预期寿命的边际效应分别为 0.0140 和 0.0020，再通过比较表中基金和股票的回归系数以及显著性水平，可以发现主观预期寿命对股票的影响要大于基金，这有可能因为股票的风险较高，这进一步验证了结论的可靠性。从第（5）列 Tobit 模型的基准回归结果可以看出，在控制一系列特征变量后，主观生存概率的估计系数在 5% 的水平上显著为正，说明主观预期寿命的增加使家庭持有风险资产的可能性增加，与 Logit 模型的回归结果一致。至此，验证了本文的第一个研究假设：主观预期寿命对投资风险偏好有显著的正向影响。

第（2）列和第（4）列的回归结果将认知能力引入 Logit 模型中，相关分析结果显示，主观预期寿命与认知能力交叉项的边际效应分别为 0.0039 和 0.0018，估计系数均在一定水平上显著，说明认知能力的下降会削弱主观预期寿命的增加对家庭持有风险资产的正向影响。第（6）列是将认知能力引入 Tobit 模型中的估计结果，发现交叉项的系数在 1% 的水平上显著为正，与 Logit 模型的回归结果一致。至此，验证了本文的第二个研究假设：认知能力的下降会削弱主观预期寿命对中老年人投资风险偏好的正向影响。

从控制变量的回归结果来看，年龄与家庭持有股票的关系呈负相关，年龄的增长伴随着股票持有数量的减少，这与前文中易祯（2017）等人的分析一致。受教育程度和健康对是否参与持有股票和基金均具有正向的促进作用，精神状况（抑郁程度）对是否参与持有股票和基金具有负向影响，但这些变量在统计上都不显著。具有养老保险和高收入的家庭更倾向于购买风险资产，且这个结果在 1% 的水平上显著，这很有可能因为高收入和社会保障降低了居民对于未来的不确定性（宗庆庆等，2015）。

（三）稳健性检验

为了验证上述实证结果的稳健性，本文拟采取工具变量法进行稳健性检验分析。大量文献表明，个人在形成对自己死亡年龄的预期时会受到亲属寿命的影响（Hamermesh，1985；Hurd 和 McGarry，2002），因此本文采用父母寿命作为工具变量。参考 Spaenjers 等（2015）的方法，本文将根据以下三种情况来创建工具变量，试图解决主观预期寿命作为解释变量时可能存在的内生性问题：死亡年龄至少为 75 岁、活着且不到 75 岁和活着且至少 75 岁。如果父母一方死亡或活着的年龄大于75岁，则赋值为1，否则为0。表4报告了使用父母寿命作为工具变量的IV Probit模型回归结果，可以看出主观预期寿命的估计系数显著为正，与前文的研究结果保持一致。

表4　　稳健性检验：工具变量法

解释变量	股票	基金
	(1)	(2)
主观生存概率	3.7644***	3.8812***
	(0.30)	(0.32)
控制变量	控制	控制
Wald chi2 检验值	167.31***	153.92***

注：***表示在1%的水平上显著，括号中数值为稳健标准误差。

（四）扩展分析

基于以上基准回归结果和提出的基本假设，本文还进一步从城乡区域、年龄段两个视角对主观预期寿命和认知能力影响中老年人投资风险偏好的差异进行扩展分析。

1. 城乡差异比较

参考国家统计局的城乡划分标准，将CHARLS调查中涉及的主城区、城乡结合区、镇中心区、镇乡结合区和特殊区域划分为城镇，将乡中心区和村庄划分为乡村，对原样本进行分组回归。表5报告了具体的回归结果，其中第（1）、（4）、（2）、（5）列是依据乡村和城镇区域分别建立以“是否持有股票”“是否持有基金”为被解释变量的Logit回归模型。第（3）、（6）列是依据乡村和城镇区域建立以“风险资产占比”为被解释变量的Tobit回归模型。

从回归结果来看，在乡村子样本中主观生存概率对中老年人投资风险偏好的显著性并不统一，以“是否持有股票”为被解释变量时的边际效应为0.0040，且估计系数在1%的水平下显著，以“是否持有基金”和“风险资产占比”为被解释变量时的估计系数均不显著；而在城镇子样本中，主观生存概率对中老年人投资风险偏好的影响均显著为正，如第（4）、（5）列Logit

模型的边际效应为 0. 0370 和 0. 0290，均在 1% 水平上显著。以上结果说明，本文的研究假设 1（主观预期寿命对中老年人投资风险偏好具有显著的正向影响）主要反映在城镇家庭中。

在乡村子样本中主观生存概率与认知能力的交互项对中老年人投资偏好的影响存在不显著的关系，而在城镇子样本中的表现均为显著的正向关系，说明本文的研究假设 2（认知能力的下降会削弱主观预期寿命对中老年人投资风险偏好的正向影响）也主要反映在城镇家庭中。

表 5　主观预期寿命、认知能力对中老年人投资风险偏好的影响：城乡差异比较

解释变量	乡村			城镇		
	(1)	(2)	(3)	(4)	(5)	(6)
主观生存概率	1. 8334 ***	0. 9402	0. 8851	0. 9412 ***	0. 5123 **	0. 3432 **
	(0. 71)	(0. 87)	(0. 39)	(0. 31)	(0. 44)	(0. 17)
主观生存概率 × 认知能力	0. 3342 **	0. 2021	0. 1522	0. 3301 ***	0. 3350 ***	0. 1462 ***
	(0. 17)	(0. 21)	(0. 09)	(0. 07)	(0. 11)	(0. 00)
R^2	0. 03	0. 04	0. 05	0. 04	0. 02	0. 02
LR chi2 检验值	8. 98 **	7. 94 **	20. 68 ***	46. 13 ***	15. 17 ***	29. 97 ***
对数似然值	-130. 94	-93. 63	-190. 19	-576. 42	-307. 52	-730. 40

注：**、*** 分别表示在 5% 和 1% 的水平上显著，括号中数值为稳健标准误差。

2. 年龄段差异比较

参考联合国世界卫生组织关于年龄的划分标准，将总样本划分为三部分：45 ~ 59 岁、60 ~ 74 岁和 75 岁及以上，其中 45 ~ 59 岁是中年子样本，60 ~ 74 岁是年轻的老年子样本，75 岁及以上是老年子样本。表 6 报告了具体的回归结果，其中第（1）、（4）、（7）列和第（2）、（5）、（8）列是按年龄段分别建立以“是否持有股票”“是否持有基金”为被解释变量的 Logit 回归模型。第（3）、（6）、（9）列是按年龄段建立以“风险资产占比”为被解释变量的Tobit回归模型。从回归结果可以看出，三个年龄段中 45 ~ 59 岁的中年子样本主观生存概率及其与认知能力的交互项对投资风险偏好均具有显著的正向促进作用，如第（1）、（2）列中主观生存概率与认知能力的交互项的边际效应分别为 0. 0091 和 0. 0072，估计系数均在 1% 水平下显著，这说明本文的研究假设 2 主要体现在中年子样本中。而 60 ~ 74 岁和 75 岁及以上老年子样本主观生存概率对投资风险偏好均不显著，这一结论与杨芊芊（2019）的研究结果基本一致，认为年龄较高者认知能力较差，从而会抑制相关影响效用的发挥。

表 6　主观预期寿命、认知能力对中老年人投资风险偏好的影响：年龄段差异比较

解释变量	45～59 岁			60～74 岁			75 岁及以上		
	(1)	(2)	(3)	(4)	(5)	(6)	(7)	(8)	(9)
主观生存概率	1.55***	0.91**	0.67***	0.72	0.92	0.48	0.44	0.22	0.36
	(0.32)	(0.50)	(0.17)	(0.46)	(0.66)	(0.26)	(1.43)	(1.67)	(0.57)
认知能力	0.49***	0.47***	0.23***	0.068	0.30***	0.20	-0.43*	-0.30	-0.12
	(0.07)	(0.11)	(0.04)	(0.12)	(0.07)	(0.04)	(0.13)	(0.16)	(0.06)
R^2	0.08	0.04	0.05	0.10	0.09	0.11	0.08	0.07	0.12
LR chi2 检验值	101.91***	27.44***	71.94***	53.74***	29.35***	73.98***	4.84*	5.35*	9.92***
对数似然值	-593.27	-295.19	-752.82	-244.11	-148.10	-307.26	-28.44	-22.90	-36.65

注：*、**、***分别表示在10%、5%和1%的水平上显著，括号中数值为稳健标准误差。

六、主要结论与政策建议

本文基于2015年中国健康与养老追踪调查（CHARLS）的数据，系统探讨了主观预期寿命对中老年人投资风险偏好的影响。在实证方法上，本文使用 Logit 模型和 Tobit 模型分别研究主观预期寿命对中老年人是否持有风险资产和风险资产持有占比的影响，并对模型的稳健性进行检验，分城乡、年龄段比较了主观预期寿命的变化对投资风险偏好的影响。实证结果显示：在控制一系列特征变量后，中老年人持有风险资产的概率与主观预期寿命是正相关的，主观预期寿命越长的中老年人越偏好投资风险资产。从主观生存概率对中老年人投资风险偏好影响的边际效应来看，主观预期寿命对股票的影响大于基金，主观生存概率每增加10%，中老年人持有股票和基金的概率分别上升1.40%和0.20%。进一步分析发现，认知能力的下降削弱了主观预期寿命的增加对中老年人持有风险资产的正向影响，具有一定的调节作用。但主观预期寿命对投资风险偏好的正向影响以及认知能力的调节作用主要反映在45～59岁的中年子样本和城镇家庭子样本中，其他子样本均不显著。除此之外，持有养老保险和高收入的家庭更倾向于购买风险资产，这很有可能因为高收入和社会保障降低了中老年人对于未来的不确定性。

基于以上分析，本文得出以下几点政策建议：一是我国资本市场规模整体偏小，中老年人的认知成本较高，导致我国中老年人对于风险资产的参与程度不高，金融机构应该积极组织金融知识的普及活动，帮助中老年人群提高对金融产品和服务的认知能力。二是虽然主观预期寿命的增加使中老年人的风险偏好程度提高，但适合其投资的金融产品并不多。因此，金融公司需要创新资本市场投资工具，设计出更多适合中老年人的投资产品。三是不同年龄段、不同区域的居民对金融产品的需求具有很强的异质性，在设计和提供风险产品或服务时应充分考虑到这些因素，进行有针对性的调整。四是健全的养老体系对我国家庭投资风险资产具有显著的促进作用，政府应加快完善以养老保险为主要内容的社会保障体系改革，提升养老保险的覆盖率。

参考文献

[1] 车树林，王琼．人口年龄结构对我国居民投资偏好的影响：基于CHFS数据的实证研究[J]．南方金融，2016(9)．

[2] 陈其进，陈华．中国居民个体风险态度及影响因素分析：基于城镇居民、农民工和农村居民的对比研究[J]．上海经济研究，2014(12)．

[3] 雷晓燕，周月刚．中国家庭的资产组合选择：健康状况与风险偏好[J]．金融研究，2010(1)．

[4] 齐明珠，张成功．老龄化背景下年龄对家庭金融资产配置效率的影响[J]．人口与经济，2019(1)．

[5] 齐明珠，张成功．人口老龄化对居民家庭投资风险偏好的影响[J]．人口研究，2019(1)．

[6] 乔海曙，粟亚亚．创伤经历、风险偏好与家庭资产选择：基于全国基线调查微观数据的证据[J]．南方金融，2019(12)．

[7] 饶育蕾，朱锐．认知差异是否影响中老年投资者持有风险资产？[J]．管

理世界，2014(11).

[8] 王燕，高玉强．家庭金融服务获得性、金融市场参与和风险资产投资：基于中国家庭金融调查数据的实证研究[J]. 南方金融，2018(12).

[9] 吴敏．中国老年人主观预期寿命与消费行为[J]. 老龄科学研究，2019(7).

[10] 杨芊芊．长寿风险：主观预期寿命与家庭资产配置[D]. 杭州：浙江大学，2019.

[11] 易祯，朱超．人口结构与金融市场风险结构：风险厌恶的生命周期时变特征[J]. 经济研究，2017(9).

[12] 尹志超，宋全云，吴雨．金融知识、投资经验与家庭资产选择[J]. 经济研究，2014(4).

[13] 赵向琴．预期寿命延长、遗赠动机和风险资产配置[J]. 厦门大学学报（哲学社会科学版），2015(4).

[14] 宗庆庆，刘冲，周亚虹．社会养老保险与我国居民家庭风险金融资产投资：来自中国家庭金融调查(CHFS)的证据[J]. 金融研究，2015(10).

[15] 邹小芃，杨芊芊．主观预期寿命对家庭资产配置的影响：基于 CHARLS 数据的经验分析[J]. 经济理论与经济管理，2019(2).

[16] AKERLOF G A, KRANTON R E. Economics and identity[J]. Quarterly Journal of Economics, 2000(3).

[17] BAARS J. A deepening involvement in life with others: towards a philosophy of aging[J]. Research on Aging & Social Policy, 2003(1).

[18] BANKS J, BASSOLI E, MAMMI I. Changing attitudes to risk at older ages: the role of health and other life events[J]. Journal of Economic Psychology, 2019.

[19] BOMMIER A, ROCHET J. Risk aversion and planning horizons[J]. Journal of the European Economic Association, 2006(4).

[20] BONSANG E, DOHMEN T. Risk attitude and cognitive aging[J]. Journal of Economic Behavior & Organization, 2015(4).

[21] BOVENBERG A L, KOIJEN R S, NIJMAN T E. Saving and investing over the life cycle and the role of collective pension funds[J]. Economist – netherlands, 2007(4).

[22] BOYLE P A, YU L, BUCHMAN A S. Risk aversion is associated with deci-

sion making among community – based older persons[J]. Frontiers in Psychology, 2012.

[23] BROOKS C, SANGIORGI I, HILLENBRAND C. Why are older investors less willing to take financial risks[J]. International Review of Financial Analysis, 2018.

[24] CHARLES S T, CARSTENSEN L. Social and emotional aging[J]. Annual Review of Psychology, 2010(1).

[25] CHUANG Y, SCHECHTER L. Stability of experimental and survey measures of risk, time, and social preferences: a review and some new results[J]. Journal of Development Economics, 2015.

[26] CLARK G L, STRAUSS K. Individual pension – related risk propensities: the effects of socio – demographic characteristics and a spousal pension entitlement on risk attitudes[J]. Ageing & Society, 2008(6).

[27] DIEHL M, WAHL H, BARRETT A E. Awareness of aging: theoretical considerations on an emerging concept[J]. Developmental Review, 2014(2).

[28] DOHMEN T, FALK A, HUFFMAN D. Individual risk attitudes: measurement, determinants, and behavioral consequences[J]. Journal of the European Economic Association, 2011(3).

[29] FALK A, BECKER A, DOHMEN T J. The nature and predictive power of preferences: global evidence[J]. GSBE Research Memoranda, 2015.

[30] KEYES C L. The mental health continuum: from languishing to flourishing in life[J]. Journal of Health and Social Behavior, 2002(2).

[31] GAN L, GONG G, HURD M D. Subjective mortality risk and bequests[J]. Journal of Econometrics, 2015(2).

[32] GRIFFIN B, HESKETH B, LOH V. The influence of subjective life expectancy on retirement transition and planning: A longitudinal study[J]. Journal of Vocational Behavior, 2012(2).

[33] HAMERMESH D S. Expectations, life expectancy, and economic behavior [J]. Quarterly Journal of Economics, 1985(2).

[34] HURD M D, MCGARRY K. The predictive validity of subjective probabilities of survival[J]. The Economic Journal, 2002(482).

[35] KAHNEMAN D, TVERSKY A. Prospect theory: an analysis of decision under

risk[J]. Econometrica, 1979(2).

[36] KOTTERGRUHN D, GRUHN D, SMITH J. Predicting one's own death: The relationship between subjective and objective nearness to death in very old age[J]. European Journal of Ageing, 2010(4).

[37] LEE K, KIM D, GILLIGAN M. The effects of subjective life expectancy on volunteerism in older adults[J]. International Journal of Behavioral Development, 2019(4).

[38] MCARDLE J, FISHER G, KADLEC K M. Latent variable analyses of age trends of cognition in the health and retirement study, 1992—2004[J]. Psychology and Aging, 2007(3).

[39] PEROZEK M G. Using subjective expectations to forecast longevity: do survey respondents know something we don't know? [J]. Demography, 2008(1).

[40] SCHILDBERG - HöRISCH H. Are risk preferences stable[J]. Journal of Economic Perspectives, 2018(2).

[41] SCHURER S. Lifecycle patterns in the socioeconomic gradient of risk preferences[J]. Journal of Economic Behavior and Organization, 2015.

[42] SPAENJERS C, SPIRA S M. Subjective life horizon and portfolio choice[J]. Journal of Economic Behavior and Organization, 2015.

[43] SUNDE U, DOHMEN T J. Aging and preferences[J]. The Journal of the Economics of Ageing, 2016.

[44] VAN SOLINGE H, HENKENS K. Living longer, working longer? The impact of subjective life expectancy on retirement intentions and behaviour[J]. European Journal of Public Health, 2010(1).

第四篇

金融创新发展

杠杆率与城乡收入分配效应

——基于中国省级面板数据的实证分析

陈　瑶　徐璋勇①

摘　要：本文利用中国2006—2018年31个省、市、自治区的省级面板数据，就杠杆率对城乡收入差距的关系进行实证分析。研究发现：杠杆率的上升总体上对城乡收入差距有一定的扩大作用，表现为杠杆率的提高增加了城镇居民收入占居民总收入的比重，而降低了农村居民收入比重；进一步分析表明，杠杆率主要通过降低初次分配中劳动者报酬比重、增加城镇居民财产性收入份额、增加地方政府财政支出比重三条机制路径扩大了城乡收入差距。基于此，提供了协调杠杆率与城乡收入差距的相关政策建议。

关键词：杠杆率；城乡收入差距；收入分配

一、引言

近30年来，我国经济快速增长，社会财富不断增加，在相对实现经济效率的基础上，社会公平问题逐渐突出，收入分配格局成为影响经济长期平衡

① 作者简介：陈瑶，金融学硕士研究生，西北大学经济管理学院，E－mail：chayeol@163.com.
徐璋勇，经济学博士，教授，西北大学经济管理学院，E－mail：xbdx568@163.com.
＊感谢国家社科基金重点项目“我国金融‘脱实向虚’的形成机理、资源错配效应及其治理研究”（19AJL010）的资助。

发展和社会安定的重要因素。2019 年，中国城镇居民人均可支配收入为 42359 元，而农村人均可支配收入为 16021 元，相差 2.64 倍之多，城乡收入差距过大问题已经对我国经济增长的质量和社会的稳定和谐造成较大影响，缩小收入差距对于稳定社会心理，促进生产和工作效率具有重要的作用。党的十九大报告指出，要在坚持经济增长的同时实现居民收入同步增长，坚持按劳分配原则，完善按要素分配的体制机制，促进收入分配更合理、更有序，其核心内涵就是要将效率和公平原则贯穿收入分配的各个环节。但是，在经济增长的过程中伴随着高杠杆率的形成，同时一些文献也指出，杠杆率的提高可能增加收入分配的不平等程度，所以加杠杆可能对缩小收入差距有一定的冲击效应，加杠杆的经济增长方式与缩小收入差距的目标是背道而驰的。

因此，为实现经济高质量发展，改善社会民生和公共服务，研究杠杆率对城乡收入差距的影响具有重要的理论和现实意义。现有文献主要研究宏观制度与政策、微观因素和金融发展水平等对城乡收入差距的影响，少有文献关注到在经济与制度运行的背后，杠杆率是通过哪些因素如何影响城乡收入差距的。而刘晓光（2019）基于一些代表性国家的典型事实经验研究，发现了杠杆率与收入分配之间很可能存在重要的影响关系，这对分析在当前经济下滑状态加杠杆主观动机更强的情况下，缩小收入差距目标能否实现具有重要指导意义。

本文预期的创新贡献主要表现在：第一，本文对分析收入分配的影响因素提供了新的视角，探究杠杆率对我国城乡收入差距的影响，反映出在追求收入分配公平过程中杠杆率起到的重要作用；第二，结合我国的经济结构现实，分析杠杆率对我国收入分配问题的重要方面，即城乡收入差距过大的具体作用机制，也即杠杆率主要通过降低初次分配中劳动者报酬比重、增加城镇居民财产性收入份额、强化地方政府财政支出偏好三个方面起到最终扩大城乡收入差距的作用，给全面认识杠杆率对城乡收入差距的影响路径，定位缩小收入分配差距目标的具体着力点提供一定参考。本文的后续安排如下：第二部分为文献综述，第三部分为杠杆率影响城乡收入分配的机制路径，第四部分为计量模型、指标选择与数据说明，第五部分为实证分析，第六部分为主要结论与政策建议。

二、文献综述

自改革开放以来，我国经济的高速增长伴随着收入差距的不断扩大，成为社会和学术界广泛关注的焦点。根据国家统计局的估计，2008 年我国收入差距达到最高点，基尼系数为 0. 491，收入差距过大，收入分配不均等状况非常严重。很多文献指出，中国如此巨大的收入差距源于中国地区间和城乡间日益增加的收入差距，而城乡间扩大的收入差距是全国收入分配不公的最大问题（Yang，1999；李实，2003）；2019 年，城乡收入差距高达 2. 64 倍，此时讨论的收入差距是以国家统计局的城镇和农村居民人均可支配收入的数据为基础进行计算，如果将实物性收入和医疗补贴、教育补贴等因素算作个人收入的一部分，那么城乡收入差距将更大（李实，2003）。

关于影响城乡收入差距的因素，现有文献主要从以下几个方面进行研究分析：

第一，宏观制度与政策方面，Kanbur 和 Zhang（2005）认为，重工业发展战略和经济开放在对经济增长起到巨大作用的同时也拉大了城乡收入差距。陈斌开等（2013）认为，重工业优先发展战略以及该战略衍生的一系列城市偏向型的制度和政策是恶化城乡收入差距的重要因素。李实（2018）指出不公平和不合理的收入分配制度，如长期实行的城乡分割的制度，忽视农村发展和农村公共服务的发展战略等，是城乡收入差距持续扩大的原因。张杰（2020）通过构建城市偏向政策综合指标，利用中介效应发现城市偏向政策对城乡收入差距存在显著的扩大作用。

第二，微观因素方面，陈斌开等（2010）的研究表明，城市偏向的教育经费投入政策导致的教育水平差异是中国城乡收入差距最重要的影响因素。王源等（2019）认为人力资本是影响就业的重要因素，而城乡居民人力资本积累差异是造成城乡收入差距扩大的重要因素。李实（1999）认为，农村劳动力向城镇流动有助于增加农民收入，从而缩小城乡收入差距。但张杰（2020）的研究却表明，在现阶段制度性障碍未消除的情况下，劳动力流动对城乡收入差距的缩小作用并不明显。

第三，金融发展水平方面，孙永强和万玉琳（2011）的研究发现，金融发展更多地使高收入者受益，农村居民无法充分利用金融市场融资并通过高收益的投资项目获益，同时金融发展也未能促进低收入者通过金融市场融资，以进行人力资本投资，从而进入高收入的技术密集型部门，因此金融发展进一步扩大了城乡居民收入差距。孙永强（2012）认为，金融发展具有城乡二元结构，虽然农村和城市两个不同部门外部融资都会提高其居民的收入水平，但整体金融发展水平的提高将扩大城乡居民收入差距。刘玉光等（2013）也发现城乡之间产业差异与制度性障碍导致了中国金融发展确实对城乡收入差距发挥着扩大作用。胡德宝等（2015）研究发现，金融发展通过提高金融服务可获得性，改善融资环境缩小了城乡收入差距。

刘晓光等（2019）采用跨国面板数据研究了杠杆率对于收入分配的影响，发现杠杆率总体上增加了收入分配不平等程度。而近年来国内研究关于杠杆率这一因素对城乡收入差距的影响却鲜有提及。综合现有文献来看，大多数文献研究的是高杠杆率成因及其对宏观经济和部分微观部门的影响，以及“去杠杆”的方法，少有研究讨论对于目前影响中国经济长期增长和社会稳定的关键方面之一，即城乡收入差距，杠杆率是如何作用的。

三、杠杆率影响城乡收入分配的机制路径

收入分配的最终格局是通过初次分配和再分配两次分配过程形成的。其中，初次分配是收入在与价值创造有直接联系的各部门或成员之间进行的分配，由于任何价值创造过程都离不开土地、劳动力、资本、技术等生产要素，因此初次分配是价值在不同生产要素所有者之间根据其贡献大小进行的分配，属于企业内部分配。而再分配则是在初次分配结果的基础上，通过国家预算、银行信贷、劳务费用、价格变动等途径将初次分配的收入在各主体之间进行转移的过程。因此，关于杠杆率对城乡收入差距的影响机理，需要从国民收入初次分配和再分配过程的角度来说明。具体而言，存在三种影响路径（见图 1）。

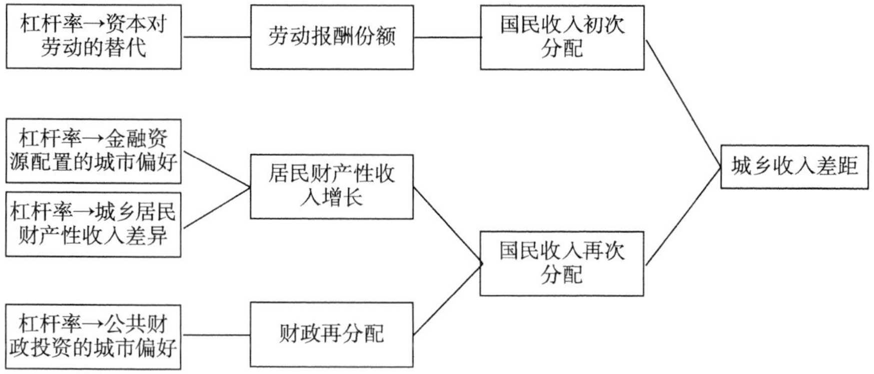

图1　杠杆率影响城乡收入分配的机制路径

（一）路径1：杠杆率影响初次分配中劳动收入所占份额

初次分配是价值在不同生产要素所有者之间根据其贡献大小进行的分配，其中劳动和资本是最具影响力的生产要素。劳动与资本要素在初次分配中所占份额大小，取决于劳动与资本的议价能力。而两者议价能力对比的大小，可能与政策偏好有关，如在过分强调劳动作用而忽视资本作用的年代，收入份额无疑会向劳动方面倾斜，其结果往往是经济体的基尼系数不会太高（李稻葵等，2009），但由于“木桶效应”原理，资本短缺成为制约经济产出增加的短板，从而使整个经济出现公平而无效率的现象。进入20世纪90年代以后，随着对效率问题的重视，生产要素价格的市场化改革随之推进，资本的短缺使资本的议价能力快速提升，导致劳动收入份额显著下降，1998—2008年工业部门的劳动收入份额下降了大约6个百分点（贾坤、申广军，2016）。劳动收入份额显著下降的原因主要来自三个方面，即经济结构转型、资本偏向的技术进步以及生产要素市场扭曲（王晓霞、白重恩，2014）。杠杆率与这三个方面均显著相关。

首先，中国改革开放以来的经济结构转型突出体现为生产方式的转变，即由原来以劳动集约为主转向资本集约与技术集约，这一过程的推进带来了资本与技术对劳动的替代。对资本与技术需求的增加，使要素价格的上升成为必然；而杠杆率的提升，可以使企业实现对资本瓶颈的有效突破，以及加速技术进步。结果必然是资本及技术要素收入份额的上升及劳动收入份额的下降。

其次，从理论上讲，技术进步存在劳动偏向型、中性及资本偏向型三种路径。但现实中，除非特殊的政策偏好与强制，市场化力量主导的技术进步往往不是中性的，而是资本偏向型的（Acemoglu，2003），这会使资本收入的份额上升而劳动收入的份额下降。在资本偏向型的技术进步过程中，资本投入的增加成为决定技术进步速度以及企业能否立足市场并占有先机的重要因素，杠杆率的提升无疑对这一过程起着催化剂的作用。试想，如果没有金融市场的出现与发展，则不仅诸多新的产业不会诞生，而且许多新的技术也不可能出现。

最后，杠杆率的提升加剧了生产要素市场的价格扭曲，助推了劳动收入份额的下降。中国自 20 世纪 80 年代的制度松绑改革阶段进入 20 世纪 90 年代以后的要素市场化改革阶段，资本短缺是制约经济增长的首要瓶颈已成为社会共识，“资本饥渴症”充斥社会经济的各个领域。而提高负债率、加杠杆成为快速解决资本瓶颈的首选路径，正规金融的高利率、非正规金融（如非法集资、高利贷等）的极高利率成为普遍现象，收入分配过度向资本要素倾斜的要素市场价格扭曲达到空前高度。

另外，许多研究表明，资本密集度越高的企业，资本相对劳动在利益分割中的博弈力量越大，收入分配也越向资本倾斜（张莉等，2012；张杰，2012；贾坤、申广军，2016）。同时，张杰（2012）的研究发现，企业创新研发活动越多，资本报酬比重越高，因此杠杆率的提高加大了金融资本对企业创新的支持，增加了企业研发投入，从而降低了劳动报酬比重。

由于我国城乡二元结构的现实，初次分配扭曲造成的居民收入分配不公，会因为城市工业部门的资本密集特性和农村部门的劳动密集特性而进一步扩大城乡收入差距。

（二）路径 2：杠杆率通过影响财产性收入扩大城乡收入差距

在经济和收入高速增长的带动下，中国居民的财产积累也逐渐加速。根据 CHIP 数据计算结果，2002—2013 年，全国居民人均财产年均实际增长率达到近 17%，其中房产价值年均增长超过 20%（Knight et al.，2016）。从居民收入构成来看，居民的可支配收入主要包括工资性收入、经营性收入、财产性收入和转移性收入。数据显示，居民财产性收入占可支配收入份额

2007—2013 年翻了两番。由于财产与收入是相辅相成的，财产的积累会带来收入的增加，收入也会成为财产，这意味着财产差距成为影响收入差距的重要因素。根据测算，中国居民的财产收入差距在 2002 年就已大于收入差距，此后财产分配差距急剧扩大，到 2013 年已远超过收入差距（Knight et al.，2016）。由于财产性收入具有份额增加迅速且分配不平等程度更高的特点，因此其对我国收入分配的影响越来越大（李实，2020）。而这种居民财产增加与分配的不平衡主要表现在城镇居民财产积累超过农村居民，城乡居民财产差距不断扩大的同时收入差距进一步扩大。

居民的财产性收入是其动产和不动产参与社会经济活动带来的收入，主要包括金融资产和自有房产等。李实（1999）的研究表明，金融资产收入分配的不均等程度远远高于收入分配的不均等程度，对总收入不均等程度的贡献率也大大超过其在总收入中的比例。孙永强（2012）认为，金融市场的创新主要集中在城市，城市居民的初始财富高，通过金融市场投资可以获得更高的财产性收入，农村居民初始财富低，且无法通过金融市场融资，因此在存在城乡收入差距基础上，金融发展通过加大城乡居民财产性收入差距进一步扩大了城乡收入差距。因此，杠杆率越高反映了更多的城市居民可以充分利用金融市场进行投资增加其财产性收入，而农村储蓄更多地转化为城镇投资不利于农村居民财产性收入的增加，扩大了城乡收入差距。另外，房价的上升可以提高居民的财产性收入（李实，2019）。近年来，城市房价急剧上升，显著提升了拥有房产的城市居民的财产性收入。根据央行发布的《2019年中国城镇家庭资产负债状况调查》，城镇居民债务参与率高达 56.5%，其中用于买房的债务占家庭债务总额的 75.9%。诸多研究也证明，家庭债务率与其财产性收入增长呈现正相关关系。因此，城市居民家庭的高杠杆率对于城乡居民收入差距的扩大无疑起到了推波助澜的作用。

（三）路径 3：杠杆率通过财政再分配机制扩大了城乡收入差距

收入分配是公共财政的一大职能，财政支出政策对居民收入分配的调控具有重要作用。在我国分税制背景下，由于地方政府事权与财权划分的不对等，地方政府仅仅依靠现有财权获得的财政收入在巨大的事权实现面前，简直就是杯水车薪，因此扩大地方政府债务、充分利用杠杆率筹资，就成为地方政府除土地财政之外的另一个解决资金瓶颈的有效路径。由于中央对地方政府的业绩考核使经济增长成为地方政府的首要目标，而主要实现途径则是依靠城镇地区的非农产业，因此地方财政支出带有很大的城镇偏向，地方财政在 GDP 中占比越高，城镇发展在此过程中获得的好处越多，城乡收入差距也越大（陆铭、陈钊，2004）；王艺明、蔡翔（2010）的研究表明，财政支出中的基本建设支出总体上扩大了城乡收入差距，这是由于偏向城镇的基础建设投资规模巨大且拉动了城镇的经济，提高了城市居民的收入水平，而农村基础设施建设投资不足，不利于农村居民收入增加，从而进一步扩大了城乡收入差距。

综合上述分析，本文认为杠杆率的提升会加剧城乡居民收入差距的扩大，这种扩大是通过降低国民收入分配中劳动收入的份额、促使城市居民财产性收入的增长超过农村居民，以及地方财政再分配的城市偏好实现的。如果本文的假设得到实证支持，那么实现城乡融合发展、缩小城乡收入差距就需要研究杠杆率的收入分配效应。

四、计量模型、指标选择与数据说明

为检验本文提出的研究假设，我们利用中国 2006—2018 年省级面板数据，就杠杆率对城乡收入差距的影响进行回归分析。为系统考察杠杆率对城乡收入差距的影响，本文主要分析杠杆率对城乡收入差距总体程度的影响以及杠杆率对影响城乡收入差距中介变量的作用。本文计量模型选择固定效应面板模型和随机效应面板模型进行回归分析，原始数据来源于 EPS 统计数据库以及各省历年统计年鉴。

（一）计量模型的建立

借鉴已有文献的做法，建立如下计量模型：

$$Y_{it} = \beta_0 + \beta_1 X_{it} = \beta_2 D_{it} + \theta_i + \gamma_t \varepsilon +_{it} \quad (1)$$

其中，下标 i 和 t（$t=2006$，…，2018）分别代表第 i 省和第 t 年，我们的样本为包括了西藏在内的 31 个省、直辖市和自治区；β_1、β_2 为回归系数；θ_i 为

i 省份的个体效应；γ_i 为 t 期的时间效应；ε_{it} 为 i 省份 t 期的随机误差项；Y_{it} 为被解释变量；X_{it} 为核心解释变量；D_{it} 为控制变量。

（二）指标选择

模型具体的指标设定如下：

X_{it} 为 i 省份 t 时期杠杆率水平（$leverage_{it}$）。借鉴现有文献的做法，以总负债与 GDP 之比衡量杠杆率，总负债以非金融企业部门、政府部门和住户部门负债之和估算。

被解释变量 Y_{it} 代表城乡收入差距和中介变量。为验证结果的稳定性，城乡收入差距采用了三种不同的衡量指标：一是城镇居民人均可支配收入与农村居民人均可支配收入之比（$pcdi_{ur}$）。

二是借鉴彭定赟、陈玮仪（2014）的做法，用修正后的泰尔指数（T_y）衡量：城乡收入差距泰尔指数具体计算公式为

$$T_y = \sum_i \left(\frac{Y_i}{Y}\right) \ln\left(\frac{\frac{Y_i}{Y}}{\frac{N_i}{N}}\right) \tag{2}$$

其中，$i=1$、2 分别表示城镇和农村；Y 表示全国居民收入总和；Y_i 表示城镇（或农村）居民可支配收入总和；N 表示全国总人口数；N_i 表示城镇（或农村）总人口数；Y_y 表示组间收入差距，即全国范围内城镇和农村之间的收入差距。在分别对 $i=1$、2 进行计算的过程中发现，农村组的结果为负值，城镇组的结果为正值。根据公式（2），总的收入差距为两组计算结果的加和，正负加和会有互相抵消的效果，这样会缩减差距的程度。因此，对公式（2）进行修正，用修正后的公式（3）测算城乡收入差距，则修正后的城乡收入差距泰尔指数具体计算公式为

$$T_y = \sum_i \left| \left(\frac{Y_i}{Y}\right) \ln\left(\frac{\frac{Y_i}{Y}}{\frac{N_i}{N}}\right) \right| \tag{3}$$

三是以城镇居民可支配收入总和与总收入之比（di_{it}）及农村居民可支配收入总和与总收入之比（di_r）衡量城乡收入的总体差距：城镇（农村）居民

可支配收入总和与总收入之比，$di_u=\frac{Y_u}{Y}$，$di_r=\frac{Y_r}{Y}$。其中，Y_u 为城镇居民人均可支配收入与城镇人口的乘积；Y_r 为农村居民人均可支配收入与农村人口的乘积；Y 为 Y_u 与 U_r 之和。

选择的中介变量包括劳动报酬占比（pl_{it}）、城乡居民财产性收入占比（$pcpi$）以及地方财政支出占比（fe_{it}），分别以收入法 GDP 核算中的劳动者报酬占 GDP 比重、城镇（或农村）居民人均财产性收入占人均可支配收入比重和地方财政支出占 GDP 比例衡量。

参考已有文献做法，本文选取的控制变量 D_{it} 包括：经济发展水平（$lngdppc_{it}$），以人均 GDP 对数衡量；资本形成率（$invest_{it}$），以固定资本形成总额与 GDP 的比值衡量；产业结构（$nonagriculture_{it}$），以二、三产业增加值之和占 GDP 的比重衡量；城镇化率（$urbanization_{it}$），以城镇人口占总人口的比重衡量；经济开放程度（$trade_{it}$），以进出口总额占 GDP 的比重衡量；外商直接投资（fdi_{it}），以外商直接投资占 GDP 比重衡量。

（三）核心变量的描述性统计

表 1 反映了各变量的描述性统计结果。结果显示，城乡居民人均可支配收入比均值为 2.85，最大值为 4.59；城乡居民人均消费比与人均可支配收入比水平相当，同时反映我国存在较大的城乡收入差距。城镇居民收入份额均值为 75.22%，最大值为 95.27%，表明城镇居民收入占全国居民总收入的极大部分。杠杆率的均值为 133.35%，最大值为 327.36%，最小值为 54.78%，表明杠杆率在各省之间存在较大差异。

表 1　　　　核心变量的描述性统计

变量分类	变量	均值	标准差	最大值	最小值
被解释变量	城乡居民人均可支配收入比（$pcdi_{ur}$）	2.85	0.55	4.59	1.85
	城乡居民人均消费比（c_{ur}）（%）	2.55	0.53	4.26	1.69
	修正后泰尔指数（T_y）	0.43	0.15	0.78	0.09
	城镇居民收入份额（di_u）（%）	75.22	8.55	95.27	48.11
	农村居民收入份额（di_r）（%）	24.78	8.55	51.89	4.73

续表

变量分类	变量	均值	标准差	最大值	最小值
解释变量	杠杆率（$leverage_{it}$）(%)	133.35	55.40	327.36	54.78
控制变量	经济发展水平($lngdppc_{it}$)	10.47	0.61	11.85	8.66
	资本形成率($invest_{it}$)(%)	59.52	19.21	150.86	31.00
	产业结构($nonagriculture_{it}$)(%)	88.86	5.64	99.68	67.79
	城镇化率($urbanization_{it}$)(%)	53.16	14.39	89.60	21.13
	经济开放程度($trade_{it}$)(%)	4.41	5.28	24.44	0.25
	外商直接投资(fdi_{it})(%)	5.66	7.21	75.03	0.77
中介变量	劳动者报酬占 GDP 比重(pl_{it})(%)	46.95	6.09	64.55	30.24
	城镇人均财产性收入份额($pcpl_{it}$)(%)	4.80	3.85	17.62	0.36
	农村人均财产性收入份额($pcpl_{r}$)(%)	2.95	1.84	11.83	0.72
	财政支出占 GDP 比重(fe_{it})(%)	25.49	19.41	137.92	8.37

五、实证分析

本部分首先就杠杆率对城乡收入差距的总体影响进行实证分析，在此基础上，再对杠杆率影响城乡收入差距变动的机制路径进行检验，以对前面所提假设予以证明。

（一）杠杆率对城乡收入差距影响的总体分析

为更加全面、稳健地说明杠杆率对城乡收入差距的总体影响，分别用城乡居民人均可支配收入比（$pcdi_{ur}$）、修正的泰尔指数（T_y）和城乡居民收入份额（di）衡量城乡收入差距，以分析杠杆率对不同指标的影响程度及其差异性。

1. 杠杆率对城乡居民人均可支配收入之比的影响

在进行实证分析之前，我们首先需要进行豪斯曼检验，以确定杠杆率与城乡收入差距之间的关系是符合随机效应模型，还是固定效应模型。假设随机效应关系存在，但计算结果显示 P 值为 0，即应拒绝随机效应成立的原假设，而采用固定效应模型，回归分析结果如表 2 所示。

表 2　　杠杆率与城乡居民人均可支配收入比的回归结果

变量	回归结果	变量	回归结果
杠杆率	0. 1376 *** (2. 70)	城镇化率	-1. 0047 (-0. 81)
经济发展水平	-4. 3885 * (-1. 71)	经济开放程度	-2. 5994 (-2. 43)
资本形成率	0. 2859 (2. 37)	外商直接投资	-1. 8414 *** (-3. 33)
产业结构	2. 6780 ** (2. 21)	常数项	27. 1211 *** (1. 92)
个体效应	是	R^2	0. 91
年份效应	是	样本数	403

注：***、**、*分别表示在1%、5%和10%的置信水平下显著。

由表 2 可见，杠杆率的回归系数显著为正，说明杠杆率对城乡居民人均可支配收入比存在显著的正向影响，杠杆率每上升 1 个百分点会引致城乡收入差距扩大 0. 1376 个百分点。控制变量中，人均 GDP、产业结构及外商直接投资三个变量通过了显著性检验。其中，人均 GDP 的估计系数为 -4. 3885，显著为负，表明经济发展水平的提高对城乡收入差距的扩大具有显著的抑制作用，这表明我国在 2006—2018 年的经济快速增长中，经济增长的包容性程度在提高，农村居民从经济高增长中分享到了更多的收益，收入水平的增长显著高于城市居民的收入增长。① 产业结构的估计系数为 2. 6780，显著为正，说明二、三产业的发展对城乡收入差距的扩大有着极为显著的催化作用。分析其中的原因，主要在于二、三产业的发展虽然有利于吸收更多的农村劳动力就业从而增加其收入水平，但因二、三产业更多集聚于城市，其快速发展产生的集聚效应带来了城市居民收入的更快增长，这在客观上加剧了城乡收入差距的扩大。外商直接投资的估计系数为 -1. 8414，显著为负，说明外商直接投资的增加对城乡收入差距具有较为显著的缓和作用，这与现有文献的研究结论基本一致，其原因在于外商直接投资的增加创造了大量的就业机会，

① 据《中国统计年鉴》资料，2006—2018 年中国农村居民人均可支配年均增长率为 11. 41%，城镇居民人均可支配收入年均增长率为 9. 72%。

农村剩余劳动力占据了其中的绝对份额，农村居民的工资性收入得以增加，从而对城乡收入差距的扩大起到了一定的抑制作用。其他变量如资本形成率、城镇化率、经济开放程度等的估计系数虽符合预期，但不显著。

2. 杠杆率对修正的泰尔指数的影响

用修正的泰尔指数衡量城乡收入差距，豪斯曼检验表明杠杆率对泰尔指数的影响同时存在随机效应和固定效应，两种效应下的回归结果见表 3，列（1）和列（2）分别是固定效应和随机效应的回归结果。

表 3　　杠杆率与修正后泰尔指数的回归结果

变量	(1)	(2)
杠杆率	0.0105 *** (2.90)	0.0106 *** (3.00)
常数项	3.0162 *** (6.29)	3.5656 *** (7.87)
控制变量	是	是
个体效应	是	是
年份效应	是	是
R^2	0.99	0.93
样本数	403	403

注：*** 表示在 1% 的置信水平下显著。

由表 3 可见，两种效应模型中杠杆率的回归系数均显著为正，且系数大小基本稳定，表明杠杆率在一定程度上对城乡收入差距有显著的扩大效应，杠杆率每提升 1 个百分点，引致城乡收入差距扩大 0.0105 ~ 0.0106 个百分点。此外，人均 GDP 对数的回归系数显著为负，说明经济发展水平对收入差距的扩大有一定的遏制作用。固定效应模型回归结果中外商直接投资系数显著为负，与上文分析一致。

3. 杠杆率对城乡居民收入份额的影响

表 4 是分别以城乡居民收入份额为被解释变量的回归结果，其中列（1）和（3）是固定效应回归结果，列（2）和（4）是随机效应回归结果。其中，列（1）和列（2）分别为杠杆率对城镇居民收入份额固定效应和随机效应模型回归结果，列（3）和列（4）分别为杠杆率对农村居民收入份额固定效应

和随机效应模型回归结果。结果显示，杠杆率的回归系数在两个模型中系数大小非常稳定，说明杠杆率提升对城镇居民收入份额增加具有显著的正向作用，而与农村居民收入份额的变化呈现负向作用，即杠杆率的提升会拉大城乡收入差距。此外，城镇化率对城镇居民收入份额提高虽然有一定促进作用，却会降低农村居民收入份额，原因可能在于我国的城镇化进程中出现的“半城镇化”情况，土地城镇化的速度高于人口城镇化速度，失去土地的农村劳动力流入城镇后不论在公共服务还是社会保障上，都与城镇居民有显著差距；同时，由于就业歧视和工作稳定性等原因，农村居民难以获得稳定增长的收入，却要负担维持城市基本生活的一系列较高支出，使城乡收入差距进一步扩大。

表 4　　杠杆率与城乡居民收入份额的回归结果

变量	城镇居民收入份额		农村居民收入份额	
	(1)	(2)	(3)	(4)
杠杆率	0.0078*** (3.87)	0.0077*** (3.88)	-0.0078*** (-3.86)	-0.0077*** (-3.88)
常数项	0.5436** (2.02)	0.8338*** (3.27)	0.4564 (1.70)	0.1661 (0.65)
控制变量	是	是	是	是
个体效应	是	是	是	是
年份效应	是	是	是	是
R^2	0.99	0.86	0.99	0.86
样本数	403	403	403	403

注：***、** 分别表示在1%和5%的置信水平下显著。

综合以上实证结果可见，用三种不同指标衡量城乡收入差距，杠杆率对其的影响都显著为正，表明杠杆率提升对城乡收入差距扩大具有显著的加剧作用，这与前文基于理论分析得出的预期假设完全一致。

（二）杠杆率影响城乡收入差距的机制分析

为进一步分析杠杆率对城乡收入差距影响的作用机制，结合上文理论分析，分别对杠杆率与劳动报酬比重、居民财产性收入份额和地方政府财政支出比重三个中介变量进行回归分析。

1. 杠杆率对劳动报酬比重的影响

运用豪斯曼检验，结果显示 P 值为 0.0081，则杠杆率对劳动报酬比重的影响只存在固定效应。表 5 显示了以劳动报酬比重为被解释变量的固定效应模型的回归结果。结果显示，杠杆率的估计系数为 -0.0121，显著为负，说明杠杆率的提高降低了初次分配中的劳动报酬比重，这与前文提出的假设一致。除此之外，经济开放程度的回归系数显著为负，说明经济开放程度的增加会降低劳动报酬比重，可能的原因在于经济开放会带来资本的流动，使资本的重置成本下降，加之地方政府出于“经济锦标赛”的现实需要而对吸引外资具有更高的热情。在这一过程中，资本所有者更具有谈判能力，劳动收入份额自然会下降。从生产要素和技术进步的角度来看，杠杆率越高，资本对劳动的替代作用就越强，企业会采用更加资本密集的方式进行生产。同时，投资资金增加，企业投资扩张，不利于劳动收入份额的增长。从制度经济学的角度来看，劳资关系中劳动者的谈判能力会影响劳动工资率从而影响劳动所得占国民收入的比重，杠杆率越高，企业的劳动需求弹性越大，资本所有者相比劳动者处于谈判的优势地位，劳动报酬比重则会降低。因此，杠杆率的提高通过扭曲初次分配中劳动报酬比重扩大了城乡收入差距。

表 5　　杠杆率与劳动报酬比重的回归结果

变量	劳动报酬比重
杠杆率	-0.0121 * (-1.74)
常数项	-1.3263 ** (-2.30)
控制变量	是
个体效应	是
年份效应	是
R^2	0.77
样本数	403

注：**、*分别表示在5%和10%的置信水平下显著。

2. 杠杆率对居民财产性收入份额的影响

将杠杆率对城镇和农村居民财产性收入份额回归运用豪斯曼检验，结果显示 P 值分别为 0.0002 和 0.0009，均拒绝存在随机效应的原假设，则杠杆率对城镇和农村居民财产性收入份额的影响只存在固定效应。杠杆率对居民财产性收入份额存在的固定效应的回归结果如表 6 所示。其中，第一列为杠杆率对城镇居民财产性收入份额固定效应模型回归结果，第二列为杠杆率对农村居民财产性收入份额固定效应模型回归结果。结果显示，杠杆率对城镇居民财产性收入份额有显著的正向作用，而对农村居民财产性收入份额有显著的负向作用，这与本文的前述假设相符。关于城乡居民的财产性收入变动，主要与金融资产和房产等财产的初始拥有量和分配有关，由于金融发展的城市偏好，城市居民可以得到更多金融创新带来的收益，享受更加便捷和多样的金融服务，而杠杆率的提高更促使了初始财富较高的城市居民通过金融市场投资增加其财产性收入，与此同时，杠杆率的提高对城市住房投资与居民自有房产财富的增加起到促进作用，提高了城市居民财产性收入份额，最终进一步扩大了城乡收入差距。

表 6　　杠杆率与居民财产性收入份额的回归结果

变量	城镇居民财产性收入份额	农村居民财产性收入份额
杠杆率	0.0130*** (3.01)	-0.0077*** (-3.62)
常数项	0.5059 (1.40)	0.3233* (1.83)
控制变量	是	是
个体效应	是	是
年份效应	是	是
R^2	0.78	0.77
样本数	403	403

注：***、*分别表示在1%和10%的置信水平下显著。

3. 杠杆率对地方财政支出份额的影响

运用豪斯曼检验，结果显示 P 值为 0，应拒绝存在随机效应的原假设，则杠杆率对地方财政支出份额的影响只存在固定效应。表 7 显示了以地方财政支出份额为被解释变量的回归结果。结果显示，杠杆率回归系数显著为正，说明杠杆率的提高会增加地方财政支出占 GDP 的比重，这与前文预期相符。由于财政支出的城镇偏向，城市的基础建设投资、公共服务和人力资本投资等都优于农村，导致城市的经济发展水平、社会福利和劳动者学历或技能都高于农村，同时农村居民在初始经济条件落后的基础上，也难以通过金融市场进行人力资本投资而进入高收入的技术密集型部门，最终导致城乡收入差距进一步扩大。

表 7　　杠杆率与财政支出份额的回归结果

变量	财政支出份额
杠杆率	0.0722*** (9.35)
常数项	-3.5549*** (-5.55)
控制变量	是
个体效应	是
年份效应	是
R^2	0.97
样本数	403

注：***表示在 1%的置信水平下显著。

六、主要结论与政策建议

收入分配是否公平是影响经济长期增长和社会稳定的重要因素，城乡收入差距是我国当前收入分配格局的重要方面，而杠杆率作为影响金融风险和经济稳定的重要指标，是否会对收入分配这个深层次社会问题造成影响，在关于这个问题的思考基础上，本文利用 2006—2018 年中国省级面板数据研究了经济与制度运行的背后，杠杆率对城乡收入差距的作用以及影响机制。实证结果表明：无论是用城乡居民人均可支配收入比、修正的泰尔指数，还是城镇居民（或农村居民）收入份额衡量城乡收入差距，杠杆率的上升均对城乡收入差距的扩大具有显著的推动作用。进一步的机制路径分析表明，杠杆率提升对城乡收入差距的扩大作用是通过降低初次分配中劳动者报酬比重、增加城镇居民财产性收入份额以及增加地方政府财政支出比重三种机制路径而实现的。

基于上述研究结论，本文提出以下几点政策建议：

第一，优化整体债务结构，纠正杠杆错配。我国现阶段资本和劳动要素禀赋情况为资本相对于劳动短缺，由此造成杠杆率的上升进一步促进了资本对劳动的替代作用。因此，政府应该注重杠杆配置效率，鼓励民营金融机构或中小银行的发展，提高对民营中小企业的金融支持，从而改善中小企业的营商环境；适度支持劳动密集型产业发展，提高农村剩余劳动力的就业，达到增加农村居民收入和改善劳动收入份额的目的，从而有利于城乡收入差距的缩小。

第二，在“稳杠杆”目标基础上继续发展普惠金融。发展普惠金融，让金融资源在城市和农村之间相对合理地分配，支持农村产业发展，增加农村信贷资源比重，提高农业生产效率实现农业发展；同时，农村低收入者可以进行人力资本投资以提高其学历和技能，逐步向高收入的非农产业转移，使农村居民也可以在杠杆率上升中获益，增加收入。

第三，应将杠杆率上升带来的财政支出份额的增加统筹城乡发展。增加对农村基础设施建设、农业生产、教育、公共服务等事业的投入，改善不公平的城乡二元结构，增加农民的就业和收入，从根本上缩小城乡收入差距。

参考文献

［1］刘晓光，刘元春，申广军．杠杆率的收入分配效应［J］．中国工业经济，2019(2)．

［2］李实．中国个人收入分配研究回顾与展望［J］．经济学(季刊)，2003(6)．

［3］陈斌开，林毅夫．发展战略、城市化与中国城乡收入差距［J］．中国社会科学，2013(4)．

［4］李实，朱梦冰．中国经济转型40年中居民收入差距的变动［J］．管理世界，2018(12)．

[5] 彭定赟，陈玮仪．基于消费差距泰尔指数的收入分配研究[J]. 中南财经政法大学学报，2014(2).

[6] 孙永强．金融发展、城市化与城乡居民收入差距研究[J]. 金融研究，2012(4).

[7] 张杰．城市偏向对收入差距的影响:劳动力流动的中介效应分析[J]. 经济问题探索,2020(4).

[8] 李实，吴彬彬．中国外出农民工经济状况研究[J]. 社会科学战线,2020(5).

[9] 陆铭，陈钊．城市化、城市倾向的经济政策与城乡收入差距[J]. 经济研究，2004(6).

[10] 雷根强，蔡翔．初次分配扭曲、财政支出城市偏向与城乡收入差距:来自中国省级面板数据的经验证据[J]. 数量经济技术经济研究，2012(3).

[11] YANG D T. Urban - biased policies and rising income inequality in China [J]. The American Economist, 1999.

[12] KANBUR R, ZHANG X. Fifty years of regional inequality in China: a journey through central planning, reform, and openness[J]. Review of Development Economics, 2005(1).

[13] Knight P. Tests of Financial intermediation and banking reform in China[J]. Journal of Comparative Economics, 2016(4).

公平机制视角下不同农村金融机构之间博弈均衡分析

李　建　王满仓[①]

摘 要： 新型农村金融机构与传统农村金融机构是目前农村金融供给的重要力量，在促进农村经济发展和改善农村金融服务方面均发挥着重要作用。新型农村金融机构的出现，使传统农村金融机构的垄断地位有所动摇，农村金融供给呈现垄断竞争的格局。本文通过引入一种有效的金融公平机制，构建了两者之间的合作博弈均衡模型。从博弈的角度，探讨了现阶段我国新型农村金融机构与传统农村金融机构并存发展的内在机理，并提出了发挥比较优势、共同推进标准化服务、加强合作共担风险等相关对策和建议进而推进完善我国农村金融组织体系。

关键词： 新型农村金融机构；传统农村金融机构；博弈均衡；公平机制

一、引言

中国农村经济发展始终存在较大的资金缺口。根据中国社科院财经战略研究院发布的《中国“三农”互联网金融发展报告（2016）》，自 2014 年起，我国“三农”金融缺口超过 3 万亿元。资金短缺严重阻碍了中国农村经济的

① 作者简介：李建，经济学博士研究生，西北大学经济管理学院，E - mail：lijiani@ xawl. edu. com.
王满仓，经济学博士，教授，西北大学经济管理学院，E - mail：wang - mc@ 126. com.

进一步发展。中国经济能否实现持续、快速、健康发展，关键要看农村经济问题解决得如何，而农村经济问题的解决离不开农村金融体系的支持（李勇坚、王弢，2016）。一直以来，农村金融是中国金融体系最薄弱的环节，农村金融问题是“三农”问题的重要部分，这在很大程度上因为农村金融资源配置不充分，金融市场缺乏竞争（温涛等，2015）。2006 年，中国启动了以“降低农村金融市场准入标准、建立新型农村金融机构”为核心的新一轮农村金融改革。中国新型农村金融机构主要有村镇银行、小额贷款公司、资金互助社等商业性银行。与其相对的传统农村金融机构，主要有中国农业银行、农村信用社、农村商业性银行等。随着新型农村金融机构的陆续成立，为争夺一定的市场份额，农村信贷市场上形成了新型农村金融机构与传统农村金融机构“双寡头”竞争格局。竞争是效率之源，农村金融机构间的适度竞争可以打破垄断，提升农村金融服务绩效（温涛等，2015）。允许农村金融机构多元化，促进农村金融机构之间的相互竞争，几乎成为解决当前农村金融问题的多方共识。

二、文献综述

尽管新型农村金融机构短期内还存在实力、品牌等方面的问题，但是新型农村金融机构的出现，使传统农村金融机构的垄断地位有所动摇，增加了传统农村金融机构的危机感，使两博弈方从“寡头垄断”演变成“垄断竞争”。而目前农村金融市场的这种竞争格局，更有利于解决农村融资难问题（姚凤阁、董晓红，2013）。同时，新型农村金融机构扩张对普惠金融发展水平有显著的正向影响，并且在金融市场竞争水平越高的区域，这种影响越大（张正平、杨丹丹，2017）。但是，我们也应看到新型农村金融机构的三类机构（村镇银行、贷款公司和农村资金互助社）逐渐呈现出非均衡状态，主要表现为三类机构间的数量、规模及绩效非均衡，地域分布非均衡和金融服务能力非均衡（刘吉舫、李梅，2017）。虽然农村金融机构支持农村经济发展取得了很大的成绩，但在金融支持农村产业融合发展方面目前仍存在涉农信贷资金总量增长缓慢、中长期大额贷款供给不足、直接融资渠道不畅、金融创新持续性差和多部门协同服务机制不健全等问题（张林、温涛，2019）。

虽然新型农村金融机构与传统农村金融机构在客户资源和业务运营方面存在一定的利益冲突，但是在资金、信息和技术领域存在广阔的合作空间（张海霞等，2016）。农村金融产品具有一定的非排他性、非竞争性和不可分割性。因此，农村金融产品具有一定的公共产品特征。在农村金融这块“大蛋糕”的博弈中，新型农村金融机构与传统的农村金融机构参与者的行为之间有较强的竞争性，加之农村金融本身具有较强的正外部性，农村金融机构的贡献可能带来较低的回报，这种受益将导致所有参与者的集体困境，这是“公共物品的社会困境”。除此之外，农村金融市场上的两类主体如何能够公平地参与金融活动，进行金融交易，享受金融福利，通过竞争实现对农村金融稀缺的资源优化配置，推进农村普惠金融的发展也是值得深思的问题。武汉大学冯果教授认为，“金融公平是指在金融活动中，各类主体不因自身经济实力、所有权性质、地域和行业等因素而受到差别对待，能够公平地参与金融活动，机会均等地分享金融资源，形成合理有序的金融秩序，并通过金融市场实现社会利益的最大化”（冯果、袁康，2012）。

本文采用一种有效的公平机制，即惩罚机制，解决这一问题。当我们形成这个机制时，合作者大多是条件合作者（Fischbacher et al.，2001）。社会正义是合作的必要前提（叶航，2001），惩罚可以通过产生公平效用满足个体参与者的内在正义感，从而使背叛者的进化优势不断降低，使集体理性的形成成为逻辑。最后，结合实际提出了相应的对策建议。

三、博弈关系假设及公平机制引入

（一）博弈假设

新型农村金融机构和传统农村金融机构均以农民或农村小微企业为主，以货币信贷为主业，通过金融供给和金融服务实现农村金融机构的社会价值，同时通过获取利润实现可持续发展。但是，双方之间还是存在一定的互利合作和横向竞争的关系。新型农村金融机构和传统农村金融机构为当地农民和特定农村地区的农户企业提供金融服务。由于特定区域的客户资源有限，因此必须进行竞争。客户资源中的竞争问题一直存在。与此同时，双方也存在合作的可能性。新型农村金融机构在客户定位和产品业务方面与传统农村金融机构基本相同，但在经营方式、风险防护、业务流程和社会影响方面存在一定的差异。作为农村金融产品供给的主要参与者，传统金融机构与新型农村金融机构选择合作都是一种称为“集体理性”的现象，但其中任何参与一方的效用水平都必须高于单独行动时参与方获得的效用。然而，考虑到公共物品的特征属性，理性的参与者将在最大化效用水平的过程中存在缺陷。因此，合作者将存在一定的不稳定性。在这种情况下，个人理性与集体理性将发生一定的冲突，导致博弈困境的产生。基于博弈双方的关系，本文仅做如下假设：

H1：假设博弈双方的参与者，即新型农村金融机构和传统农村金融机构都是理性的经济人，意在通过博弈实现自己的效用最大化暨在特定条件下做出最大化自身利益的决策。

H2：假设新型农村金融机构和传统农村金融机构有两种战略选择，即合作与竞争。合作意味着游戏参与者对合作的预期收益持积极乐观的态度，愿意承担合作带来的风险，从而以利益冲突切割业务，明确业务分工和业务范围，并投资于产品创新。竞争意味着游戏参与者对合作的预期回报持保守消极态度，即他们无法澄清合作的投入和产出，不愿承担合作带来的风险，或者对合作产生争议。

H3：假设新型农村金融机构和传统农村金融机构始终保持现有的业务条件，博弈双方预期分配合作收益。如果新农村金融机构和传统农村金融机构选择合作战略，那么双方将获得增量协同效应；如果其中一方选择合作而另一方选择竞争，合作伙伴将失败，竞争对手将产生合作信誉和声誉的损失；如果双方都采用竞争战略，那么双方都会维持正常的回报。因此，博弈双方的合作意味着在损失和收入之间进行权衡。

（二）公平机制分析

1. 没有惩罚的公平机制

假设参与农村金融业务的新型金融机构与传统农村金融机构的双方有两种策略，即合作和背叛。设合作者的贡献 q_c 为 1，背叛者的贡献 q_d 为 0。因此，总贡献等于合作者的数量。总贡献将乘以 1 个因子，然后在所有参与者中平均分配。每个参与者的利润是分配配额与贡献之间的差额，设定利润与效用之间可以发生等效替代。效用水平由利润决定，受公平影响。基于此，参与者的效用等级为

$$U = U_p + U_e = \left[\frac{k_1 n_c}{n} - q\right] + U_e \tag{1}$$

其中，U_p 和 U_e 分别表示利润效用和公平效用；n 和 n_c 分别表示参与者和合作者的人数；k_1 为收入乘数；q 为该参与者的贡献。

本文设置了方差，总投入的平均值为 σ^2 和 μ，认为一个参与者的公平效用是由方差（σ^2）和平均投入与平均投入之差（$\mu - q$）决定的。

引理 1：当 σ^2 定量时，U_e 和 $\mu - q$ 为正相关，当 $\mu - q$ 为定量时，U_e 与 σ^2 负相关。当已知 $0 = q_d = q_{\min} \leqslant \mu \leqslant q_{\max} = q_c = 1$，然后我们可以确定 $-1 < \mu - q < 1$ 和 $\mu - q - 1 < 0$。因此，设置公平效用的公平机制为

$$U_e = k_2(\mu - q - 1)\sigma^2 \tag{2}$$

式中，k_2 为（0，1）范围内的公平乘数。公平机制的形成是以“效率优先，兼顾公平”为原则的，具体表现在两个方面：首先，参与者的公平效用显然不是一个正数。如果它的利润效用为负，总效用必然为负。因此，效率是重中之重。其次，由于 k_2 范围的原因，公平性不是决定性因素。该机制是公平原则的体现，让我们基于这一原则分析一个参与者的效用：

$$\mu = \frac{1n_c + 0n_d}{n} = \frac{n_c}{n} \tag{3}$$

$$\sigma^2 = \frac{n_c\left(1 - \frac{n_c}{n}\right)^2 + n_d\left(0 - \frac{n_c}{n}\right)^2}{n} = \frac{nn_c - n_c^2}{n^2} \tag{4}$$

$$U_{ce} = k_2(\mu - q_c - 1)\sigma^2 = k_2\left(\frac{n_c}{n} - 2\right)\frac{nn_c - n_c^2}{n^2} = -k_2\frac{n_c(n - n_c)(2n - n_c)}{n^3} \tag{5}$$

$$U_{de} = k_2(\mu - q_d - 1)\sigma^2 = k_2\left(\frac{n_c}{n} - 1\right)\frac{nn_c - n_c^2}{n^2} = -k_2\frac{n_c(n - n_c)^2}{n^3} \tag{6}$$

其中，U_{ce} 表示合作者的公平效用；U_{de} 表示背叛者的公平效用。

将式（5）和式（6）分别代入式（1）可得

$$U_c = U_{cp} + U_{ce} = \left(\frac{k_1 n_c}{n} - 1\right) - k_2 \frac{n_c(n - n_c)(2n - n_c)}{n^3} \tag{7}$$

$$U_d = U_{dp} + U_{de} = \frac{k_1 n_c}{n} - k_2 \frac{n_c (n - n_c)^2}{n^3} \tag{8}$$

其中，U_c 和 U_d 分别表示合作者和背叛者的总效用水平；U_{cp} 和 U_{dp} 分别为合作者和背叛者的利润效用。

命题1：没有惩罚，社会困境是不可避免的结果。

通过设置 $f = U_c - U_d$，我们可以确定积极的和消极的参与者谁的效用水平更高。注意 $f = -1 - k_2 \frac{nn_c - n_c^2}{n^2} < 0$，在任何情况下，背叛者的总效用会大于合作者的效用。在效用最大化的过程中，合作者会改变其决定从而形成新的背叛者。这是一个社会困境。

2. 带惩罚的公平机制

在这种机制下，合作者可以通过收取费用 C 惩罚背叛者，由叛逃者单独支付的罚款为 δ。合作者的新投入为 $q'_c = 1 + \frac{C}{n_c}$，叛逃者的投入为 $q'_d = \delta$。当然，如果没有合作者或背叛者，惩罚也就不存在。当惩罚实施时，我们可以确定的是 $0 < n_c < n$。为了简化公式，设

$$g = (1 - \delta)n_c + C \tag{9}$$

我们对总投入的平均值和方差分析如下：

$$\mu' = \frac{\left(1 + \frac{C}{n_c}\right)n_c + \delta n_d}{n} = \frac{(1 - \delta)n_c + C}{n} + \delta = \frac{g}{n} + \delta \tag{10}$$

$$(\sigma')^2 = \frac{n_c\left(1 + \frac{C}{n_c} - \frac{g}{n} - \delta\right)^2 + n_d\left(\delta - \frac{g}{n} - \delta\right)^2}{n} = g^2 \frac{n - n_c}{n^2 n_c} \tag{11}$$

式中，μ'、$(\sigma')^2$ 分别为合作者惩罚背叛者时总投入的平均值和方差。在式（2）的基础上，可分析得到合作者和背叛者的公平效用。

$$U'_{ce} = k_2(\mu' - q'_c - 1)(\sigma')^2 = -k_2 g^3 \frac{(n - n_c)^2}{n^3 n_c^2} - k_2 g^2 \frac{n - n_c}{n^2 n_c} \tag{12}$$

$$U'_{de} = k_2(\mu' - q'_d - 1)(\sigma')^2 = k_2 g^3 \frac{n - n_c}{n^3 n_c} - k_2 g^2 \frac{n - n_c}{n^2 n_c} \tag{13}$$

根据以上方程，我们可以确定合作者和背叛者的总效用，相应的如下：

$$U'_c = \left[\frac{k_1 n_c}{n} - \left(1 + \frac{C}{n_c}\right)\right] - k_2 g^3 \frac{(n - n_c)^2}{n^3 n_c^2} - k_2 g^2 \frac{n - n_c}{n^2 n_c} \tag{14}$$

$$U'_d = \left(\frac{k_1 n_c}{n} - \delta\right) + k_2 g^3 \frac{n - n_c}{n^3 n_c} - k_2 g^2 \frac{n - n_c}{n^2 n_c} \tag{15}$$

每个参与者的最终决定由其最高效用水平决定。一个人的效用由所有变量决定。因此，本文提出 $F = U'_c - U'_d$ 公式，其中 F 是 $F(C;\delta;n;n_c;k_1;k_2)$ 的简化。因此，我们可以通过积极和消极的策略确定更好的 F 策：

$$F = U'_c - U'_d = -\left(1 - \delta + \frac{C}{n_c}\right) + k_2(\mu' - q'_c - 1)(\sigma')^2 - k_2(\mu' - q'_d - 1)(\sigma')^2$$

$$= -\frac{g}{n_c} - k_2 \frac{g}{n_c}(\sigma')^2 \tag{16}$$

通过分析得到 F 和 g，有相反的正负值。在此，k_1 和 k_2 在解决这一社会困境中发挥着关键作用，但它们可以作为一个任意值，由集群和参与者的属性决定。n 表示集群的规模，当所有参与者的效用为正时，它将扩大，但是如果存在负效用，则规模缩小。此外，n_c 随着参与者战略的变化，显然会发生变化。因此，需要对该问题进行复杂的分析。在这个时候，C 和 δ 可以由当局决定。他们的价值观应该在一个合理的范围内，这不能阻碍集群的发展，应该促进合作的出现。相对而言，我们先分析 C 和 δ，公式如下：

$$\frac{\partial F}{\partial C} = -\frac{1}{n_c} - 3k_2 g^2 \frac{n - n_c}{n^2 n_c^2} < 0 \tag{17}$$

$$\frac{\partial F}{\partial \delta} = 1 + 3k_2 g^2 \frac{n - n_c}{n^2 n_c} > 0 \tag{18}$$

当其他变量为常数时，F 与 C 为负相关，F 与 δ 之间的相关性为正。因此，F 和 g 也是负相关的。基于这一发现，我们开始研究 C 和 δ 并定义一个新的变量 A。

如果 C 和 δ 的值使 $\frac{C}{n} + 1 \geqslant \delta$，那一定是 $\frac{C}{n_c} + 1 \geqslant \delta$。无论 n_c 是什么价值，合作者（$q'_c = 1 + \frac{C}{n_c}$）的输入必须不低于背叛者的（$q'_d = \delta$），这使 $g \geqslant 0$

和 $F \leqslant 0$ 。因此，无论是否实施惩罚，合作者的总效用水平都不能高。这种现象是一种社会困境。这一结果表明，惩罚性成本过高，或者形成合作的处罚极低。因此，他们的价值观是不合理的，应该是 $\frac{C}{n}+1-\delta=\frac{C+n(1-\delta)}{n}<0$ 。而且，我们可以知道 $1-\delta<0$ ，如果不是，这种不公平就是不合逻辑的。我们可以获得 $C+n(1-\delta)<0<C+0(1-\delta)$ 通过结合 C 和 δ 的值获得。然后，我们可以确定 A 范围为 0 到 n 的存在，使 $C+A(1-\delta)=0$ ，我们也可以认为 $A=\frac{C}{\delta-1}$ 。

命题 2：当合作者惩罚叛逃者时，如果合作者 n_c 的数量少于 A ，并且 $g>0, F<0$ 肯定，背叛是最优的策略。因此，如果 $n_c \geqslant A$ ，我们可以获得 $g \leqslant 0$ 和 $F \geqslant 0$ 。因此，合作策略是较优策略。如果 $n_c<A$ ，那一定是 $g=(1-\delta)n_c+C>(1-\delta)A+C=0$ 因为负的 $1-\delta$ ，它基于式（9）。那么，F 必须依赖于 g 和 F 的相关性。如果 $n_c \geqslant A$ ，它可以证明 $g \leqslant 0$ 和 $F \geqslant 0$ ，一种类似的方式。

此外，成本（ C ）不固定，惩罚将很难实施，随着集群的扩大，难度将进一步恶化。因此，我们可以获得 $\frac{dC}{dn}>0$ 和 $\frac{d^2C}{dn^2}>0$ ，设定 $C=k_3n^2(0<k_3<1)$ 。

四、博弈过程及均衡分析

（一）两方博弈

集群中的每个参与者都有自己的策略（背叛、合作接受惩罚、合作而不受惩罚）。但是，所有合作者都同样支付博弈费用。合作者应该选择是否一起惩罚背叛者。因此，这些策略不可能共存，最多有两种策略。基于这一论点，我们将所有参与者分为两组，当聚类的大小固定时，即第Ⅰ组和第Ⅱ组。它们的数量分别表示为 n_1 和 n_2 。每个玩家在每组中选择相同的策略。它是同一战略小组的形成。然后，博弈开始。每个小组在自己的战略空间中选择一个战略，用于形成以表 1 所示的博弈模型。

表 1 两方博弈模型

组 I		组 Ⅱ		
		背叛	合作	
			惩罚	不惩罚
背叛		U_{11}^{1} ，U_{11}^{2}	U_{12}^{1} ，U_{12}^{2}	U_{13}^{1} ，U_{13}^{2}
合作	惩罚	U_{21}^{1} ，U_{21}^{2}	—	—
	不惩罚	U_{31}^{1} ，U_{31}^{2}	—	U_{33}^{1} ，U_{33}^{2}

根据前文分析，合作者应该选择是否一起惩罚背叛者，如果不存在背叛者，则不存在惩罚。所以，如果没有背叛者，就意味着每个人的战略都是合作而不受惩罚。那么，这个表中有三个空白是合理的。

我们可以根据式（7）、（8）、（14）和（15）计算出 U_c 、U_d 、U'_c（当所有变量都是常数时）。然后，我们使用它们分析表 1 中的每个效用级别。例如，当所有组一起选择背叛时，U_{11}^{1} 是第一组玩家的效用。此外，U_{11}^{1} 是没有合作者和没有惩罚的判逃者的效用。所以，很明显的 $U_{11}^{1} = U_d(n_c = 0) = 0$ 。随后，开始分析均衡。

如果这种模型的均衡是所有参与者都是叛逃者，那么这种情况就成了社会困境。根据式（8），每个人的利润为 0。此时，他的公平效用也为 0。因此，每个人都无法获得总效用的增量，往往会离开集群，应避免这种平衡。

合作者和叛逃者的共存也可以是平衡的。这种现象在现实中无处不在，这将是本文的最终结果。第一个平衡点是双方都不选择合作。第二个平衡点是合作者和背叛者同在。第三个平衡点是每个人都选择合作并被称为“完全合作”。当在式（7）中 $n_c = n$ 时，每个人的总效用是 $U_c = k_1 - 1 > 0$ 。这种情况实际上是理想状态和该模型希望实现的状态。因此，所有分析都为此目的进行。

（二）多方博弈

引理 2：考虑到参与者的有限理性，当其他参与者的效用大于自己的效用时，参与者会改变策略。此外，他们不会考虑更改是否会增加他们的效用水平。

当集群规模足够庞大时，很难形成一个具有相同策略的集群。在这种情况下，参与者将各自作出决定。因此，引理 2 将导致合作者数量的变化。在数字改变后，所有合作者应该统一他们的意见是否惩罚。在此基础上，在合作量不变的情况下，通过设置 $h_{n_c} = U'_c - U_c$。$h_{n_c} > 0$ 表示合作者期望执行惩罚以获得额外效用。惩罚是更好的策略。当 $h_{n_c} \leqslant 0$，我们可以用类似的方法分析决策。

1. 规模固定的博弈

k_1 和 k_2 由集群和参与者属性决定。C 和 δ 经权威机构确认，所有这些基本变量都可以是常数。因此，在一定规模的集群下，n 也是恒定的，参与者会为了追求效用水平的最大化而改变策略。然后，当合作伙伴的数量在小范围内没有变化或波动时，就会达到平衡。因此，有五种均衡，可分为三类。

在分析这些均衡之前，我们加上当合作伙伴的数量为 n_c 时，U_c^* 被定义为惩罚后合作伙伴的最终效用，U_d^* 为叛逃者的效用。例如，如果 $h_{n_c} > 0$，惩罚对合作者更好。因此，合作者的结果策略是惩罚叛逃者，其结果效用必然是 $U_c^* = U'_c$。叛逃者的最终效用 U_d^* 必须等于 U'_d。如果不是，以类似的方式，$U_c^* = U_c$ 并且 $U_d^* = U_d$。那么，$F_{n_c}^*$ 被定义为等于 U_c^* 和 U_d^* 的差，当合作者的数量为 n_c 时。在此基础上，我们得到了以下均衡。

（1）稳定均衡

如果每个参与者在一种状态下不改变他们的决定，这种状态称为“稳定均衡”。这种状态的三种类型基于引理 2。

首先，当只有一个合作者存在时，和叛逃者的效用相比 U_d^* 更大，而后者将成为新的叛逃者。所以这个情景，当 $n_c = 1$ 和 $F_1^* < 0$ 时，是一个社会困境。此外，我们达到了新的平衡。

其次，如果 $n_c = n - 1$ 和 $F_{n-1}^* > 0$，那么唯一具有有限理性的叛逃者一定会选择成为合作者。这种情况达到一种称为“完全合作”的平衡，即每个人都选择合作。

最后，我们将合作伙伴的均衡量 B 设定在合理范围内，其中所有参与者的最终效用都是相同的。此外，叛逃者的结果效用随着 B 的增加而增大，合作者的结果效用随着 B 的减少而增大，即 $F_B^* = 0$ 且 $F_{B+1}^* < 0$ 和 $F_{B-1}^* > 0$。合作者数的最终值必然是稳定的。

（2）振动均衡

如果叛逃者对其产生的效用比较满意，则当数量 n_c 为 B 时，将发生由 B 到 $B-1$ 的变化。然后，可以推断出合作者的效用水平更高。n_c 将会从 $B-1$ 再次变到 B 。所以，我们可以确定什么时候 $F_B^* < 0$ 和 $F_{B-1}^* > 0$ ，n_c 会在 $B-1$ 和 B 之间不断变化，它是振动平衡的形成基础。然后，我们把 B 看作平衡点。若 $F_B^* > 0$ 且 $F_{B+1}^* < 0$ ，则情况与上述分析相同，只是赋值不同。

（3）不稳定均衡

当 $n_c = B$ ，所有玩家的效用水平也是相同的。然而，如果 $n_c = B+1$ ，结果将促进 n_c 增加，因为合作者得到更多。反之，如果 $n_c = B-1$ ，n_c 就会降低。也就是说，$F_B^* = 0$ ，$F_{B+1}^* \geqslant 0$ 或 $F_{B-1}^* \leqslant 0$ 。这种状态是一种均衡，随着战略的变化这种均衡将被打破。如果发生后者，状态就会变得不稳定。

命题 3：振动均衡是脱离社会困境形成的唯一结果。

到目前为止，所有均衡都存在局限性。然而，有几个不是我们想要在限制中形成的结果。根据如上分析得到表 2。

表 2　　F^* 在不同条件下的结果

条件	$h_{n_c} < 0$	$h_{n_c} \geqslant 0$
$n_c < A$	$F_{n_c}^* = f < 0$	$F_{n_c}^* = F < 0$
$n_c \geqslant A$	$F_{n_c}^* = f < 0$	$F_{n_c}^* = F \geqslant 0$

设定 $h_{n_c} = U'_c - U_c$ ，根据命题 1 和命题 2，我们知道如果 $h_{n_c} < 0$ ，它一定是 $F_{n_c}^* < 0$ ，因为 $F_{n_c}^* = f$ 且没有惩罚。但是，如果 $h_{n_c} \geqslant 0$ ，$F_{n_c}^*$ 的正与负是不确定的，这与 n_c 与 A 之间的差有关。为了得到 $F_{n_c}^* \geqslant 0$ ，我们应该让 $h_{n_c} \geqslant 0$ 和 $n_c \geqslant A$ 。同时，本文进一步证明了第三种稳定平衡不存在。$F_B^* = 0$ 为第三个稳定均衡的一个限制条件，此时合作伙伴的均衡量为 B 。它必须让以下情况成为事实：合作者惩罚叛逃者，且 B 等于 A 。因此，$B-1 < A$ 和 $F_{B-1}^* < 0$ 。基于 $F_{B-1}^* > 0$ ，它不可能是第三种稳定均衡。第一种稳定的均衡是一个应该避免的困境。第三种稳定均衡不可能存在，而不稳定均衡由于其自身的特点可以被忽略。因此，它们并不是我们想要的所有结果。我们只追求完全的合作和振动均衡。

我们已经确认，完全合作的限制是 $F_{n-1}^{*} > 0$ ，这意味着合作伙伴将实施惩罚以获得进一步的收益，$h_{n-1} > 0$ 并且 $F_{B-1}^{*} > 0$ 。通过模拟推算，我们得知 $F_{n}^{*} = f_{n} < 0$ ，因为根据表 1，所有玩家都选择了合作而没有接受惩罚。然后，振动平衡的极限为 $F_{B}^{*} < 0$ 和 $F_{B-1}^{*} > 0$ ，其中包含了完全合作的极限，因为 n 可能的值为 B 。完全配合实际上是振动平衡的一部分。后者是唯一需要分析的结果。

根据表 2，$F_{B-1}^{*} > 0$ 意味着 $h_{B-1} > 0$ 且 $B - 1 > A$ 。在这个时候，一定是 $B > A$ 。那么 $h_{B} < 0$ 是必须的，当我们希望得到 $F_{B}^{*} < 0$ 时。当 $n_{c} = B - 1$ 时，合作伙伴将惩罚叛逃者，使其占主导地位。如果 $n_{c} = B$ 合作者不选择惩罚，则为振动平衡。

2. 规模不固定的博弈

当所有变量都确定时，对参与者没有限制，他们可以离开集群，其他参与者也可以加入。集群的大小必须是不固定的，且由玩家的数量决定。我们开始分析平衡的规模。

引理 3：如果所有参与者的效用都是正的，那么集群对其他参与者具有吸引力，集群就会扩展。然而，当一个参与者的效用不为正时，集群的大小将会变小。

如果能够在不断的变化中形成稳定的完全合作，$U = k_{1} - 1 > 0$ 是每个参与者的效用，允许集群的规模不断扩张。它必须达到一种不可能达到的理想状态，因为 $F_{n}^{*} = f_{n} < 0$ 。稳定基础的形成是为了吸收集群外部的参与者加入。如果均衡是一种社会困境，那么规模的增长就必须受到限制。要想扩大集群，就必须获得完全的合作或振动平衡，使每个人的效用都为正。然而，作为结果 $C = k_{3}n^{2}$ ，这样的改变也使惩罚性成本翻了一番。

五、主要结论和政策建议

本文立足于当前农村金融现状中新型农村金融机构与传统的农村金融机构并存发展的现状，引入了一种有效的公平机制——惩罚机制，即个体参与者希望最大化他们的效用，以解决公共产品集群中存在的问题，并分析集群的演化过程。通过构建公平机制下的两方、多方进入博弈模型，试图对新型农村金融机构与传统农村金融结构并存发展的合理现状进入理论上的分析。根据均衡分析结果，博弈者的行为具有很强的正外部性，但通过其巨大的贡献带来了较低的收益。这种行为会导致所有参与者的叛变，从而造成社会的困境。当集群形成时，相同策略的群体促进了集体理性的出现。它吸收外部参与者，扩大集群。通过分析变量（收入乘数、公平乘数、惩罚成本和惩罚）的影响解决这个问题。最后，集群达到稳定。然而，目前的农村金融市场并不是一个有效的市场，两大供给主体地位不平等，新型农村金融机构无论在资金水平上还是技术创新能力上，都无法与传统农村金融机构匹敌，因此提出如下的相关建议。

（1）新型农村金融机构与传统农村金融机构的合作应基于不同的组织特征和比较优势，降低双方的合作成本。为此，新型农村金融机构应充分发挥地方金融机构的区域优势和贴近农民的信息优势，重点为农民和农村小微企业提供有针对性的金融服务。此外，优化担保方式和还款方式，逐步建立健全定期信用风险评估体系和信用周期激励机制。传统农村金融机构应向中高端农村客户提供规模化、产业链化的金融服务，以打包贷款和联合贷款的形式支持农村特色产业。

（2）新型农村金融机构应与以农业银行为基础的传统农村金融机构合作，开发能够满足当地客户合理需求的金融产品和服务，共同推进标准化保险、理财、担保等金融产品和服务的标准化建设。合作双方要结合地方实际，改进金融服务流程，完善贷款营销模式，推动农村金融服务多样化、多元化。鼓励运用“贷款＋技术”等方式，大力推动信贷服务方式不断创新。

（3）农村金融机构的收益与合作双方在合作过程中承担的风险有关。新农村金融机构和传统农村金融机构将面临农村客户群体的信用风险和农业产业的系统性风险。因此，有必要加强合作。经营风险、信用风险、法律风险的管理以及合作收益的比例应根据合作过程中承担的风险进行确认。特别是，我们应加强法律法规的建设与农村包容性金融，澄清包容性金融的主体和责任及双方的法律地位，制定一个统一和协调的双重监督机制，提高惩罚合作的信用和声誉，减少农村新型金融机构与传统农村金融机构合作过程中的信息不对称，使双方能够在信息共享的情况下选择合作策略，实现双赢。

参考文献

[1] 李勇坚，王弢．中国“三农”互联网金融发展报告[M]. 北京:社会科学文献出版社, 2016.

[2] 温涛，白继山，王小华．基于 Lotka – Volterra 模型的农村金融市场竞争关系分析[J]. 中国农村经济, 2015(10).

[3] 姚凤阁，董晓红．传统与新型农村金融机构垄断竞争博弈分析[J]. 学习与探索, 2013(10).

[4] 张正平，杨丹丹．市场竞争、新型农村金融机构扩张与普惠金融发展:基于省级面板数据的检验与比较[J]. 中国农村经济, 2017(1).

[5] 刘吉舫，李梅．我国新型农村金融机构非均衡发展制度性解析[J]. 当代经济研究, 2017(12).

[6] 张林，温涛．农村金融发展的现实困境、模式创新与政策协同:基于产业融合视角[J]. 财经问题研究, 2019(2).

[7] 张海霞，陈浩，张琳．基于普惠金融视角的新型农村金融机构与传统农村金融机构演化博弈分析[J]. 江苏农业科学, 2016(3).

[8] 冯果，袁康．从法律赋能到金融公平:收入分配调整与市场深化下金融法的新进路[J]. 法学评论, 2012(4).

[9] FISCHBACHER U, GäCHTER S, FEHR E. Are people conditionally cooperative? Evidence from a public goods experiment[J]. Economics letters, 2001(3).

[10] 叶航．公共合作中的社会困境与社会正义:基于计算机仿真的经济学跨学科研究[J]. 经济研究, 2012(8).

公共部门工资溢价的创新效应：知识失业还是信号传递

刘运转　宋　宇[①]

摘　要：人力资本异质的情况下，如果公共部门和非公共部门存在工资溢价，保留工资的差异使创新能力较强的人力资本倾向于进入工资由市场决定的非公共部门即竞争部门，创新能力较弱的人力资本倾向于工资不是由市场决定的公共部门等，此时劳动力市场分割起信号传递的作用；同时保留工资的存在使创新能力相对较弱的人力资本继续进行工作搜寻，即带来知识失业问题，两者共同决定公共部门工资溢价与技术创新呈现倒“U”形的关系。运用2006—2017年省级面板数据进行实证检验，结果支持相应假说，且大部分省份公共部门工资溢价水平大于最优值，基于此中国应适当控制公共部门的工资溢价，使其在实现信号传递的同时不至于带来大量的知识失业，以促进技术创新。

关键词：保留工资；劳动力市场分割；工作搜寻理论；知识失业

---

① 作者简介：刘运转，经济学博士研究生，西北大学经济管理学院，E－mail：liuyunzhuan1983@126.com.
宋宇，经济学博士，教授，西北大学经济管理学院，E－mail：zhangsan@126.com.

＊感谢教育部人文社科研究西部和边疆地区规划基金项目（19XJ90002）、国家社科一般项目（17BGL207）、陕西高校人文社会科学青年英才支持计划项目（HSSTP201426）的资助。

一、引言

改革开放以来，中国经济迅速增长，2018 年中国人均 GDP 为 9780 美元，已经进入中上等收入国家行列，目前正努力向高收入国家行列跨越。国际经验表明，中等收入阶段经济体容易出现内驱力不足、经济增长缓慢甚至停滞的现象，被称为“中等收入陷阱”（Gill 和 Kharas，2015）。中等收入阶段一般处于投资驱动向创新驱动转换的阶段，一国通过要素驱动和投资驱动进入中等收入阶段，随之而来的是原有比较优势逐步丧失，传统的要素驱动和投资驱动力逐渐减弱，需培育新的经济增长动力。随着刘易斯拐点的到来，中国的人口红利降低，原有高速增长的动力机制逐渐弱化，促进动力结构顺利转换，努力实现创新驱动，是促进中国经济持续增长和跨越“中等收入陷阱”的关键。

人力资本配置和积累是实现创新驱动的基础。中国是个经济大国，对国际经济产生了较大的影响，发达国家出于维护自己利益和地位的需要，会加大对中国的技术封锁，使中国目前很难买到关键技术。所以实现创新能力从以“跟跑”为主转向“跟跑、并跑、领跑”并存，走自主创新的道路，掌握关键技术，才是形成中国持续竞争力的保障。影响自主创新的因素有很多，其中人力资本是一个关键因素，孙文杰和沈坤荣（2009）研究发现国内企业技术人员人力资本低于一定的门槛值时，其自主创新能力的提升将十分有限，而李静等（2017）发现中国计算机与电子行业和制药业是制造业中研发人员占劳动比重最高的两大技术产业，其研发人员占比远远落后于美国，说明中国的人力资本是稀缺的，或者人力资本部门间配置不合理，创新部门人力资本水平较低，可能导致创新能力的不足。创新型人才是教育培养与劳动力市场使用共同作用的结果，创新迸发是人力资本配置和积累联合作用的结果，如果人力资本选择寻租活动，则无法实现创新。基于此，本文基于职业搜寻理论，分析公共部门相对于私人部门的工资溢价通过“知识失业”和信号传递等对创新的影响。

本文剩余部分安排如下：第二部分主要是文献综述，梳理已有的研究成果，分析人力资本配置对创新的影响机制；第三部分是模型分析和理论假说，基于人力资本创新能力异质性假设，运用劳动力搜寻模型分析公共部门工资上升对人力资本配置的影响，进而分析其对创新的影响，并提出相应假说，即公共部门工资溢价对创新的影响为倒“U”形的关系；第四部分构建计量模型和选取相应的指标，通过实证研究印证第三部分的假说；第五部分为结论与建议。

二、文献综述

（一）劳动力市场分割和部门工资溢价

资源具有稀缺性，其有效配置是获得最大产出的最优配置状态。资源配置方式偏离理想最优配置状态就是资源错配，市场不完善或扭曲、制度因素都可能造成错配，此时资源不能充分自由流动。人力资本作为一种资源也会出现错配。

在市场化的劳动力市场，相同的人力资本在不同部门收入应该近似（孙文凯等，2016）。如果不同部门赚取的工资是不同的，且高工资部门工资是稀缺的，那么此时劳动力市场就是分割的（Fields 和 Gary，2007），此时部门间的溢价能反映劳动力市场的分割程度。中国体制内外之间的制度性壁垒阻碍了劳动力自由流动，部分微观主体努力进入公共部门获得分割性收益，导致体制内外报酬的差异，这种差异被称为“溢价”。从这个视角分析，劳动力市场分割必然引起部门溢价，体制内工资溢价或者公共部门工资溢价也是中国目前存在的问题。

人才或者人力资本之所以会倾向于进入非生产性的公共部门，除了部门工资溢价，可能还与不同部门的工资决定机制存在关系（当然工资决定机制也可能是部门工资溢价的因素之一）。关于工资决定机制，公共部门效率不能用市场价值衡量，其工资决定机制是非竞争性的，收入取决于财政的支出规模且比较稳定，抵抗市场风险能力强，且能掌握较多的社会资源；非公共部门的收入是由市场决定的，是竞争性的，企业的经营效率和市场行情都会影响收入，如果企业被淘汰，其员工的人力资本就可能丧失价值（刘志国和

Ma，2016）。体制内公共部门的工资相对体制外的工资在稳定性和风险性方面具有较大的优势，这也是部分大学生放弃体制外高工资而热衷于进入体制内的重要原因之一。

（二）部门工资溢价和创新

公共部门工资溢价对创新有何影响呢？目前的研究主要集中在不同行业或部门创新效率的差异视角进行分析。如果人力资本试图赚取财富而非创造财富，那么对生产和创新都是有负向影响的，Baumol（1990）研究发现企业家才能在生产部门比如创新（innovation）和非生产部门比如寻租（rent seeking）的分配对经济的创新水平具有较大的影响，而这种分配又受社会中经济活动相对报酬的影响，即人才配置影响创新效率。葛立宇（2018）研究发现社会人才的错配显著抑制了地区的创新强度，人才配置到非生产性部门越多，地区创新强度越弱。赖德胜和纪雯雯（2015）以中国劳动力市场三部门格局为切入点，构建人力资本三部门模型，发现政府和垄断部门人力资本配置对创新有抑制作用。李勇等（2017）认为行政垄断是人力资本错配的根本因素，实证得出人力资本错配抑制创新。李静等（2017）认为薪酬激励会使更多的科技人才选择到非创新型的部门就业。政府官员的“政治创租”使其收入水平高于社会平均收入水平，也吸引了大量的寻租行为，引起人力资本在不同部门的错配。不同部门创新效率的差异导致人力资本在不同配置状态下创新的差异，最终使创新效率达不到最优状态。

劳动力市场分割和部门工资溢价不但影响人力资本配置效率，而且保留工资的存在可能造成“知识失业”（指受过高等教育的有知识的劳动者处于不得其用的状态，如大学生失业等），对创新和经济增长产生不利的影响。学者们普遍认为，相对于竞争部门即企业等，公共部门等更容易受到大学生的青睐，杨金阳等（2014）基于工作搜寻理论，构建模型得出在劳动力市场分割下，保留工资的存在会导致“知识失业”的出现。“知识失业”是人力资本的一种浪费，不利于经济增长和技术创新。不过部门工资溢价，保留工资会引起哪些类型人力资本失业呢？是否无差异呢？以上研究大多基于劳动力同质或者人力资本同质的视角进行分析。

基于人力资本异质性的视角，部分学者分析了劳动力市场分割对创新和经济增长的影响。邵宜航等（2018）研究发现在同等收入条件下，相对于企业就职，政府单位的工作人员有更高的社会评价，或者说他们处于社会上层，社会分层导致能力相对较低的人才进入创新阶层，不利于创新，进而阻碍经济增长。

已有的文献认为劳动力市场分割或者公共部门工资溢价导致大量的人力资本配置到公共部门，降低了其配置效率，不利于技术创新；保留工资的存在导致“知识失业”的产生也是创新不足的重要方面，这些研究在人力资本同质假说下得出的结论具有一定的合理性。部分学者在人力资本异质假说下分析社会分层对创新的影响，不过其更强调在人才筛选机制下，公务员考试能力不足的人员进入企业部门具有一定的合理性。本文的研究主要基于人力资本创新能力的差异进行分析，假设与考公务员的能力相互独立，分析公共部门工资溢价对创新的影响。

三、模型分析和理论假说

假设存在异质性人力资本（同等教育水平下在创新方面的高能力者和低能力者）面对两个市场；公共部门（非创新部门）和非公共部门（创新部门），二者岗位竞争和工资决定机制存在差异，公共部门工资由年资辈分、岗位类别和职称等非市场因素决定，收入风险较小，非公共部门资源配置以市场竞争为主，收入风险较大（张青根，2017）。假设公共部门收入水平为 w_1，且与个人创新能力无关或者相关性较小（升迁更讲究论资排辈）；创新部门收入水平为 w_2，不失一般性，假设创新部门平均收入水平为 1，即 $\overline{w_2}=1$，该部门收入与个人创新能力有关，高能力者获得较高收入，低能力者获得较低收入（同等的努力水平下，高能力者容易创造更高的价值，容易获得较高收入，低能力者获得低收入甚至面临失业的风险，人力资本异质性决定了其收入的分布比较离散，假设服从正态分布）。此时 w_1 代表公共部门工资溢价水平。

未来工作时间为 n 年，假设大学生在寻找一种终身的工作，劳动力在不同市场间的流动性较低，一旦进入一个部门将来就很难进入另一个部门。如果大学生毕业第一年没有被公共部门录取（2019 年国考平均竞争比例为95∶1，能被录取的是少数），此时面临两个选择：①是进入企业部门工作，获得收入 w_2；②是继续进行职业搜寻，即下一年再考取公共部门相关职位等，假设被录取的概率为 a，此时获取的预期值为 $[aw_1+(1-a)w_2]\frac{n}{n+1}$，当然准备考试付出的成本为 c，为分析方便本文不考虑通货膨胀等。假设大家是风险中性，若进入企业部门和继续进行职业搜寻无差异时，满足：

$$[aw_1+(1-a)w_2]\frac{n}{n+1}=w_2 \tag{1}$$

$$\text{得到：}W_2^*=\frac{naw_1-(n+1)c}{1+na} \tag{2}$$

此时对于期望收入为 w_2^* 对应创新能力的大学生进入企业工作和继续搜寻工作是无差异的，此时$\frac{naw_1-(n+1)c}{1+na}$就是具备该创新能力的大学生面临的保留工资（接受一份工作和继续寻找其他工作之间不再有区别）。由式（2）的均衡解看出，在其他因素不变的情况下，随着 w_1 增加，保留工资增加，即公共部门工资溢价会带来保留工资上升。当 $w_2^*=1$ 时，此时创新能力处于平均水平（或者中间水平）的人力资本接受一份工作和继续寻找无差异，高于平均水平的人力资本更愿意从事创新部门的工作，低于平均水平的人力资本更愿意从事公共部门的工作。那么保留工资变化对技术创新的影响机制是什么？

保留工资增加可能引起“知识失业”的加重。根据假设人力资本是异质的，且信息不对称（企业雇主无法分辨出大学生的创新能力），此时创新能力较强的大学生，譬如与能力对应的期望收入高于 w_2^* 的大学生就会选择在企业工作，此时可以获得更高的收入；而创新能力较弱的大学生，与能力对应的期望收入低于 w_2^* 的大学生，就会优先考虑继续进行职业搜寻，努力进入公共部门争取获得稳定的收入（所以从该视角来看，“知识失业”可能是大学生的一种理性选择，并不一定是主动啃老的表现，即不一定是道德问题，当然中国的大学生失业也不一定是教育过度的表现）。此时如果保留工资增加，与能力对应的期望收入低于保留工资的大学生会变多，更多的大学生会继续进行职业搜寻，“知识失业”会加重。

保留工资具有信号传递功能。[①] 劳动力市场分割就实现了信号的传递，基于两个市场工资决定机制的差异，最后的结果是创新能力高的人优先考虑去企业工作，创新能力低的人更愿意去公共部门工作[②]，实现了信息甄别或者信号传递，在某种程度上反而促进了整个社会的技术创新。公共部门工资溢价加剧对企业的创新影响如何呢？是“知识失业”和信号传递二者共同影响的结果。

讨论：①当公共部门收入等方面较低时，此时 a，w_1 较小，得出 W_2^* 较小，远远小于 1。此时大部分大学生选择进入公共部门和非公共部门差距不大，甚至更倾向于进入企业等非公共部门，如果公共部门出现工资溢价即 w_1 上升，则有利于高、低能力大学生的分离即信号传递作用明显，有利于企业招聘高能力的大学生，尽管也会带来“知识失业”，但主要集中在创新能力较低的人力资本的失业，结果可能有利于创新。

②当公共部门收入较高时，即 a，w_1 较大时，得出 w_2^* 较大，甚至大于 1 时。大部分大学生倾向于选择继续搜寻工作，那么此时高、低能力大学生已经分离，信号传递的功能作用已经不大，公共部门工资溢价只会使更多的大学生甚至高能力的大学生去搜寻工作，导致大量的“知识失业”和企业招聘困难，结果不利于创新。

综上，公共部门工资溢价对创新的影响取决于公共部门工资溢价本身的大小，其对创新的影响呈现先促进后抑制的现象，即适当的公共部门工资溢价可能促进技术创新，为此得出假说一。

假说一：在劳动力市场分割的情况下，创新能力较强的人力资本更容易

① Spence(1973)等学者提出了劳动力市场的信号传递理论，认为劳动力存在能力高低之分，即劳动力存在异质性，低能力的人有通过教育把自己伪装成高能力的动机。邵宜航、徐菁(2017)研究发现高等教育具有信号干扰效应，由于信息不对称，求职能力是不可观测的，使受过教育的低能力的人挤出高能力的人进入研发部门，扭曲了研发部门劳动力的甄选，导致研发部门总能力的下降，对创新具有抑制作用，且随着高等教育的扩张这种信号干扰效应越明显。本文认为创新能力也存在高低之分，该情况下保留工资可能能克服这种信号干扰，即具有信息传递或者信息甄别功能。

② 孙文凯等(2016)实证研究发现在高收入群体中，高能力的劳动力在体制外甚至能获得更高收入，但是在中低收入群体中，体制内的工资决定机制使体制内的该群体具有收入优势。体制内溢价主要集中在中低收入溢价上，即主要保护低素质的劳动力。或者说该学者的研究也暗示了体制内工资溢价具有信号传递功能，高素质的创新性人才倾向于进入体制外的部门和行业，低能力的人力资本更愿意享有体制溢价。

进入工资由市场决定的企业部门，此时公共部门工资溢价对技术创新的影响受到公共部门工资溢价本身的影响，且对创新的影响呈倒“U”形。

四、理论模型和实证检验

（一）模型构建

基于理论分析，本文试图对公共部门的工资溢价与创新的关系展开深入分析。构建面板模型如下：

$$\ln TE_{it} = \alpha + \beta_0 \ln WR_{it} + \beta_1 (\ln WR_{it})^2 + \gamma \ln X_{it} + \varepsilon_{it} \tag{3}$$

其中，*TE* 表示技术创新；*WR* 是公共部门工资溢价；*X* 是控制变量；ε_{it}是误差项，*i* 和 *t* 分别表示省份和时间。根据前面分析，公共部门工资溢价与技术创新可能存在倒“U”形的关系，即 β_1 可能为负值。

（二）指标分析

被解释变量：技术创新 *TE*。一般采取两种方法衡量：一是通过构建技术创新能力指标体系测算出某一地区技术创新能力；二是采取专利数等作为其替代变量。第一种方法可能更加有效，但测算指标体系比较复杂且不统一，基于数据的可得性，本文选取各地区三种专利授权量作为创新的指标。

主解释变量：体制内工资溢价 *WR*，王弟海等（2017）采用两种方式测算：①把公共部门对全国平均工资的溢价作为公共部门的工资溢价，②用公共部门对私人部门的工资溢价作为替代变量得出类似的结果。鉴于进入公共部门要求具有一定的学历，创新能力较强的人也是学历较高的人群（邵宜航等，2018），本文用公共管理和社会组织对科学研究、技术服务和地质勘探业[①]的工资溢价作为公共部门的工资溢价，具体用两个部门工资的比值表示。

---

① 根据国民经济行业分类，科学研究和技术服务业分为三类：研究和试验发展；专业技术服务业；科技推广和应用服务业。其是技术创新的行业，与公共管理和社会组织部门类似，都是要求较高人力资本的行业（统计数据显示，除国际组织外，科学研究、技术服务和地质勘探业就业人员受教育程度构成以本专科和研究生为主，达到 70% 以上，与此同时公共管理和社会组织部门的该比例也达到 60% 以上），二者在就业市场上具有一定的可替代性。

控制变量方面，外商直接投资对人力资本积累具有重要的影响，用各地区 *FDI* 的流量数据，并用固定资产价格指数折算成基期价格。*EDU* 为教育水平，用高校在校生人数占总人口的比重表示。*OPEN* 为开放度，用地区进出口总额与地区生产总值之比表示。

本文选取全国 30 个省、自治区和直辖市 2006—2017 年的数据，排除西藏和港澳台等数据不完整地区。数据来源于历年《中国统计年鉴》。各变量统计描述如表 1 所示。

表 1　各主要变量的统计性描述

变量	平均值	标准差	最大值	最小值
ln*TE*	9. 3013	1. 5753	12. 7145	4. 5747
ln*WR*	– 0. 1798	0. 1517	0. 3395	– 0. 6398
ln*EDU*	5. 1236	0. 3323	5. 8676	4. 0950
ln*OPEN*	– 1. 7091	0. 9759	0. 5400	– 4. 0945
ln*FDI*	1. 3538	1. 3984	4. 9294	– 1. 6359

注：ln*WR* 最小值和平均值为负值，*WR* 小于 1，即中国大部分省份公共部门收入平均小于创新部门。中国的公共部门收入比较复杂，不但包括收入，还包括住房等多方面的隐性收入、福利以及相应的社会地位等，所以有时候即使公共部门工资水平低于创新部门工资水平，可能实际的收入要高于创新部门，这也是公共部门工资溢价为负，但仍能吸引大学生的重要因素。

（三）实证结果

用固定效应和随机效应模型对模型（3）进行估计，结果如表 1 所示。为减小反向因果关系带来的内生性问题，用工资溢价的滞后一期作为工具变量，用 2SLS 模型进行回归，结果报告在表 2 中。

从表 2 看出，公共部门工资溢价与技术创新呈倒“U”形的关系，验证了相应的假说，说明公共部门工资相对于创新部门工资较低时，公共部门工资的提升有利于技术创新；公共部门工资相对于创新部门工资较高时，公共部门工资的提升抑制技术创新，此时带来了相对严重的“知识失业”。从不同模型回归结果最高点对应的公共部门工资溢价水平来看，2SLS 回归结果对应的最优值更大。

另外，公共部门工资溢价对创新的影响达到最优值时，公共部门工资溢价的对数值小于0，公共部门工资溢价小于1，说明公共部门工资在低于创新部门工资时就开始具有抑制效应，这可能因为公共部门的收入不但体现在工资方面，还存在其他方面的隐性收入，以及公共部门的社会地位较高，在一定的工资水平下个人成就感较高等，近年来公务员报考热可能就是这方面的原因，尽管公务员的工资并不一定比企业的工资高。上海市2017年公共部门技能溢价水平低于最优值，河北、陕西、新疆和四川等省份略高于最优值，剩余的中国大部分省份2017年公共部门工资溢价水平大于最优值，控制其公共部门的工资水平，特别是隐形的工资福利等，有利于缓解公务员热的现状，减少“知识失业”，促进技术创新。从整体趋势来看，全国大部分省份公共部门工资溢价水平在2006年之后呈现先下降后上升的趋势，目前还处于上升的趋势，对缓解“知识失业”非常不利。

表2　　公共部门工资溢价对创新的回归结果

变量	ln*TE*		
	FE	RE	2SLS
CON	-5.1331*** (0.8367)	-3.8231*** (0.8154)	7.4653*** (0.8655)
ln*WR*	-1.9397*** (0.4055)	-2.0410*** (0.4089)	-4.4196*** (0.6374)
ln*WR*^2	-1.9179*** (0.8264)	-2.2551*** (0.8404)	-7.4550*** (1.5621)
ln*FDI*	0.7505*** (0.0630)	0.8169*** (0.0566)	1.0289*** (0.0501)
ln*OPEN*	-0.3728*** (0.0804)	-0.3553*** (0.0670)	-0.1957*** (0.0660)
ln*EDU*	2.4472*** (0.1722)	2.1799*** (0.1666)	-0.0407*** (0.1728)
R^2	0.7867	0.6199	0.7535

注：***、**和*分别表示在1%、5%和10%水平下统计显著，括号内为标准误差项。

在控制变量方面，FDI和教育水平都具有促进技术创新的作用，所以无论吸引外资还是提高高等教育的水平都能促进技术创新。但是开放度的提高抑制了人力资本积累，可能的原因是出口主要集中在初级产品方面，而进口主要的商品科技附加值较高，对技术创新产生了一定的抑制作用。

五、结论和启示

中国进入上中等收入阶段以来，原有的经济增长动力逐渐减弱，需培育新的经济增长动力即创新驱动，技术创新是创新驱动的基础。在存在劳动力市场分割的情况下，虽然保留工资的存在可能导致“知识失业”的现象，但同时劳动力市场分割的结果也会给企业传递相应的信号，把创新能力较强的人才分离出来，二者共同决定了公共部门工资溢价与创新呈现倒“U”形的关系。实证检验支持相应的假说，说明适当的劳动力市场分割可能有利于促进技术创新，且目前除上海市外，中国大部分省份的公共部门工资溢价水平均高于最优值，说明公共部门工资溢价引起的“知识失业”问题比较严重，如何降低其水平是目前迫切需要解决的问题。

公共部门这些体制内的单位，收入水平较高，工作稳定且环境较好，就业保障程度较高，社会地位也较高，是大学生争相进入的部门，劳动力供大于求，对人力资本优化配置产生了不利影响。基于此应对其工资决定机制进行改革，如参照市场化的均衡工资水平制定，消除劳动力市场分割的影响。只有减少劳动力市场分割，才能实现人力资本在各个部门的流动，减少“知识失业”问题。加强非公共部门如竞争部门劳动者的保护，缩小其与公共部门多方面的差距，保障他们的合法权益。鼓励大学生到非公共部门就业，并给予一定的优惠政策。总之，缩小公共部门和非公共部门实际收入的差距有利于人力资本的合理配置。

当然本文也存在一些不足，如本文假设创新能力较高的人力资本在非公共部门会获得高收入，而现实中并不一定，因为收入高低除了受创新能力等方面的影响外还受其他因素的影响，此时体制外的预期收入可能降低，这也是一些高素质人才宁愿放弃体制外的高工资而努力进入体制内的重要原因。站在这个角度分析，劳动力市场分割导致的“知识失业”可能更加严重。

参考文献

[1] GILL I S, KHARAS H. The middle - income trap turns ten[J]. Policy Research Working Paper, 2015.

[2] 孙文杰,沈坤荣. 人力资本积累与中国制造业技术创新效率的差异性[J]. 中国工业经济, 2009(3).

[3] 李静,楠玉,刘霞辉. 中国经济稳增长难题:人力资本错配及其解决途径[J]. 经济研究, 2017(3).

[4] 孙文凯,王晶,李虹. 中国近年体制内工资溢价趋势:来自中国综合社会调查(CGSS)数据的证据[J]. 劳动经济研究, 2016(4).

[5] FIELDS, GARY S. Labor market policy in developing countries: a selective review of the literature and needs for the future[J]. World Bank Policy Research Working Paper, 2007.

[6] 刘志国, MA J. 劳动力市场的部门分割与体制内就业优势研究[J]. 中国人口科学, 2016(4).

[7] BAUMOL W J. Entrepreneurship: productive, unproductive, and destructive[J]. Journal of Political Economy, 1990(5).

[8] 葛立宇. 要素市场扭曲、人才配置与创新强度[J]. 经济评论, 2018(5).

[9] 赖德胜, 纪雯雯. 人力资本配置与创新[J]. 经济学动态, 2015(3).

[10] 李勇, 邹荣,王满仓. 行政垄断、要素错配与自主创新[J]. 人文杂志, 2017(12).

[11] 杨金阳, 周应恒, 严斌剑. 劳动力市场分割、保留工资与“知识失业”[J]. 人口学刊, 2014(5).

[12] 邵宜航, 张朝阳, 刘雅南. 社会分层结构与创新驱动的经济增长[J]. 经济研究, 2018(5).

[13] 托马斯·海克拉克. 劳动经济学基础[M]. 来庆彬, 李玉琳,译. 北京:中国人民大学出版社, 2016.

[14] 张青根. 教育信号价值在公共部门更高吗?——基于文凭效应法的实证分析[J]. 教育与经济, 2017(5).

[15] 吴丰华，刘瑞明．产业升级与自主创新能力构建:基于中国省际面板数据的实证研究[J]. 中国工业经济，2013(5).

[16] SPENCE M. Job market signaling[J]. Quarterly Journal of Economics,1973, 87(3).

[17] 邵宜航，徐菁．高等教育扩张的增长效应:人力资本提升还是信号干扰[J]. 财贸经济，2017(11).

[18] 王弟海，陈理子，张晏．我国教育水平提高对经济增长的贡献:兼论公共部门工资溢价对我国教育回报率的影响[J]. 财贸经济，2017(9).

基于遗传算法的 EMD - SVR 股市指数预测建模研究

——基于上证综合指数数据

王峰虎　胡冰洁　贺毅岳①

摘　要：股票市场是全球金融体系的重要组成之一，是全球经济发展的重要载体。对股指预测的研究不仅可以帮助投资者更好地判断市场走势，而且可以为规避风险提供科学有效的方法。本文在 SVR 预测模型的基础上，引入经验模态分解（EMD）及遗传算法（GA），构建基于遗传算法的 EMD - SVR 股市指数预测模型 EMD - GA - SVR。首先，对指数时间序列进行 EMD 分解，获得多个具有不同波动模式的本征模态分量，解决了经典去噪方法无法将金融序列中包含的多尺度复杂模式有效分离的问题。其次，通过遗传算法的并行寻优解决了支持向量回归（SVR）模型过度依赖超参数选择的问题。本文使用上证综合指数基于对照组 SVR 和 EMD - SVR 模型及所提 EMD - GA - SVR 模型进行实证研究。实证结果表明，相较于 SVR 和 EMD - SVR 模型，EMD - GA - SVR 模型对股市指数的预测精度得到明显的提升，是一种更有效的股市指数预测建模方法。

关键词：股指预测；支持向量回归；经验模态分解；遗传算法

---

①　作者简介：王峰虎，经济学博士，副教授，西北大学经济管理学院，E - mail：836911788@ qq. com.
胡冰洁，经济学硕士研究生，西北大学经济管理学院，E - mail：nwubingjie@ foxmail. com.
贺毅岳，计算机科学与技术博士，副教授，西北大学经济管理学院，E - mail：nwuhyy@ 163. com.
＊感谢教育部人文社会科学研究青年基金项目（16XJC630001）、中国博士后科学基金面上资助项目（2017M623229）、陕西省自然科学基础研究计划项目（2015JQ7278）的资助。

一、引言

股票市场一直是备受投资者和学者关注的重要金融市场之一，同时对股票价格预测建模也一直是量化投资领域研究的热点。对股市整体趋势的预测不仅可以帮助投资者更好地做出投资决策，而且可为防范系统性风险提供预警。股票价格受经济基本面、政策、群体心理等诸多因素的影响，具有高波动、非平稳、非线性以及存在大量噪声等特点（Henrique，2018）。这使股票价格预测一直是一项极具挑战性的研究课题（田翔，2005）。现有股价预测方法主要包括传统时间序列线性预测方法和包含机器学习在内的非线性预测方法（谢国强，2012）。其中，支持向量回归（SVR）方法因其无需依赖全部训练数据、善于处理高维数据等特点，可较好地解决局部最小值、收敛速度慢、学习和过拟合不稳定等问题，从而成为股价预测的常用方法（Gerlein，2016；Jaramillo，2017；Kumar，2007）。

二、文献综述

（一）支持向量回归

目前，国内外已有很多学者将支持向量机（SVM）算法应用于金融市场时间序列的预测中。Kumar 等（2007）使用支持向量机研究 S&P CNX Nifty 指数回报的可预测性，并通过实验证明支持向量机模型比人工神经网络、随机森林回归和线性 ARIMA 模型具有更好的预测效果。Ballings 等（2015）应用机器学习中的分类算法（如 SVM、神经网络和决策树等）在时间序列的预测中取得了良好的效果。Jaramillo 等（2017）用 SVM 对金融市场的时序进行分析，发现当预测的时间尺度是日数据时，支持向量机在大多数金融市场指数的预测通常比传统的时间序列预测方法和人工神经网络模型更准确。在我国，人工智能算法在金融时序上的应用，也取得了不错的研究进展。谢国强（2012）提出基于粒子群算法优化的支持向量机股价预测模型，并获得了更高的预测精度。张鹏（2019）提出 ARIMA - GM - SVR 模型，取得了较好的预测效果。近十年来，随着 SVR 算法在金融领域中的广泛应用，国内外学者根据金融时序的特点，针对 SVR 已经提出一些优化的应用方法，主要是从金融时序的平稳化处理及 SVR 的参数优化两方面进行优化。

（二）经验模态分解

经验模态分解（EMD）算法是 Huang 等人提出的一种针对非线性、非平稳时间序列的信号处理方法（Huang，1998）。它摆脱了傅立叶变化的约束，可完全自适应性地分解出一系列分量，不需要考虑小波变换中基函数选择的问题（Duan，2016；Xie，2017）。王文波等（2010）通过将 EMD 分解与神经网络算法相结合对中国股市进行预测，研究表明引入 EMD 分解可以提升预测效果。崔焕影等（2018）将经验模态分解应用于中国碳市场价格预测中，研究表明无论是在短期还是长期内，加入 EMD 分解都对原有模型的预测精度有一定程度的提高。贺毅岳等（2019）将 EMD 算法和 SVR 预测模型相结合，提出了 EMD－SVR 预测模型，但是该模型中采用了非线性的 SVR 模型，模型的表现依赖于超参数的选择，若采用网格搜索或手动设置参数值的方式，将大大降低模型的运行效率，但所得结果并非最优。

（三）遗传算法

遗传算法（GA）是在 20 世纪六七十年代由 Holland 等创立的一种模拟生物遗传机理和进化论的全局并行启发式搜索算法，在求解复杂优化问题上具有明显优势（Holland，1992），在工业工程、人工智能、金融研究等领域中得到了广泛的应用。Huang（2012）将遗传算法和支持向量回归进行结合用于选股研究中，并取得了不错的结果。国内也有不少学者对遗传算法与支持向量机的结合进行研究（徐国祥，2011；孙秋韵，2015）。徐国强等（2011）将主成分分析和遗传算法同时与支持向量机进行结合，并通过实验证明该模型在实际预测中的可行性，且算法参数优化可以明显提高针对时序预测的准确度。孙秋韵等（2015）在 SVR 算法基础上引入小波去噪及 GA 优化参数，通过实证分析验证了 GA 在优化 SVR 参数时效果显著。

三、EMD－GA－SVR 模型构建

（一）模型构建思路

李婷等（2010）曾将 EMD、SVM 及 GA 集成用于电力系统短期并取得了较高的预测精度，但目前还未曾有研究将三者集成用于股市指数预测。为了有效地降低金融时间序列的噪声，同时优化模型中的超参数，本文基于经验模态分解和遗传算法，提出了一种新的非线性 SVR 金融时序预测模型 EMD－GA－SVR，模型的流程如图 1 所示。该模型先通过 EMD 对原始时间序列进行分解，得到更能体现其系统特征且更平稳的本征模函数（IMF）分量，再并行构建各分量的非线性 SVR 预测子模型；然后，通过遗传算法自动执行参数优化，进一步通过对各模态序列预测值的集成，获得最终的指数预测值，从而为投资者在金融市场中能主动、有效判断市场趋势、规避市场风险等提供科学有效的量化分析方法。

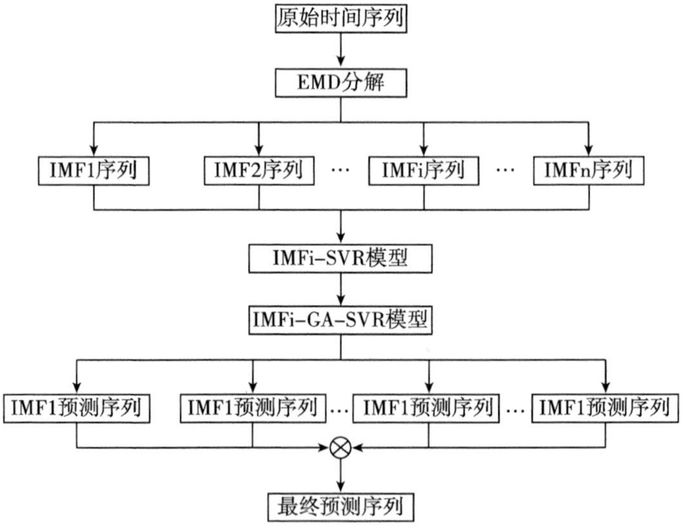

图 1　EMD－GA－SVR 模型流程图

（二）IMFi－SVR 模型

1. 上证综指 EMD 分解

EMD 分解是对非线性、非平稳信号进行平稳化处理的方法，可根据数据本身的时间标度特征自适应地分解信号，最终将序列分解为有限数量的本征模函数（IMF），其中每个 IMF 序列代表原始信号的不同物理特征（贺毅岳，2019）。由于在 EMD 分解过程中无需预先设置任何基函数，也不需要定义分量个数，因此它不仅摆脱了傅立叶变换的约束，而且解决了小波变换基函数选择的问题。这使其在处理非平稳和非线性信号方面具有很大优势。本文采用 EMD 分解主要为了解决金融时序非平稳和混沌的问题。EMD 分解的主要思路是用上下包络的均值剥离出频率大致相同的分量序列，图 2 为具体的处理流程（贺毅岳，2019；Dai，2019）。

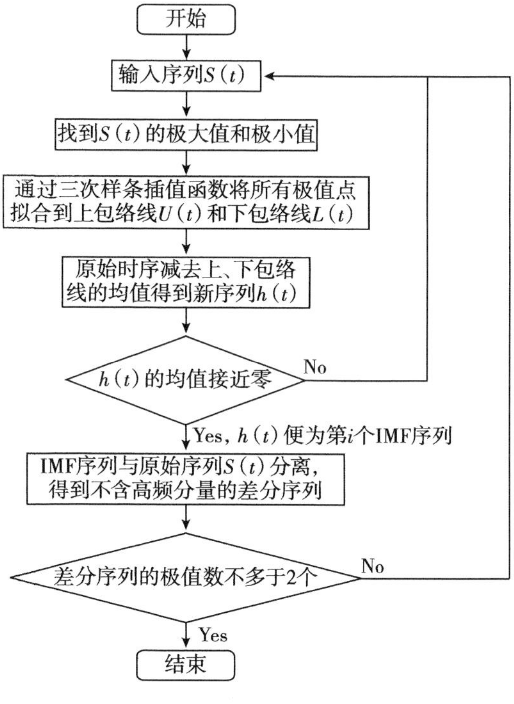

图 2　经验模态分解流程图

其中，$h(t)$ 的均值接近于零通常是指：

$$d_i = \frac{\sum_{t=0}^{T} |h_i(t) - h_{i-1}(t)|^2}{\sum_{t=0}^{T} h_i^2(t)} < (0.2, 0.3)$$

本研究选取 2005 年 1 月 3 日至 2019 年 12 月 31 日上证综合指数（SSE）收盘价序列为初始数据，如图 3 所示。其间包含了两个完整的涨跌阶段，可保证有充足的数据用于训练模型。同时，上证综指是我国最早发布的指数，包含了上海交易所所有上市股票，在我国股市研究中比较具有代表性，适合作为本研究的数据对象。

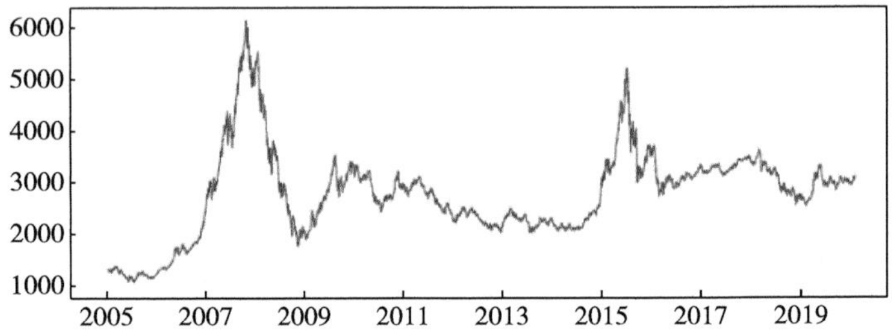

图 3　上证综指时间序列

计算获得如图 4 所示 SSE 每日收盘价的收益率，作为 EMD 分解算法的输入序列。输入序列在经过 EMD 分解后可自适应地得到图 5 所示的一系列 IMF 序列。其中，包括 17 个具有各自物理特性的本征模函数分量和一个残值分量。由于篇幅原因本文仅列出部分分解序列。从分解出的 IMF 序列可知，EMD 分解能对原始信号进行平稳化处理，将原复杂的信号分解成了 18 个具有不同特征尺度的子序列。

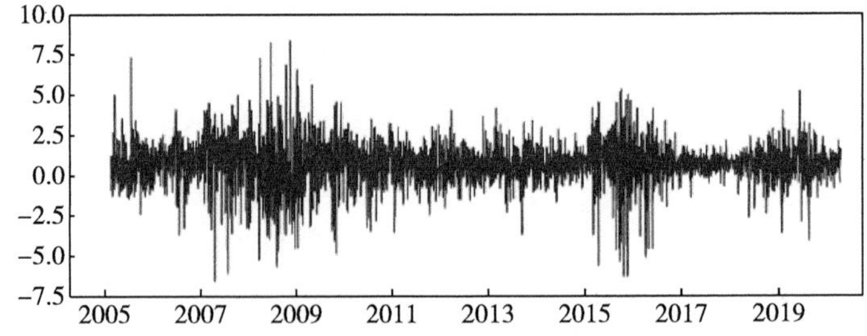

图 4　上证综指日收益率序列

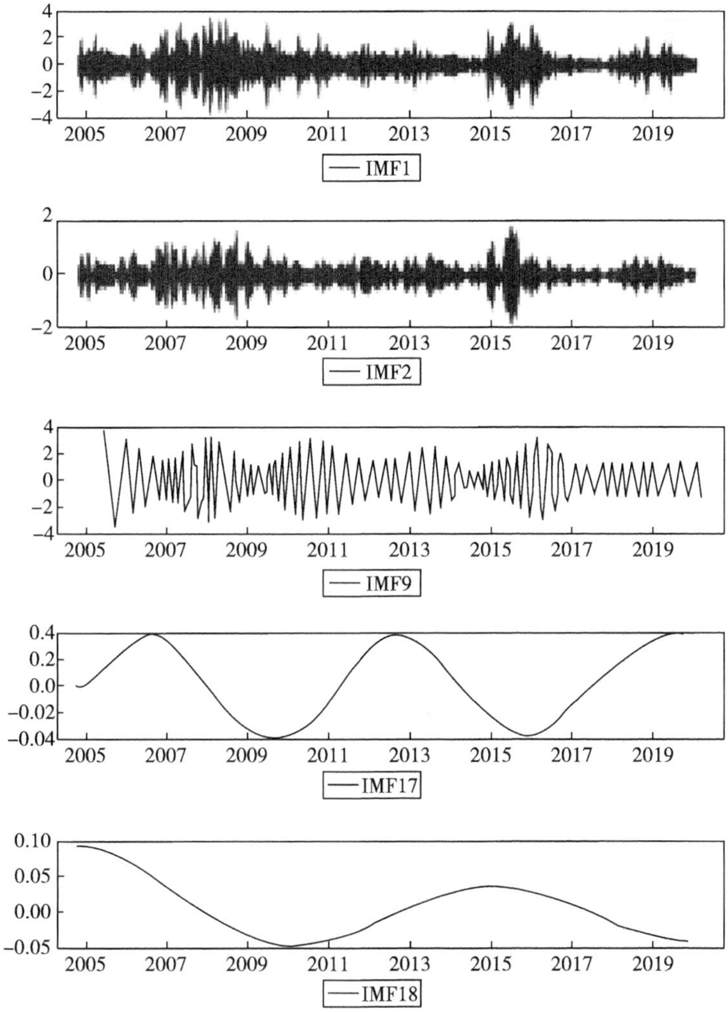

图 5　上证综指日收益率 EMD 分解产生的部分 IMF

2. IMFi－SVR **模型构建**

将输入序列分解成若干 IMF 分量后，本文以 8∶2 的比例将每个 IMF 序列划分为训练集与测试集。假设所得第 i 个 IMF 序列为 $C_i = \{x_i^1, x_i^2, \cdots, x_i^N\}$，其中 x_j^i 表示第 i 个 IMF 序列的第 j 个数据值。记 $D_i = \{(z_i^t, y_i^t)\}_{t=1}^{l}$ 为由上述 IMF 序列构建的训练样本集，其中 $z_i^t = [x_i^{t-n}, x_i^{t-n+1}, \cdots, x_i^{t-1}]$ 表示输入特征向量；$y_i^t = x_i^t$ 表示对应训练样本的标签值；n 表示选取的训练数据的特征维数；l 表示训练集中样本个数。IMFi－SVR 模型如下：

$$\min_{\omega,b}\frac{1}{2}\langle\omega,\omega\rangle + C\sum_{k=1}^{l}(\xi_k+\hat{\xi}_k) \tag{1}$$

$$\text{s. t.}\quad \begin{aligned}&(\langle\omega,\phi(z_k)\rangle + b) - y_k \leqslant \varepsilon + \xi_k\\ &y_k - (\langle\omega,\phi(z_k)\rangle + b) \leqslant \varepsilon + \hat{\xi}_k\\ &\xi_k,\hat{\xi}_k \geqslant 0, k = 1,\cdots,l\end{aligned}$$

其中，l 表示训练集的数目；C 表示模型复杂性和训练误差之间的惩罚系数；ξ_i 和 $\hat{\xi}_i$ 分别表示用于度量目标值超过或低于 ε 的松弛变量；$\phi:\chi\rightarrow F$ 表示从输入空间 χ 到特征空间 F 的一个非线性映射函数；$\langle\cdot,\cdot\rangle$ 表示所涉及参数的内积。

求解优化问题（1）即可得式（2）所示的非线性回归模型：

$$f(z) = \sum_{k}^{l}(\alpha_k + \hat{\alpha}_k)K(z_k,z) + b^* \tag{2}$$

其中，α_k，$\hat{\alpha}_k$ 分别为优化问题（1）所对应的拉格朗日函数中的拉格朗日乘子，可通过求解优化问题（1）的对偶问题得到；b^* 表示优化问题（1）变量 b 的最优解；$K(z_k,z)$ 表示核函数。本文选取高斯径向基函数（RBF）作为核函数，该函数满足：

$$\begin{aligned}K(z_k,z) &= \langle\phi(z_k),\phi(z)\rangle\\ &= \exp(-\gamma\ \| z_k - z \|^2)\end{aligned} \tag{3}$$

其中，γ 为核函数的参数。

因此，IMFi－SVR 模型的构建需要确定 3 个参数，即输入数据的特征维数 n、惩罚系数 C、参数 γ。本文记 IMFi－SVR 模型的输出序列为 $C_i{}'(t)$。

（三）EMD－GA－SVR 模型

本文在 EMD 分解及非线性 SVR 预测模型的基础上，为解决非线性 SVR 对特征维数和超参数依赖的问题提供了解决方案。本文将在第四部分对比实验中阐述特征维数的选择。本部分介绍利用遗传算法（GA）对 IMFi－SVR 模型超参数进行优化的方法，即构建 EMD－GA－SVR 模型的过程。

1. 遗传算法

遗传算法（GA）是通过模仿生物遗传中基因的交叉、变异和自然选择过程实现寻优的一种优化算法。本研究将采用 GA 对 SVR 中的惩罚参数 C 及核

函数系数 γ 同时寻优。遗传算法的基本思路是，首先初始化一个包含若干个体的种群（population），同时对个体（individual）进行编码，将个体的表现型转换成基因型，然后对个体进行遗传（复制）、变异和选择等操作。算法的具体步骤如图 6 所示。GA 是一种从许多点同时出发的并行算法，可有效地防止出现局部收敛现象。其次，GA 通过目标函数计算适应度，不需要过多的附加信息和推导，对问题的依赖性相对较小。因此，GA 被普遍认为在求解复杂的优化问题上具有巨大潜力，自被提出以来已经被广泛地应用于工业控制、生物技术、数据挖掘和人工智能等领域。

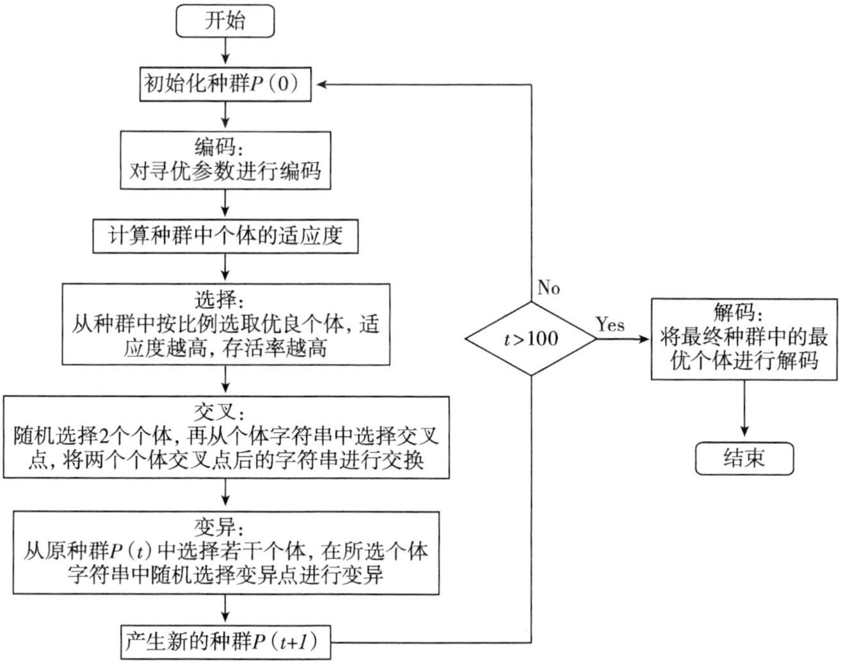

图 6　遗传算法流程图

2. IMFi - GA - SVR 模型

本文选取每个 IMFi - SVR 模型的均方误差（MSE）作为遗传算法中的目标函数，通过图 6 中 GA 的算法流程对 SVR 中的惩罚参数 C 及核函数系数 γ 并行寻优。MSE 越小说明优化效果越好、适应度越高，个体存活率也应越高。

经过 GA 的并行寻优，得到 18 组相对优的超参数，将所得参数代入各

IMFi－SVR 模型重新运行，得到了新的 IMF 预测序列。记基于遗传算法优化的 IMFi－SVR 模型为 IMFi－GA－SVR 模型，记 IMFi－GA－SVR 模型的输出序列为 $C_i''(t)$ 。

最后，将各个 IMFi－GA－SVR 模型的预测序列 $C_i''(t)$ 进行加总集成：

$$S''(t) = \sum_{i=1}^{M} C''_i(t)$$

得到最终的预测结果 $S''(t)$ 。至此，针对 SVR 模型，结合 EMD 和 GA 改进并提出的股市指数预测模型 EMD－GA－SVR 构建完成。

四、实证分析

本节首先探讨 IMFi－SVR 模型中特征维数对模型性能的影响，从而确定本研究中的特征维数，然后进行 SVR、EMD－SVR 以及 EMD－GA－SVR 模型的对比试验。

（一）参数对模型的影响

为确定特征维数 n 对所提及的非线性 SVR 预测模型的影响，先固定参数 $\gamma = 1/n$ 、$C = 1$ ，然后分别取 n 为 5、10、20 和 30（即分别选取各 IMF 序列的前 5、10、20 和 30 个数据值预测该序列中的下一个数据值），以均方误差（MSE）和平均绝对误差（MAE）为评价指标进行对比实验，实验结果如表 1 所示。从表 1 可以看出：①随着特征维度的增加，MSE 的均值呈现递减趋势，而 MAE 均值的变化趋势恰恰相反。因此，n 值的确定需综合考量二者。②从表 1 及图 7 中所有 IMF 序列评价指标的均值（表 1 的最后一行）来看，当特征维数 n 递增至 10 时，MSE 的递减速度明显降低，但 MAE 的递增速度却明显增加。也就是说，当特征维数选取 10 时，随特征维数的增加 MSE 的降低并不明显而 MAE 的增加却变得明显，故本文特征维数 n 取 10，即选取前 10 个交易日 SSE 收益率预测下一个交易日的收益率，并持续进行滚动预测。

表 1　　　　特征维数对 IMFi－SVR 模型的影响

项目	MSE				MAE			
	$n=5$	$n=10$	$n=20$	$n=30$	$n=5$	$n=10$	$n=20$	$n=30$
IMF1	0. 6250	0. 5385	0. 4963	0. 4950	2. 5478	2. 1010	2. 0199	1. 9891
IMF2	0. 1624	0. 1636	0. 1703	0. 1631	3. 2871	3. 3955	3. 5343	3. 6224
IMF3	0. 0339	0. 0398	0. 0533	0. 0697	1. 7017	1. 8821	2. 1310	2. 3525
IMF4	0. 0554	0. 0547	0. 0515	0. 0472	0. 9891	1. 4430	2. 0329	1. 5833
IMF5	0. 0345	0. 0347	0. 0340	0. 0324	2. 1547	2. 3749	3. 8004	4. 4548
IMF6	0. 0031	0. 0031	0. 0050	0. 0071	0. 2353	0. 3038	0. 4874	0. 5999
IMF7	0. 0038	0. 0040	0. 0045	0. 0051	0. 5618	0. 5564	0. 7686	0. 9264
IMF8	0. 0048	0. 0038	0. 0038	0. 0038	0. 5818	0. 3809	0. 4646	0. 4736
IMF9	0. 0054	0. 0057	0. 0058	0. 0062	0. 9657	1. 2340	1. 1463	1. 1152
IMF10	0. 0102	0. 0090	0. 0090	0. 0089	1. 5017	1. 3679	1. 4553	1. 5142
IMF11	0. 0036	0. 0038	0. 0039	0. 0042	1. 6572	1. 6093	1. 7518	1. 8884
IMF12	0. 0027	0. 0028	0. 0026	0. 0026	1. 9196	1. 9263	1. 8036	1. 7681
IMF13	0. 0008	0. 0008	0. 0007	0. 0007	1. 0687	1. 0597	1. 0449	1. 0094
IMF14	0. 0013	0. 0013	0. 0013	0. 0014	0. 6699	0. 7233	0. 7942	0. 8661
IMF15	0. 0065	0. 0065	0. 0063	0. 0062	2. 4870	2. 9529	3. 3931	3. 7006
IMF16	0. 0010	0. 0010	0. 0012	0. 0013	2. 6505	2. 6300	2. 8496	3. 0707
IMF17	0. 0001	0. 0001	0. 0001	0. 0001	1. 6933	1. 7649	1. 8985	2. 1777
IMF18	0. 0017	0. 0017	0. 0017	0. 0017	8. 8126	8. 9325	9. 2565	9. 6506
Mean	0. 0531	0. 0486	0. 0473	0. 0476	1. 9714	2. 0355	2. 2574	2. 3757

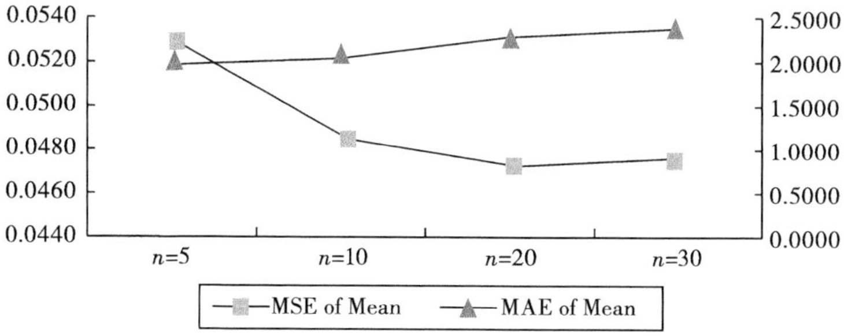

图 7　特征维数对 IMFi－SVR 模型的影响

（二）实验结果及分析

为了验证本文提出的 EMD－GA－SVR 模型的有效性，本节选取 SVR 和 EMD－SVR 模型作为对照组，选择均方根误差（RMSE）、均方误差（MSE）和平均绝对误差（MAE）作为评价指标，在测试集上进行对比实验。其中三者特征维数 n 均设置为 10，SVR 和 EMD－SVR 中 $\gamma = 1/n$ 、$C = 1$ ，最终实验结果如表 2 所示。

表 2　　在测试集上的对比实验结果

模型	RMSE	MSE	MAE
SVR	1.0695	1.1439	0.7667
EMD－SVR	0.9554	0.9129	0.7099
EMD－GA－SVR	0.8696	0.7561	0.6465

从表 2 可知，EMD－GA－SVR 算法在测试集上的表现均优于对比模型。EMD－GA－SVR 比 SVR、EMD－SVR 模型在 RMSE 指标上分别提升 10.67%、18.7%，在 MSE 指标上分别提升 20.2%、33.9%，在 MAE 指标上分别提升 7.41%、15.69%。如图 8、图 9 和图 10 分别为 SVR、EMD－SVR 以及 EMD－GA－SVR 在测试集上的预测输出值与真实值的对比曲线图。对比图 8 和图 9 可以看出，EMD 分解能改善 SVR 模型对时间序列趋势的拟合程度。进一步对比图 9 和图 10 可以看出，通过遗传算法优化模型参数的选取能进一步改进 SVR 模型在尺度上对时间序列的拟合程度。

综上所述，EMD 分解有利于降低金融时序中噪声的干扰，基于 GA 的参数寻优可以提升模型预测表现，而本文提出的基于遗传算法的 EMD－GA－SVR 预测模型较传统的 SVR 模型和基于 EMD 分解的 SVR 模型能取得更好的预测效果。

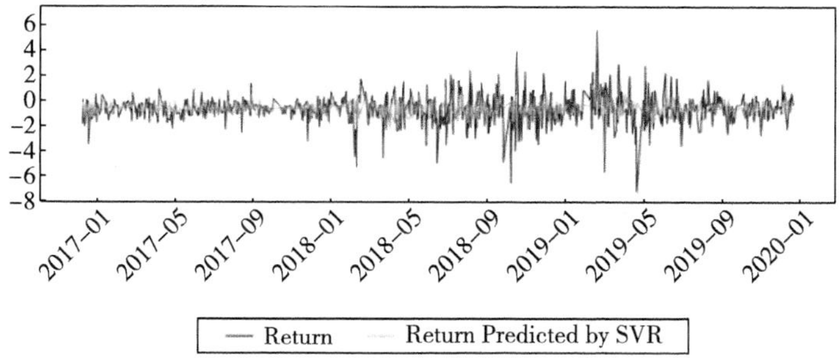

图 8　SVR 模型在测试集上的实验结果

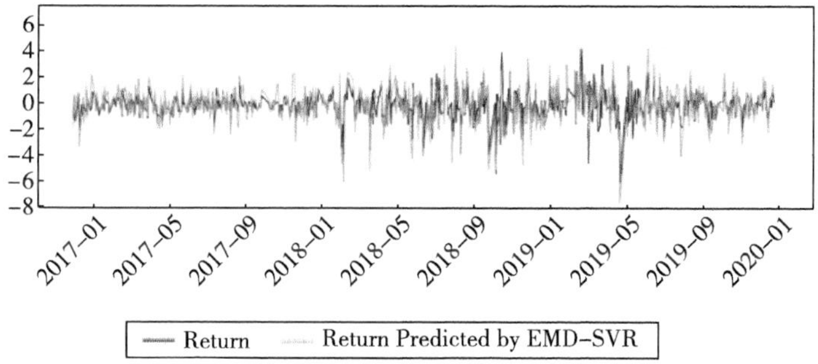

图 9　EMD - SVR 模型在测试集上的实验结果

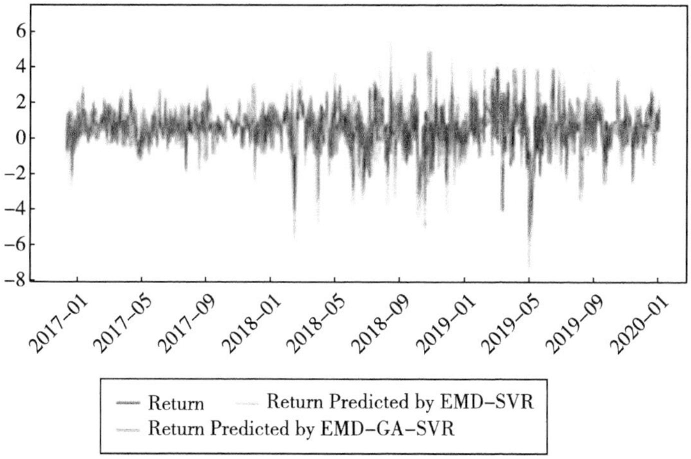

图 10　EMD - GA - SVR 模型在测试集上的实验结果

五、结论和启示

本文针对我国股票市场指数预测建模这一量化金融领域的核心问题，运用经验模态分解产生具有各自物理特性的本征模函数序列，用以解决金融时序非稳定和混沌的问题，运用遗传算法解决 SVR 中超参数优化问题，为提高子序列及最终预测结果创造了有利条件，使本文通过 EMD 分解、GA 寻优、SVR 算法分别构建 IMF 预测模型，进而加总集成获得指数最终预测结果的思路清晰、合理且可行。本文在对指数 EMD 分解与重组的基础上，充分利用遗传算法对 SVR 中超参数进行优化，提出并详细阐述了一种基于 EMD、GA 和 SVR 的股市指数集成预测建模方法 EMD - GA - SVR 模型。其中，在进行 SVR 算法预测之前采用效用分析法对特征维数的选择进行筛选，进一步增加了模型的精度。最后，本文选取比较具有代表性的上证综指作为实验数据，以 SVR 和 EMD - SVR 模型作为对照组，对 EMD - GA - SVR 模型的预测有效性及优化程度进行量化评估。通过实证分析，本文得出以下结论：

第一，EMD 分解对原始信号的稳化处理起到积极作用。

第二，参数的选取在很大程度上影响 SVR 算法对股指预测的精度。

第三，通过遗传算法对 SVR 参数并行寻优可以提高 SVR 算法对股指预测的精度。

第四，EMD - GA - SVR 模型的预测效果一致性地优于对照组模型，其预测结果误差小、精度高。

尽管如此，EMD 分解依然存在端点效应和模态混叠的问题，遗传算法也和其他优化算法一样存在早熟的可能性，且其编码、复制、选择等过程需进一步优化。本研究一方面提出了一种新的股指预测模型并在 SSE 上取得了较好的预测效果，另一方面基于 EMD 和 GA 的可拓展性使本研究具有持续研究的意义。

参考文献

[1] 崔焕影,窦祥胜. 基于 EMD - GA - BP 与 EMD - PSO - LSSVM 的中国碳市场价格预测[J]. 运筹与管理, 2018(7).

[2] 贺毅岳, 高妮, 王峰虎, 茹少峰, 韩进博. EMD 分解下基于 SVR 的股票价格集成预测[J]. 西北大学学报(自然科学版), 2019(3).

[3] 李婷, 徐搏, 刘青山, 刘俊男, 辛鹏. 基于 EMD 与 SVM 及 GA 相结合的短期负荷预测[C]. 吉林省第六届科学技术学术年会论文集, 2010.

[4] 赛英, 张凤廷, 张涛. 基于支持向量机的中国股指期货回归预测研究[J]. 中国管理科学, 2013(3).

[5] 孙秋韵,刘金清, 刘引. 基于改进 GA 参数优化的 SVR 股价预测模型[J]. 计算机系统应用, 2015(9).

[6] 田翔, 邓飞其. 精确在线支持向量回归在股指预测中的应用[J]. 计算机工程, 2005(22).

[7] 王文波, 费浦生, 羿旭明. 基于 EMD 与神经网络的中国股票市场预测[J]. 系统工程理论与实践, 2010(6).

[8] 谢国强. 基于支持向量回归机的股票价格预测[J]. 计算机仿真, 2012(4).

[9] 徐国祥, 杨振建. PCA - GA - SVM 模型的构建及应用研究:沪深 300 指数预测精度实证分析[J]. 数量经济技术经济研究, 2011(2).

[10] 张鹏. 改进的 ARIMA - GM - SVR 组合预测模型及应用[J]. 统计与决策, 2019(13).

[11] BALLINGS M, VAN DEN P D, HESPEELS N, GRYP R. Evaluating multiple classifiers for stock price direction prediction[J]. Expert Systems with Applications, 2015(20).

[12] DUAN W Y. A hybrid EMD - SVR model for the short - term prediction of significant wave height[J]. Ocean Engineering, 2016(124).

[13] DAI S. Prediction for Gyros output based on EMD - SVR[C]. Chinese Control And Decision Conference (CCDC). IEEE, 2019.

[14] GERLEIN E A, MCGINNITY M, BELATRECHE A, COLEMAN S. Evalua-

ting machine learning classification for financial trading: An empirical approach[J]. Expert Systems with Applications,2016(54).

[15] HOLLAND J H. Genetic algorithms[J]. Scientific American, 1992(1).

[16] HUANG C F. A hybrid stock selection model using genetic algorithms and support vector regression[J]. Applied Soft Computing, 2012(2).

[17] HENRIQUE B M, SOBREIRO V A, KIMURA H. Stock price prediction using support vector regression on daily and up to the minute prices[J]. The Journal of Finance and Data Science, 2012(4).

[18] JARAMILLO J, VELASQUEZ J D, FRANCO C J. Research in Financial Time Series Forecasting with SVM: Contributions from Literature[J]. IEEE Latin America Transactions,2017(1).

[19] KUMAR M, THEN M, ZHI M. Support vector machines approach to predict the S&P CNX NIFTY index returns[J]. Social Science Electronic Publishing, 2007.

[20] KAZEM A, SHARIFI E, HUSSAIN F K, SABERI M, HUSSAIN O K. Support vector regression with chaos – based firefly algorithm for stock market price forecasting[J]. Applied Soft Computing Journal, 2013(2).

[21] HUANG E. The Empirical Mode Decomposition and the Hilbert Spectrum for Nonlinear and Non – Stationary Time Series Analysis [J]. The Royal Society, 1998 (1971).

[22] XIE H. Short – term wind power prediction by using empirical mode decomposition based GA – SVR[C]. 2017 36th Chinese Control Conference (CCC). IEEE, 2017.

自主创新、技术引进与中国省际绿色全要素生产率

张春鹏　徐璋勇①

摘　要：构建一个包含自主创新、技术引进和绿色全要素生产率（TFP）的新经济增长模型，阐明了自主创新、技术引进影响绿色TFP的理论机制，实证考察了自主创新、技术引进对绿色TFP的影响。考虑到区域异质性问题，对东、中、西三大区域以及“一带一路”省份进行实证分析。基于不同的自主创新类型和技术引进渠道分析了影响的差异性特征。结果表明：自主创新和技术引进能显著促进绿色TFP；相比东部地区的绿色经济发展依赖于内源式创新，中、西部地区及“一带一路”省份更依赖于技术引进。进一步研究发现，发明型创新与绿色TFP呈现显著的倒“U”形曲线关系，实用型和外观型创新对绿色TFP的影响不显著；国外技术引进显著促进绿色TFP，而国内技术引进对于绿色TFP的增长没有显著的促进作用。

关键词：自主创新；技术引进；绿色全要素生产率

①　作者简介.张春鹏，经济学博士研究生，西北大学经济管理学院，E－mail·chunpeng2016@sina. com.

徐璋勇，经济学博士，教授，西北大学经济管理学院，E－mail：xzhangy@126. com.

＊感谢教育部人文社会科学重点研究基地重大项目（16JJD790048）的资助。

一、引言

2017 年 12 月，国家统计局发布了《2016 年生态文明建设年度评价结果公报》，从资源利用、环境治理、环境质量、生态保护、增长质量、绿色生活和公众满意度等七个方面，建立了 56 项指标对全国各省绿色发展指数予以评价，北京、福建和浙江位列全国前三甲，为其他省份的生态文明建设树立了标杆。生态文明保护是落实“绿水青山就是金山银山”的发展理念，建设美丽中国的关键所在。要落实“两山”理念的实践路径，就需要彻底解决生态保护与经济发展的不平衡问题，实现人与自然和谐共生。缓解环境污染严重与能源供求失衡对经济高质量增长的硬约束，离不开供给侧结构性改革，依靠绿色技术创新驱动，提高能源供给体系的质量，快速对需求体系产生响应，补齐绿色经济发展的短板。作为绿色经济发展的基本动力，绿色技术创新通过发挥其追赶效应和可能性边界拓展效应，提高能源利用效率和清洁能源技术水平，建立绿色低碳循环发展的经济体系，形成绿色创新技术路径，提升绿色全要素生产率（绿色 TFP），推动经济实现高质量增长。鉴于此，本文旨在讨论自主创新、技术引进如何影响绿色全要素生产率。

从历史角度看，我国自主创新基础薄弱。学而优则仕的文化环境、科举制度、近现代的战乱以及十年“文革”使中国技术积累异常缓慢（唐未兵，2014）。除自主创新外，技术进步还依赖于技术引进，但容易因消化吸收困难形成路径依赖，陷入引进—落后—再引进—再落后的恶性循环。在自主创新与引进技术的共同推动下，我国技术进步发展迅速。2012 年科技进步对经济增长的贡献率为 52.2%，2016 年达到 56.2%。如果将环境污染考虑在内，由自主创新和技术引进带来的技术进步是否还能显著地推进绿色经济发展呢？相较于研发投入，专利产出更能反映一个地区的科技创新能力（Hu 等，2013），发明型专利较实用型、外观型专利具有更高的原创性（赵彦云、刘思明，2011），对绿色 TFP 的影响可能存在差异吗？由于产业结构、经济发展水平、要素禀赋等的差异，引进技术可能出现水土不服，引进效果与地区企业的消化吸收能力有很大关系。那么同样是引进技术，是选择引进外在环境条件差异性更小的国内技术，还是选择专业性更强的国外技术呢？本文将尝试对上述问题进行解答。

与已有文献不同，本文创新性地结合不同创新类型、技术引进渠道分析自主创新和技术引进对绿色 TFP 影响的差异性。研究发现，即使是在绿色发展背景下，自主创新和技术引进也均能显著促进 TFP，并且以自主创新为主导，支撑了技术创新驱动绿色经济发展的国家战略；东部地区的绿色技术进步主要依赖于内源式创新，而中、西部地区及“一带一路”17 省的自主创新能力仍然有限，外源式创新仍占主导。进一步研究发现，以发明型创新与绿色 TFP 呈现显著的倒“U”形曲线关系，而以外观型、实用型为主的劳动型技术创新对绿色 TFP 的影响不显著，外观型创新甚至抑制了绿色 TFP；国外技术引进显著促进绿色 TFP，而国内技术引进对于绿色 TFP 的增长没有显著的促进作用。

本文余下部分结构如下：第二部分是文献综述；第三部分是自主创新、技术引进与绿色 TFP 的理论模型；第四部分简述了本文的模型设计、变量选取及数据来源；第五部分实证检验了自主创新、技术引进对绿色 TFP 的影响；第六部将自主创新和技术引进分别根据创新类型、引进渠道进行分类，验证不同类型的创新类型、引进渠道对绿色 TFP 的影响；最后是本文的结论与建议。

二、文献综述

学者们的研究主要集中在绿色全要素生产率的测度与影响因素两方面。

（一）绿色全要素生产率

所谓“全要素生产率”是指在各种生产要素的投入水平既定的条件下，所达到的额外生产效率。传统的全要素生产率通常只考虑单一的资本、劳动等投入要素和 GDP 等“好”产出，而忽略了伴随经济增长的非合意性产出（如王志平，2010），据此得出的全要素生产率进行的经济效率评价及政策指导是有偏差的、不科学的。

为了深入、准确、真实地测度经济发展的全要素生产率，提升经济增长质量，助力经济、环境的可持续发展，学者们将能源、环境因素纳入全要素生产率的测算框架，称为“绿色全要素生产率”。从研究思路的发展历程来看，起初研究者将能源消耗、污染排放等与资本、劳动一样视为投入，引入效率测度函数（Gollop 和 Swinand，1998）。由于与实际生产过程相违背，污染排放被视为与“好”产出一致的期望产出，进行数据处理，导致模型只能在规模报酬可变（VRS）条件下使用（Scheel，2001）。为了兼顾经济增长和能源环境因素，基于方向性距离函数，将污染排放作为非期望产出与期望产出一起引入生产过程的测度方式（Ahmed，2012），在绿色全要素生产率研究中得到了广泛运用。从研究方法来看，测算方法主要有索洛剩余法、随机前沿生产函数法和数据包络法三种。索洛剩余法是由 1957 年索洛在新古典生产函数的基础上最先提出，并得到了广泛应用，但测算结论并不一致。随机前沿生产函数包括前沿生产函数部分和非效率部分，通过估计随机前沿生产函数中的参数，算出全要素生产率。但是该方法存在许多问题：如超越对数生产函数中的参数过多，忽视了不同时间经济发展的多样性。而数据包络分析法无需考虑生产函数形态，可以研究多投入和多产出的全要素问题，并且投入产出变量的权重不受人为主观因素的影响，因此受到了广泛应用。

综上所述，绿色全要素生产率的提出为转变中国经济发展方式，为实现可持续发展提供了科学的方法论。本文将考虑能源环境的约束，把碳排放作为“坏产出”纳入生产率测算模型，构建非径向、非角度的 SBM 方向性距离函数，并与 Global Malmquist 生产率概念结合，测算 Global Malmquist - Luenberger 指数用以描述全要素生产率的动态变化。

（二）自主创新、技术引进与绿色全要素生产率

自主创新、技术引进对全要素生产率的影响研究深受学者们的关注，现有文献主要从溢出效应角度进行探究。自 1971 年 Caves 开启了技术溢出效应研究历程以来，国内外学者基于劳动生产率模型、柯布—道格拉斯生产函数等理论模型的经验研究层出不穷，但最终没有形成一致的定论。

大多数研究表明研发的外部性促使自主创新对生产率的正向作用（如

Henderson, 1998; Jefferson et al., 2002; Hu et al., 2005; 夏良科, 2010)。其中, Henderson 发现自主创新促进了本产业及其关联产业全要素生产率的提高, 产生了产业间的溢出效应。夏良科从前向和后向溢出效应两方面, 阐明了自主创新正向影响 TFP。Jefferson 等、Hu 等则证明了企业层面自主创新的促进作用。还有学者认为自主创新对生产率的提高没有显著效果, 甚至阻碍了全要素生产率的提升, 主要原因是自主研发的投入结构不合理、利用效率较低(李小平和朱钟棣, 2010)。

此外, 文献大多将跨国投资作为技术引进的主要途径, 对 TFP 的影响效果有正向溢出效应(李小平、卢现祥, 2010; Smarzynska, 2002; Du et al., 2012)和逆向溢出效应(Cantwell, 1989; 马林、章凯栋, 2008; Suyanto 和 Salim, 2013)。其中, 李小平和卢现祥认为 FDI 趋于通过竞争效应、示范效应等产生技术溢出, 提升经济绩效。Smarzynska 以及 Du 等的研究也同样支持正效应。对于逆向溢出效应, 早在 1989 年 Cantwell 就发现它只存在于外资进入以前就已经具备竞争优势的产业, 弱势产业反而会被跨国公司挤出市场。马林、章凯栋以及 Suyanto 和 Salim 等也对正的溢出效应产生了质疑。

通过梳理相关文献发现: ①多数研究者将目光集中在全要素生产率的研究上, 忽视了 GDP 增长过程中产生的副产品, 对于绿色增长研究不足。②多数文献研究的是自主创新和全要素生产率之间的关系, 抑或是技术引进与全要素生产率的关系问题, 将上述三者置于同一框架体系下的研究较少。③现有文献中自主创新、技术引进指标的度量存在缺陷。多是从研发投入、外商直接投资(FDI)角度度量自主创新、技术引进, 但是大部分中国企业的研发投入并没有转化为相应的专利产出, 大多数省份的 FDI 并没有带来先进的清洁技术。

鉴于以上问题, 本文力求进行修正, 做出了以下贡献: 一是将经济发展过程中产生的 CO_2 排放纳入全要素生产率的核算框架中, 把绿色 TFP 作为绿色经济发展转型的代理指标; 二是综合考虑自主创新、技术引进对绿色经济发展的影响, 构建包含自主创新、技术引进的内生经济增长模型, 探究我国经济发展转型与技术进步路径演变的良性互动机制。三是鉴于专利产出更能反映科技创新能力, 本文从创新产出角度度量自主创新; 同时, 从技术经费支出角度测算技术引进，在绿色经济发展视角下重新审视自主创新、技术引进对 TFP 的影响，为国家的政策制定提供理论支撑。

三、理论模型与假设

（一）绿色全要素生产率

1. 至前沿最远距离函数（SBM 模型）

规模报酬不变的 CRS 模型是径向 DEA 模型的代表，但是对于无效率的 DWU 来讲，当前状态与强有效目标值之间的差距既包括等比例改进的部分，还包括松弛改进的部分，包含坏产出的 SBM 模型由此提出（Cooper William W et al.，2007）。

$$\min\theta = \frac{1 - \frac{1}{m}\sum_{i=1}^{m}\frac{s_i^-}{x_{ik}}}{1 + \frac{1}{q_1 + q_2}\sum_{r=1}^{q_1}\frac{s_r^+}{y_{rk}} + \sum_{t=1}^{q_2}\frac{s_t^{b-}}{b_{rk}}} \tag{1}$$

$$s.t.\ X\omega + s^- = x_k \tag{2}$$

$$Y\omega - s^+ = y_k \tag{3}$$

$$B\omega + s^{b-} =_k \tag{4}$$

$$\omega, s^-, s^+ \geqslant 0 \tag{5}$$

θ^* 表示被评价 DMU 的效率值，从投入和产出双重角度测算无效率状况，并解决了径向模型没有包含松弛变量的问题。

2. Global Malmquist – Luenberger **指数**

Oh D. H.（2010）将 Global Malmquist 生产率概念和方向性距离函数相结合构建了 Global Malmquist – Luenberger（GML）指数。据此，笔者构建了考虑碳排放的全域方向性距离函数：

$$D^G = (x^t, y^t, z^t; g) = \sup\{y^t + \beta g_y, z^t + \beta g_u \in H^t(x^t)\} \tag{6}$$

$$GML_t^{t+1} = \frac{1 + D_0^G(x^t, y^t, z^t, g)}{1 + D_0^G(x^{t+1}, y^{t+1}, z^{t+1}, g)} \tag{7}$$

将 GML_t^{t+1} 指数分解为效率变化指数（GF）和技术变化指数（GT）。

$$GML_t^{t+1} = GEC_t^{t+1} \times GTC_t^{t+1} \tag{8}$$

$$GEC_t^{t+1} = \frac{1 + D_0^t(x^t, y^t, z^t, g)}{1 + D_0^{t+1}(x^{t+1}, y^{t+1}, z^{t+1}, g)} \tag{9}$$

$$GTC_t^{t+1} = \frac{[1 + D_0^G(x^t, y^t, z^t, g)]/[1 + D_0^t(x^t, y^t, z^t, g)]}{[1 + D_0^G(x^{t+1}, y^{t+1}, z^{t+1}, g)]/[1 + D_0^{t+1}(x^{t+1}, y^{t+1}, z^{t+1}, g)]} \tag{10}$$

GML 指数反映了在一定环境规制下，当年全要素生产率与上一年的比值若大于 1，则表明该研究区间环境要素生产率得到了改善。笔者进一步将 GML 指数分解为技术效率变化指数（GEC）和技术变化指数（GTC）。GEC 度量了全域技术效率的变化，如果指数值大 1，表明当期的生产决策单元比前期更接近生产前沿边界，技术效率提升；GC 度量了全域技术进步的变化，如果指数值大于 1，表明在既定的投入向量下，生产可能性边界朝着生产出更多的 GDP 和排放出更少的 CO_2的方向移动，生产决策单元存在技术进步。

（二）新经济增长模型

1968 年，Romer 发扬了“干中学”，将创新引发的技术进步内生化于经济增长模型中，标志着内生经济增长理论的诞生。Romer（1990）将技术进步作用完全内生化，进一步完善了经济增长模型。为分析自主创新、技术引进对中国绿色 TFP 的作用机理，在 Romer（1990）新经济增长模型的基础上，构建一个包含自主创新、技术引进与绿色 TFP 的五部门经济增长模型，具体如下。

1. 最终产品生产部门

假定该部门由无数个完全竞争厂商组成，只生产一种同质产品，CO_2作为投入（Ramanathan，2005；葛鹏飞等，2017）和人力资本、中间投入品一起进入生产函数：

$$Y_t = C_t^{\varepsilon} L_{Y_t}^{b} \int_0^{A_j} X_j^a dj \tag{11}$$

式中，Y_t 为 t 期的产出；C_t^{ε}，$L_{Y_t}^{b}$分别为 t 期的 CO_2、人力资本投入；X_j^a 为第 j 种中间投入品数量；A_j 为中间产品种类数目。按照 Romer（1990）的内生增长理论，已有的技术存量依赖于中间投入品的种类，故使用 A_j 表示自主创新。在开放经济条件下，技术引进也是技术进步的重要渠道。故式（11）可变为

$$Y_t = C_t^{\varepsilon} L_{Y_t}^{b} [\int_0^{A_j} X_j^a dj + \int_0^{A_j^*} X_{j*}^a d_j] \tag{12}$$

将产出 Y 的价格标准化为单位 1，W_L 为人力资本工资水平；p_j、p_{j*} 分别为中间产品 X_j^a、X_{j*}^a 的租金价格，则一阶最优条件为：

$$W_L = bL_{Y_t}^{b-1} C_t^{\varepsilon} [\int_0^{A_j} X_j^a d_j + \int_0^{A_j^*} X_{j*}^a d_j] \tag{13}$$

$$p_j = aL_{Y_t}^{b} X_j^{a-1} C_t^{\varepsilon} \tag{14}$$

$$p_{j*} = aL_{Y_t}^{b} X_{j*}^{a-1} C_t^{\varepsilon} \tag{15}$$

2. 中间产品生产部门

假设中间产品厂商生产函数为 $X_i = X_j = \bar{Y}_t$，同时假定生产 1 单位中间产品需要 θ 单位的资本投入，r 为利率，则中间产品生产商利润最大化的一阶条件为

$$\theta \times r = a^2 L_{Y_t}^{b} X_j^{a-1} C_t^{\varepsilon} \tag{16}$$

将式（16）带入式（14）可得，$p_j = \frac{\theta \times \gamma}{a} = p_{j*}$，由于每个产品定价公式相同，故均衡时需求量、利润也相同。

$$X_i = \theta^{-\frac{1}{1-a}} \times \gamma^{-\frac{1}{1-a}} \times a^{\frac{1}{1-a}} \times (L_{Y_t})^{-\frac{b}{1-a}} \times (C_t)^{-\frac{\varepsilon}{1-a}} \tag{17}$$

联立式（12）和式（17），可以得到最终产品生产部门的产出。

3. 技术研发部门

通过生产技术创新产品，卖出专利权，从而获得收益。投入研发部门的人力资本数量为 L_r，技术进步主要实现途径为自主创新和技术引进，U_t^{ϕ} 代表通用知识存量，则技术进步的累积方程为

$$\dot{A}_t = \vartheta A_t^{\tau} U_t^{\phi} [wL_r + (1-w) L_r (\frac{A_t^*}{A_t})^{\lambda}] \tag{18}$$

式中，$\dot{A}_t$ 为新增的技术水平；ϑ 为技术研发部门的生产效率；wL_r 为自主创新的人力资本；（$1-w$）L_r 为引进技术进行消化吸收再创新所需的人力资本；τ 和 λ 分别为研发部门自主创新的知识扩展能力和技术引进的外溢效应。假设中间产品设计方案的专利价格为 P，由于研发部门是可以自由进出的，均衡时新技术专利价格等于垄断的中间产品生产商获得利润的贴现值，则研发部门工人的工资为

$$W_{L_{r,t}} = \frac{1}{r_t}(1-a) a^{\frac{1+a}{1-a}} \vartheta A_t^{\tau} [\omega + (1-\omega)(\frac{A_t^*}{A_t})^{\lambda}] L_{Y_t}^{\frac{b}{1-a}} C_t^{\frac{\varepsilon}{1-a}} U_t^{\phi} \tag{19}$$

4. 基础研究部门

基础研究进展依赖于本部门人力资本 $L_{B,t}$ 和通用知识 U_t^{ϕ} 则：

$$\dot{U}_t = \vartheta L_{B,t} U_t^{\partial} \tag{20}$$

Φ_t 为税率，按照工资来源于税收（Prettner 和 Werner，2016），可得表达式：

$$\Phi_t \times W_t H_t = W_{L_{B,t}} H_{B,t} \tag{21}$$

均衡状态有 $W_t = W_{L_{B,t}} = W_{L_{Y,t}} = W_{L_{r,t}}$

5. 家庭消费部门

假定存在永续时间内代表性家庭，其消费偏好满足固定弹性效用函数。均衡条件下消费者消费增长率为

$$G_C = \frac{\dot{cons}}{cons} = \frac{1}{\sigma}(1 - p) \tag{22}$$

均衡条件下 $G = G_A = G_Y = G_K = G_C$，联立式（12）、式（13）、式（17）、式（19）、式（21）可得：

$$G = \frac{(1 - \Phi)\vartheta L_t A_t^{\tau} U_T^{\Phi}[W + (1 - w)(\frac{A_t^*}{A_t})^{\lambda}] - \frac{(1 - b)\rho}{a \times (1 - a)}(A_t^* + A_t)}{A_t + \frac{(1 - b)\sigma}{a \times (1 - a)}(A_t^* + A_t)} \tag{23}$$

从上述理论模型可知，技术进步影响绿色 TFP 主要通过两个渠道，分别是自主创新和技术引进。技术引进可能通过两种途径对绿色 TFP 产生影响：一是增加中间产品供给；二是引进技术的外溢效应，这依赖于引进技术特征和对引进技术的有效吸收。自主创新通过外部性促进技术进步，进而影响绿色 TFP。考虑到我国不同地区要素禀赋存在显著差异，自主创新、技术进步的正向促进作用可能存在空间异质性特征。行政级别较高和规模较大的城市往往在资源吸收和经济发展方面占据天然优势，吸引企业往其辐射地带迁移，受到规模经济、溢出效应和产业集聚的多种激励（史贝贝等，2017），刺激经济发展、资源积累。当一个地区经济发展水平、要素禀赋水平达到一定程度后，内源式创新模式更能有效激励绿色 TFP 上升（余泳泽、张先轸，2015）；反之，外源式技术创新更能有效激励绿色 TFP 上升。综上，本文提出假设 1：自主创新、技术引进能够显著提升绿色 TFP。经济发展水平越高，自主创新

促进作用愈强；反之，技术引进促进作用越强。

发明型专利代表着改善原有技术效率的新方案，有很高的技术含量，是真正具有原创性的专利创新（隋广军，2005），可能促进绿色技术进步，提升绿色 TFP，促进我国经济由高速增长向高质量增长转变，实现绿色经济发展。而实用型专利侧重于实用性，注重改善产品构造；外观设计侧重于外表的艺术性创新，技术含量较低，倾向于模仿性创新（赵彦云和刘思明，2011），对绿色 TFP 的促进作用可能并不明显。据此，本文提出假设2：发明型创新能显著提升绿色 TFP，实用型创新和外观型创新对绿色 TFP 增长无显著推动作用。

无论是国外引进还是国内引进，都存在技术输出方出于自我保护的需要不愿输出核心技术的问题。但考虑到国内外的技术差距，国外相对落后的技术对国内企业而言可能是较先进和适宜的技术。由于产业结构、经济发展水平、要素禀赋等的差异，引进技术可能出现水土不服。对于国内技术引进也存在这一问题，它取决于地区企业的技术吸收能力。所以，大多省份企业更愿意引进国外技术，这一点正好与国外技术引进经费支出远高于国内技术引进经费支出不谋而合。因此，本文提出假设3：国外技术购买能显著提升绿色 TFP，国内技术购买对绿色 TFP 增长无显著推动作用。

四、实证分析

（一）基准模型设定

自主创新、技术进步是否提高了中国绿色 TFP，对于在绿色经济发展背景下中国实施“创新驱动发展战略”形成现实支撑。上文构建了包含自主创新、技术引进和绿色 TFP 的新经济增长模型，表明有必要对自主创新、技术引进对绿色 TFP 的影响进行考察。构造如下回归模型：

$$TFP_{i,t} = \beta_0 + \beta_1 LC_{i,t} + \beta_2 TI_{i,t} + \beta_3 XS_{i,t} + \gamma CON_{i,t} + \delta_i + \theta_t + \varepsilon_{i,t} \quad (24)$$

其中，i 表示省区截面单元（$i = 1, 2, \cdots, 30$；西藏由于数据缺失严重而未考虑）；t 表示时间；LC 表示自主创新；TI 表示技术引进；XS 表示吸收能力；CON 表示控制变量，包括城镇化 UR、市场化 $MARKET$、产业结构 IS 和贸易发展水平 $TRADE$；δ_i 表示不可观测的个体效应；θ_t 表示年份固定效应；$\varepsilon_{i,t}$表示随机扰动项。当β_1、$\beta_2>0$时，自主创新和技术引进促进绿色TFP增长；反之，抑制绿色TFP增长。

（二）变量说明

1. 绿色TFP

本文把碳排放作为“坏产出”纳入生产率测算模型中，基于SBM方向性距离函数，并与Global Malmquist生产率概念结合，借助MaxDEA软件测度绿色全要素生产率。

（1）投入变量。能源消费：将各类能源消费统一折算成标准煤加总而得。

人力资本存量：笔者利用平均受教育年限法计算人力资本，对6岁及以上人口按受教育程度区分，未上过学（0年）、小学（6年）、初中（9年）、高中（12年）和大专及以上（16年）计算各省平均受教育年限，再乘以从业人员数目得到人力资本存量。

物质资本存量：采用永续盘存法，以2000年为基期，折旧率为9.6%，初始资本存量用固定资产总额除以10%计算。[①]

（2）产出变量。期望产出：各种能源、资本和劳动要素的投入是为了促进经济的发展，故笔者将各省份年度GDP作为期望产出变量。考虑到研究可比性，将GDP全部按照2000年的可比价格进行折算。

非期望产出：2016年国务院印发的《“十三五”控制温室气体排放工作方案》中提出，到2020年，单位国内生产总值二氧化碳排放比2015年下降18%，碳排放总量得到有效控制。可见加快绿色低碳发展已经成为我国主要发展任务。为了准确度量现阶段我国低碳经济发展效率，笔者将二氧化碳排放量作为非期望产出的唯一变量。

2. 二氧化碳排放量

化石能源燃烧和水泥生产是中国碳排放的主要来源。据统计，化石能源燃烧约占碳排放总量的80%[②]，水泥生产带来的CO_2排放超过了10%。[③] 在本

① 借鉴张军、吴桂英和张吉鹏（2004）的研究成果。

② 数据来源于国际能源署（IEA）。

③ 数据来源于美国橡树岭国家实验室二氧化碳信息分析中心（CDIAC）。

文的计算中，化石燃料主要包含煤炭、天然气、焦炭、燃料油、原油、汽油、煤油和柴油 8 种，二氧化碳排放因子根据国家气候变化对策协调小组办公室和国家发展改革委能源研究所（2007）提供的各类化石能源发热值、含碳量、氧化因子进行计算。水泥生产产生的碳排放取决于水泥熟料比例和熟料排放因子；熟料比例按惯例取 60%，熟料的碳排放因子来源于省级温室气体清单编制指南（2011）。依据如下公式计算省级二氧化碳排放量：

$$CO_2 = \sum_{i=1}^{8}(E_i \times \theta_i) + CE \times \phi =$$

$$\sum_{i=1}^{8}(E_i \times N_i \times CC_i \times COF_i \times 3.67) + CE \times \phi \tag{25}$$

其中，i 代表表 1 中列出的 8 种化石燃料；E 代表化石燃料的消耗量；CE 代表水泥生产产量；θ 和 ϕ 分别代表不同化石燃料和水泥的二氧化排放系数；N 代表化石能源的发热值；CC 代表化石能源的含碳量；COF 代表化石能源的氧化因子。

表 1　　化石燃料二氧化碳排放系数

项目	煤炭	天然气	焦炭	燃料油	原油	汽油	煤油	柴油	水泥
二氧化碳排放系数	1.776	21.67	2.848	3.064	3.067	3.045	3.174	3.15	0.496

3. 核心解释变量

自主创新（LC）：本文使用的自主创新变量是从产出角度衡量的。考虑到专利申请数不能真实地反映专利存量，本文用各省国内专利授权数量表征自主创新，包括外观型创新（DC）、发明型创新（GC）和实用型创新（PC），分别用外观型专利授权数量、发明型专利授权数量和实用型专利授权数量表示。这几个分类指标用于本文基于专利类型的进一步分析中。稳健性检验中将从研发投入角度衡量自主创新，用平减后的研究与开发内部经费支出表征，价格指数参见下述的技术支出价格指数。

技术引进（TI）：用技术引进经费支出表征，包括国内技术引进（DT）和国外技术引进（FT），分别用国内技术引进经费支出和国外技术引进经费支出表示。为消除物价变动的影响，本文以 2000 年为基期，利用技术支出价格指数进行平减。技术价格指数的计算参考朱平芳和徐伟民（2003）的做法，居民消费价格指数和固定资产价格指数分别赋予0.55、0.45的权重加总而得。

4. 其他解释变量

技术消化吸收（*XS*）：引进的技术能否有效转化，并提升再创新能力，严重依赖于技术的消化吸收能力。本文用技术消化吸收经费支出表征技术消化吸收变量，数据处理方式同技术引进。

市场化指数（*MARKET*）：市场化进程优化了资源配置效率，提高了社会运行效率，贡献了中国2001—2007年全要素生产率的39.2%（樊纲等，2011）。党的十八届三中全会提出了市场在资源配置中起决定性作用的新论断，从深度和广度上推进了市场化改革，再次表明市场化对经济高质量增长的作用不可忽略。因此，本文使用樊纲市场化指数报告（2018）中披露的各省市场化得分指标测度地区市场化状况。

产业结构（*IS*）：产业结构升级主要通过生产要素重置效应影响配置效率、产业溢出效应影响技术效率、专业化分工效应影响规模效率三条路径影响全要素生产率（余泳泽等，2016），已经成为转变经济粗放型增长，实现绿色发展转型的重要途径，本文用第二产业占各省GDP的比重表示产业结构变量。

城镇化水平（*UR*）：城市往往在资源吸收和经济发展方面占据天然优势，吸引周边企业向其辐射地带迁移，加速农村人口向城镇聚集，城镇企业受到规模经济、溢出效应和产业集聚的多种激励（史贝贝等，2017），刺激经济发展、资源积累，促进地区生产率的提高。本文用城镇人口占总人口的比重表征城镇化水平。

贸易发展水平（*TRADE*）：中国进出口贸易的跨越式发展带动了经济的腾飞，但中国仍处在全球价值链分工模式的较低层次，贸易增长模式仍比较粗放、低水平，并造成了资源能源大量消耗和严重的环境污染，影响绿色经济发展。本文用进出口贸易额占GDP的比重表示贸易发展水平。

（三）数据描述

本文以2000—2014年为研究区间，选取除西藏外的30个省（直辖市、自治区）为研究对象。数据主要来源于历年《中国统计年鉴》《中国能源统计年鉴》《中国科技统计年鉴》、各省统计年鉴和国泰安区域经济数据库。

（四）基本回归与稳健性检验

为防止伪回归，有必要在回归分析之前采用 LLC 方法检验面板数据的平稳性，所有变量均通过了平稳性检验。首先，进行 F 检验，发现样本具有显著的个体效应，固定效应优于混合回归；其次，进行 Hausman 检验，发现固定效应模型优于随机效应模型。经验证，模型存在显著的时间效应，故选择双向固定效应。考虑到面板数据可能存在截面相关、自相关和异方差等问题，使用可行广义最小二乘法（FGLS）提升估计效率。为进一步消除内生性的影响，采用工具变量法，利用系统 GMM 估计模型，结果通过了自相关和过度识别检验，证明了模型的有效性。

1. 基本回归

基本回归结果如表 2（模型 1 ~ 5）所示。首先，本文检验了自主创新对绿色 TFP 的影响，回归结果见模型 1。发现自主创新的系数在 1% 的显著性水平下为正，表明自主创新对绿色 TFP 的显著促进作用。其次，本文在模型中加入技术引进变量，检验了技术引进对绿色 TFP 的影响作用，结果对应模型 2。发现自主创新、技术引进在模型 2 中的系数均显著为正，表明自主创新、技术引进对绿色 TFP 的正向影响。但二者系数存在显著差异，自主研发的影响较技术引进更显著且程度更深，表明自主创新更能影响绿色 TFP，体现了我国现阶段追求以内源式创新为主、外源式创新为辅的创新策略。再次，本文在模型中加入消化吸收变量，发现自主创新、技术引进和消化吸收的系数均显著为正。最后，加入控制变量（城镇化、市场化、产业结构和贸易水平），回归结果见模型 4 ~ 5。发现添加新的控制变量并不改变自主创新、技术引进的系数显著为正的特征，说明自主创新、技术引进有助于改进省份绿色生产效率，证实了假设 1 中自主创新、技术引进的正向促进作用。

表 2　　　　基本回归结果

变量	模型 1	模型 2	模型 3	模型 4	模型 5
	双向固定	双向固定	双向固定	双向固定	双向固定
LC	0.0141 *** (4.67)	0.0113 *** (4.38)	0.0098 *** (3.26)	0.0056 ** (2.24)	0.0045 * (2.33)

续表

变量	模型 1	模型 2	模型 3	模型 4	模型 5
	双向固定	双向固定	双向固定	双向固定	双向固定
TI		0. 0019 ** (2. 36)	0. 0014 ** (2. 07)	0. 0013 ** (2. 29)	0. 0012 ** (2. 37)
XS			0. 0044 ** (2. 4)	0. 0034 ** (2. 32)	0. 0026 * (1. 94)
UR				-0. 6621 *** (-2. 77)	-0. 4385 * (-2. 01)
MA				0. 0360 *** (3. 8)	0. 3165 * (3. 91)
IS					-0. 3597 *** (-1. 81)
TR					0. 0238 * (0. 54)
R^2	0. 3383	0. 3899	0. 4223	0. 5196	0. 5443
N	450	450	450	450	450

注：***、**和*分别表示统计值在1%、5%和10%的显著性水平下显著；括号内为 *t* 统计量。

自主创新的系数为正，能够显著促进绿色全要素生产率的提升，这一结果与多数研究成果一致。表明我国已经具备了一定的自主创新能力，并促进了“清洁型”技术进步，推动经济向集约化发展。技术引进系数为正，意味着引进外来技术能促进本省绿色全要素生产率增长，存在技术的溢出效应。消化吸收系数亦为正，表明本土企业有较好的消化吸收能力，有利于进一步地模仿创新。综上，我国并未形成“落后—引进—再落后—再引进”的路径依赖，本土创新能够促进经济的转型发展，以自主创新为主、技术引进为辅的技术形成模式更符合我国实际。控制变量回归结果表明，城镇化、以第二产业为主的产业结构会抑制绿色 TFP 的增长，不利于低碳经济发展；表明我国在城镇化过程中应注意环境保护问题，并加速工业结构升级，促进工业型经济向新型服务型经济转变。市场化程度加深有益于绿色 TFP 的提高，表明市场化确实会优化资源和要素配置，提高绿色经济效率。贸易发展趋于促进绿色 TFP 的提升。

2. 区域异质性检验

考虑到我国不同地区要素禀赋存在显著差异，自主创新、技术进步的正向促进作用可能存在区域异质性特征。鉴于此，本文在基本回归的基础上，进一步分析东、中、西三大区域自主创新、技术引进对绿色 TFP 的影响，如表 3 所示。模型 6 ~ 7 发现东部地区自主创新系数在 10% 的水平下显著，技术引进系数不显著。表明东部地区主要由自主创新推进技术进步，形成了内源式的创新模式，提升了绿色 TFP。中、西部地区自主创新系数不稳健，技术引进系数分别在 5%、10% 的水平下显著，表明中、西部地区主要依赖于外源式创新，通过引进技术提升绿色 TFP。整体而言，东部地区经济发展水平要高于中、西部地区，所以本文认为经济发展越好，越是以自主创新推动绿色 TFP；反之，依赖于技术引进。此外，本文还对“一带一路”省份进行了估计，如模型 12 ~ 13 所示。发现“一带一路”17 省自主创新系数不稳健，主要通过技术引进促进绿色 TFP，考虑到“一带一路”17 省多半处于中、西部地区，故估计结果比较接近模型 10 ~ 11。“一带一路”倡议旨在促进沿线各国加强区域经济合作，发挥中国作为发展中大国在国际经济社会发展过程中扮演重要角色的作用，“一带一路”国内沿线省份急需加强自主创新能力，提升研发投入的技术转化效率。

表 3　　基于不同地区的分析

变量	东部		中部		西部		“一带一路”省份	
	模型 6	模型 7	模型 8	模型 9	模型 10	模型 11	模型 12	模型 13
LC	0.0059 * (1.91)	0.0002 * (2.47)	−0.0006 (−0.3)	0.0001 ** (2.16)	0.0014 (0.59)	0.0001 (1.06)	0.0015 (0.85)	0.0001 ** (2.55)
TI	0.0005 (0.95)	0.0006 (1.02)	0.0016 ** (2.59)	0.0013 ** (2.20)	0.0011 * (1.76)	0.0012 * (1.94)	0.0010 * (2.26)	0.0010 ** (2.26)
XS	0.0029 (1.24)	0.0025 (1.08)	−0.0003 (−0.20)	−0.0005 (−0.38)	0.0030 ** (2.17)	0.0029 ** (2.16)	0.0035 ** (2.46)	0.0031 ** (2.21)
MA	0.0413 *** (3.84)	0.0392 *** (3.69)	0.0632 *** (5.50)	0.0550 *** (4.81)	0.0421 *** (4.13)	0.0410 *** (4.21)	0.0469 *** (6.01)	0.0417 *** (5.41)
IS	−0.4490 ** (−2.59)	−0.3820 ** (−2.17)	−0.3861 ** (−2.09)	−0.1998 (−1.11)	−0.0715 (−0.6)	−0.0658 (−0.56)	−0.3030 *** (−2.77)	−0.2548 ** (−2.34)

续表

变量	东部		中部		西部		"一带一路"省份	
	模型 6	模型 7	模型 8	模型 9	模型 10	模型 11	模型 12	模型 13
UR	-0.0022 (-0.01)	0.0217 (0.08)	-0.2395 (-0.76)	-0.4503 (1.58)	-0.1546 (-0.67)	-0.1972 (-0.84)	-0.1233 (-0.65)	-0.1585 (-0.85)
TR	-0.0498 (-0.89)	-0.0467 (0.85)	-0.0153 (-0.36)	-0.0089 (-0.22)	0.1049* (0.82)	0.0834 (1.35)	0.0814 (1.62)	0.0601 (1.20)
R^2	0.5296	0.5392	0.8219	0.8330	0.4924	0.5700	0.4990	0.5127
N	165	165	120	120	165	165	255	255

注：***、**和*分别表示统计值在1%、5%和10%的显著性水平下显著；括号内为t统计量。模型6、8、10、12的被解释变量为专利数量，为了检验模型的稳健性，模型7、9、11、13的被解释变量更改为研发支出重新进行估计。

3. 稳健性检验

首先，关于变量测度问题。从研发投入角度考虑，本文使用平减后的研究与开发内部经费支出作为自主创新的衡量指标，重新估计模型（模型14~15）。

其次，为了修正模型中可能存在的自相关、异方差，需放松随机扰动项独立同分布的假设，使用可行广义最小二乘法（FGLS）进行估计（模型16）。

最后，内生性问题。①遗漏变量产生的内生性问题。鉴于本文已经在模型中加入了城镇化、市场化、产业结构和贸易水平等变量，遗漏变量产生的内生性可能不太严重。②反向因果关系的存在也可能导致内生性问题。考虑到各省专利奖励政策作为外生政策冲击可能促进专利产出增长，提高自主创新能力，而且通常情况下，专利产出对创新及绿色TFP增长可能存在一定的滞后效应（张杰等，2016）①，本文采用工具变量法，利用两步系统GMM估计模型缓解内生性问题。另外，技术引进与绿色TFP也可能存在反向因果关系。借鉴Redding和Venables（2004）的研究成果，本文取各省区到海岸线的距离作为技术引进的工具变量。沿海省份到海岸线的距离为该省份的内部距离，内陆省份到海岸线的距离为其距离最近的沿海省份的距离与沿海省份内部距离之和。② 考虑到

① 张杰，高德步，夏胤磊．专利能否促进经济增长：基于中国专利资助政策视角的一个解释[J]．中国工业经济，2016(1)：83-98.

② 沿海省份有：天津、河北、辽宁、上海、浙江、江苏、福建、山东、广西、广东和海南。沿海省份内部距离 $D_1=\frac{2}{3}\sqrt{S_i/\pi}$，$S_i$ 省的陆地面积。

时间效应，将各省区到海岸线的距离除以汇率作为工具变量纳入系统 GMM 估计模型中。同时，考虑自主创新与技术引进的工具变量重新估计模型结果，如模型 17。

稳健性检验结果如表 4 所示，自主创新、技术引进对绿色 TFP 具有的正向促进作用并不发生改变。据此，有理由认为该模型具有较强的稳健性。

表 4　　稳健性检验结果

变量	模型 14	模型 15	模型 16	模型 17
	双向固定	双向固定	FGLS	系统 GMM
LC	0.0003 *** (5.10)	0.0002 *** (3.02)	0.0027 *** (1.81)	0.0014 *** (4.74)
TI	0.0011 * (1.93)	0.0010 ** (2.38)	0.0004 *** (2.18)	0.0002 *** (3.46)
XS	0.0033 * (1.84)	0.0023 * (1.79)	0.0020 *** (3.24)	0.0012 *** (5.44)
UR		-0.4186 (1.99)	-0.0322 ** (-0.31)	-0.1699 *** (-8.03)
MA		0.0264 *** (3.32)	0.0357 (5.92)	0.0025 ** (2.35)
IS		-0.2741 *** (-1.48)	-0.2845 (-3.46)	-0.1010 *** (-6.69)
TR		0.0165 (0.42)	0.0782 (2.71)	0.0400 *** (6.8)
TFP (-1)				0.7786 *** (21.14)
R^2	0.4996	0.5711	0.9753	
N	450	450	450	390

注：***、**和*分别表示统计值在 1%、5% 和 10% 的显著性水平下显著；模型 14~16 括号内为 *t* 统计量，模型 17 括号内为 *z* 统计量。模型 17，Sargan 检验的 *P* 值为 1.00，通过了过度识别检验，表明工具变量有效；*AR*（1）检验 *P* 值为 0.0315，*AR*（2）检验 *P* 值为 0.8194，表明不存在 2 阶自相关，GMM 估计有效。

六、进一步研究

（一）基于不同专利类型的回归分析

基于专利类型的不同，将自主创新划分为三类：外观型创新（*DC*）、实用型创新（*PC*）和发明型创新（*GC*），探究创新对技术引进与绿色TFP的影响，如表5中的模型18和模型19。外观型创新的系数显著为负，实用型创新系数不显著，发明型创新系数显著为正。验证了假设2的前半句，表明只有发明型创新才能显著促进绿色TFP增长，才能真正推动绿色生产技术的进步。外观型创新负向影响绿色TFP，可能因为外观设计上的改变并没有提高资源利用效率，反而造成了一定程度的重复生产和资源浪费，抑制了绿色经济发展。

鉴于当前有文献研究证明，发明型创新对地区经济增长存在门槛效应，本文在模型18和模型19的基础上加入发明型创新的平方项，试图验证门槛效应的存在性①，结果如模型20和模型21。发现发明型创新与绿色TFP呈现显著的倒“U”形曲线关系，当地区发明专利授权数量较少、创新能力低于某一水平时，发明型创新显著促进了绿色TFP的提升，加快了绿色经济的发展转型；当专利数目增长到一定阶段时，发明型专利的再增加反而会抑制绿色TFP的增长。这可能反映出两种作用机制：第一，在某些经济不发达的地区，专利数目较少，自主创新能力较弱，专利的发明与创造产生的边际收益高于发明专利占用资本资源产生的机会成本，发明型创新才会促进绿色TFP增长；随着专利数目的增加，其边际收益低于机会成本，发明型创新抑制了绿色TFP增长。第二，当经济发展较落后、专利创新不足时，政府会利用激励政策增加创新补贴，专利数量逐步上升，企业竞相提升创新能力，提高生产效率，正向刺激绿色TFP。此时，部分企业为了追求利润最大化，在不减少获取创新补贴的情况下发明低质量、低投入的专利，形成了“劣币驱逐良币”的专利发明局面，进而降低了生产效率，负向影响绿色TFP。

① 笔者在模型中尝试加入实用型和外观型创新的平方项，但结果不显著。

表 5　　　　　　　　　　基于创新类型的回归结果

变量	模型 18	模型 19	模型 20	模型 21
	双向固定	FGLS	双向固定	FGLS
DC	−0.0069** −2.20)	−0.0069*** −3.35)	−0.0076* −1.81)	−0.0104*** −6.25)
PC	0.0025 (0.43)	0.0018 (0.41)	−0.0037 (−0.54)	−0.0033 (−1.06)
GC	0.1190*** (4.49)	0.1041*** (4.22)	0.3013*** (5.08)	0.2704*** (6.89)
GC^2			−0.0714*** (−3.03)	−0.0542*** (−4.77)
TI	0.0005 (1.31)	0.0004** (1.98)	0.0005* (2.02)	0.0004** (1.95)
XS	0.0027** (2.43)	0.0010** (1.68)	0.0024** (2.5)	0.0016*** (3.1)
UR	−0.0863* (−1.67)	0.0540 (0.51)	−0.3203*** (−0.1.75)	0.06233 (0.6)
MARKET	0.0186*** (2.78)	0.0347*** (5.1)	0.0144** (2.22)	0.0296*** (5.21)
IS	−0.2392 (−1.31)	−0.0485 (−0.55)	−0.1821 (1.04)	−0.0628 (−0.73)
TRADE	0.0385 (0.85)	0.0736** (2.06)	0.0001 (0.0001)	0.0593** (2.52)
R^2	0.5833	0.8337	0.6188	0.9853
N	450	450	450	450

注：***、**和*分别表示统计值在1%、5%和10%的显著性水平下显著，括号内为 *t* 统计量。

（二）基于引进渠道的进一步分析

本文还要考察不同技术引进渠道对绿色 TFP 的影响。将技术引进按技术来源分为国内技术引进和国外技术引进，结果如表6所示（模型22～25）。发现国外技术引进系数在1%的显著性水平下为正，表明国外技术引进确实促进了绿色 TFP 增长，而国内技术引进结果不显著，证明了假设 3。究其原因，可能因为我国绿色技术发展还比较落后，国内引进的技术并不能有效降低 CO_2 的生产效率，实现经济的低碳化。虽然发明型专利能显著促进绿色 TFP 提升，但我国现有的专利多为外观型专利和实用型专利，发明型专利占比最少。同时，也表明伴随着我国环保要求越来越严格，各省份企业对待外来技术的态度上正在从“盲目引进”向“择优引进”转变，越来越倾向于引进资源节约型、环境友好型技术。因此，国外技术引进对我国省域绿色经济发展总体来看是有效的。

表 6　　基于技术引进渠道的回归结果

变量	国外技术引进		国内技术引进	
	模型 22	模型 23	模型 24	模型 25
LC	0.0100*** (7.97)	0.0030** (2.41)	0.0099*** (2.66)	0.0036*** (2.78)
TI	0.0014*** (3.52)	0.0014*** (4.41)		
DT			0.0014 (1.18)	0.0005 (0.65)
XS	0.0050*** (5.44)	0.0024*** (2.83)	0.0048*** (2.79)	0.0028*** (3.08)
MARKET		0.0522*** (9.28)		0.0504*** (8.71)
IS		-0.3890*** (-4.84)		-0.3916*** (-4.77)
UR		-0.0126 (-0.09)		-0.0585 (-0.42)
TRADE		0.0128 (0.48)		0.0215 (0.79)
R^2	0.4222	0.5702	0.4092	0.5524
N	450	450	450	450

注：***、**和*分别表示统计值在 1%、5%和 10%的显著性水平下显著，括号内为 *t* 统计量。

七、结论和政策建议

本文在绿色经济的发展背景下，基于省域面板数据探究了自主创新、技术引进如何影响绿色全要素生产率，并区分自主创新类型和技术引进渠道做进一步考察，为绿色经济发展转型提供新见解及经验证据。结果概括如下：第一，自主创新和技术引进是影响绿色 TFP 的两个重要因素；第二，发明型专利创新与绿色 TFP 呈现显著的倒“U”形曲线关系，实用型和外观型创新对绿色 TFP 没有显著的促进作用，外观型创新甚至抑制了绿色 TFP；第三，国外技术引进显著促进绿色 TFP；第四，国内技术引进不会显著提升绿色 TFP。以上结论表明，自主创新、技术引进对我国绿色经济的转型发展具有重要影响，尤其是发明型创新和国外技术引进。其政策启示在于，要实现经济从“铺摊子”到“上台阶”的转变，自主创新起支柱性作用。就区域而言，避免实行“一刀切”，创新补贴政策向中西部地区倾斜，支持其早日实现外源式创新向内源式创新的转变；在增加科技投入的同时，提升科技产出转化率。此外，尤其重视以提升绿色经济效率为核心的发明型专利创新，并择优引进绿色清洁技术。

参考文献

[1]唐未兵，傅元海，王展祥．技术创新、技术引进与经济增长方式转变[J]．经济研究，2014(7)．

[2]HU A，PNG I，PL．Patent rights and economic growth：evidence from cross - country panels of manufacturing industries [J]．Oxford Economic Papers，2013(3)．

[3]CAVES R E．International corporations：the industrial economics of foreign investment[J]．Economica，1971(162)．

[4]HENDERSON R．Universities as a source of commercial technology：a detailed analysis of university patenting 1965—1988[J]．Review of Economics and Statistics，1998(1)．

[5]夏良科．人力资本与 R&D 如何影响全要素生产率：基于中国大中型工业

企业的经验分析[J].数量经济技术经济研究，2010(4).

[6]JEFFERSON G H, BAI H, GUAN X. R&D performance in Chinese industry [J]. Economic of Innovation and new Technology, 2002(4).

[7]HU A G, JEFFERSON G H, QIAN J. R&D and technology transfer: firm - level evidence from Chinese industry [J]. Review of Economics and statistics. 2005(4).

[8]李小平，朱钟棣. 国际贸易、R&D 溢出和生产率增长[J].经济研究，2006(2).

[9]李小平，卢现祥. 国际贸易、污染产业转移和中国工业 CO_2 排放[J].经济研究，2010(1).

[10]周文博，樊秀峰，韩亚峰. 服务业 FDI 技术溢出与服务业全要素生产率增长:理论分析和基于中国的实证检验[J].华东经济管理，2013(6).

[11]SMARZYNSKA B K. The composition of foreign direct investment and protection of intellectual property rights: evidence from transition economies[J]. Policy Research Working Paper Series from The World Bank, 2002.

[12]DU L, HARRISON A, JEFFERSON G H. Testing for horizontal and vertical foreign investment spillovers in China, 1998—2007 [J]. Journal of Asian Economics, 2012(3).

[13]CANTWELL J. Technological innovation and multinational corporations[J]. Oxford, 1989.

[14]马林，章凯栋. 外商直接投资对中国技术溢出的分类检验研究[J].世界经济，2008(7).

[15]SUYANTO S. SALIM R. Foreign direct investment spillovers and technical efficiency in the indonesian pharmaceutical sector: firm level evidence[J]. Applied Economics, 2013(3).

[16]ROMER P M. Endogenous technological change[J]. Journal of Political Economy, 1990(5).

[17]RAMANATHAN. An analysis of energy consumption and carbon dioxide emissions in countries of the Middle East and North Africa[J]. Energy, 2005(15).

[18]葛鹏飞，徐璋勇，黄秀路. 科研创新提高了“一带一路”沿线国家的绿色全要素生产率吗？[J].国际贸易问题，2017(9).

[19]史贝贝，冯晨，张妍，杨菲．环境规制红利的边际递增效应[J].中国工业经济，2017(12).

[20]余泳泽，张先轸．要素禀赋、适宜性创新模式选择与全要素生产率提升[J].管理世界，2015(9).

[21]张军，吴桂英，张吉鹏．中国省际物质资本存量估算:1952—2000[J].经济研究，2004(10).

[22]朱平芳，徐伟民．政府的科技激励政策对大中型工业企业R&D投入及其专利产出的影响:上海市的实证研究[J].经济研究，2003(6).

[23]樊纲，王小鲁，朱恒鹏．中国分省份市场化指数报告(2018)[M].北京:经济科学出版社，2019.

[24]张杰，高德步，夏胤磊．专利能否促进经济增长:基于中国专利资助政策视角的一个解释[J].中国工业经济，2016(1).

[25]REDDING S, VENABLES A J. Economic geography and international inequality[J]. Journal of International Economics, 2004(1).

第五篇

金融与国企改革

国有 VC 还是民营 VC?

——基于文化视角的跨境 VC 联合投资伙伴选择

王　晗　刘慧侠[①]

摘　要：众多研究表明，联合投资是跨境 VC 克服外来者劣势的重要手段。然而，跨境 VC 会选择什么类型的 VC 联合投资，对此已有研究很少关注。基于文化视角，以 2000—2017 年跨境 VC 在中国所有的联合投资事件为样本，从理论推演和实证检验两个方面揭示了区域文化对跨境 VC 选择国有 VC 联合投资行为的影响。实证检验结果显示，中国地区传统主义文化的小团体集体主义、权利差距、人际关怀三个文化维度均显著增加了跨境 VC 联合投资中的国有 VC 数量占比，同时显著提高了跨境 VC 联合投资中的国有 VC 政治层级。但是，当地区市场化水平较高时，传统主义文化特征对跨境 VC 选择国有 VC 联合投资的作用将会减弱。

关键词：跨境 VC；联合投资；文化；国有 VC

---

① 作者简介：王晗，经济学博士研究生，西北大学经济管理学院，E－mail：wanghan20190313@163. com.
刘慧侠，经济学博士，教授，西北大学经济管理学院，E－mail：lhuix369@163. com.

* 感谢陕西省社会科学基金项目"陕西保险精准扶贫模式创新及脱贫效果研究"（2017D033）、西北大学 2018 年度"国家社科基金一般项目孵化计划"项目（17XNFH047）的资助。

一、引言

20 世纪 90 年代以来，随着全球经济一体化进程的加快，风险投资（Venture Capital，VC）也呈现国际化趋势，这种跨国界的投资行为形成了一种新的国际投资活动——跨境风险投资（Cross – border Venture Capital，如非特殊说明，以下简称“跨境 VC”），中国作为新兴市场的核心成员，吸引了大量跨境 VC 进行投资。最为典型的案例应属已在纳斯达克上市的阿里巴巴：截至 2017 年底，阿里巴巴的第一股东仍是日本软银集团，持股 29. 2%，二股东美国雅虎持股 14. 93%，两者合计持有阿里巴巴 44. 13% 的股份，其中日本软银集团最早于 2000 年 12 月 1 日与斯道资本、凯鹏华盈等跨境 VC 联合投资阿里巴巴 2500 万美元，而雅虎则于 2005 年 8 月 1 日单独投资阿里巴巴 10 亿美元。

VC 对国际市场感兴趣的主要原因包括利用新兴市场较低的成本结构和新的机会，但同时 VC 也认识到，在国际上扩张会带来额外的风险和挑战。在各种风险和挑战中，缺乏当地商业环境的知识或资源似乎是普遍关注的问题，这也是跨境 VC 的外来者劣势。那么，跨境 VC 的外来者劣势应如何克服？学术界给出克服外来者劣势的途径包括选择一个信息透明（Information – transparent）的企业（Schertler 和 Tykvová，2011；Dai et al. ，2012），或构建完善的跨境风险投资协议，通过交易特征和法律合同缓解信息不对称问题（Bengtsson 和 Ravid，2009；Bottazzi et al. ，2009；Lindsey et al. ，2009），或设置东道国办公室（Pruthi et al. ，2009；Chen et al. ，2010；De Prijcker et al. ,2012；Devigne et al. ，2016）。除此之外，更受国内外学者认可的方式，应是通过与东道国本土 VC 进行联合投资克服外来者劣势。原因在于跨境 VC 不仅可以将监督及价值增值服务外包给不受地理距离、制度差异等制约的本土 VC（Mäkelä 和 Maula，2008；Devigne et al. ，2013；Nahata et al. ，2014；Huang et al. ，2015；Chemmanur et al. ，2016；李军、王玉荣，2013），而且所投企业都可以获得互补的资源、技能、经验等价值增值服务（Schertler 和 Tykvová，2012；Devigne et al. ，2013）。

那么，随之而来的问题是，跨境 VC 应该选择哪种类型的 VC 联合投资？这一问题对于投资发达国家的跨境 VC 来说不难回答，但对于投资中国的跨境 VC 来说却格外重要。因为在一系列制度变革的基础上，深圳市创新投资集团、苏州创业投资集团、江苏高科技投资集团有限公司等一批具有代表性的国有风险投资机构（以下简称“国有 VC”）发展迅猛，在风险投资市场中占据重要地位。跨境 VC 在投资中国创业企业时，如果决定采取联合投资的投资模式，就需要在国有 VC 和民营 VC 中进行选择。

本文基于前人研究成果，从文化视角出发探讨跨境 VC 联合投资伙伴选择。之所以选择文化作为研究切入点，主要原因包括以下几点：第一，符合目前行为金融学的研究趋势。目前，行为金融研究领域的学者们对文化与微观层面的企业决策关系展开广泛研究，特别是跨国公司的决策，由于其涉及从一种文化体系介入完全不同的文化体系，文化因素显得更为重要，近年来也涌现出众多经典文献，具体研究主题包括但不限于文化与跨国公司的公司治理、股利政策、现金流持有量、套期保值策略、债券融资对象、股价波动等（Sarala 和 Vaara，2010；Stephan 和 Uhlaner，2010；Tung 和 Verbeke，2010；Li et al.，2013；Chen et al.，2015；Lievenbrück 和 Schmid，2014；Díez – Esteban et al.，2018；An et al.，2018）。第二，文化与跨境 VC 的投资决策虽然受到国内外学者们的广泛关注，但众多学者将重点放在了资本流入国与资本流出国之间的文化差异上，而度量文化差异的方式大多采用 Hofstede 文化理论和 Schwartz 社会价值观（Meuleman 和 Wright，2009；Dai et al.，2012；Dai 和 Nahata，2016；李璐男、李志萍，2017）。对于国土面积较小、国内区域文化差异较小的国家而言，重点关注资本流入国与资本流出国之间的文化差异无可厚非，但作为新兴市场的代表国家，我国具有地貌广袤、区域文化差异较大的特征（赵向阳等，2015），此时更应将研究重点放在国内区域文化差异上。这也与美国管理学会（Academy of Management）前任主席 Rosalie Tung 呼吁的“国家内的差异”（Intra – country Diversity）观点一致（Tung，2008）。

余文安排如下：第二部分构建理论分析框架并提出研究假设；第三部分介绍样本选择与数据来源、变量界定以及实证检验模型；第四部分展开实证分析检验研究假设；第五部分对实证检验结果进行稳健性检验；最后一部分概括主要研究结论，并探讨本文的管理启示。

二、理论分析与假设提出

（一）理论框架构建

从文化视角探讨跨境 VC 联合投资伙伴选择，首先需分析跨境 VC 的外来者劣势及其选择国有 VC 联合投资的动因。结合本文研究主题，针对跨境 VC 的外来者劣势以及选择国有 VC 联合投资的动因可从项目筛选、资源禀赋和承担风险三方面进行分析。

第一，项目筛选。项目筛选主要指跨境 VC 缺乏在东道国筛选优质投资项目的能力。由于地理距离、文化距离以及制度距离的约束，跨境 VC 缺乏东道国潜在投资项目信息，因此不容易筛选出优质投资标的。反观国有 VC，借鉴 Lerner（1999）提出的鉴证理论，国有 VC 往往通过选择高质量的创业企业进行投资，并向潜在投资者发送信号，暗示创业企业具有较高质量和投资价值，从而吸引潜在投资者投资创业企业。因此，可以推测的是，国有 VC 具有项目筛选的优势，跨境 VC 与国有 VC 联合投资不仅可以规避投资“柠檬”项目的可能性，同时也提高了投资高质量企业的可能性。

第二，资源禀赋。资源禀赋主要指跨境 VC 缺乏东道国本土资源。跨境 VC 需要与国有 VC 联合投资获取资源禀赋吗？答案是肯定的。首先需要承认跨境 VC 缺乏本国政治资源。这一点不难理解，一方面由于地理距离限制，往来时间成本的上升很可能导致跨境 VC 无暇与地方政府部门建立关联；另一方面从跨境 VC 的角度来看，本身具备的特质决定了其与东道国政府部门建立关联的形式较为单一，如外籍人员很难成为东道国人大代表，或者成为党员等。其次，国有 VC 大多由政府部门、金融部门、科技部门、国有企业、创新孵化器等出资设立，基于政治关联理论，跨境 VC 选择国有 VC 联合投资就与这些国有属性机构建立了互动关系，很有可能获取这些机构提供的稀缺资源（党兴华等，2015；Anderson，2017）。

第三，承担风险。首先，跨境 VC 与国有 VC 联合投资，可能改变其高效率撤资习惯引致的错过优质项目风险。相比本土 VC，跨境 VC 在面对不成功投资时更倾向于终止投资（Devigne et al. , 2016)，这种止损的行为虽然可以降低因投入期限过长而造成的机会成本，但同时也有可能错过企业更好的成长与创新。反观国有 VC，由于需考虑社会稳定、员工就业等问题，当所投企业表现不佳时，国有 VC 并不倾向于中止投资，反而更有可能追加投资，或者为所投企业寻找其他有关后续发展的资金资源或非资金资源。其次，跨境 VC 与国有 VC 的投资标的选择标准一致，即均偏好于投资信息透明、风险较低的企业（Dai et al. , 2012；余琰等，2014)，缓解了由于投资策略不同可能引致的冲突风险。最后，跨境 VC 的投资成效受东道国政策风险影响（Wang 和 Wang，2012；Nahata et al. , 2014；Bottazzi et al. , 2016；Chahine et al. , 2018)。而在新兴市场上与政府合作意味着政策风险的减少（Hoskisson et al. , 2000；Li et al. , 2008)。因此，跨境 VC 可与国有 VC 进行联合投资建立与政府部门的合作，规避政策风险的影响。

（二）研究假设提出

文化作为非正式制度约束了外商企业在华的行为模式，已被诸多学者证明（Caves，1971；Henisz 和 Williamson，1999；Peng and Luo，2000；Li，2005)。但遗憾的是，大多研究并未涉及东道国不同地区文化差异。那么，作为对外直接投资的一种特殊形式，跨境 VC 的投资行为是否受制于东道国地区文化而需与地方政府构建关联？本文以 GLOBE 文化习俗中的小团体集体主义（In - group Collectivism)、权利差距（Power Distance）以及人际关怀导向（Humane Orientation）作为衡量地区传统主义文化的三个指标，具体分析及假设提出如下。

1. 小团体集体主义文化与跨境 VC 选择国有 VC 联合投资：项目筛选视角

依据 GLOBE 文化习俗的定义，小团体集体主义文化描述的是社会成员在多大程度上对自己所在的组织、家庭感到骄傲、忠诚和有凝聚力。从项目筛选的角度来看，本文认为地区小团体集体主义文化影响了跨境 VC 的项目筛选成本，继而影响跨境 VC 与国有 VC 的联合投资形成。原因在于，小团体集体主义文化较高的地区具有创业项目数量多（Shane et al. , 1995)、优质创业项目数量少等特点（Bhawuk 和 Udas，1996；Hayton et al.，2002）。由此可以推测，跨境 VC 在进入小团体集体主义文化较高的地区遴选项目时，可选择的项目数量增多，高质量的优质项目减少，而相应的筛选成本将增加，在此情况下，跨境 VC 更需要通过与国有 VC 联合投资筛选出优质项目。反之，当跨境 VC 进入小团体集体主义文化较低的地区遴选项目时，可选择项目数量相对较少，高质量的优质项目相对较多，跨境 VC 借助国有 VC 的鉴证功能筛选优质项目的动机减弱，与国有 VC 联合投资的可能性下降。

研究假设 1：小团体集体主义文化会正向影响跨境 VC 选择国有 VC 为联合投资伙伴。

2. 权利差距文化与跨境 VC 选择国有 VC 联合投资：资源禀赋视角

依据 GLOBE 文化习俗的定义，权利差距是指社会成员在多大程度上期待或认可权利可以不平等地在社会成员之间分享。从获取资源禀赋的角度来看，本文认为地区权利差距文化影响了跨境 VC 从国有联合投资伙伴上获取的资源禀赋，继而影响了跨境 VC 与国有 VC 联合投资的形成。原因在于，在权利差距较大的地区，政府部门对资源的掌控能力理应更强，社会资源的分布将呈现两极化（Kirzner，1997），作为市场资源的主导者，政府部门对于社会资源的掌控力度应该更大，基于政治关联理论，此时跨境 VC 更应积极与政府建立关联，获取与政府相关的稀缺资源。因此，若跨境 VC 的潜在投资项目处于权利差距较大的地区，应主动与国有 VC 联合投资，建立与政府部门之间的对话机制，为目标企业提供发展所需要的资金资源、科技资源、上下游资源或人力资本资源等。反之，若跨境 VC 进入权利差距较小的地区投资，由于社会资源基本均匀地分配在社会组织、成员手上，此时跨境 VC 为目标企业提供价值增值的资源禀赋来源更为多元，并不局限于与政府部门建立良好的对话机制，因此跨境 VC 主动与国有 VC 联合投资的可能性将下降。

研究假设 2：权利差距文化会正向影响跨境 VC 选择国有 VC 为联合投资伙伴。

3. 人际关怀文化与跨境 VC 选择国有 VC 联合投资：风险分担视角

依据 GLOBE 文化习俗的定义，人际关怀导向反映了一个组织或社会鼓励和奖励那些公平、无私、友好、慷慨、关心他人和善待他人的程度。人际关怀文化影响跨境 VC 与国有 VC 联合投资的路径包括以下两方面：第一，人际关怀文化影响国有 VC 承诺升级行为，规避所投企业破产清算风险。在人际关怀文化较高的地区，社会成员之间的关系文化也将更为密切，企业愿意花费更多的时间和精力与其他企业建立人际关系，尤其表现在与政府部门建立关联，甚至产生寻租行为（Seleim 和 Bontis，2009）。作为连接政府与风险投资市场的对话机制，国有 VC 与企业之间的关系也会更为密切，考虑社会稳定、员工就业等问题，当此类企业表现不佳时，国有 VC 并不会终止投资，反而更有可能追加投资，或者为此类企业寻找其他有关后续发展的资金资源或非资金资源。因此，在人际关怀文化较高的地区，跨境 VC 可通过与国有 VC 联合投资来减小所投企业破产清算的风险。第二，人际关怀文化影响跨境 VC 的政策风险。基于政商关系的研究成果，擅长利用关系策略的企业更容易受到政府的合法性认可，这对于缺乏合法性的企业而言尤为重要（Djankov 和 Murrell，2002），在人际关怀导向较高的地区，主动采取关系策略的企业受到政府的惩罚力度更轻（张建君、张志学，2005）。跨境 VC 缺乏外部合法性，主动与重要部门建立“关系”可以有效规避可能存在的政策风险（Bruton 和 Ahlstrom，2003）。因此，在人际关怀文化较高的地区，跨境 VC 可通过与国有 VC 联合投资来主动规避可能面临的政策风险。

研究假设 3：人际关怀文化会正向影响跨境 VC 选择国有 VC 为联合投资伙伴。

4. 正式制度的调节效应

聚焦于区域文化影响跨境 VC 与国有 VC 联合投资，正式制度的调节效应主要表现在以下几个方面：首先，在正式制度更加完善的地区，市场化水平较高，风险投资市场参与主体呈现多样性特征，跨境 VC 获取潜在投资项目的手段也更为丰富，如通过财务顾问获得项目推荐、通过律师事务所获得法律顾问、通过投资银行或评估公司获得评估项目等，跨境 VC 在筛选评估项目以及获取未来潜在投资项目的手段理应更为多元。在此情况下，跨境 VC 通过与国有 VC 联合投资来甄别投资项目的动机有所减弱，小团体集体主义文化对跨境 VC 选择国有 VC 联合投资的影响也将减弱。其次，在正式制度更加完善的地区，市场化水平较高，政府部门主动干涉企业的力度也将降低。与此同时，跨境 VC 获取资源禀赋的途径将更为多元。在此情况下，跨境 VC 通过与国有 VC 联合投资来获取资源禀赋的动机有所减弱，权利差距文化对跨境 VC 选择国有 VC 联合投资的影响也将减弱。最后，在正式制度更加完善的地区，市场化水平较高，法律体系更加完善。诸多学者已证明了法律制度对于跨境 VC 的驱动作用（Lindsey et al.，2009；Groh et al.，2010；Guler 和 Guillén，2010），也验证了东道国法律体系越完善，跨境 VC 与本土 VC 形成联合投资的倾向性越低这一命题（Dai et al.，2012）。由此可推测，在法律制度体系更加完备的地区，跨境 VC 面临的政策风险将降低，这将从根源上降低了跨境 VC 面临的政策风险。在此情况下，跨境 VC 通过与政府部门建立关联来规避政策不确定性风险的动机有所减弱，小团体集体主义文化对跨境 VC 选择国有 VC 联合投资的影响也将减弱。

研究假设 4：小团体集体主义、权利差距、人际关怀三个文化维度对跨境 VC 选择国有 VC 联合投资的影响会随着市场化水平的增强而减弱。

三、研究设计

（一）样本选择与数据来源

本文采用 2000—2017 年跨境 VC 与我国本土 VC 联合投资的投资事件为研究样本。样本筛选共经历四个步骤，具体过程如表 1 所示。

表 1　　本文数据处理步骤

序号	数据处理详细步骤	所得样本
1	在私募通数据库中批量下载跨境 VC 的投资事件。设定筛选条件包括：投资时间为 2000 年 1 月 1 日—2017 年 12 月 31 日；企业总部为中国；机构资本类型为外资；机构总部地区为国外	5137 个跨境 VC 的投资事件
2	在私募通数据库中批量下载本土 VC 的投资事件。设定筛选条件包括：投资时间为 2000 年 1 月 1 日—2017 年 12 月 31 日；企业总部为中国；机构资本类型为本土	70712 个本土 VC 的投资事件
3	合并步骤一与步骤二的投资事件，仅保留跨境 VC 与本土 VC 在同一投资时间投资同一企业的投资事件	4046 个跨境 VC 与本土 VC 的联合投资事件

续表

序号	数据处理详细步骤	所得样本
4	对步骤三形成的联合投资事件中本土 VC 类型进行区分，并使用 CV source 数据库对缺失数据进行交叉补充，剔除依旧缺失的样本。其中，区分本土 VC 类型的方法是逐一将本土 VC 名称输入私募通数据库进行检索，若本土 VC 股东中包括具备国有属性的单位，如地方政府财政部门、国有银行、国有企业等，则将该机构定义为国有 VC；相反，则将机构定义为民营 VC	3406 个跨境 VC 与本土 VC 的联合投资事件。其中，800 个跨境 VC 与国有 VC 的联合投资事件，2606 个跨境 VC 与民营 VC 的联合投资事件

注：划分标准参考了余琰等（2014）发表于《经济研究》的做法。事实上，私募通数据库本身在机构类型中就有“是否国有背景”的选项，但作者认为私募通数据库的划分方法并不完全准确。如私募通数据库元禾控股（苏州元禾控股股份有限公司）划分为不具备国有背景的机构，但从股东信息上来看，元禾控股包括苏州工业园区经济发展有限公司和苏州工业园区国有资产控股发展有限公司两大股东，两者的出资比例分别为 70% 和 30%，且这两者均为国有独资公司，因此理论上应将元禾控股划分为国有 VC。

跨境 VC 来源的地区分布，以及所投企业的地域分布按照私募通数据库披露的信息进行整理，结果如表 2、表 3 所示。可以看出，跨境 VC 主要来源于欧洲的英国、德国，北美的美国，亚洲的新加坡、中国香港、日本等地，而所投企业主要分布在北京、上海、广东、浙江、江西等省（直辖市）。

表 2　　跨境 VC 的来源分布及所占比重　　（%）

样本数	所占比重	来源国家	样本数	所占比重	来源国家
1	0.029	阿联酋	2	0.059	南非
1	0.029	阿曼	147	4.315	日本
3	0.088	澳大利亚	11	0.323	瑞士
3	0.088	比利时	1	0.029	沙特阿拉伯
60	1.761	德国	89	2.612	中国台湾
16	0.470	俄罗斯	1	0.029	泰国
29	0.851	法国	723	21.221	中国香港
44	1.291	韩国	140	4.109	新加坡
4	0.117	荷兰	2	0.059	新西兰
6	0.176	加拿大	12	0.352	以色列
1	0.029	卢森堡	3	0.088	印度
1	0.029	马来西亚	2	0.059	印度尼西亚
2029	59.554	美国	76	2.231	英国

表 3　跨境 VC 所投企业的地区分布　（%）

样本数	所占比重	所处地区	样本数	所占比重	所处地区
24	0.70	安徽	14	0.41	辽宁
1493	43.82	北京	7	0.21	内蒙古
31	0.91	福建	2	0.06	宁夏
390	11.45	广东	1	0.03	青海
2	0.06	广西	40	1.17	山东
3	0.09	贵州	8	0.23	山西
4	0.12	海南	20	0.59	陕西
14	0.41	河北	754	22.13	上海
6	0.18	河南	32	0.94	四川
4	0.12	黑龙江	42	1.23	天津
22	0.65	湖北	2	0.06	西藏
20	0.59	湖南	3	0.09	新疆
5	0.15	吉林	8	0.23	云南
178	5.22	江苏	241	7.07	浙江
15	0.44	江西	22	0.65	重庆

本文使用的有关风险投资领域的数据大部分来源于私募通数据库（原清科数据库），缺失数据通过 CV source 数据库进行交叉补充。私募通数据库与 CV source 数据库是目前我国可以提供有关风险投资数据服务的大型商业数据库，分别隶属于清科研究中心和投中集团。相较而言，私募通数据库成立时间更早，使用也更为广泛，因此本文在初始数据搜集时主要使用私募通数据库。

本文使用的有关区域文化相关数据来源于赵向阳等（2015）发表于《管理世界》的研究成果，其采用 GLOBE 文化习俗问卷测量了社会成员对社会运行原则的看法，反映社会成员真实的心理和行为，并给出了 31 个省、市、自治区的 9 个文化习俗维度数据。

（二）变量界定

1. 被解释变量

本文分别使用两个指标刻画跨境 VC 选择国有 VC 作为联合投资伙伴：第一个指标等于跨境 VC 在东道国的联合投资中国有 VC 数量除以联合投资的总

机构数量，即国有 VC 数量占比（*Prop*）。*Prop* 是一个连续变量，值越大，表明跨境 VC 越倾向于与国有 VC 联合投资，若联合投资中没有国有 VC，则 *Prop* 等于 0。第二个指标为国有 VC 的政治层级（*Rank*）。借鉴余琰等（2014）的研究思路，将国有 VC 按照政治层级划分为中央级、省级、大学孵化器、地市级、县级、没有国有 VC，依次采用 5 ~ 0 的离散变量表示其强弱关系。

需要特别说明的是，最为理想的能够刻画跨境 VC 选择国有 VC 联合投资的指标，应是国有 VC 投资金额占联合总额的比例，但不论是私募通数据库还是 CV source 数据库，一旦涉及金额方面的数据，均存在较为严重的缺失情况。因此，本文选择以国有 VC 的数量占比和国有 VC 的政治层级作为替代。在控制变量的选择中同样存在此类问题，下文不再赘述。

2. 解释变量

正如上文所讨论的那样，本文的主要解释变量 $Culture_j$ 分别表示区域文化的三个维度，即小团体集体主义（*Collectivism*）、权利差距（*Power_Dis*）、人际关怀导向（*Humane*）。数据来源详见赵向阳等（2015）发表于《管理世界》的研究成果。

3. 调节变量

调节变量（*Ins*）。*Ins* 表示不同地区的正式制度水平，本文采用樊纲等（2011）编制的《中国市场化指数——各地区市场化相对进程 2011 年报告》提供的各地区市场化相对指数进行衡量，这也符合国内研究正式制度的一般范式（李新春等，2016；赵龙凯、陈康，2017；董静等，2017）。另外，该报告仅提供了 1997—2009 年我国省、自治区、直辖市的市场化水平，而本文的研究时间范围为 2000—2017 年。参考董静等（2017）的做法，采用插值法补齐 2010—2017 年的数据。

4. 控制变量

由于缺乏跨境 VC 与国有 VC 联合投资形成的研究成果，因此在控制变量的筛选时，本文尽可能依照跨境 VC 与民营 VC 联合投资形成的研究思路，考虑数据可得性，引入企业层面、跨境 VC 层面、区域层面三类控制变量。

（1）企业层面。企业层面的控制变量包括企业年龄取对数（*VE_Age*）、企业是否为高科技企业（*High - tech VE*）、企业发展阶段是否为早期阶段（*Early - stage VE*）。*VE_Age* 是指从企业成立至接受跨境 VC 与本土 VC 联合投资的时间，单位为天，且取对数进行衡量；*High - tech VE* 是根据 2008 年科技部发布的《高新技术企业认定管理办法》，相应地将制造业中的医药制造业、化学纤维制造业及金属制品、机械和设备制造业（行业代码为 C27—C43）、信息传输、软件和信息技术服务业（行业代码为 I）认定为高科技企业，若处于此类行业，则取值为 1，否则取值为 0；*Early - stage VE* 是依照私募通数据库中每轮接受风险投资的企业发展特征类别进行划分，包括种子期、初创期、扩张期和成熟期，本文将种子期与初创期划分为早期阶段，取值为 1，将扩张期和成熟期划分为后期阶段，取值为 0。选择这三个变量刻画企业特征的原因在于这三个指标均可以有效刻画企业的信息透明程度。

（2）跨境 VC 层面。跨境 VC 层面的控制变量包括跨境 VC 年龄取对数（*VC_Age*）、累计投资数量（*VC_Invest*）、累计 IPO 数量（*VC_IPO*）、是否在东道国设置办公室（*VC_Branch*）。*VC_Age* 是指从跨境 VC 成立至其联合投资的时间，单位为天，且取对数衡量；*VC_Invest* 是指跨境 VC 截至联合投资时间之前在华的累计投资次数，且取对数衡量；*VC_IPO* 是指跨境 VC 截至联合投资时间之前，累计以 IPO 形式退出的次数；*VC_Branch* 是指是否在华有设置分支机构或办公室，以联合投资时间点为界限，若联合投资之前跨境 VC 在华设置了办公室，则取 1，反之取 0。选择这四个变量刻画跨境 VC 特征，主要原因在于其均可以较好地刻画跨境 VC 投资经验，同时诸多学者均有研究表明，本土投资经验（Meuleman 和 Wright，2011；Huang et al.，2015；Liu 和 Maula，2016）、是否在东道国设置办公室等（Dai et al.，2012；Huang et al.，2015）是跨境 VC 与本土 VC 形成联合投资的重要因素。

（3）区域层面。区域层面的控制变量包括省（直辖市、自治区）GDP 增长率（*GDP growth*）（Schertler 和 Tykvová，2011；Hain et al.，2016）、地区活跃的 VC 数量取对数（*VC_Number*）（Meuleman 和 Wright，2011）、地理距离（*Distance*）和文化距离（*Culture_Dis*）（Tykvová 和 Schertler，2008）。*GDP growth* 是指联合投资当年所投企业所处省（直辖市、自治区）的 GDP 增长

率，数据来源于中国统计年鉴；*VC_Number* 是指联合投资当年所投企业所处省（直辖市、自治区）的地区活跃 VC 数量总和，且取对数衡量；*Distance* 是指跨境 VC 与创业企业之间的空间距离，具体计算参考 Cumming 和 Dai（2010）、Tian（2011）、董静等（2017）的做法。*Culture_Dis* 是指跨境风险投资来源国与我国之间的文化距离，计算公式参考 Kogut 和 Singh（1988）的研究成果。

除此之外，在模型中还控制了不同来源国的固定效应，即将跨境 VC 来源国划分为北美地区、欧洲地区、亚洲地区以及其他地区，并设置三个虚拟变量进行控制（*North America*、*Europe*、*Asia*）。另外，模型还加入了年份固定效应。

（三）模型构建

本部分建立如下多元回归模型检验区域文化是否可以影响跨境 VC 选择国有 VC 作为联合投资伙伴：

$$State_i = \alpha_0 + \alpha_j \times \sum_{j=1}^{3} Culture_j + Controls + \varepsilon \tag{1}$$

在模型（1）中，等式左边的主要被解释变量 $State_i$ 衡量的是跨境 VC 选择国有 VC 为联合投资伙伴的偏好，等式右边的 *Culture* 分别表示所投企业地区传统主义文化的小团体集体主义（*Collectivism*）、权利差距（*Power_Dis*）、人际关怀导向（*Humane*），*Controls* 表示一系列控制变量。

四、实证结果与分析

（一）变量描述性统计

1. 描述性统计分析

表 4 给出的是描述性统计结果，可以看出，国有 VC 数量占比的均值为 0.070、国有 VC 的政治层级均值为 0.863，表明跨境 VC 在华与本土 VC 形成联合投资时，国有 VC 也是其考虑的对象之一。这也从侧面表明了跨境 VC 与国有 VC 联合投资的普遍性与重要性。

表 4　　　　样本描述性统计

变量		变量代码	样本量	均值	标准误	最小值	最大值
A 栏：被解释变量	国有 VC 的数量占比	*Prop*	3406	0.070	0.145	0.000	0.750
	国有 VC 的政治层级	*Rank*	3406	0.863	1.672	0.000	5.000
B 栏：解释变量	小团体集体主义	*Collectivism*	3406	5.034	0.130	4.640	5.360
	权利差距	*Power_Dis*	3406	4.723	0.197	4.340	4.910
	人际关怀导向	*Humane*	3406	4.321	0.077	4.120	4.560
C 栏：调节变量	地区市场化指数	*Ins*	3406	12.468	2.293	1.360	16.008
D 栏：控制变量	企业年龄（Log）	*VE_Age*	3406	1.360	0.764	0.000	4.144
	高科技企业	*High-tech VE*	3406	0.662	0.473	0.000	1.000
	早期企业	*Early-stage VE*	3406	0.449	0.498	0.000	1.000
	跨境 VC 年龄（Log）	*VC_Age*	3406	2.458	0.765	0.000	5.007
	累计投资数量（Log）	*VC_Invest*	3406	4.162	1.890	0.000	7.041
	累计 IPO 数量（Log）	*VC_IPO*	3406	1.680	1.305	0.000	4.205
	是否设置办公室	*VC_Branch*	3406	0.834	0.372	0.000	1.000
	GDP 增长率	*GDP growth*	3406	8.542	2.439	3.000	17.400
	地区 VC 数量（Log）	*VC_Number*	3406	5.781	1.294	0.000	7.113
	地理距离（Log）	*Distance*	3406	8.728	0.788	6.862	9.470
	文化距离	*Culture_Dis*	3406	2.712	1.536	0.308	5.800

2. 独立样本 t 检验

本部分以是否与国有 VC 联合投资为切割点（跨境 VC 与国有 VC 联合投资时取 1，相对应的与民营 VC 联合投资时取 0，分别命名为 *FG_Syn* 和*FP_Syn*），对文中涉及的变量进行独立样本 t 检验，检验结果如表 5 所示。依据检验结果可以看出，跨境 VC 与国有 VC 联合投资的企业，其所处地区小团体集体主义、权利差距和人际关怀三个文化维度显著高于与民营 VC 联合投资的企业所处地区。

表 5　　　　独立样本 t 检验

变量	*FG_Syn*	*FP_Syn*	*FG_Syn - FP_Syn*	t 统计量
Collectivism	5.057	5.027	0.030***	3.003
Power_Dis	4.906	4.865	0.041***	3.062

续表

变量	FG_Syn	FP_Syn	FG_Syn - FP_Syn	t 统计量
Humane	4.125	4.085	0.040***	3.128
Ins	11.993	12.633	-0.640***	-7.061
VE_Age	1.614	1.283	0.331***	10.906
High - tech VE	0.631	0.671	-0.040**	-2.073
Early - stage VE	0.288	0.499	-0.212***	-10.694
VC_Age	2.542	2.433	0.110***	3.553
VC_Invest	3.718	4.299	-0.581***	-7.665
VC_IPO	1.499	1.735	-0.236***	-4.478
VC_Branch	0.841	0.874	-0.033**	-2.367
GDP growth	9.119	8.448	0.671***	7.091
VC_Number	5.413	5.894	-0.481***	-9.307
Distance	8.626	8.760	-0.134***	-4.208
Culture_Dis	2.512	2.773	-0.262***	-4.223

注：***、**分别表示在1%和5%的水平下显著。

（二）多元回归检验结果

1. 文化与国有 VC 数量占比

检验区域文化对跨境 VC 联合投资中国有 VC 数量占比的影响，如表 6 所示。检验包括四部分：式（1）仅展示了控制变量的回归结果。式（2）给出了区域文化中的小团体集体主义影响跨境 VC 与本土 VC 形成的联合投资中国有 VC 数量占比的检验结果，即检验研究假设 1。可以看出，*Collectivism* 的回归系数为 0.068，在 0.01 的显著性水平下显著为正，表明所投企业所处地区的小团体集体主义文化对跨境 VC 联合投资中国有 VC 数量占比产生显著的正向影响。式（3）给出了区域文化中的权利差距影响跨境 VC 与本土 VC 形成的联合投资中国有 VC 数量占比的检验结果，可以看出，*Power_Dis* 的回归系数为 0.005，在 0.05 的显著性水平下显著为正，表明所投企业所处地区的权利差距文化对跨境 VC 联合投资中国有 VC 数量占比产生显著的正向影响。式（4）给出了区域文化中的人际关怀影响跨境 VC 与本土 VC 形成的联合投资中国有 VC 数量占比的检验结果，可以看出，*Humane* 的回归系数为 0.049，在

0.1 的显著性水平下显著为正，表明所投企业所处地区的人际关怀文化对跨境 VC 联合投资中国有 VC 数量占比产生显著的正向影响。

表 6　　区域文化与国有 VC 数量占比

变量	(1)		(2)		(3)		(4)	
	系数	t 统计量	系数	t 统计量	系数	t 统计量	系数	t 统计量
Collectivism			0.068***	3.200				
Power_Dis					0.005**	2.376		
Humane							0.049*	1.747
VE_Age	0.021***	4.743	0.021***	4.840	0.021***	4.838	0.021***	4.863
High-tech VE	-0.010*	-1.878	-0.008	-1.557	-0.008	-1.495	-0.008	-1.560
Early-stage VE	-0.004	-0.602	-0.006	-0.868	-0.006	-0.913	-0.006	-0.892
VC_Age	0.009**	2.492	0.009**	2.514	0.009**	2.466	0.008**	2.422
VC_Invest	-0.003	-0.914	-0.002	-0.853	-0.003	-0.943	-0.002	-0.875
VC_IPO	0.001	0.415	0.001	0.216	0.001	0.285	0.001	0.273
VC_Branch	-0.003	-0.333	-0.004	-0.505	-0.004	-0.514	-0.004	-0.525
GDP growth	0.002	0.449	0.004	1.164	0.006*	1.908	0.007**	2.164
VC_Number	-0.055	-1.231	-0.010***	-2.873	-0.012***	-3.572	-0.011***	-3.375
Distance	0.017	1.354	0.019	1.533	0.018	1.463	0.017	1.422
Culture_Dis	0.010*	1.889	0.010*	1.893	0.010*	1.908	0.010*	1.923
North America	0.033	0.511	0.028	0.441	0.029	0.458	0.025	0.391
Europe	0.035	0.543	0.032	0.500	0.034	0.525	0.030	0.465
Asia	0.101	1.483	0.099	1.474	0.099	1.467	0.094	1.397
Constant	0.161	0.690	-0.408**	-2.214	-0.095	-0.582	0.139	0.667
Province Effect	Yes	No	No	No				
Year Effect	Yes	Yes	Yes	Yes				
R^2	0.092	0.075	0.072	0.072				
Observations	3406	3406	3406	3406				

注：***、**、*分别表示在 1%、5%和 10%的水平下显著。

2. 文化与国有 VC 政治层级

检验区域文化对跨境 VC 形成的联合投资中国有 VC 政治层级的影响，如表 7 所示。检验同样包括四部分：式（5）仅展示了控制变量的回归结果。式（6）检验的是区域文化中的小团体集体主义是否会对跨境 VC 与本土 VC 形成的联合投资中国有 VC 政治层级产生影响，可以看出，*Collectivism* 的回归系数为0.802，在0.01 的显著性水平下显著为正，表明所投企业所处地区的小团体集体主义文化对跨境 VC 联合投资中国有 VC 政治层级产生显著的正向影响。式（7）检验的是区域文化中权利差距对跨境 VC 与本土 VC 形成的联合投资中国有 VC 政治层级产生影响，可以看出，*Power_Dis* 的回归系数为0.581，在0.01 的显著性水平下显著为正，表明所投企业所处地区的权利差距文化对跨境 VC 联合投资中国有 VC 政治层级产生显著的正向影响。式（8）检验的是区域文化中人际关怀对跨境 VC 与本土 VC 形成的联合投资中国有 VC 政治层级产生影响，可以看出，*Humane* 的回归系数为1.103，在0.01 的显著性水平下显著为正，表明所投企业所处地区的人际关怀文化将对跨境 VC 联合投资中国有 VC 政治层级产生显著的正向影响。

表 7　　　　区域文化与国有 VC 政治层级

变量	(5)		(6)		(7)		(8)	
	系数	*t* 统计量	系数	*t* 统计量	系数	*t* 统计量	系数	*t* 统计量
Collectivism			0.802***	3.299				
Power_Dis					0.581***	3.893		
Humane							1.103***	2.928
VE_Age	0.258***	5.098	0.248***	4.965	0.250***	5.015	0.251***	5.020
High-tech VE	-0.072	-1.185	-0.070	-1.155	-0.067	-1.113	-0.074	-1.225
Early-stage VE	-0.284***	-3.669	-0.296***	-3.840	-0.300***	-3.903	-0.296***	-3.845
VC_Age	0.129***	3.244	0.132***	3.325	0.130***	3.264	0.127***	3.190
VC_Invest	-0.103***	-3.227	-0.102***	-3.215	-0.104***	-3.275	-0.101***	-3.168
VC_IPO	0.076*	1.918	0.068*	1.710	0.072*	1.808	0.070*	1.760
VC_Branch	-0.002	-0.026	-0.006	-0.065	-0.009	-0.096	-0.009	-0.099
GDP growth	-0.008	-0.197	-0.051	-1.460	-0.010	-0.300	-0.003	-0.096
VC_Number	-0.993*	-1.939	-0.085**	-2.165	-0.129***	-3.331	-0.097**	-2.526
Distance	0.102	0.726	0.103	0.737	0.100	0.716	0.083	0.590
Culture_Dis	-0.073	-1.181	-0.064	-1.032	-0.067	-1.090	-0.062	-0.994
North America	0.290	0.393	0.240	0.330	0.223	0.306	0.153	0.210
Europe	0.124	0.166	0.088	0.120	0.078	0.106	0.018	0.024
Asia	0.290	0.370	0.257	0.332	0.227	0.294	0.144	0.185

续表

变量	(5)		(6)		(7)		(8)	
	系数	t 统计量	系数	t 统计量	系数	t 统计量	系数	t 统计量
Constant	3.849	1.435	−3.355	−1.588	−2.155	−1.149	5.410**	2.266
Province Effect	Yes		No		No		No	
Year Effect	Yes		Yes		Yes		Yes	
R^2	0.101		0.081		0.082		0.081	
Observations	3406		3406		3406		3406	

总的来说，从式（1）~式（8）的检验结果可以看出，影响跨境 VC 形成联合投资中国有 VC 数量占比和国有 VC 政治层级的因素，除了控制变量涉及的企业层面、跨境 VC 层面以及区域层面的因素外，还包括不同地区的区域文化。跨境 VC 在选择与何种类型 VC 联合投资时会考虑不同地区的文化差异，且在传统主义文化较高的地区选择与更多数量占比的国有 VC 联合投资，或选择与更高政治层级的国有 VC 联合投资，以此缓解外来者劣势导致的信息不对称问题。假设 1、假设 2、假设 3 得到验证。

（三）正式制度的调节效应检验

表 8 给出了正式制度对区域文化与国有 VC 数量占比之间关系的调节效应检验结果。可以看出，即使回归中加入市场化水平及市场化水平与区域文化的交互项，区域文化对跨境 VC 联合投资中国有 VC 数量占比的影响仍然显著（*Collectivism* 系数 0.092，$P<0.01$；*Power_Dis* 系数 0.014，$P<0.1$；*Humane* 系数 0.039，$P<0.05$）。但同时，市场化水平和区域文化的交互项系数符号及显著性水平发生改变（*Collectivism* × *Ins* 系数为 −0.017，$P<0.05$；*Power_Dis* × *Ins* 系数为 0.001，$P>0.1$；*Humane* × *Ins* 系数为 −0.013，$P>0.1$）。检验结果表明，虽然小团体集体主义、权利差距及人际关怀文化均可以显著影响跨境 VC 联合投资中配置更多的国有 VC 数量占比，但地区市场化水平较高时，上述作用减弱。

表 8　　正式制度对区域文化与国有 VC 数量占比之间关系的调节效应

变量	(9)		(10)		(11)	
	系数	t 统计量	系数	t 统计量	系数	t 统计量
Collectivism	0. 092 ***	3. 935				
Collectivism × Ins	-0. 017 **	-2. 155				
Power_ Dis			0. 014 *	1. 805		
Power_ Dis × Ins			0. 001	0. 099		
Humane					0. 039 **	2. 339
Humane × Ins					-0. 013	-0. 780
Ins	0. 004 *	1. 859	0. 004 *	1. 840	0. 002	0. 874
VE_ Age	0. 022 ***	4. 998	0. 021 ***	4. 891	0. 021 ***	4. 858
High - tech VE	-0. 008	-1. 464	-0. 008	-1. 540	-0. 008	-1. 558
Early - stage VE	-0. 006	-0. 850	-0. 006	-0. 879	-0. 006	-0. 895
VC_ Age	0. 008 **	2. 433	0. 008 **	2. 443	0. 008 **	2. 422
VC_ Invest	-0. 002	-0. 769	-0. 002	-0. 796	-0. 002	-0. 821
VC_ IPO	0. 001	0. 184	0. 001	0. 190	0. 001	0. 229
VC_ Branch	-0. 004	-0. 458	-0. 005	-0. 565	-0. 004	-0. 557
GDP growth	0. 002	0. 610	0. 006 *	1. 847	0. 006 **	1. 990
VC_ Number	-0. 012 ***	-3. 083	-0. 016 ***	-3. 914	-0. 013 ***	-3. 301
Distance	0. 018	1. 477	0. 017	1. 419	0. 017	1. 386
Culture_ Dis	0. 010 *	1. 942	0. 011 *	1. 952	0. 011 **	1. 975
North America	0. 029	0. 460	0. 027	0. 421	0. 029	0. 460
Europe	0. 034	0. 530	0. 032	0. 502	0. 035	0. 545
Asia	0. 101	1. 492	0. 097	1. 434	0. 099	1. 462
Constant	-0. 535 ***	-2. 801	-0. 147	-0. 882	0. 083	0. 390
Year Effect	Yes		Yes		Yes	
R^2	0. 077		0. 073		0. 073	
Observations	3406		3406		3406	

注：***、**、*分别表示在 1%、5%和 10%的水平下显著。

表 9 给出了正式制度对区域文化与国有 VC 政治层级之间关系的调节效应检验结果。可以看出，即使回归中加入市场化水平及市场化水平与区域文化的交互项，区域文化对跨境 VC 联合投资中国有 VC 政治层级的影响仍然显著

（*Collectivism* 系数为 1.088，$P<0.01$；*Power_Dis* 系数为 0.659，$P<0.1$；*Humane*系数为 1.208，$P<0.01$）。但同时，市场化水平和区域文化的交互项系数符号及显著性水平发生改变（*Collectivism* × *Ins* 系数为 −0.220，$P<0.05$；*Power_Dis* × *Ins* 系数为 0.080，$P>0.1$；*Humane* × *Ins* 系数为 −0.163，$P>0.1$）。检验结果表明，虽然小团体集体主义、权利差距及人际关怀文化均可以显著影响跨境 VC 联合投资中配置更多的国有 VC 政治层级，但地区市场化水平较高时，上述作用减弱。

表 9　　正式制度对区域文化与国有 VC 政治层级之间关系的调节效应

变量	(12)		(13)		(14)	
	系数	*t* 统计量	系数	*t* 统计量	系数	*t* 统计量
Collectivism	1.088 ***	4.052				
Collectivism × *Ins*	−0.220 **	−2.457				
Power_Dis			0.659 ***	4.035		
Power_Dis × *Ins*			0.080	1.0177		
Humane					1.208 ***	3.061
Humane × *Ins*					−0.163	−0.863
Ins	0.013	0.501	0.027 *	1.859	−0.026	−0.911
VE_Age	0.255 ***	5.096	0.050 ***	5.012	0.248 ***	4.963
High − tech VE	−0.061	−1.015	0.060	−1.189	−0.073	−1.209
Early − stage VE	−0.297 ***	−3.853	−0.077 ***	−3.872	−0.299 ***	−3.877
VC_Age	0.129 ***	3.248	0.040 ***	3.272	0.127 ***	3.193
VC_Invest	−0.103 ***	−3.230	−0.032 ***	−3.119	−0.103 ***	−3.218
VC_IPO	0.070 *	1.756	0.040 *	1.702	0.072 *	1.808
VC_Branch	0.002	0.023	0.092	−0.210	−0.009	−0.097
GDP growth	−0.068 *	−1.900	0.035	−0.407	0.001	0.018
VC_Number	−0.080 *	−1.796	0.046 ***	−3.509	−0.075	−1.633
Distance	0.100	0.715	0.140	0.696	0.083	0.595
Culture_Dis	−0.063	−1.024	0.062	−1.021	−0.061	−0.992
North America	0.274	0.377	0.728	0.288	0.213	0.291
Europe	0.123	0.168	0.736	0.101	0.078	0.105
Asia	0.290	0.375	0.774	0.291	0.205	0.264

续表

变量	(12)		(13)		(14)	
	系数	*t* 统计量	系数	*t* 统计量	系数	*t* 统计量
Constant	-4.813**	-2.197	-2.750	-1.446	5.734**	2.347
Year Effect	Yes		Yes		Yes	
R^2	0.083		0.083		0.081	
Observations	3406		3406		3406	

注：***、**、*分别表示在1%、5%和10%的水平下显著。

总的来说，虽然小团体集体主义、权利差距及人际关怀文化均可以有效约束跨境 VC 的联合投资伙伴战略选择，但当市场化水平较高时，这三个文化维度对跨境 VC 的联合投资伙伴选择战略约束力将显著降低，跨境 VC 的联合投资伙伴选择战略更趋向多样性。假设 4 得到验证。

（四）内生性处理：Heckman 两步法

理论上来说，跨境 VC 作为外来者在东道国进行投资前首先考虑的是单独投资还是与东道国本土 VC 联合投资，而跨境 VC 选择单独投资还是联合投资不仅受跨境 VC 自身投资策略（Dai et al.，2012；Huang et al.，2015；Meuleman et al.，2017）、投资经验（Huang et al.，2015；Meuleman 和 Wright，2011；Liu 和 Maula，2016）、人力资本（Meuleman 和 Wright，2011）、网络位置（李军、王玉荣，2013）等影响，还受宏观层面资本流入国与资本流出国之间的地理距离（Tykvová 和 Schertler，2008）和文化距离（Meuleman 和 Wright，2009；Dai 和 Nahata，2016；李璐男、李志萍，2017；Luo et al.，2018）影响。除此之外，东道国正式制度特征也会对跨境 VC 是否联合投资产生影响（Dai et al.，2012；Meuleman 和 Wright，2011；Liu 和 Maula，2016）。由此可推测的是，东道国区域文化对跨境 VC 联合投资伙伴选择的影响可能只是因为区域文化影响了跨境 VC 的进入模式，而选择联合投资的跨境 VC 本身就更倾向于国有 VC。本部分采取 Heckman 两阶段模型规避这一并不清晰的内生性问题。

首先，除了跨境 VC 联合投资事件外，通过私募通数据库整理跨境 VC 单独投资事件，并生成一个虚拟变量 *FVC_Syn*，如果跨境 VC 单独投资，表明没有联合投资伙伴，则 *FVC_Syn* 取值为 0，如果跨境 VC 联合投资，表明存在联合投资伙伴，则 *FVC_Syn* 取值为 1。其次，采用 Probit 式对 *FVC_Syn* 进行回归，检验区域文化是否对跨境 VC 进入模式产生影响，并且估计出选择联合投资的逆米尔斯比例（Inverse Mill's Raito，IMR）。最后，在检验区域文化对跨境 VC 与国有 VC 联合投资形成时将 *IMR* 作为一个控制变量带入回归式中，用来控制可能影响跨境 VC 进入模式的不可观测因素，而这些不可观测因素可能影响区域文化与跨境 VC 和国有 VC 联合投资形成之间的关系。

表 10 分别给出了基于 Heckman 两步法下区域文化的小团体集体主义、权利差距以及人际关怀三个指标对跨境 VC 在华联合投资中国有 VC 数量占比的检验结果。可以看出，即使控制了样本自选择偏误 *IMR*，区域文化对跨境 VC 联合投资中国有 VC 数量占比的影响仍然显著为正（*Collectivism* 系数为 0.054，$P<0.05$；*Power_Dis* 系数为 0.012，$P<0.05$；*Humane* 系数为 0.051，$P<0.1$）。

表 10　　区域文化与国有 VC 数量占比：基于 Heckman 两步法的检验

变量	(15)		(16)		(17)	
	系数	*t* 统计量	系数	*t* 统计量	系数	*t* 统计量
Collectivism	0.054 **	2.517				
Power_Dis			0.012 **	2.018		
Humane					0.051 *	1.867
IMR	0.088 ***	3.893	0.099 ***	4.439	0.098 ***	4.398
VE_Age	0.018 ***	4.188	0.018 ***	4.117	0.018 ***	4.148
High-tech VE	-0.007	-1.390	-0.007	-1.324	-0.007	-1.394
Early-stage VE	-0.011	-1.596	-0.012 *	-1.732	-0.012 *	-1.696
VC_Age	0.007 *	1.863	0.006 *	1.743	0.006 *	1.711
VC_Invest	-0.005 *	-1.774	-0.006 *	-1.964	-0.005 *	-1.882
VC_IPO	0.002	0.691	0.003	0.811	0.003	0.787
VC_Branch	-0.001	-0.135	-0.001	-0.097	-0.001	-0.112
GDP growth	0.007 **	2.200	0.009 ***	3.001	0.010 ***	3.182
VC_Number	-0.012 ***	-3.425	-0.014 ***	-4.130	-0.013 ***	-3.867
Distance	0.018	1.478	0.017	1.435	0.017	1.376
Culture_Dis	0.011 **	2.117	0.012 **	2.146	0.012 **	2.168
North America	0.031	0.488	0.032	0.501	0.028	0.434

续表

变量	(15)		(16)		(17)	
	系数	t 统计量	系数	t 统计量	系数	t 统计量
Europe	0.035	0.542	0.036	0.561	0.032	0.502
Asia	0.102	1.520	0.102	1.515	0.097	1.444
Constant	-0.360 *	-1.959	-0.152	-0.925	0.127	0.612
Year Effect	Yes		Yes		Yes	
R^2	0.079		0.077		0.078	
Observations	3406		3406		3406	

表 11 分别给出了基于 Heckman 两步法下区域文化的小团体集体主义、权利差距以及人际关怀三个指标对跨境 VC 在华联合投资中国有 VC 政治层级的检验结果。可以看出，即使控制了样本自选择偏误 *IMR*，区域文化对跨境 VC 联合投资中国有 VC 政治层级的影响仍然显著为正（*Collectivism* 系数为 0.711，$P<0.01$；*Power_Dis* 系数为 0.637，$P<0.01$；*Humane* 系数为 1.124，$P<0.01$）。

表 11　　区域文化与国有 VC 政治层级：基于 Heckman 两步法的检验

变量	(18)		(19)		(20)	
	系数	t 统计量	系数	t 统计量	系数	t 统计量
Collectivism	0.711 ***	2.886				
Power_Dis			0.637 ***	4.241		
Humane					1.124 ***	2.986
IMR	0.576 **	2.229	0.824 ***	3.217	0.714 ***	2.804
VE_Age	0.230 ***	4.562	0.225 ***	4.472	0.229 ***	4.538
High-tech VE	-0.064	-1.058	-0.059	-0.987	-0.067	-1.118
Early-stage VE	-0.329 ***	-4.196	-0.347 ***	-4.442	-0.337 ***	-4.303
VC_Age	0.118 ***	2.927	0.109 ***	2.721	0.109 ***	2.715
VC_Invest	-0.120 ***	-3.662	-0.129 ***	-3.945	-0.122 ***	-3.739
VC_IPO	0.079 **	1.971	0.087 **	2.179	0.083 **	2.077
VC_Branch	0.014	0.146	0.019	0.206	0.015	0.164
GDP growth	-0.029	-0.786	0.020	0.546	0.022	0.595
VC_Number	-0.098 **	-2.474	-0.145 ***	-3.730	-0.110 ***	-2.833

续表

变量	(18)		(19)		(20)	
	系数	t 统计量	系数	t 统计量	系数	t 统计量
Distance	0.099	0.704	0.096	0.687	0.078	0.559
Culture_Dis	-0.056	-0.903	-0.057	-0.919	-0.052	-0.838
North America	0.259	0.356	0.244	0.336	0.173	0.238
Europe	0.106	0.144	0.096	0.130	0.034	0.046
Asia	0.276	0.357	0.252	0.326	0.165	0.214
Constant	-3.046	-1.439	-2.621	-1.395	5.324 **	2.233
Year Effect	Yes		Yes		Yes	
R^2	0.083		0.085		0.083	
Observations	3406		3406		3406	

注：***、**、*分别表示在1%、5%和10%的水平下显著。

（五）其他稳健性检验

为确保实证检验结果的稳健性，本节将以替换核心变量、重新构建样本以及更换检验方法三种方式重复检验，具体包括使用现代主义文化替换传统主义文化重复检验、基于跨境 VC 作为主投机构的样本重复检验、使用 Logit 式重复检验。

1. 使用现代主义文化作为解释变量的稳健性检验

本文的理论框架构建以及实证检验均围绕地区传统主义文化影响个体经济行为及后果展开。本部分选择以现代主义文化替换传统主义文化重复检验，依据是叶文平等（2018）的研究，其认为传统主义与现代主义并不是一个维度的两端，而是两个并行的独立文化维度，在任何一个社会中都同时存在传统主义文化要素与现代主义文化要素。基于此，本部分将以现代主义文化的绩效导向（*Performance*）、未来导向（*Future*）以及不确定性规避（*Uncertain*）三个指标作为替换。可以推测的是，现代主义文化应负向影响跨境 VC 在华与国有 VC 的联合投资，即现代主义文化越高，跨境 VC 选择与更少的国有 VC 联合投资。表 12 给出了检验结果，回归结果与预期一致，即现代主义文化显著负向影响跨境 VC 选择国有 VC 联合投资。

表 12　　现代主义文化与国有 VC 选择

变量	被解释变量：*Prop*			被解释变量：*Rank*		
	(23)	(24)	(25)	(23)	(24)	(25)
Performance	-0.036** (-2.002)			-1.059** (-2.475)		
Future		-0.065* (-1.873)			-1.455*** (-3.678)	
Uncertain			-0.063** (-2.038)			-0.017* (-1.749)
控制变量	Yes	Yes	Yes	Yes	Yes	Yes
Year Effect	Yes	Yes	Yes	Yes	Yes	Yes
R^2	0.072	0.073	0.073	0.080	0.082	0.078
Observations	3406	3406	3406	3406	3406	3406

注：***、**、*分别表示在1%、5%和10%的水平下显著；括号中为 t 统计量，下同。

2. 基于主投跨境 VC 的稳健性检验

一般而言，联合投资中往往包括主投机构和跟投机构，主投机构是联合投资中最为活跃的机构，负责联系邀请其他机构共同投资，耗费更高的时间与精力参与企业的投后管理工作，在联合投资中的出资比例也最大（Wright 和 Lockett，2003）。从这个角度来看，跨境 VC 与国有 VC 联合投资在理论上应包括三种形成模式，一是跨境 VC 邀请国有 VC 共同在某一轮次投资某一企业，二是国有 VC 邀请跨境 VC 共同在某一轮次投资某一企业，三是本土民营 VC 邀请跨境 VC 与国有 VC 共同在某一轮次投资某一企业。本文检验的是区域文化对跨境 VC 联合投资伙伴选择的影响，因此应更符合第一种联合投资的形成模式。为剔除第二种和第三种模式对实证检验结果的影响，本部分将仅以跨境 VC 为主投机构的样本进行检验。在界定跨境 VC 是否为主投机构时，遵循以下原则：首先，若跨境 VC 联合投资的金额数据不存在缺失情况，则观察跨境 VC 在联合投资中是不是出资金额最多的 VC，若符合则将其界定为主投机构；其次，若跨境 VC 联合投资的金额数据存在缺失情况，则观察跨境 VC 的股权比例是否最大，若符合则将其界定为主投机构；最后，若出资金额数据与股权比例数据均存在缺失情况，则查看联合投资中所有 VC 的管理基金规模，观测跨境 VC 在联合投资中是否为管理基金规模最大的 VC，若是则将其界定为主投机构。表 13 给出了检验结果，回归结果与预期一致，即仅使用跨境 VC 为主投机构的样本，结果表明文化对跨境 VC 选择国有 VC 为联合投资伙伴有显著正向影响。

表 13　　区域文化与国有 VC 选择：基于跨境 VC 为主投机构的样本

变量	被解释变量：*Prop*			被解释变量：*Rank*		
	(23)	(24)	(25)	(23)	(24)	(25)
Collectivism	0.020** (2.055)			0.179** (2.524)		
Power_Dis		0.010* (1.848)			0.220*** (3.065)	
Humane			0.042* (1.819)			0.936* (1.840)
控制变量	Yes	Yes	Yes	Yes	Yes	Yes
Year Effect	Yes	Yes	Yes	Yes	Yes	Yes
R^2	0.061	0.061	0.061	0.056	0.057	0.058
Observations	1361	1361	1361	1361	1361	1361

注：***、**、*分别表示在 1%、5%和 10%的水平下显著。

3. 基于 Logit 模型的稳健性检验

正文中，使用跨境 VC 与东道国本土 VC 联合投资伙伴中国有 VC 的数量占总联合投资机构数量的比重、本土 VC 的政治层级两个指标刻画跨境 VC 选择国有 VC 作为联合投资伙伴的偏好。事实上，更简单的衡量方式是使用虚拟变量刻画跨境 VC 选择国有 VC 作为联合投资的偏好，即 1 表示跨境 VC 与国有 VC 联合投资，0 表示跨境 VC 与民营 VC 联合投资。基于此，本部分使用 Logit 模型进行稳健性检验，仅将被解释变量替换为跨境 VC 是否与国有 VC 联合投资。表 14 检验结果同样表明，区域文化的三个维度均显著正向影响跨境 VC 选择国有 VC 联合投资的可能性。

表 14　　区域文化与国有 VC 选择：基于 Logit 模型的检验

变量	(47)	(48)	(49)
Collectivism	1.220*** (3.266)		
Power_Dis		0.474** (2.015)	
Humane			1.402** (2.373)
控制变量	Yes	Yes	Yes
Year Effect	Yes	Yes	Yes
Log likelihood	-1699.846	-1703.209	-1702.364
Observations	3399	3399	3399

注：***、**、*分别表示在1%、5%和10%的水平下显著。

五、结论与启示

联合投资是跨境 VC 克服外来者劣势的重要手段，然而跨境 VC 会选择什么类型的 VC 联合投资，对此已有研究很少关注。本文基于文化视角，以2000—2017 年跨境 VC 在中国所有的联合投资事件为样本，通过理论推演和实证检验分析了区域文化对跨境 VC 选择国有 VC 联合投资的影响。实证检验结果显示，中国地区传统主义文化的小团体集体主义、权利差距、人际关怀三个文化维度均显著增加跨境 VC 在华联合投资时国有 VC 数量占比，同时显著提高跨境 VC 在华联合投资时国有 VC 政治层级。但是，当地区市场化水平较高时，传统主义文化特征对跨境 VC 选择国有 VC 联合投资的作用将会减弱。

本文的实践意义包括如下三点：

第一，本文对跨境 VC 联合投资伙伴选择有一定的参考意义。虽然大多数有关跨境 VC 联合投资相关研究均建议跨境 VC 需要与本土 VC 联合投资来克服外来者劣势，但并没有回答应与哪种属性的东道国本土 VC 联合投资。本文的第一个实践建议就是，跨境 VC 在东道国联合投资伙伴的选择上不仅需要考虑所投企业特征、跨境 VC 自身特征以及区域经济发展等因素，还需要充分考虑所投企业所处地区的文化特征。在此基础上，配置合适类型、数量的联合投资伙伴共同投资。具体来说，若所投企业所处区域更偏向于传统主义文化，表现为地区小团体集体主义文化、权利差距文化、人际关怀文化较高，那么跨境 VC 在与本土 VC 联合投资时的策略包括两种：一是更多地选择与本土的国有 VC 联合投资，增加国有 VC 在联合投资辛迪加中的数量占比；二是选择具有更高政治层级的东道国国有 VC 联合投资。相反，若所投企业所处区域更偏向于现代主义文化，表现为地区绩效导向文化、未来导向文化、不确定规避文化较高，那么跨境 VC 在与本土 VC 联合投资时的策略包括两种：一是更少地选择与本土的国有 VC 联合投资，降低国有 VC 在联合投资辛迪加中的数量占比；二是选择具有更低政治层级的东道国国有 VC 联合投资。

第二，本文的研究对政策制度的完善有一定的借鉴意义。本文的研究发现，跨境 VC 投资时受区域文化影响的一个重要原因在于正式制度的不完备，这种不完备将强化区域文化对跨境 VC 的约束力度，影响跨境 VC 的联合投资策略。在正式制度不完备的情况下，跨境 VC 只能通过遵从区域文化的同形压力，通过与政府构建关联克服信息不对称带来的外来者劣势。因此对于地方政府而言，继续深化市场化和体制改革将有助于跨境 VC 投资战略的多元化选择，继而吸引更大规模的跨境 VC 进入。

第三，本文的研究对创业企业融资提供了一些管理启示。对于企业家而言，本文研究结论的直接启示是创业企业在融资过程中，除了应该注重自身发展潜力、估值方案、股权架构等方面外，还需要注重外部环境，如所处地区的文化因素。若企业所处地区呈现出重视传统主义文化多于现代主义文化，那么企业在寻求风险投资过程中，尤其是向管理较大规模资金的跨境 VC 融资时，应积极寻找国有 VC 联合投资；相反，若所处地区呈现出重视现代主义文化多于传统主义文化，那么企业在寻求风险投资过程中，除了接触本土 VC，若跨境 VC 对其表现出投资兴趣，则应尽量避免与国有 VC 联合投资。

参考文献

[1]SCHERTLER A, TYKVOVÁ T. Venture capital and internationalization[J]. International Business Review, 2011(4).

[2]DAO N, JO H, KASSICIEH S. Cross – border venture capital investments in Asia: selection and exit performance[J]. Journal of Business Venturing, 2012(6).

[3]BENGTSSON O, RAVID S A. The geography of venture capital contracts[J]. Social Science Electronic Publishing, 2009.

[4]BOTTAZZI L, DA RIN M, HELLMANN T. What is the role of legal systems in financial intermediation? Theory and evidence[J]. Journal of Financial Intermediation, 2009(4).

[5]LINDSEY L A, BALCARCEL A L, Hertzel M G. Contracting frictions and cross – border capital flows: evidence from venture capital[J]. Ssrn Electronic Journal, 2009.

[6]PRUTHI S, WRIGHT M, MEYER K E. Staffing venture capital firms' international operations[J]. The International Journal of Human Resourcc Management, 2009(1).

[7]CHEN H, GOMPERS P, KOVNER A. Buy Local? The geography of venture capital[J]. Journal of Urban Economics, 2010(1).

[8]DE PRIJCKER S, MANIGART S, Wright M. The influence of experiential, inherited and external knowledge on the internationalization of venture capital firms[J]. International Business Review, 2012(5).

[9]DEVIGNE D, MANIGART S, WRIGHT M. Escalation of commitment in venture capital decision making: differentiating between domestic and international investors[J]. Journal of Business Venturing, 2016(3).

[10]MÄkELÄ M M, MAULA M V J. Attracting cross – border venture capital: the role of a local investor[J]. Entrepreneurship and Regional Development, 2008(3).

[11]DEVIGNE D, VANACKER T, Manigart S. The role of domestic and cross – border venture capital investors in the growth of portfolio companies[J]. Small Business Economics, 2013(3).

[12]NAHATA R, HAZARIKA S, TANDON K. Success in global venture capital in-

vesting: do institutional and cultural differences matter? [J]. Journal of Financial and Quantitative Analysis, 2014(4).

[13]HUANG X, KENNEY M, PATTON D. Responding to uncertainty: syndication partner choice by foreign venture capital firms in China[J]. Venture Capital, 2015(3).

[14]CHEMMANUR T J, HULL T J, KRISHNAN K. Do local and international venture capitalists play well together? The complementarity of local and international venture capitalists[J]. Journal of Business Venturing, 2016(5).

[15]李军，王玉荣. 制度学习、网络中心性和市场进入——跨国风险资本在华投资的实证研究[J]. 国际贸易问题，2013(1).

[16]SCHERTLER A, TYKVOVÁ T. What lures cross - border venture capital inflows? [J]. Journal of International Money and Finance, 2012(6).

[17]SARALA R M, VAARA E. Cultural differences, convergence, and crossvergence as explanations of knowledge transfer in international acquisitions[J]. Journal of International Business Studies, 2010(8).

[18]STEPHAN U, UHLANER L M. Performance - based vs socially supportive culture: a cross - national study of descriptive norms and entrepreneurship[J]. Journal of International Business Studies, 2010(8).

[19]TUNG R L, VERBEKE A. Beyond hofstede and globe: improving the quality of cross - cultural research[J]. Journal of International Business Studies, 2010(8).

[20]LI K, GRIFFIN D, YUE H. How does culture influence corporate risk - taking? [J]. Journal of Corporate Finance, 2013(23).

[21]CHEN Y, DOU P Y, RHEE S G. National culture and corporate cash holdings around the world[J]. Journal of Banking & Finance, 2015(50).

[22]LIEVENBRÜCK M, SCHMID T. Why do firms (not) hedge? —novel evidence on cultural influence[J]. Journal of Corporate Finance, 2014(25).

[23]DÍEZ - ESTEBAN J M, FARINHA J B, GARCÍA - GÓMEZ C D. How does national culture affect corporate risk - taking? [J]. Eurasian Business Review, 2019(1).

[24]AN Z, CHEN Z, LI D. Individualism and stock price crash risk[J]. Journal of International Business Studies, 2018(9).

[25]MEULEMAN M, WRIGHT M. Determinants of cross - border syndication: cultural

barriers, legal context, and learning[J]. Social Science Electronic Publishing, 2009.

[26]DAI N, NAHATA R. Cultural differences and cross - border venture capital syndication[J]. Journal of International Business Studies, 2016(2).

[27]李璐男,李志萍.文化距离、制度距离对跨境风险投资进入模式的影响[J].软科学, 2017(3).

[28]赵向阳,李海,孙川.中国区域文化地图:“大一统”抑或“多元化”[J].管理世界, 2015(2).

[29]TUNG R L. The cross - cultural research imperative: the need to balance cross - national and intra - national diversity[J]. Journal of International Business Studies, 2008(1).

[30]LERNER J. The government as venture capitalist: the long - run impact of the sbir program[J]. Journal of Business, 1999(3).

[31]ANDERSON H D, CHI J, WANG Q S. Political ties and VC exits: evidence from China[J]. China Economic Review, 2017(44).

[32]党兴华,施国平,仵永恒.政治关联与风险资本筹集[J].预测, 2015(6).

[33]余琰,罗炜,李怡宗,朱琪.国有风险投资的投资行为和投资成效[J].经济研究, 2014(2).

[34]WANG L, WANG S. Economic freedom and cross - border venture capital performance[J]. Journal of Empirical Finance, 2012(1).

[35]CHAHINE S, SAADE S, GOERGEN M. Foreign business activities, foreignness of the VC syndicate, and IPO value[J]. Entrepreneurship Theory and Practice, 2018.

[36]BOTTAZZI L, DA RIN M, HELLMANN T. The importance of trust for investment: evidence from venture capital[J]. The Review of Financial Studies, 2016(9).

[37]HOSKISSON R E, EDEN L, LAU C M. Strategy in emerging economies[J]. Academy of Management Journal, 2000(3).

[38]LI J J, POPPO L, ZHOU K Z. Do managerial ties in china always produce value? Competition, uncertainty, and domestic vs. foreign firms[J]. Strategic Management Journal, 2008(4).

[39]CAVES R E. International corporations: the industrial economics of foreign investment[J]. Economica, 1971(149).

[40]HENISZ W J, WILLIAMSON O E. Comparative economic organization - within

and between countries[J]. Business and Politics, 1999(3).

[41]PENG M W, LUO Y. Managerial ties and firm performance in a transition economy: the nature of a micro – macro link[J]. Academy of Management Journal, 2000(3).

[42]LI J J. The formation of managerial networks of foreign firms in China: the effects of strategic orientations[J]. Asia Pacific Journal of Management, 2005(4).

[43]SHANE S, VENKATARAMAN S, MACMILLAN I. Cultural differences in innovation championing strategies[J]. Journal of Management, 1995(5).

[44]BHAWUK D P S, UDAS A. Entrepreneurship and collectivism: a study of Nepalese entrepreneurs[J]. Asian Contributions to Cross – Cultural Psychology, 1996.

[45]HAYTON J C, GEORGE G, ZAHRA S A. National culture and entrepreneurship: a review of behavioral research[J]. Entrepreneurship Theory and Practice, 2002(4).

[46]KIRZNER I M. Entrepreneurial discovery and the competitive market process: an Austrian approach[J]. Journal of Economic Literature, 1997(1).

[47]SLELIM A, BONTIS N. The relationship between culture and corruption: a cross – national study[J]. Journal of Intellectual Capital, 2009(1).

[48]DJANKOV S, MURRELL P. Enterprise restructuring in transition: a quantitative survey[J]. Journal of Economic Literature, 2002(3).

[49]张建君，张志学. 中国民营企业家的政治战略[J]. 管理世界，2005(7).

[50]BRUTON G D, AHLSTROM D. An institutional view of China's venture capital industry: explaining the differences between China and the West[J]. Journal of Business Venturing, 2003(2).

[51]GROH A P, LIECHTENSTEIN H V, LIESER K. The European venture capital and private equity country attractiveness indices[J]. Journal of Corporate Finance, 2010(2).

[52]GULER I, GUILLÉN M F. Institutions and the internationalization of US venture capital firms[J]. Journal of International Business Studies, 2010(2).

[53]樊纲，王小鲁，朱恒鹏. 中国市场化指数——各地区市场化相对进程 2011 年报告[M]. 北京:经济科学出版社，2011.

[54]赵龙凯，陈康. 国有还是非国有？——基于文化的合资伙伴选择[J]. 管理世界，2017(1).

[55]董静，汪立，吴友. 地理距离与风险投资策略选择——兼论市场环境与机

构特质的调节作用[J]. 南开管理评论, 2017(2).

[56]李新春, 叶文平, 朱沆. 牢笼的束缚与抗争:地区关系文化与创业企业的关系战略[J]. 管理世界, 2016(10).

[57]MEULEMAN M, WRIGHT M. Cross - border private equity syndication: institutional context and learning[J]. Journal of Business Venturing, 2011(1).

[58]LIU Y, MAULA M. Local partnering in foreign ventures: uncertainty, experiential learning, and syndication in cross - border venture capital investments[J]. Academy of Management Journal, 2016(4).

[59]HAIN D, JOHAN S, WANG D. Determinants of cross - border venture capital investments in emerging and developed economies: the effects of relational and institutional trust[J]. Journal of Business Ethics, 2016(4).

[60]TYKVOVÁ T, SCHERTLER A. Syndication to overcome transaction costs of cross - border investments? Evidence from a worldwide private equity deals' dataset[J]. Ssrn Electronic Journal, 2008.

[61]TIAN X. The role of venture capital syndication in value creation for entrepreneurial firms[J]. Review of Finance, 2011(1).

[62]CUMMING D, DAI N. Local bias in venture capital investments[J]. Journal of Empirical Finance, 2010(3).

[63]KOGUT B, SINGH H. The effect of national culture on the choice of entry mode[J]. Journal of international business studies, 1988(3).

[64]MEULEMAN M, JÄÄSKELÄINEN M, MAULA M V J. Venturing into the unknown with strangers: substitutes of relational embeddedness in cross - border partner selection in venture capital syndicates[J]. Journal of Business Venturing, 2017(2).

[65]LUO J D, RONG K, YANG K. Syndication through social embeddedness: a comparison of foreign, private and state - owned venture capital (VC) firms[J]. Asia Pacific Journal of Management, 2018.

[66]叶文平, 杨学儒, 朱沆. 创业活动影响幸福感吗——基于国家文化与制度环境的比较研究[J]. 南开管理评论, 2018(4)

[67]WRIGHT M, LOCKETT A. The structure and management of alliances: syndication in the venture capital industry[J]. Journal of Management Studies, 2003(8).

资本错配对中国工业企业进入退出扭曲的影响

葛鹏飞　徐璋勇①

摘　要：企业进入退出是市场经济实现“优胜劣汰”机制的基础，对增强企业竞争力，提高供给质量，实现供给侧结构性改革有着关键作用。中国工业企业有着较高的进入退出率，企业更替也对加总全要素生产率的增长有重要贡献，但是为何微观企业的生存年限较短，宏观经济供给质量较低，社会加总全要素生产率增长缓慢呢？为解答上述问题，本文探讨资本错配对企业进入退出的影响。研究发现，资本错配加速了国有企业的进入，对其退出无影响；同时加速了民营和外资企业的进入和退出，对其退出的影响更大。当资本错配提高时，僵尸企业阻碍了企业进入，加剧了企业退出，这在同一地级市表现得尤为明显。进一步研究发现，资本错配提高了国有和外资企业的进入扭曲，降低了国有企业的退出扭曲；虽然资本错配与民营企业的进入扭曲无关，却使民营企业的退出扭曲增大。僵尸企业对企业进入有“筛选效应”，提高了进入企业生产率门槛；同时，僵尸企业对企业退出有“挤出效应”，降低了企业的退出门槛。一方面，民营企业受资本错配的“直接伤害最深”；另一方面，国有企业失去了自我革新的动力，也不利于其长远发展。本

---

① 作者简介：葛鹏飞，经济学博士，副教授，西北大学经济管理学院，E－mail：xdjrgpf@ sina. com.
徐璋勇，经济学博士，教授，西北大学经济管理学院，E－mail：xzhangy@ 126. com.

＊感谢教育部人文社会科学研究青年基金项目“资本错配对中国制造业企业行为的扭曲效应、作用机理与解决对策研究”（20YJC790029），陕西省教育厅科研计划项目“资本错配对陕西制造业企业行为的扭曲效应、作用机理与解决对策”（20JT065）资助。

文启示，推动中国金融领域的改革，使市场在资本配置中起决定性作用，对提高企业供给质量有重要意义。

关键词： 资本错配；企业进入退出；进入退出扭曲；僵尸企业

一、引言

自2015年11月中央财经领导小组第十一次会议提出“供给侧结构性改革”后，深入推进供给侧结构性改革已成为当前中国经济改革的主线，改革举措主要围绕供给端企业展开，目标是增强企业竞争力，提高供给质量。随后的十九大报告指出，“推动经济发展质量变革、效率变革、动力变革，提高全要素生产率”。在2018年12月，中央经济会议具体提出“促进正向激励和优胜劣汰，发展更多优质企业”。优胜劣汰不仅能够提高企业竞争力，发展优质企业，也是熊彼特“创造性破坏”的关键，对增强微观企业主体活力，提高加总全要素生产率均有重要作用。

企业进入退出既是市场经济的基本特征，也是市场经济实现优胜劣汰机制的基础，伴随高效率企业的进入和低效率企业的退出，加剧了市场竞争，刺激了创新和生产力的提高（Aghion等，2009），使产业结构不断升级，为经济增长提供动力源泉（Tybout，2000；张维迎等，2003）。企业的进入不仅有助于优化资源配置，使资源要素从低生产率企业转移到高生产率，还是消除垄断租金竞争压力的基础（Caves，1998）。频繁的企业进入还可以提高高等教育溢价和技能劳动的回报率（Fernandes等，2014）。而且，企业进入退出对劳动力从业也有着重要的影响，企业退出的差异性是造成欧洲与美国失业率存在巨大差距的主要原因（Janiak，2013）。另外，企业进入退出动态与宏观经济周期也有着密切的联系（Tian，2018）。

中国企业具有较高的进入、退出率，年平均分别为25%和17%，新进入企业是各年份企业的主要构成来源，但是新进入企业的持续期较短，近2/3的新进入企业的经营年限不超过6年（毛其淋、盛斌，2013）。既然中国的企业有着较高的进入退出率，“大浪淘沙”留下来的高效率企业应该生存更久，但是为何经营年限又较短呢？另外，企业更替对中国加总全要素生产率的增长有重要作用[①]，企业更替可以解释大部分中国制造业加总 TFP 的增长（Brandt et al.，2012；Mao 和 Sheng，2017）。那么，较高的企业进入退出率，为何没有带来中国加总 TFP 较快的增长呢？我们有理由怀疑，一方面，从企业进入角度，对市场输送的新鲜“血液”存在问题；另一方面，从企业退出角度，市场内企业间的竞争存在问题，造成企业不合理退出。

微观经济学的厂商理论认为，厂商进入退出市场的难易程度取决于市场的竞争程度，在完全竞争和垄断竞争市场中，厂商可以很容易或比较容易地进出市场，厂商进入与否与自身关系密切；而在寡头市场中，厂商进出市场比较困难并与在位厂商有关；对于垄断市场，厂商很难进入并受到政府管制。现实中，企业进入的影响因素众多，纷繁复杂。根据已有研究，企业进入和退出的影响因素既有企业自身的企业家素质（Schulz 等，2016）、管理层决策（Golombek 和 Raknerud，2018；Ee et al.，2018）、创新能力（Nemlioglu 和 Mallick，2017；何文韬、肖兴志，2018）等，也有外部的制度环境（Campos 和 Iootty，2007；Branstetter 等，2014；Amici 等，2016；毕青苗等，2018）、政府干预（Rin 等，2011；Pfluger 和 Suedekum，2013；贾俊雪，2014；Peng 和 Liu，2018；金晓雨，2018；Mayneris 等，2018）、金融因素与企业进入（Kobayashi，2011；马光荣、李力行，2014；李俊青等，2017；Spokeviciute 等，2019）。

但是，学者们却忽略了要素配置这一影响企业生存的基本因素。从微经济学理论角度来看，企业进入退出与市场类型和企业利润有关；在完全竞争市场和垄断竞争市场中，企业可以自由进入和退出，这时企业的进入退出完全取决于企业的利润，本质上受制于企业的要素配置。事实上，自 Hsieh 和 Klenow（2009）的经典论文后，围绕要素资源错配的研究才逐渐被学者们关注和重视。资源错配对中国经济健康、持续发展的重要制约已成共识，纠正资源错置后，中国制造业加总的全要素生产率约能提升 30%～50%，人均 GDP 水平增长 115.6%（Hsieh 和 Klenow，2009；罗德明等，2012）。

① 也有研究指出中国制造业 TFP 增长的 90% 来自企业成长，而企业进入与退出对制造业 TFP 增长的贡献率仅为 10% 左右（吴利学等，2016）。那么，为什么如此高的企业更替对制造业 TFP 的增长贡献却如此低呢？

随着学术界对资源错配问题探索的不断细化和逐渐深入，当前国内外的学者们已经把资源错配分解为资本错配、劳动力错配，以及随之延伸的能源错配、创新错配等展开探讨，并取得了一系列丰硕的成果，推动着资源错配研究领域在国际范围内的前进（Midrigan 和 Xu，2010；Song 等，2011；Ranasinghe，2017；Li 等，2017；Wei 和 Li，2017；陈小亮、陈伟泽，2017；王竹泉等，2017；Caggese 等，2018；马颖等，2018）。在中国市场化经济转型过程中，与劳动力市场和产品市场的改革相比，资本市场的市场化改革严重滞后，由此引发的资本错配问题严重制约着中国经济的发展（简泽等，2018），资本错配带来的生产率损失显著高于劳动力错配（龚关、胡关亮，2013；姚毓春等，2014；Dai 和 Cheng，2018）。除中国以外，其他一些发展中国家也存在资本错配比劳动力错配更严重的现象（Oberfield，2013）。因此，追本溯源，我们从经济学最基础的厂商理论进行思考，重点探索资本要素错配对企业进入退出的影响问题，以便能够解答为什么中国企业生存时间短，为何加总全要素生产率增长缓慢等问题。本文的研究对提升中国工业企业竞争力有着一定贡献。

基于以上思考，本文首先考察了资本错配对企业进入退出的影响。随后，使用进入退出企业与在位企业平均生产率的偏离对企业进入扭曲和退出扭曲进行衡量。在此基础上，深入探讨资本错配对企业进入退出扭曲的影响。基于中国工业企业数据库，本文发现，行业内跨企业的资本错配提高了行业内微观企业的进入率，也提高了企业退出概率。分所有制看，资本错配既提高了国有、民营和外资企业的进入，也提高了民营和外资企业的退出，但对国有企业的退出无显著影响。把企业进入退出对在位企业平均生产率的偏离用来衡量企业进入退出扭曲，进一步研究发现，资本错配提高了国有企业和外资企业的进入扭曲，对民营企业无显著影响；同时降低了国有企业的退出扭曲，但提高了民营企业的退出扭曲，对外资企业退出无显著影响。机制研究表明，僵尸企业对企业进入有“筛选效应”，提高了企业的进入门槛；同时，僵尸企业对企业退出有着“挤出效应”，降低了企业的退出门槛。另外，资本错配通过提高企业补贴概率这一中介效应，提高了企业的进入扭曲；通过降低企业税率的中介效应，既提高了企业的进入扭曲，也提高了企业的退出扭曲。因此，企业税率并非越低越好，合理的税率有助于进入企业提升生产率和低效率企业从市场淘汰。

本文的研究在以下方面对现有文献进行了拓展：第一，本文把关于中国要素资源错配的研究延伸至资本要素错配。资本错配的已有文献主要涉及资本错配的成因以及造成加总全要素生产率的损失两方面①，鲜有文献探索资本错配对微观企业行为的影响。第二，首次研究资本错配对微观企业进入退出行为的影响，并通过构建资本错配与企业进入退出行为的经济增长模型，从理论上讨论资本错配与企业进入退出的关系。第三，在理论模型基础上，借助大样本中国工业企业的微观数据，实证研究资本错配对企业进入退出的影响，并进一步探讨资本错配对企业进入退出扭曲的作用。第四，充分考虑僵尸企业在二者中的作用机制，从阻碍“优胜劣汰”角度对僵尸企业的弊端进行再认识。

本文其余部分的结构如下：第二部分通过构建理论模型讨论资本错配对企业进入退出的理论影响；第三部分是数据处理与研究策略；第四部分是资本错配对中国工业企业进入退出影响的实证研究；第五部分在第四部分的基础上通过进一步的实证研究，探讨资本错配对中国工业企业进入退出扭曲的影响现状；第六部分为政策建议和启示。

二、理论模型

为了分析资本错配对企业进入退出的作用机理，基于 Luttmer（2007）、Jaef（2018）以及 Hsieh 和 Klenow（2009）的研究，本文引入资本错配因素，构建家庭部门、最终产品部门、中间产品部门的多部门理论模型，考察资本错配对企业进入退出的影响。

（一）家庭部门

假定经济中家庭部门的代表性家庭具有无限视野，采用偏好形式 $\sum_{t=0}^{+\infty}\beta^t\ln(C_t)$，其中 C_t 为代表性家庭对最终产品的消费水平；$\beta \leqslant 1$ 为时间

① 事实上，目前较多的文献仍然关注要素资源错配，而对资本错配的研究较少。

偏好系数。另设代表性家庭的初始财富水平为 M_0 ，初始资本水平为 K_0 ，并且在任意时期 t 都能够无弹性地提供劳动和资本，其收入来源由四部分组成：①通过提供劳动 L_t 获得工资收入 w_tL_t ，其中 w_t 是工资率；②通过出借资本 K_t，获得利得收入 r_tK_t ，其中 r_t 是利息率；③通过拥有企业（或成为企业的股东），获得利润收入 Π_t ；④获得政府因平衡预算需要而提供的一次性净转移支付 T_t 。基于上述设定，代表性家庭面临的最优化问题可表达为：在满足跨期预算约束的条件下，通过决定消费水平和资本水平序列 $\{C_t, K_{t+1}\}_{t=0}^{+\infty}$ ，实现一生效用的最大化。用数学模型表达如下：

$$\max_{\{C_t, K_{t+1}\}_{t=0}^{+\infty}} \sum_{t=0}^{+\infty} \beta^t \ln(C_t) \tag{1}$$

$$\text{s. t. } C_t + K_{t+1} = w_tL_t + (1 + r_t - \delta_t)K_t + \Pi_t + T_t,\ \forall t = 0,1,\cdots, +\infty \tag{2}$$

其中，δ_t 为折旧率，并且依据无套利定价原理，市场的无风险利率 $R_t = r_t - \delta_t$ 。利用拉格朗日乘数法求解上述最优化问题，令 λ_t 是预算约束式（2）所对应的拉格朗日乘子，构建形如式（3）的拉格朗日函数，求出相应的一阶条件并整理，便可以得到反映消费的跨期关系的欧拉方程：

$$\max_{\{C_t, K_{t+1}\}_{t=0}^{+\infty}} \ell_1 = \sum_{t=0}^{+\infty} \beta^t \ln(C_t) + \sum_{t=0}^{+\infty} \beta^t \lambda_t [w_tL_t + (1 + R_t)K_t + \Pi_t + T_t - C_t - K_{t+1}] \tag{3}$$

$$\frac{C_{t+1}}{C_t} = \beta(1 + R_{t+1}) \tag{4}$$

从式（4）可以看到，当经济达到稳态时，消费水平不再发生变化，市场的利率水平将由家庭的时间偏好情况确定，即 $1 + R = \frac{1}{\beta}$ 。

（二）最终产品部门

假定经济中最终产品部门的代表性厂商以中间产品部门生产的中间产品 $Y_t(z)$ 为投入，采用固定替代弹性生产技术（或称 CES 生产函数），生产出单一的最终产品 Y_t ，并且最终产品市场是完全竞争的。用数学模型表示成：

$$Y_t = \left[\int Y_t(z)^{\frac{\rho-1}{\rho}} dM_t(z) \right]^{\frac{\rho}{\rho-1}} \tag{5}$$

其中，$\rho > 1$ 为不同中间产品之间的替代弹性；$M_t(z)$ 为衡量生产率小于或等于

z 的存活下来的中间产品生产厂商的累计分布情况。若设最终产品 Y_t 的价格指数为 P_t ，中间产品 $Y_t(z)$ 的价格为 $P_t(z)$ ，那么在式（5）所示的生产技术约束下，最终产品部门的代表性厂商面临的利润最大化问题可以表示成：

$$\max_{\{Y_t(z)\}_{M_t(z)}} \pi_t = P_t Y_t - \int P_t(z) Y_t(z) dM_t(z) \tag{6}$$

求解上述最优化问题（6），可以得到最终产品部门对中间产品的需求函数表达式以及与之相对应的价格指数表达式。如果选取最终产品作为计数单位，那么就有 $P_t = 1$ 。

$$Y_t(z) = \left[\frac{P_t(z)}{P_t}\right]^{-\rho} Y_t \text{ , } P_t = \left[\int P_t(z)^{1-\rho} dM_t(z)\right]^{\frac{1}{1-\rho}} \tag{7}$$

（三）中间产品部门

1. 生产技术和利润最大化问题

假定经济生产中的中间产品部门是由垄断竞争的异质性中间产品生产厂商（或企业）组成的，这些厂商的异质性主要体现在生产率 e^z（或者说对数生产率参数 z ）的差异上。它们以资本 $K_t(z)$ 和劳动 $L_t(z)$ 作为投入要素，采用 Cobb – Douglas 生产技术（或称 CD 生产函数），生产出具有异质性的中间产品 $Y_t(z)$ 。用数学模型表示成：

$$Y_t(z) = (e^z)^{\frac{1}{\rho-1}} K_t(z)^{\alpha} L_t(z)^{1-\alpha} \tag{8}$$

其中，α 和 $1-\alpha$ 分别为资本份额和劳动份额。由于本文重点考察来自资本层面的错配因素对企业动态决策的影响，因此借鉴简泽等（2018）的做法，假定异质性厂商仅面临可能导致企业的资本边际产出价值偏离有效配置水平的错配因素 τ_K（Capital Misallocation）。在上述设定以及中间产品需求函数式（7）的约束之下，中间产品生产厂商面临的利润最大化问题可以表示成：

$$\max_{K_t(z), L_t(z)} \pi_t(z) = P_t(z) Y_t(z) - (1+\tau_K) r_t K_t(z) - w_t L_t(z) \tag{9}$$

求解上述最优化问题（9），可以得到中间产品生产厂商对资本投入和劳动投入的需求函数，以及与之相对应的中间产品的均衡价格和均衡产出，继而得到中间产品生产厂商的最大利润水平等表达式。

$$K_t(z) = \frac{e^z}{(1+\tau_K)^{(\rho-1)\alpha+1}} P_t^{\rho} Y_t \left[\frac{\alpha}{r_t}\right]^{(\rho-1)\alpha+1} \left[\frac{1-\alpha}{w_t}\right]^{(\rho-1)(1-\alpha)} \left[\frac{\rho-1}{\rho}\right]^{\rho} \tag{10}$$

$$L_t(z) = \frac{e^z}{(1+\tau_K)^{(\rho-1)\alpha}} P_t^{\rho} Y_t \left[\frac{\alpha}{r_t}\right]^{(\rho-1)\alpha} \left[\frac{1-\alpha}{w_t}\right]^{\rho(1-\alpha)+\alpha} \left[\frac{\rho-1}{\rho}\right]^{\rho} \quad (11)$$

$$P_t(z) = (e^z)^{-\frac{1}{\rho-1}} (1+\tau_K)^{\alpha} \left[\frac{r_t}{\alpha}\right]^{\alpha} \left[\frac{w_t}{1-\alpha}\right]^{1-\alpha} \left[\frac{\rho-1}{\rho}\right] \quad (12)$$

$$Y_t(z) = \frac{(e^z)^{\frac{\rho}{\rho-1}}}{(1+\tau_K)^{\rho\alpha}} P_t^{\rho} Y_t \left[\frac{\alpha}{r_t}\right]^{\rho\alpha} \left[\frac{1-\alpha}{w_t}\right]^{\rho(1-\alpha)} \left[\frac{\rho-1}{\rho}\right]^{\rho} \quad (13)$$

$$\pi_t(z) = \frac{e^z}{(1+\tau_K)^{(\rho-1)\alpha}} P_t^{\rho} Y_t \left[\frac{\alpha}{r_t}\right]^{(\rho-1)\alpha} \left[\frac{1-\alpha}{w_t}\right]^{(\rho-1)(1-\alpha)} \left[\frac{\rho-1}{\rho}\right]^{\rho-1} \frac{1}{\rho} \quad (14)$$

2. 企业进入与退出动态

（1）企业生产率的分布与演变

关于中间产品生产厂商的异质性生产率的分布及演变规律，根据 Stokey（2008）的做法，假定 e^z 服从以 μ 为漂移项、σ^2 为波动项的几何布朗运动，并采用离散时间下的随机游走进行逼近。具体来说，如果对数生产率 z 每次变动的幅度为参数 h，且变动的方向可能是以 θ 的概率向上提升生产率水平，也可能是以 $1-\theta$ 的概率向下拉低生产率水平，那么依据随机游走的原理可以得到：

$$\mu\Delta_t = (2\theta - 1)h\ ,\ \sigma^2\Delta_t = 4\theta(1-\theta)h^2 \quad (15)$$

（2）企业退出决策

假定中间产品生产厂商会由于内生决策和外生冲击两种因素选择退出市场。所谓“内生决策”是指企业根据自身的生产率状况以及面临的扭曲因素等决定是继续留在市场上从事生产经营活动还是直接退出市场，如果企业的价值函数 $V_t(z)$ 大于 0，则会选择继续留在市场上；反之，如果企业的价值函数 $V_t(z)$ 不大于 0，则会选择退出市场。所谓“外生冲击”是指企业由于遭受致命性的外在冲击而不得不选择退出市场，并且在这种情形下，即使企业的价值函数仍为正值，也会被迫退出市场。设企业在每期遭受到这种外生冲击的概率为 η。此外，假定在任意时期 t，企业都需要支付以最终产品计数的固定运营成本 f_c，以保证生产活动的正常进行。那么，基于上述设定，可以将企业的价值函数表示成如下形式的贝尔曼方程（Bellman Equation）：

$$\max_{exit_t(z)} V_t(z) = \{0, V_t^0(z)\} \quad (16)$$

$$V_t^0(z) = \pi_t(z) - f_c + (1-\eta)E_t[V_{t+1}(z')|z]$$
$$= \pi_t(z) - f_c + \frac{1-\eta}{1+R_t}[\theta V_{t+1}(z+h) + (1-\theta)V_{t+1}(z-h)] \tag{17}$$

$$exit_t(z) = \begin{cases} 0 \ if \ V_t(z) > 0 \\ 1 \ if \ V_t(z) \leqslant 0 \end{cases} \tag{18}$$

其中，$V_t^0(z)$ 为企业终生价值基于时期 t 的已知信息集的期望贴现值；$exit_t(z)$ 为企业退出市场与否的示性决策函数，如果取值为0，则表示企业会继续留在市场上，如果取值为1，则表示企业退出市场。结合上述表达式和利润水平表达式（14）可以发现，给定企业面临的错配因素，价值函数 $V_t(z)$ 是对数生产率参数 z 的增函数，并且由于企业在取得每期生产率之前都需要支付一定数额的运营成本，企业的实际价值可能大于、等于或小于0，这表明始终可以找到这样一个对数生产率的临界水平 $\underline{z}_t(\tau)$，当企业的对数生产率水平高于该临界值时，企业会继续留在市场上从事生产经营活动；反之，当企业的对数生产率水平不高于该临界值时，企业则会直接退出市场。

$$\underline{z}_t(\tau) = \inf\{z: V_t(z) > 0\} \tag{19}$$

从式（14）和式（17）可以看出，首先在生产率参数 z 一定的情况下，企业的价值函数 $V_t(z)$ 是资本错配因素 τ_K 的减函数，即 $V_t(z)$ 会随着其所面临的不利资本错配因素（$\tau_K > 0$）的放大而降低，会随着其所面临的有利资本错配因素（$\tau_K < 0$）的放大而提高。换句话说，资本错配因素 τ_K 的存在会改变企业退出市场的可能性 $\text{Prob}[exit_t(z) = 1] = \text{Prob}[V_t(z) \leqslant 0]$。如果企业面临的不利资本错配因素（$\tau_K > 0$）越多，企业退出市场的可能性 $\text{Prob}[exit_t(z) = 1]$ 就越大；如果企业面临的有利资本错配因素（$\tau_K < 0$）越多，企业退出市场的可能性 $\text{Prob}[exit_t(z) = 1]$ 就越小。其次，考虑到企业是继续留在市场上还是退出市场的内生决策临界方程式为 $V_t(z) = 0$，我们利用隐函数求导法则可知 $\frac{\partial(\underline{z}_t(\tau)}{\partial \tau_K} = -\frac{\partial V_t(z)/\partial \tau_K}{\partial V_t(z)/\partial z} > 0$，即决定企业是继续留在市场从事生产经营活动还是直接退出市场，所要求的内生临界对数生产率水平 $\underline{z}_t(\tau)$ 或者内生临界生产率水平 $e^{\underline{z}_t(\tau)}$ 是资本错配因素 τ_K 的增函数，既会随着不利资本错配因素（$\tau_K > 0$）的增多而提高，也会随着有利资本错配因素

（τ_K < 0）的增多而降低。换句话说，资本错配因素 τ_K 的存在还会改变退出市场的企业生产率分布。如果不利资本错配因素（τ_K > 0）较多，那么企业需要拥有较高水平的生产率，才有可能继续留在市场上从事生产经营活动，这就使一部分生产率水平高而本该继续留在市场上的企业不得不退出市场。如果有利资本错配因素（τ_K < 0）较多，那么即使企业拥有较低水平的生产率，也有可能不需要退出市场，这就使一部分生产率水平低而本该被淘汰出市场的企业侥幸存活在市场上。综上所述，根据理论分析，可以得到如下假设。

假设 1：在其他因素保持不变的条件下，企业内生决定退出市场的可能性是资本错配因素的增函数，即企业退出市场的可能性会随着不利资本错配因素的增多而提高，会随着有利资本错配因素的增多而降低。简言之，资本错配对企业退出的影响是不利资本错配因素和有利资本错配因素合力的结果。

假设 2：在其他因素保持不变的条件下，资本错配因素的存在会扭曲企业的退出分布，即当不利资本错配因素较多时，只有拥有较高生产率水平的企业，才可能继续留在市场上；当有利资本错配因素较多时，即使企业拥有较低的生产率水平，也可能不需要退出市场。

（3）企业进入决策

假定在任意时期 t 都有许多潜在的企业等待进入中间产品市场，它们事先并不知晓自身生产率的确切状况，但是了解生产率的先验分布 $G(z)$。潜在进入者在进入市场之前需要支付以最终产品计数的沉没成本 f_e，并由此获得从生产率分布 $G(z)$ 中抽取到的生产率 e^{z_e}，进而决定是留在市场上进行生产活动还是立即退出市场。另设新进入的企业从进入市场到开展生产活动中间有一期时滞，并且在这期间也可能因为遭受外生冲击而退出市场。自由进入市场的条件意味着，新进入市场的企业对未来期望价值的贴现值在均衡时应该等于进入市场时所需支付的沉没成本。这是因为，如果未来期望价值的贴现值大于沉没成本，则会有更多的企业进入市场，推高其对资本和劳动的需求，导致企业使用劳动和资本的工资和利息成本上升，进而降低企业利润水平和对未来价值的期望；反之，如果未来期望价值的贴现值小于沉没成本，则不会有企业愿意进入市场，企业的利润水平和未来期望价值会逐渐升高。换言之，潜在企业进入市场的可能性与其对未来价值的期望紧密相关：企业的未来期望价值越高，进入市场的可能性就越高；反之，企业的未来期望价值越低，进入市场的可能性就越低。

$$f_e = \frac{1-\eta}{1+R_t}\int V_{t+1}(z)dG(z) \tag{20}$$

结合式（20）以及利润表达式（14）和企业价值表达式（16）可知，在保持其他因素不变和不考虑劳动错配因素的条件下，企业的未来期望价值会随着 $\int e^z(1+\tau_K)^{-(\rho-1)\alpha}dG(z)$ 的上升而提高，随着 $\int e^z(1+\tau_K)^{-(\rho-1)\alpha}dG(z)$ 的下降而下降。换句话说，当 $\int e^z(1+\tau_K)^{-(\rho-1)\alpha}dG(z)$ 越高时，潜在企业进入市场的可能性越大；当 $\int e^z(1+\tau_K)^{-(\rho-1)\alpha}dG(z)$ 越低时，潜在企业进入市场的可能性越小。因此，给定企业未来可能面临的资本错配因素，我们也可以找到一个潜在进入者需满足的临界对数生产率 $\bar{z}(\tau)$，当它抽取到的生产率水平低于该临界值时，则不会进入市场；反之，当它抽取到的生产率水平不低于该临界值时，则会进入市场。

$$\bar{z}(\tau) = \inf\left\{z^e : \frac{1-\eta}{1+R_t}V_{t+1}(z_e) \geq f_e\right\} \tag{21}$$

由此，在位企业的分布变动规则可以表示成：

$$M_{t+1}(z') = (1-\eta)\{\theta M_t(z'-h) + (1-\theta)M_t(z'+h) + M_{et}[G(z') - G(\bar{z}(\tau))]\} \tag{22}$$

其中，第一项是在时期 t 对数生产率小于或等于 $z'-h$ 的在位企业，存续到时期 $t+1$，并且对数生产率上升至小于或等于 z'；第二项是在时期 t 对数生产率介于 z' 和 $z'+h$ 的在位企业，存续到时期 $t+1$，但对数生产率下降至小于或等于 z'；第三项是在时期 t 对数生产率高于进入临界水平的新企业。

进一步地，考虑到 $\int e^z(1+\tau_K)^{-(\rho-1)\alpha}dG(z)$ 是资本错配因素 τ_K 的减函数和对数生产率参数 z 的增函数。我们可以发现，一方面，资本错配因素 τ_K 的存在会改变潜在企业进入市场的可能性。如果企业未来可能面临的不利资本错配因素（$\tau_K > 0$）越多，它选择不进入市场的可能性就越高；如果企业未来可能面临的有利资本错配因素（$\tau_K < 0$）越多，它选择进入市场的可能性就越高。另一方面，资本错配因素 τ_K 的存在还会扭曲新进入市场的企业生产率分布。如果不利资本错配因素（$\tau_K > 0$）较多，那么企业需要抽取到较高水平的生产率，才可能选择进入市场，这就使一部分生产率水平高而本该进入市场的企业不得不放弃进入市场。如果有利资本错配因素（$\tau_K < 0$）较多，那么即使企业拥有较低水平的生产率，也会因为可观的未来期望收益而选择进入市场，这就使一部分生产率水平低而本不该进入市场的企业进入市场。综合以上分析，得到如下假设。

假设 3：在其他因素保持不变的条件下，潜在企业进入市场的可能性是资本错配因素的减函数，即潜在企业进入市场的可能性会随着不利资本错配因素的增多而降低，会随着有利资本错配因素的增多而增多。简言之，与企业退出类似，资本错配对企业进入的影响也是不利资本错配因素和有利资本错配因素合力的结果。

假设 4：在其他因素保持不变的条件下，资本错配因素的存在会扭曲潜在企业的进入分布，即当不利资本错配因素较多时，部分生产率水平较高的潜在企业可能放弃进入市场；当有利资本错配因素较多时，即使潜在企业拥有较低的生产率水平，也可能进入市场。

三、数据处理与研究策略

（一）样本选择与数据来源

本文使用的数据主要是 1998—2007 年的《中国工业企业数据库》中的工业企业微观数据，以及《中国统计年鉴》中的地区层面的宏观数据。参考现有研究（聂辉华等，2012），本文对《中国工业企业数据库》中存在如下情况的数据作剔除处理：①工业销售产值、职工人数、资产总计、固定资产净值、工业中间投入合计、实收资本、企业所属地的省份代码和省份名称缺失的。②职工人数并删除小于 10、销售额低于 500 万元的。③工业增加值、固定资产合计、资产合计、实收资本、固定资产净值年平均余额、工业总产值、工资总额、中间品投入总额等项目小于等于0的。④累计折旧、本年折旧小于0的。⑤总资产小于流动资产、总资产小于固定资产净值、累计折旧小于当期折旧的。⑥行业代码以12开头的，因为此行业属于木材及竹材采运业，2002年以后被调整到国民经济行业分类中的A门类。⑦企业所属地为台湾、香港、澳门和西藏的。

另外，本文还对原始数据做了如下处理：①根据2002年公布的《国民经济行业分类》（GB/T4754—2002），把1998—2002年的企业行业代码变更为《国民经济行业分类2002版》。②使用分行业的工业品出厂价格指数对工业总产值进行平减、各省居民消费价格指数（CPI）对工资总额进行平减、中间投入品价格对中间品投入进行平减、固定资产投资价格指数对资本存量进行平减。其中，中间投入品价格的计算参考了杨汝岱（2015）的方法，在工业生产者出厂价指数的基础上，与投入—产出表（IO表）结合，构建分行业的中间品投入平减指数。③《中国工业企业数据库》2004年缺少工业增加值和出口交货值等本文研究的关键指标，本文通过公式得到工业增加值＝主营收入＋其他收入＋增值税－中间投入。出口交货值的获得则是把《中国工业企业数据库》与《中国海关贸易数据库》进行匹配得到。

（二）实证策略与变量说明

1. 资本错配对企业进入退出行为的影响

为了考察资本错配对企业进入退出行为的影响，将回归模型设定为

$$enter_{tfji} = \beta_0 + \beta_1 misk_{tfj} + \beta_2 firctrl_{tfji} + \beta_3 regctrl_{tf} + \beta_4 year_t + \beta_5 reg_f + \beta_6 ind_j + \varepsilon_{tfji} \quad (23)$$

其中，下标 t、f、j、i 分别为年份、省份、行业、企业；*enter*（*exit*）为被解释变量，表示企业进入率（是否退出企业）；*misk* 为核心解释变量，表示行业内企业间的资本错配；*firctrl* 为企业层面的控制变量；*regctrl* 为省份层面的控制变量；*year*、*reg*、*ind* 分别为时间固定效应、省份固定效应和行业固定效应；ε 为随机扰动项。需要说明的是，在具体的回归分析中，当被解释变量为取值为0或1的二元离散变量时，为得到资本错配对发生概率的准确影响，本文选择Probit模型进行估计。

2. 资本错配对企业进入扭曲和退出扭曲的影响

在成熟的市场经济中，企业进入和退出市场是竞争和“优胜劣汰”的结果，相比在位企业平均而言，新进入企业的生产率更高，退出企业的生产率更低（Pe'er 和 Vertinsky，2008）。伴随高生产率企业进入和低生产率企业退出的企业动态更替，是经济体实现加总全要素生产率增长的重要来源（Brandt 等，2012；吴利学等，2016），而且企业动态更替对转型经济体生产率增长的影响程度更大（Bartelsman 等，2004）。

为了考察资本错配对企业进入退出与生产率关系的影响，将回归模型设定为

$$enterdist_{tfji} = \beta_0 + \beta_1 misk_{tfj} + \beta_2 firctrl_{tfji} + \beta_3 regctrl_{tf} + \beta_4 year_t + \beta_5 reg_f + \beta_6 ind_j + \varepsilon_{tfji} \tag{24}$$

其中，*enterdist*（*exitdist*）为被解释变量，表示企业进入扭曲程度（企业退出扭曲程度）；其余变量说明与上文相同。

3. 变量说明

（1）被解释变量：企业进入（*enter*）、企业退出（*exit*）、企业进入扭曲程度（*enterdist*）、企业退出扭曲程度（*exitdist*）

①企业进入与企业退出变量的衡量。如果企业 i 在 t 期进入市场，则为进入企业，本文使用分年、分省、分行业中新进入企业占全部企业的比率表示。如果企业 i 在 t 期退出市场，则为退出企业，我们使用 1 和 0 表示。

②企业进入扭曲与企业退出扭曲变量的衡量。如果退出企业的生产率低于在位企业的平均生产率，则认为该企业是正常退出；如果高于在位企业的平均生产率，则认为该企业存在退出扭曲。类似的，如果进入企业的生产率高于在位企业的平均生产率，则认为该企业是正常进入；如果低于在位企业的平均生产率，则认为该企业存在进入扭曲。具体地，使用进入企业的全要素生产率对行业平均全要素生产率的偏离度衡量进入扭曲程度（*enterdist*），值越高说明进入扭曲越严重；使用退出企业的全要素生产率对行业平均全要素生产率的偏离度表示退出扭曲程度（*exitdist*），值越高说明退出扭曲越严重：

$$enterdist = (TFP_s - TFP_{si})/TFP_s \tag{25}$$

$$exitdist = (TFP_{si} - TFP_{s})/TFP_{s} \tag{26}$$

表1汇报了《中国工业企业数据库》中企业进入和企业退出的基本情况。需要特别指出的是，由于《中国工业企业数据库》中部分企业样本数据缺失或不合逻辑，学者们在使用此数据之前都需要对数据进行处理，对数据的剔除处理是否会带来样本自选择问题，导致企业进入和退出的实证结论存在偏差呢？例如，某企业A为退出企业，但是由于该企业存在数据缺失，在具体研究中会进行剔除处理，这显然会带来计量结果的偏误。通过表1可以发现，完整数据库中平均进入占比28.83%，平均退出率为17.74%，这与毛其淋和盛斌（2013）的统计结论基本一致。由于数据缺失剔除掉354195个样本，在剔除掉的样本数据中，进入企业占比28.94%，退出企业占比33.34%。最终本文进行实证分析的样本共1871612个，其中企业进入占比28.81%，退出企业占比14.79%。可以发现，即将退出的企业，其财务报表会变得不规范，这印证了Bakarich等（2018）的关于企业处于衰退阶段时信息披露最模糊的研究结论。

表1　　　　中国工业企业数据库中企业进入退出情况简要说明

样本量说明	企业样本数	进入企业样本数	进入企业占比	进入企业样本数	退出企业占比
完整样本量	2225807	641784	28.83%	394864	17.74%
数据缺失的样本量	354195	102491	28.94%	118084	33.34%
回归使用的样本量	1871612	539293	28.81%	276780	14.79%

（2）核心解释变量：行业内企业间的资本错配（*misk*）

有关资本错配的度量，本文主要依据Hsieh和Klenow（2009）发展起来的一个包含异质性企业的垄断竞争模型。如果不存在资本错配，那么行业内不同企业的资本边际收益产品（MRPK）应该相等，均等于市场出清时的值。但是在现实中，由于金融市场摩擦（Buera等，2011）、金融可及性（Kalemli－Ozcan等，2012）、银行系统运作失常（Ziebarth，2012）、信贷市场的所有制歧视（鄢萍，2012）等原因，企业面临不同程度的资本扭曲。总之，有关资本错配的成因可以归纳为，由于金融摩擦引发的资本市场缺陷和由于政府政策导致的非市场性扭曲（Wu，2018）。

对特定企业来说，资本扭曲对企业既有正向的影响也有负向的影响，如果受到信贷歧视，该企业需要以高于市场出清时的资本成本才能获得贷款，那么它可能较少地使用资本，这个企业的资本边际生产率和资本扭曲就偏高；相反，如果该企业受到政策支持，能够以低于市场出清时的资本使用成本得到资本，或者得到政府补贴，那么它就可能较多地使用资本，从而有着较低的资本边际生产率，该企业的资本扭曲就偏低。假设企业的资本绝对扭曲为 τ_{ksi} ，则根据 Hsieh 和 Klenow（2009）的经典文献，得出①：

$$1 + \tau_{ksi} = \frac{\sigma - 1}{\sigma} \frac{\alpha_s P_{si} Y_{si}}{RK_{si}} \tag{27}$$

参考 Hsieh 和 Klenow（2009）的研究，把行业的资本错配定义为：

$$misk_s = \frac{\sigma\alpha_s^2}{2} Var\ln(1 + \tau_{ksi}) \tag{28}$$

其经济学意义是，行业的资本错配指行业内企业的资本扭曲的离散程度，$\frac{\sigma\alpha_s^2}{2}$ 可以看作资本扭曲离散程度的权重。

在具体求解过程中，本文使用 Askerberg 等（2015）（ACF 方法）进行估计，基于 OP 和 LP 方法发展的 ACF 方法可以更好地解决内生性和共线性问题，而且不会带来样本量的损失。对于产品替代弹性 σ 以及资本价格 R 的校准均借鉴 Hsieh 和 Klenow（2009）的研究，令 $\sigma = 3$ ，R =0. 10。

（3）控制变量

企业层面的控制变量包括：企业规模（ $\ln size$ ），使用企业总产值的对数表示。所有制性质（ soe），使用国家资本占实收资本的比重表示。杠杆率（$leverage$），使用总负债与总资产的比值代表。资本密集度（$capinten$），使用固定资产合计占总资产比例衡量。存货密集度（$invinten$），使用存货占总资产的比重度量。企业资产收益率（roa），使用利润总额占总资产比重表示。企业年龄（ $\ln age$ ），企业建立时间并取对数。

① P、Y 是经过误差项调整后的。基于 Hsieh 和 Klenow（2009）发展的异质性企业的垄断竞争模型的资本错配的具体测算方式，请参考 Hsieh 和 Klenow（2009）。值得说明的是，本文在具体推导时，没有沿用 Hsieh 和 Klenow（2009）正文中有关 K 和 Y 相对扭曲 τ_k 和 τ_y 的设定，而是根据其在附录中的说明把 K 和 L 设定为绝对扭曲，并进行推导，所得结果与附录中一致。

地区层面的控制变量包括：地区工业化程度（*industry*），使用第二产业占 *GDP* 的比重表示。地区经济发展程度（ln*pgdp*），使用地区人均 *GDP* 并取自然对数衡量。金融发展（*fin*），以年末贷款余额占 *GDP* 的比值表示。政府行为（*gov*），使用财政支出占 *GDP* 比重表示。地区开放程度（*open*），利用进出口总额占 *GDP* 比重表示。外商直接投资（*fdi*），使用外资直接投资额占地区 *GDP* 的比重衡量。交通便利度（*traffic*），使用地区公路和铁路里程与地区面积的比值代表。表 2 给出了本文研究中涉及的企业变量的描述性统计信息。

表 2　　　　主要变量的描述性统计

变量名称	样本量	平均值	标准差	最小值	最大值
enter	1871612	0.2881	0.4529	0.0000	1.0000
exit	1871612	0.1479	0.3550	0.0000	1.0000
enterdist	539293	0.0664	0.6421	-6.2418	1.0000
exitdist	276780	-0.0152	0.6378	-0.9763	8.0054
misk	1871169	0.1134	0.0683	0.0000	4.3726
ln*size*	1871612	10.1167	1.1196	8.5564	12.9902
soe	1871612	0.0924	0.2756	0.0000	1.0000
leverage	1871612	0.5750	0.2688	0.0461	1.1054
capinten	1871612	0.3651	0.2155	0.0311	0.8388
invinten	1871612	0.1803	0.1570	0.0000	0.6128
roa	1871612	0.0784	0.1360	-0.1045	0.5860
ln*age*	1871561	2.0011	0.8745	0.0000	3.8286

四、资本错配对中国工业企业进入退出影响的实证研究

本部分就资本错配对中国工业企业进入退出的影响进行实证分析，通过基准回归、所有制异质性回归、僵尸企业的调节效应回归等三步逐层深入，系统考察资本错配对企业进入退出行为的影响：首先，针对资本错配对企业进入和企业退出的总体影响进行基准回归分析。其次，现有研究表明扭曲性的政府政策是中国资本错配的主要原因，重点表现在不同所有制企业之间，例如信贷的所有制歧视等（Hsieh 和 Klenow，2009；Wu，2018；简泽等，

2018）。因此，在基准回归的基础上，进一步考察资本错配对不同所有制企业进入退出的异质性影响。最后，考虑到僵尸企业是企业退出机制失灵的直接体现，其对潜在进入企业也有着一定的阻碍作用；在基准回归的基础上，更深一步地考察资本错配对企业进入退出影响的僵尸企业的调节效应。为保证结论的稳健性，也进行了稳健性检验以及内生性检验。

（一）基准回归

本文首先给出了行业的资本错配对企业进入退出的全样本估计结果。表3的第（1）、（2）列和第（3）、（4）列分别对应企业进入和企业退出的回归结果。可以发现，无论是否加入企业控制变量和地区控制变量，行业的资本错配的估计系数均在1%显著性水平下为正，且估计系数的大小和显著性水平比较稳定，说明行业的资本错配对企业进入和企业退出均具有显著的正向影响。根据列（2）和列（4），资本错配每提高10%，行业内企业的进入率增加0.868%，退出概率上升2.259%；即行业的资本错配的加剧，导致企业进入率和企业退出概率的提升。行业的资本错配的加剧意味着行业内不同企业之间资本扭曲离散程度的扩大，也就是行业内不同企业间资本边际收益产品（MRPK）的差异变大。对于行业内MRPK低于市场出清时的资本使用成本的企业来说，较低的资本使用成本，能够使企业快速成长，显著提高了此类企业进入的概率；而对于MRPK高于市场出清时的资本使用成本的企业来说，较高的资本使用成本会使企业减少资本的使用，企业进入受到抑制，降低了这部分企业的进入概率。本文的回归结果表明行业资本错配的加剧，更多地表现为降低了企业的资本使用成本，即整体上行业资本错配对企业进入的促进作用大于抑制作用。对企业退出而言，行业资本错配的加剧意味着高MRPK的企业，其资本使用成本更高，不利于企业经营，降低了企业的竞争力，加速了企业退出市场的概率；而对于低MRPK的企业来说，意味着资本使用成本变得更低，对企业的发展更加有利，变相提高了企业的市场竞争力，降低了企业退出市场的概率。根据回归结论，整体上，行业的资本错配对企业退出的促进作用大于抑制作用。总之，行业的资本错配影响着企业的进入和退出，改变了市场经济原本的运行规律。

表 3　　资本错配与企业进入退出

变量	(1)	(2)	(3)	(4)
misk	0.0628 *** (15.18)	0.0868 *** (20.71)	0.1711 *** (4.26)	0.2259 *** (5.57)
C	0.3566 *** (302.20)	1.0015 *** (75.59)	-0.6315 *** (-40.89)	-1.4618 *** (-5.46)
Controls	No	Yes	No	Yes
Year	Yes	Yes	Yes	Yes
Region	Yes	Yes	Yes	Yes
Industry	Yes	Yes	Yes	Yes
N	1761443	1761395	1549156	1549105
R^2	0.7937	0.8007		

注：***、**、*分别表示统计值在1%、5%、10%的显著性水平下显著，括号内为 z 统计量。

（二）稳健性检验

为对上述结论的稳健性进行确认，本文还从改变数据样本时间跨度、剔除数据样本特殊行业、变换核心变量的度量方法等方面对结论进行稳健性检验，如表 4 所示。首先，列（1）和列（2）分别表示剔除掉样本时间首尾三年的数据，仅使用 2000—2006 年的中国工业企业数据，对行业的资本错配与企业进入、企业退出进行回归分析。① 其次，中国工业中的一位代码行业共 3 个，分别为采矿业，制造业，电力、燃气及水的生产和供应业；考虑到采矿业对自然资源依赖程度较高，电力、燃气及水的生产和供应业的公共事业属性较强，把二者作剔除处理，仅保留制造业的企业数据进行回归。进一步，针对制造业来说，由于工艺品及其他制造业的企业数较少（样本期内仅有 54 家企业），烟草业处于完全垄断经营，这些均会导致测算的资本错配值存在偏误，因此我们也作剔除处理。表 4 中的（3）、（4）两列是剔除掉一位代码的采矿业和电力、燃气及水的生产和供应业，两位代码的烟草制品业、工艺品

① 事实上，经本文验证剔除掉任意年份的数据或保留任意年份的数据，核心解释变量的系数值及显著性均未发生明显改变。

及其他制造业后的回归结果。① 最后，行业内企业间的资本错配的实质是异质性企业的资本边际产品存在差异，差异越大表明错配越大。从企业成本角度来看，如果异质性企业间的资本使用成本不同，则认为企业间存在资本错配，企业间资本使用成本的差异越大，则说明企业间资本错配程度越高。从这个角度出发，本文结合 Hsieh 和 Klenow（2009）并参考邵挺（2010）、Song 等（2011）的研究，使用行业内各企业的利息支出占企业负债总计比重的以标准差表示的离散程度作为上文测算所得资本错配的替代变量，进行稳健性检验。列（5）和列（6）分别表示替换解释变量后的企业进入与企业退出的回归结果。通过表 4 可以发现，在经过以上各种稳健性检验后，回归结果仍然显示行业的资本错配提高了行业内企业的进入率，同时也提高了行业内企业的退出概率，表明本文回归结论是可信的。

表 4　　稳健性检验

变量	(1)	(2)	(3)	(4)	(5)	(6)
misk	0.1076*** (22.06)	0.2802*** (5.94)	0.0755*** (13.74)	0.4386*** (6.85)		
miskrep					0.1586*** (14.82)	0.2920** (2.04)
C	1.9510*** (95.57)	3.1946*** (9.59)	0.9607*** (74.27)	-1.1979*** (-4.25)	1.0203*** (76.31)	-1.4598*** (-5.45)
Controls	Yes	Yes	Yes	Yes	Yes	Yes
Year	Yes	Yes	Yes	Yes	Yes	Yes
Region	Yes	Yes	Yes	Yes	Yes	Yes
Industry	Yes	Yes	Yes	Yes	Yes	Yes
N	1326832	1326832	1639636	1441590	1761387	1549097
R^2	0.8300		0.8201		0.8006	

注：***、**、* 分别表示统计值在 1%、5%、10% 的显著性水平下显著，括号内为 z 统计量。

① 采矿业包括煤炭开采和洗选业、石油和天然气开采业、黑色金属矿采选业、有色金属矿采选业、非金属矿采选业、其他采矿业等 6 个两位代码行业。电力、燃气及水的生产和供应业包括电力、热力的生产和供应业，燃气生产和供应业，水的生产和供应业等 3 个两位代码行业。

（三）内生性讨论

以上实证结果表明，行业的资本错配程度与企业进入率和退出率均呈正相关关系。一个担忧是，实证模型可能存在逆向的因果关系，即作为被解释变量的企业进入率和退出概率可能反过来影响作为核心解释变量的资本错配。伴随市场中企业的频繁进入和退出，企业过分地争夺稀缺性生产资源，市场产生恶性竞争，企业寻租动机上升，与政府等非市场性因素的关系也会变得密切。这会使企业的资本配置发生偏离，继而影响到行业内各企业间资本配置的偏离。那么，行业的资本错配的上升则成了行业内企业进入退出率上升的结果，这属于反向因果问题。

为了尽可能地避免内生性问题对本文研究结论的影响，本文采用行业层面的资本错配作为解释变量，企业层面的企业进入退出作为被解释变量，从宏观影响微观的角度，行业层面的资本错配对微观企业的进入退出有着显而易见的影响，而微观企业的进入退出对行业资本错配的影响则不是那么明显，这种做法能在一定程度上解决内生性问题。但是即便这样，我们仍然不能忽略可能存在的反向因果关系。

为了更深入地讨论内生性问题对本文研究结论的影响，一方面，本文参考以往研究的做法（Dai 和 Xu，2017；韩永辉等，2017），选取核心解释变量资本错配的滞后一期作为工具变量。这是因为，由于中国工业企业数据库每年的企业进入退出较频繁，在一定程度上，滞后一期的资本错配可以被看作当期资本错配的“历史变量”。另一方面，参考 Kim 等（2016）、王小龙和余龙（2018）的研究文献，使用同一行业内的不包含本企业的其他企业资本扭曲计算所得的行业资本错配作为行业资本错配的工具变量，由行业内其他企业资本扭曲计算所得的行业资本错配与本企业无直接关系。然后，采用两阶段最小二乘法（2SLS）处理潜在的内生性问题，结果如表 5 所示。列（1）和列（2）分别是滞后一期资本错配与企业进入率的 2SLS 第一阶段和第二阶段的回归结果，列（3）和列（4）分别是由行业内其他企业计算所得的资本错配与企业进入率的 2SLS 第一阶段和第二阶段的回归结果；可以发现，识别不足检验（Kleibergen – Paap rk LM Statistic）在 1% 显著性水平上拒绝原假设，认为本文选择的工具变量与内生解释变量相关；弱工具变量检验（Cragg - Donald Wald F Statistic）也在1%显著性水平上拒绝原假设，认为本文选择的工具变量与内生解释变量相关性较高。列（5）和列（6）是滞后一期资本错配与企业退出概率的2SLS第一阶段和第二阶段的回归结果，列（7）和列（8）是由行业内其他企业计算所得的资本错配与企业退出概率的2SLS第一阶段和第二阶段的回归结果；可以看到，外生性瓦尔德检验（Wald test of Exogeneity χ^2）的结果在1%的水平上拒绝“不存在内生性”的原假设，认为存在内生性。通过观察表5中第二阶段的回归系数，核心解释变量的符号和显著性未发生改变，进一步证明本文的结论是可靠的。

表5 内生性检验

变量	(1)	(2)	(3)	(4)	(5)	(6)	(7)	(8)
l. misk	0.6033*** (71.75)	0.0775*** (11.31)			0.5835*** (966.56)	0.0446*** (2.62)		0.1892*** (4.17)
miskoth			0.9104*** (60.61)	0.0928*** (22.04)			0.9028*** (3793.09)	
C	-0.0626*** (-14.12)	1.0243*** (68.57)	0.0042*** (2.74)	1.0137*** (68.10)	-0.0896*** (-20.01)	0.7418** (2.30)	0.0068*** (4.49)	-1.4924*** (-5.60)
Controls	Yes	Yes	Yes	Yes	Yes	Yes	Yes	Yes
Year	Yes	Yes	Yes	Yes	Yes	Yes	Yes	Yes
Region	Yes	Yes	Yes	Yes	Yes	Yes	Yes	Yes
Industry	Yes	Yes	Yes	Yes	Yes	Yes	Yes	Yes
识别不足检验		3629.889 (0.00)		4638.74				
弱工具变量检验		1.3e+06 (0.00)		1.8e+07 (0.00)				
外生性 Wald 检验						15.90 (0.00)		10.33 (0.00)
样本量	1759063	1759063	1759016	1759016	1437208	1437208	1546591	1546591
R^2	0.9374	0.8015	0.9576	0.8026	0.9023		0.9839	

注：***、**、*分别表示统计值在1%、5%、10%的显著性水平下显著，括号内为z统计量。

（四）所有制异质性回归

中国经济的一个典型事实是，资本边际收益产品（MRPK）在拥有不同所有制的公司之间存在显著差异（Dollar 和 Wei，2007，Song et al.，2011；Brandt et al.，2013），这种明显的现象经常被视为资本配置政策扭曲的直接证据。也有研究直接指出，不同所有制企业的信贷歧视政策是中国资本错配的主要原因（Hsieh 和 Klenow，2009；Wu，2018；简泽等，2018）。那么，是否资本错配对企业进入退出存在所有制的差异呢？表 6 报告了行业资本错配对不同所有制企业进入的回归结果，其中列（1）、列（2）、列（3）分别是国有企业、民营企业、外资企业进入的回归结果，列（4）、列（5）、列（6）分别是国有企业、民营企业、外资企业退出的回归结果。结论得出资本错配显著提高了国有企业、民营企业和外资企业的进入率，而且资本错配也显著提高了民营企业和外资企业的退出概率，但对国有企业的退出概率不存在显著影响。也就是说，资本错配对企业进入的影响不存在所有制异质性，但对企业退出的影响存在所有制异质性。综合来说，虽然资本错配提高了民营企业和外资企业的进入，但是对民营企业和外资企业退出的影响更大。反观国有企业，资本错配提高了国有企业的进入，但对国有企业的退出无显著影响，从数值上，资本错配对国有企业进入的影响也较低；可以理解为，国有企业的进入退出受资本错配的影响较低，尤其是国有企业的退出行为与资本错配无关。

表 6　　资本错配与企业进入：所有制异质性

变量	(1)	(2)	(3)	(4)	(5)	(6)
misk	0.0440*** (3.95)	0.0892*** (15.75)	0.1161*** (4.08)	0.0700 (0.89)	0.1970*** (3.90)	0.6340*** (3.10)
C	-0.4239*** (-6.14)	1.2506*** (70.65)	0.6655*** (10.99)	0.1426 (0.18)	-1.7621*** (-5.64)	-5.9264*** (-7.17)
Controls	Yes	Yes	Yes	Yes	Yes	Yes
Year	Yes	Yes	Yes	Yes	Yes	Yes
Region	Yes	Yes	Yes	Yes	Yes	Yes

续表

变量	(1)	(2)	(3)	(4)	(5)	(6)
Industry	Yes	Yes	Yes	Yes	Yes	Yes
N	151539	1354474	263560	165939	1163033	228062
R^2	0.5213	0.7933	0.6907			

注：***、**、*分别表示统计值在1%、5%、10%的显著性水平下显著，括号内为z统计量。

（五）僵尸企业的调节效应回归

目前，有效处置僵尸企业已成为中国经济亟待解决的问题。2018年12月，中央经济工作会议指出，“要坚定不移地建设制造强国。要稳步推进企业优胜劣汰，加快处置僵尸企业，制定退出实施办法”。企业的生命周期理论指出，企业作为一个生命体，也会经历从出生到死亡的生命周期过程。在行业内，通过市场竞争，低效率的企业退出，高效率的企业进入，持续不断的企业更替为行业的发展注入活力。僵尸企业代表了市场中企业进入退出机制的失灵，这些“死而不腐”的僵尸企业依赖外部资源的支撑而存活在市场中，挤占了市场中其他“健康”企业的生存资源（谭语嫣等，2017），扭曲了市场中企业的进入和退出行为。本部分主要研究资本错配对企业进入退出的僵尸企业的调节效应。调节变量包括企业所在省份的僵尸企业资产占总资产的比重（*zompro*）、企业所在省份本行业的僵尸企业资产占本行业总资产的比重（*zomindself*）、企业所在省份其他行业僵尸企业的资产占其他行业总资产的比重（*zomindother*）、企业所在省份本地级市的僵尸企业资产占本地级市企业总资产的比重（*zomcityself*）、企业所在省份其他地级市的僵尸企业资产占其他地级市企业总资产的比重（*zomcityother*）。

对僵尸企业的识别，主要根据过度借贷法，参考申广军（2016）、李旭超等（2018）的研究，认为某企业如果满足以下三个条件，即把该企业识别为僵尸企业：条件一，资本负债率超过50%。条件二，资产负债率较上一年有所升高。条件三，实际利润为负，实际中实际利润使用息税前利润－营业外收入－补贴收入表示。此种僵尸企业识别方法的经济意义在于，如果企业资产负债率较高，且还款潜力很弱，却还能获得源源不断的外部资金支持，这样的企业就被认定为僵尸企业。表 7 是经过本方法认定的僵尸企业的主要调节变量的描述性统计。

表 7　僵尸企业调节变量的描述性统计

变量	样本量	平均值	标准差	最小值	最大值
zompro	1761843	0.0745	0.0318	0.0091	0.3237
zomindself	1742333	0.0813	0.0727	0.0001	1.0000
zomindother	1742333	0.0743	0.0319	0.0059	0.3348
zomcityself	1759151	0.0770	0.0595	0.0003	1.0000
zomcityother	1567662	0.0741	0.0318	0.0060	0.6060

1. 资本错配对企业进入的僵尸企业调节效应

通过构建交互项，本部分考察僵尸企业在行业资本错配对企业进入退出影响中的调节效应。表 8 报告了行业资本错配对企业进入影响的僵尸企业调节效应，列（1）~列（5）分别是行业资本错配与本省僵尸企业占比、本省本行业僵尸企业占比、本省其他行业僵尸企业占比、本省本地级市僵尸企业占比、本省其他地级市僵尸企业占比的交互项回归结果。根据表 8 的回归结果可以发现，资本错配显著提高了行业的企业进入率，而资本错配与僵尸企业变量的交互项系数显著为负，表明行业资本错配对企业进入率的促进作用随着僵尸化程度的加剧而逐渐减弱，最终在僵尸企业的调节作用下资本错配会抑制企业的进入。根据列（2）与列（3）、列（4）和列（5）的回归系数，僵尸企业不仅对本行业和本地级市的企业进入有抑制作用，更重要的是，僵尸企业对其他行业和其他地级市的企业进入也有跨行业和跨地区的抑制作用；并且僵尸企业对跨行业（或跨地级市）企业进入的挤出效应，要大于对本行业（或本地级市）的挤出效应。在位的僵尸企业消耗着大量的要素资源，使本来就稀缺的资本资源更加稀缺，当行业存在资本错配时，僵尸化程度的加剧会使行业的资本要素资源的配置更加不合理，严重阻碍新企业的进入。

表 8　　资本错配对企业进入影响的僵尸企业调节效应

变量	(1)	(2)	(3)	(4)	(5)
misk	0.2967 *** (55.22)	0.1612 *** (43.95)	0.2958 *** (71.44)	0.1323 *** (30.03)	0.2734 *** (47.08)
misk × *zompro*	−2.3761 *** (−78.45)				
misk × *zomindself*		−0.5106 *** (−63.54)			
misk × *zomindoth*			−2.3714 *** (−93.51)		
misk × *zomcitself*				−0.4727 *** (−44.29)	
misk × *zomcitoth*					−2.0803 *** (−49.59)
C	0.9942 *** (74.76)	1.0317 *** (79.50)	1.0273 *** (78.88)	1.0117 *** (76.28)	1.6123 *** (92.31)
Controls	Yes	Yes	Yes	Yes	Yes
Year	Yes	Yes	Yes	Yes	Yes
Region	Yes	Yes	Yes	Yes	Yes
Industry	Yes	Yes	Yes	Yes	Yes
N	1761395	1742264	1742264	1758712	1567285
R^2	0.8034	0.8101	0.8111	0.8016	0.8077

注：***、**、*分别表示统计值在1%、5%、10%的显著性水平下显著，括号内为 z 统计量。

2. 资本错配对企业退出的僵尸企业调节效应

为了研究僵尸企业在行业资本错配对企业退出影响中的调节效应，这里通过构建交互项进行探讨。表 9 报告了全部的回归结果，列（1）~列（5）分别是行业资本错配与本省僵尸化程度、本省本行业僵尸化程度、本省其他行业僵尸化程度、本省本地级市僵尸化程度、本省其他地级市僵尸化程度的交互项回归结果。通过列（1）可知，行业资本错配显著提高了行业内企业的退出概率，交互项结果显示本省工业僵尸化程度的加剧，显著降低了资本错配对企业退出概率的促进作用。列（2）和列（3）的结果表明行业资本错配对企业退出的影响与行业内僵尸化程度无显著关系，而其他行业僵尸化程度的加剧则降低了资本错配对本行业企业退出概率的影响。也就是说，在行业的资本错配一定时，随着其他行业僵尸化程度的加剧，会使本行业本应该退出市场的企业，减缓退出市场。即其他行业“越不健康”，本行业企业退出市场的概率越低，变相地提高了本行业企业的竞争力。列（4）和列（5）的结论得出，当资本错配一定时，本地级市僵尸化程度的提高，加速了市场中的企业退出。在同一地级市，由于要素资源和市场空间非常有限，在资本错配程度提高时，地区工业僵尸化程度的加据，对地区内资本使用成本高的企业造成“双重挤占”，挤压着本地企业的生存经营，迫使本地资本使用成本高的企业加速退出市场。

表 9　　　　　资本错配对企业退出影响的僵尸企业调节效应

变量	(1)	(2)	(3)	(4)	(5)
misk	0.3278 *** (6.12)	0.3594 *** (6.70)	0.4701 *** (7.75)	0.2048 *** (4.39)	0.2678 *** (4.64)
misk × *zompro*	−0.9178 *** (−2.79)				
misk × *zomindself*		0.0982 (1.05)			
misk × *zomindoth*			−1.0021 *** (−2.90)		
misk × *zomcitself*				0.4076 *** (3.03)	
misk × *zomcitoth*					0.3091 (0.87)
C	1.0838 *** (3.70)	1.0229 *** (3.46)	0.9897 *** (3.34)	1.1251 *** (3.84)	0.2080 (0.61)
Controls	Yes	Yes	Yes	Yes	Yes
Year	Yes	Yes	Yes	Yes	Yes
Region	Yes	Yes	Yes	Yes	Yes
Industry	Yes	Yes	Yes	Yes	Yes
N	1439382	1422080	1422080	1436817	1274840

注：***、**、*分别表示统计值在1%、5%、10%的显著性水平下显著，括号内为 z 统计量。

五、进一步研究：资本错配对中国工业企业进入退出扭曲的实证研究

在有效市场机制下，企业更替是市场生产率增长的重要动力来源，通过高生产率企业的进入、低生产率企业的淘汰，为经济增长提供长久的支持（张维迎等，2003；吴利学等，2016）。上文的初步研究发现，行业资本错配程度的提高显著促进了企业的进入退出率。那么，资本错配通过加速企业进入退出率的方式，是否有利于市场竞争和“优胜劣汰”呢？本文通过企业进入退出行为与企业生产率的关系，间接检验资本错配对企业进入退出的加速效应是否有利于市场竞争和“优胜劣汰”机制。

（一）整体回归结果

我们进一步研究了行业资本错配与企业进入退出扭曲的关系，回归结果展示如表 10 所示，列（1）和列（2）、列（3）和列（4）分别是企业进入扭曲和企业退出扭曲。可以发现，整体上，资本错配与企业进入扭曲呈显著的正相关关系，与企业退出扭曲的关系则表现为显著负相关。说明行业内资本错配的加剧会提高低生产率企业的进入，同时抑制高生产率企业进入；促进低生产率企业的退出，抑制高生产率企业的退出。资本错配意味着各个企业 MRPK 与市场出清时的资本使用成本存在不同程度偏离。其中，低生产率企业获得了较低的资本资源，随着资本错配的提高，其竞争优势更加明显，企业更容易进入，造成企业的进入扭曲。而对于在位企业来说，创新能力及生产效率是企业能否进一步做大做强的关键。当行业内资本错配加剧时，一方面，对于资本使用成本低的企业其资本使用成本会进一步降低，使这部分低效率的企业更加缺乏改善自身低效管理理念的动力，会更加依赖低成本的资本投入，然而低成本的资本不可能无限期地进行投入，企业缺乏持续竞争的能力会快速衰退，最终加快了这部分低效率企业的退出。另一方面，资本使用成本高的高效率企业，面对更加恶劣的融资环境，为了企业生存会学习先进管理技能，也可能重视研发活动，还可以使用低成本的劳动力资源替代高

成本的资本资源，想尽一切可能，努力提高企业的生产率，促使企业生存下去。上述两方面的合力在总体上表现为资本错配缓解了企业退出扭曲。以上结果说明，低效率的企业虽然能够依靠资本成本优势进入市场，但是这一优势无法保证已在位企业的持续成长；行业发展不仅需要充足的资本要素投入，更要注重资本配置的合理性，只有这样才能够最终形成“优胜劣汰”的市场竞争环境。

表 10　　　　资本错配与企业进入退出扭曲

变量	(1)	(2)	(3)	(4)
misk	0.0650** (2.04)	0.0743** (2.33)	-0.0475** (-2.15)	-0.0745* (-1.81)
C	3.3662*** (259.66)	2.2003*** (15.90)	-2.8187*** (-156.01)	-2.4930*** (-11.63)
Controls	No	Yes	No	Yes
Year	Yes	Yes	Yes	Yes
Region	Yes	Yes	Yes	Yes
Industry	Yes	Yes	Yes	Yes
N	539136	539136	276676	276676
R^2	0.4932	0.4938	0.4018	0.4027

注：***、**、*分别表示统计值在1%、5%、10%的显著性水平下显著，括号内为 z 统计量。

（二）所有制异质性回归结果

表 11 报告了资本错配对不同所有制企业进入退出扭曲的回归结果，列（1）、列（2）和列（3）分别是国有企业、民营企业和外资企业进入扭曲的回归结果，列（4）、列（5）和列（6）分别是国有企业、民营企业和外资企业退出扭曲的回归结果。可以发现，资本错配对企业进入退出扭曲的影响存在明显的所有制异质性。资本错配的加剧显著激化了国有企业和外资企业的进入扭曲，对民营企业的进入扭曲无显著影响。从数值上看，行业的资本错配每提高 1 个单位，行业内国有企业和外资企业的进入扭曲分别提高 0.2379 个和 0.4522 个单位。对于企业退出而言，资本错配的加剧会促进低效率国有

企业退出概率上升、高效率国有企业退出概率下降，从而降低国有企业的退出扭曲，然而，资本错配程度的上升却会提高高效率民营企业的退出概率，导致民营企业退出扭曲上升；资本错配对外资企业退出扭曲无显著影响。从数值上看，行业的资本错配每提高 1 个单位，行业内国有企业的退出扭曲会下降 0. 4492 个单位，民营企业的退出扭曲会上升 0. 0924 个单位。

在市场化改革的转型期，信贷配给偏向使国有企业能够拿到低使用成本的资本资源，这导致一些生产率较低的国有企业也能够克服市场进入成本，从而进入市场，造成国有企业的进入扭曲。对于已经进入市场的国有企业，低资本成本优势导致企业“不思进取”，低资本使用成本难以发挥长久的支持作用，最终导致低效率国有企业被淘汰。与国有企业的进入扭曲类似，外资企业在进入市场时，也受到类似于国有企业的偏向性资本优惠政策的影响，导致低效率的外资企业进入，外资企业形成进入扭曲。对比回归系数，低效率外资企业受到的偏向性资本优惠政策可能比国有企业更大，这值得政策制定者警惕。与国有企业和外资企业的境况不同，民营企业普遍需要一定的生产率优势才能进入市场，资本错配对民营企业进入扭曲的影响不显著。但是，在位的民营企业依然处于信贷市场的弱势地位，难以获得足够的资本满足高效率企业发展先进技术、进一步扩大生产的需求，资本错配的加剧，迫使高效率的民营企业离开市场，导致民营企业的退出扭曲。而对于外资企业来说，资本错配的加剧未影响其经营，这说明外资企业的资本来源主要依赖内部融资，对投资国资本的依赖程度较低。

表 11　　资本错配与企业进入扭曲：所有制异质性

变量	(1)	(2)	(3)	(4)	(5)	(6)
misk	0. 2379 *** (3. 30)	0. 0183 (0. 50)	0. 4522 *** (3. 36)	-0. 4492 *** (-7. 72)	0. 0924 * (1. 91)	-0. 2486 (-1. 28)
C	2. 2779 *** (3. 37)	2. 2709 *** (15. 05)	2. 3832 *** (5. 46)	-2. 4011 *** (-3. 68)	-2. 8012 *** (-11. 46)	-2. 9347 *** (-3. 78)
Controls	Yes	Yes	Yes	Yes	Yes	Yes
Year	Yes	Yes	Yes	Yes	Yes	Yes
Region	Yes	Yes	Yes	Yes	Yes	Yes

续表

变量	(1)	(2)	(3)	(4)	(5)	(6)
Industry	Yes	Yes	Yes	Yes	Yes	Yes
N	33484	441858	65820	32463	218108	27206
R^2	0. 3863	0. 5002	0. 5560	0. 3473	0. 4071	0. 4758

注：***、**、*分别表示统计值在1%、5%、10%的显著性水平下显著，括号内为z统计量。

（三）僵尸企业的调节效应

上文研究表明，僵尸企业存在资本错配和企业进入退出关系的调节效应。那么，僵尸企业对资本错配与企业进入退出扭曲的调节效应是什么样的呢？

1. 资本错配对企业进入扭曲的僵尸企业的调节效应

表12给出了僵尸企业与资本错配交互项对企业进入扭曲影响的实证结果。列（1）~列（5）分别是本省、本省本行业、本省其他行业、本省本地级市、本省其他地级市僵尸化程度的交互项回归结果。根据列（1）可以看到，行业资本错配与企业进入扭曲显著正相关，行业资本错配与各个僵尸化程度的交互项的系数均显著为负，说明僵尸企业存在行业资本错配与企业进入扭曲的调节效应。当资本错配一定时，僵尸企业比例越高，企业的进入扭曲程度越低。非市场的制度性原因导致僵尸企业的形成，银行向僵尸企业输送了大量资金，使其长期存在并形成市场势力，阻碍其他企业的进入和发展。结论证实，由于僵尸企业的存在，占用了市场的生产资源，拥有在位市场的力量，提高了新进入企业的进入门槛，使企业更难以进入市场，使新进入企业需要具备更高的生产率、更强的竞争力才能够突破在位僵尸企业设置的进入壁垒，实现进入的跨越。因此，僵尸企业通过“筛选效应”提高了新进入企业的生产率标准。实证结果看似对行业发展有利，实则恶化了行业这一开放系统与外界环境交互的频率，造成进入企业与在位企业生产效率的分化，这不利于行业的成长。列（2）、列（3）、列（4）和列（5）的结论与列（1）相同，本行业、其他行业、本地级市以及地级市的僵尸化程度都显著放大了资本错配对企业进入扭曲的抑制作用，僵尸化问题不仅会影响本行业和本地级市，也存在跨行业和跨地级市的影响。

表 12　　　　　　资本错配与企业进入扭曲：僵尸企业的调节效应

变量	(1)	(2)	(3)	(4)	(5)
misk	0. 2077 *** (5. 47)	0. 2256 *** (6. 67)	0. 2139 *** (5. 64)	0. 1314 *** (3. 90)	0. 2052 *** (5. 38)
misk × *zompro*	-1. 5566 *** (-6. 74)				
misk × *zomindself*		-0. 6736 *** (-10. 44)			
misk × *zomindoth*			-0. 9723 *** (-4. 30)		
misk × *zomcitself*				-0. 5457 *** (-6. 30)	
misk × *zomcitoth*					-0. 8809 *** (-3. 62)
C	2. 1719 *** (15. 69)	2. 2083 *** (16. 00)	2. 1935 *** (15. 89)	2. 2252 *** (16. 01)	1. 9614 *** (11. 79)
Controls	Yes	Yes	Yes	Yes	Yes
Year	Yes	Yes	Yes	Yes	Yes
Region	Yes	Yes	Yes	Yes	Yes
Industry	Yes	Yes	Yes	Yes	Yes
N	539136	531149	531149	537523	487635
R^2	0. 4939	0. 4967	0. 4966	0. 4942	0. 4999

注：***、**、*分别表示统计值在1%、5%、10%的显著性水平下显著，括号内为 z 统计量。

2. 资本错配对企业退出扭曲的僵尸企业的调节效应

表 13 相应地考察了行业资本错配与僵尸企业交互项对企业退出扭曲的影响情况，列（1）~列（5）分别为行业资本错配与本省、本行业、其他行业、本地级市和其他地级市僵尸企业资产占比的交互项回归结果。由表 13 可知，行业资本错配与企业退出扭曲呈正相关关系，但资本错配和僵尸企业的交互项与企业退出扭曲却呈现负相关关系，这表明在行业资本错配一定时，本省的僵尸化程度越严重，企业退出扭曲程度越高。顾名思义，僵尸企业的最大特点就是“僵而不死”，最应该退出市场的僵尸企业“霸占”着行业的生产资源，依赖政策的输血存活，其本身的存在就表明市场退出机制的失灵。而

且行业的资本错配还会与僵尸化程度形成“螺旋式恶化”，即行业的资本错配的提高会使资本使用成本低的资本资源以输血形式更多地流向僵尸企业，持续维持其存活，使行业或地区的僵尸化程度更加严重；当行业或地区企业僵尸化程度更高时，如果不能妥善处置，僵尸企业会需要更多的低成本资本输血，使资本错配更加恶化。总之，僵尸企业挤占了正常企业的融资渠道，提高了资本使用成本，压缩了正常企业的盈利空间，令正常企业的投资意愿下降，投资疲软导致企业出现非正常退出行为。僵尸企业调节了资本错配对企业退出扭曲的影响，并且在本行业、其他行业和本地级市显著有效，但不存在跨地级市的调节效应。

表 13　　资本错配与企业退出扭曲：僵尸企业的调节效应

变量	(1)	(2)	(3)	(4)	(5)
misk	-0.2223*** (-4.36)	-0.2480*** (-5.09)	-0.2076*** (-3.89)	-0.1580*** (-3.49)	-0.1715*** (-3.16)
misk×*zompro*	1.0276*** (3.43)				
misk×*zomindself*		0.5554*** (6.58)			
misk×*zomindoth*			0.6797** (2.18)		
misk×*zomcitself*				0.3182*** (2.78)	
misk×*zomcitoth*					0.0204 (0.07)
C	-2.5972*** (-10.10)	-2.6313*** (-10.12)	-2.6076*** (-10.01)	-2.5359*** (-10.91)	-1.8965*** (-6.33)
Controls	Yes	Yes	Yes	Yes	Yes
Year	Yes	Yes	Yes	Yes	Yes
Region	Yes	Yes	Yes	Yes	Yes
Industry	Yes	Yes	Yes	Yes	Yes
N	255623	251633	251633	254820	230129
R^2	0.4033	0.4046	0.4044	0.4033	0.4077

注：***、**、*分别表示统计值在1%、5%、10%的显著性水平下显著，括号内为 z 统计量。

（四）政府补贴和企业税负的传导效应

政府干预对企业进入退出有着重要影响，那么，行业的资本错配是否通过政府补贴和企业税负这两个重要的政府干预手段作用扭曲了企业的进入退出呢？表 14 汇报了资本错配与企业进入退出扭曲的政府补贴和企业税负的传导效应，列（1）是中介效应第一步，资本错配对政府补贴的影响，列（2）和列（3）分别是中介效应第二步的结果；列（4）是中介效应第一步，资本错配对企业税负的影响，列（5）和列（6）分别是中介效应第二步的结果。根据列（1）和列（2）可知，行业的资本错配提高了企业获得政府补贴的概率，企业获得政府补贴提高了企业的进入扭曲，表明行业的资本错配对企业进入扭曲存在政府补贴的中介效应，行业的资本错配不仅对企业进入扭曲有直接的作用，也存在政府补贴的间接影响作用，即政府补贴有部分中介效应。通过列（3）可知，政府补贴降低了企业的退出扭曲，即企业如果获得政府补贴，那么就会降低高效率企业退出市场的情况，说明建立与政府的联系有助于效率高的企业存活。这恰恰暗含了，中国工业企业的生存环境存在问题。根据列（4）和列（5）可以发现，行业的资本错配降低了行业内企业的平均税负，而企业税负的提高对企业的进入扭曲有抑制作用。企业税负是企业经营的成本，企业税负的提高起到了筛选作用，使企业需要有更高的效率才可以进入市场。中介效应表明，行业的资本错配通过降低企业税负，提高了企业的进入扭曲，企业税负对企业进入有部分中介效应。列（6）的回归结果表明，企业税负降低了企业的退出扭曲，企业税负提高了低效率企业的退出概率，企业税负对企业退出扭曲也表现出部分中介效应。

表 14　　资本错配与企业进退扭曲：政府补贴和企业税负的传导效应

变量	(1)	(2)	(3)	(4)	(5)	(6)
	政府补贴	进入扭曲	退出扭曲	企业税负	进入扭曲	退出扭曲
misk	0.6511*** (14.50)	0.0677** (2.12)	−0.0706* (−1.72)	−0.0765*** (−18.30)	0.0802** (2.47)	−0.0923** (−2.23)
issubsidy		0.0693*** (28.18)	−0.0703*** (−20.38)			

续表

变量	(1)	(2)	(3)	(4)	(5)	(6)
	政府补贴	进入扭曲	退出扭曲	企业税负	进入扭曲	退出扭曲
tax					-0.0124*** (-3.07)	-0.0547*** (-8.84)
C	-5.6150*** (-23.35)	2.2656*** (16.39)	-2.5475*** (-11.89)	0.3891*** (17.06)	2.1660*** (15.61)	-2.4196*** (-11.10)
Controls	Yes	Yes	Yes	Yes	Yes	Yes
Year	Yes	Yes	Yes	Yes	Yes	Yes
Region	Yes	Yes	Yes	Yes	Yes	Yes
Industry	Yes	Yes	Yes	Yes	Yes	Yes
N	1871104	539136	276676	1832812	526388	268525
R^2		0.4948	0.4038	0.0686	0.4959	0.4055

注：***、**、*分别表示统计值在1%、5%、10%的显著性水平下显著，括号内为z统计量。

六、研究结论与政策启示

企业进入退出是市场经济的基本特征，对市场发挥“优胜劣汰”有着关键作用。本文从中国金融改革滞后导致由中国式政策扭曲引发资本错配的视角，研究中国普遍存在的资本错配对企业进入退出这一基本问题的影响情况。在构建多部门模型，从理论上分析资本错配对企业进入退出的影响以后，通过利用中国工业企业数据库的微观企业数据，本文实证检验了行业的资本错配对企业进入退出的影响情况。研究发现：①资本错配显著提高了企业进入率和企业退出概率。所有制异质性得出，资本错配既提高了国有、民营和外资企业的进入，也提高了民营和外资的退出，对国有企业的退出无显著影响；从数值上看，资本错配对民营和外资企业的退出影响更大。②当资本错配一定时，僵尸企业占比越高，企业进入率越低，企业退出概率越高，这在同一地级市表现得尤为突出。③以进入退出企业的生产率与在位企业平均生产率的偏离度作为度量企业进入退出扭曲的方法，进一步地研究资本错配对企业进入退出扭曲的影响。结论得出，行业资本错配提高了企业进入扭曲，但降低了企业退出扭曲。分所有制显示，资本错配提高了国有企业和外资企业的进入扭曲，降低了国有企业的退出扭曲；虽然资本错配对民营企业的进入扭曲无关，却使民营企业的退出扭曲增大。④当资本错配一定时，僵尸企业占比越高，企业进入扭曲越低，企业退出扭曲越高。⑤补贴和税负的中介研究表明，资本错配通过提高企业的补贴概率，提高了企业的进入扭曲，但降低了企业的退出扭曲；通过降低企业的税负，进一步提高了企业的进入扭曲，但降低了企业的退出扭曲。

结论启示，首先，资本错配不仅会带来中国经济加总全要素生产率的损失[①]，还会扭曲市场经济中企业的进入退出行为。虽然表面上，以政府干预为主要特征的"中国式资本错配"[②] 会提高企业进入退出率，加速市场中企业的动态更替，但是实质上，政府对资本资源的配置干预却会干扰市场运行的逻辑，带来市场扭曲，不利于经济高质量发展。其次，从所有制角度来看，民营企业在资本错配的环境中"受伤最深"，外资企业和国有企业从中"获利"，尤其国有企业"受益最大"。但是，深层次地，在面对低资本使用成本的有利资本错配时，国有企业会失去自我革新的动力，这不利于国有企业的长远发展；政府的"父爱主义"实质上不利于国有企业的健康成长。再次，本文从影响企业进入退出的角度启示政府应尽快妥善处置僵尸企业。最后，推动中国金融领域的改革，使市场在资本配置中起决定性作用，对提高企业供给质量发挥重要作用。

参考文献

[1] 毕青苗，陈希路，徐现祥，李书娟．行政审批改革与企业进入[J]．经济研究，2018(2).

[2] 陈小亮，陈伟泽．垂直生产结构、利率管制和资本错配[J]．经济研究，

① Hsieh 和 Klenow(2009)发现，中国因资源错配造成 30% ~50% 的加总 TFP 损失；Song 和 Wu (2015)估计单是资本错配导致中国的加总 TFP 至少损失 20%。

② 需要说明的是，发达国家也存在资本错配，主要由金融摩擦引起。与发达国家不同，中国的资本错配则主要归因于政策扭曲。有关中国资本错配成因的研究众多，典型的文献请参考 Wu(2018)。

2017(10).

[3] 龚关，胡关亮．中国制造业资源配置效率与全要素生产率[J].经济研究，2013(4).

[4] 韩永辉，黄亮雄，王贤彬．产业政策推动地方产业结构升级了吗？——基于发展型地方政府的理论解释与实证检验[J].经济研究，2017(8).

[5] 何文韬，肖兴志．进入波动、产业震荡与企业生存：中国光伏产业动态演进研究[J].管理世界，2018(1).

[6] 贾俊雪．税收激励、企业有效平均税率与企业进入[J].经济研究，2014(7).

[7] 简泽，徐扬，吕大国，卢任，李晓萍．中国跨企业的资本配置扭曲：金融摩擦还是信贷配置的制度偏向[J].中国工业经济，2018(11).

[8] 金晓雨．政府补贴、资源误置与制造业生产率[J].财贸经济，2018(6).

[9] 李俊青，刘帅光，刘鹏飞．金融契约执行效率、企业进入与产品市场竞争[J].经济研究，2017(3).

[10] 李旭超，鲁建坤，金祥荣．僵尸企业与税负扭曲[J].管理世界，2018(4).

[11] 罗德明，李晔，史晋川．要素市场扭曲、资源错置与生产率[J].经济研究，2012(3).

[12] 马光荣，李力行．融契约效率、企业退出与资源误置[J].世界经济，2014(10).

[13] 马颖，何清，李静．行业间人力资本错配及其对产出的影响[J].中国工业经济，2018(11).

[14] 毛其淋，盛斌．中国制造业企业的进入退出与生产率动态演化[J].经济研究，2013(4).

[15] 聂辉华，江艇，杨汝岱．中国工业企业数据库的使用现状和潜在问题[J].世界经济，2012(5).

[16] 邵挺．金融错配、所有制结构与资本回报率：来自1999—2007年我国工业企业的研究[J].金融研究，2010(9).

[17] 申广军．比较优势与僵尸企业：基于新结构经济学视角的研究[J].管理世界，2016(12).

[18] 谭语嫣，谭之博，黄益平，胡永泰．僵尸企业的投资挤出效应：基于中国

工业企业的证据[J]. 经济研究, 2017(5).

[19] 王小龙, 余龙. 财政转移支付的不确定性与企业实际税负[J]. 中国工业经济, 2018(9).

[20] 王竹泉, 段丙蕾, 王苑琢, 陈冠霖. 资本错配、资产专用性与公司价值: 基于营业活动重新分类的视角[J]. 中国工业经济, 2017(3).

[21] 吴利学, 叶素云, 傅晓霞. 中国制造业生产率提升的来源:企业成长还是市场更替? [J]. 管理世界, 2016(6).

[22] 鄢萍. 资本误配置的影响因素初探[J]. 经济学(季刊), 2012(2).

[23] 杨汝岱. 中国制造业企业全要素生产率研究[J]. 经济研究, 2015(2).

[24] 姚毓春, 袁礼, 董直庆. 劳动力与资本错配效应:来自十九个行业的经验证据[J]. 经济学动态, 2014(6).

[25] 张维迎, 周黎安, 顾全林. 经济转型中的企业退出机制:关于北京市中关村科技园区的一项经验研究[J]. 经济研究, 2003(10).

[26] ACKERBERG D A, CAVES K, FRAZER G. Identification properties of recent production function estimators[J]. Econometrica, 2015(6).

[27] AGHION P, BLUNDELL R, GRIFFITH R, HOWITT P, PRANTL S. The effects of entry on incumbent innovation and productivity[J]. Review of Economics & Statistics, 2009(1).

[28] AMICI M, GIACOMELLI S, MANARESI F, TONELLO M. Red tape reduction and firm entry: new evidence from an Italian reform[J], Economics Letters, 2016 (146).

[29] BAKARICH K M, HOSSAIN M, WEINTROP J. Different time, different tone: company life cycle[J]. Journal of Contemporary Accounting & Economics, 2018.

[30] BARTELSMAN E, HALTIWANGER J C, SCARPETTA S. Microeconomic evidence of creative destruction in industrial and developing countries[J]. IZA Discussion Papers, 2004.

[31] BRANDT L, BIESEBROECK J V, ZHANG Y F. Creative accounting or creative destruction? firm – level productivity growth in Chinese manufacturing[J]. Journal of Development Economics, 2012(2).

[32] BRANDT L, TOMBE T, ZHU X. Factor market distortions across time,

space, and sectors in China[J]. Review of Economic Dynamics, 2013(1).

[33] BRANSTETTER L, LIMA F, TAYLOR L J, VENANCIO A. Do entry regulations deter entrepreneurship and job creation? evidence from recent reforms in Portugal [J]. The Economic Journal, 2014(577).

[34] BUERA F J, KABOSKI J P, SHIN Y. Finance and development: a tale of two sectors[J]. American Economic Review, 2011(5).

[35] CAGGESE A, CUñAT V, METZGER D. Firing the wrong workers: financing constraints and labor misallocation[J]. Journal of Financial Economics, 2018.

[36] CAMPOS N F, IOOTTY M. Institutional barriers to firm entry and exit: case – study evidence from the Brazilian textiles and electronics industries[J]. Economic Systems, 2007(4).

[37] CAVES R E. Industrial organization and new findings on the turnover and mobility of firms[J]. Journal of Economic Literature, 1998(4).

[38] DAI M, XU J. Firm – specific exchange rate shocks and employment adjustment: evidence from China[J]. Journal of International Economics, 2017(108).

[39] DAI X Y, CHENG L W. Aggregate productivity losses from factor misallocation across Chinese manufacturing firms[J]. Economic Systems, 2018(8).

[40] DOLLAR D, WEI S J. Firm ownership and investment efficiency in China [J]. National Bureau of Economic Research Working Paper, 2007.

[41] EE M S, CHAO C C, WANG F S, YU S H. Environmental corporate social responsibility, firm dynamics and wage inequality[J]. International Review of Economics & Finance, 2018(56).

[42] FERNANDES A P, FERREIRA P, WINTERS L A. Firm Entry Deregulation, Competition and Returns to Education and Skill[J]. European Economic Review, 2014 (70):210 – 230.

[43] GOLOMBEK R, RAKNERUD A. Exit dynamics of start – up firms: structural estimation using indirect inference[J]. Journal of Econometrics, 2018(1).

[44] HSIEH C T, KLENOW P J. Misallocation and manufacturing TFP in China and India[J]. The Quarterly Journal of Economics, 2009(4).

[45] JAEF R F. Entry and exit, multiproduct firms, and allocative distortions[J].

American Economic Journal Macroeconomics, 2018(2).

[46] JANIAK A. Structural unemployment and the costs of firm entry and exit[J]. Labour Economics, 2013(23).

[47] KALEMLI - OZCAN S, SORENSEN B, YESILTAS S. Leverage across firms, banks, and countries[J]. Journal of International Economics, 2012(2).

[48] KIM J B, LI L, MA L Z, SONG M. CEO option compensation and systemic risk in the banking industry[J]. Asia - Pacific Journal of Accounting & Economics, 2016(2).

[49] KOBAYASHI T. Firm entry, credit availability and monetary policy[J]. Journal of Economic Dynamics and Control, 2011(8).

[50] LI H C, LEE W C, KO B T. What determines misallocation in innovation? a study of regional innovation in China[J]. Journal of Macroeconomics, 2017(52).

[51] LUTTMER E G J. Selection, growth, and the size distribution of firms[J]. Quarterly Journal of Economics, 2007(3).

[52] MAO Q L, SHENG B. The impact of tariff reductions on firm dynamics and productivity in China: does market - oriented transition matter? [J]. China Economic Review, 2017(9).

[53] MAYNERIS F, PONCET S, ZHANG T. Improving or disappearing: firm - level adjustments to minimum wages in China[J]. Journal of Development Economics, 2018(135).

[54] MIDRIGAN V, XU D Y. Finance and misallocation: evidence from plant - level data[J]. NYU Working Paper, 2010.

[55] NEMLIOGLU I, MALLICK S K. Do managerial practices matter in innovation and firm performance relations? new evidence from the UK[J]. European Financial Management, 2017(5).

[56] OBERFIELD E. Productivity and misallocation during a crisis: evidence from the chilean crisis of 1982[J]. Review of Economic Dynamics, 2013(16).

[57] PE'ER A, VERTINSKY I. Firm exits as a determinant of new entry: is there evidence of local creative destruction? [J]. Journal of Business Venturing, 2008(3).

[58] PENG H T, LIU Y. How government subsidies promote the growth of entrepre-

neurial companies in clean energy industry: an empirical study in China[J]. Journal of Cleaner Production, 2018(1).

[59] PFLUGER M, SUEDEKUM J. Subsidizing firm entry in open economies[J]. Journal of Public Economics, 2013(97).

[60] RANASINGHE A. Property rights, extortion and the misallocation of talent [J]. European Economic Review, 2017(98).

[61] RIN M D, GIACOMO M D, SEMBENELLI A. Entrepreneurship, firm entry, and the taxation of corporate income: evidence from Europe[J]. Journal of Public Economics, 2011(9).

[62] SCHULZ M, URBIG M, PROCHER V. Hybrid entrepreneurship and public policy: The case of firm entry deregulation[J]. Journal of Business Venturing, 2016(3).

[63] SONG Z, WU G L. Identifying capital misallocation[J]. University of Chicago, Booth School of Business Working Paper, 2015.

[64] SONG Z, STORESLETTEN K, ZILIBOTTI F. Growing like China[J]. American Economic Review, 2011(1).

[65] SPOKEVICIUTE L, KEASEY K, VALLASCAS F. Do financial crises cleanse the banking industry? evidence from US commercial bank exits[J]. Journal of Banking & Finance, 2019(99).

[66] STOKEY N L. The economics of inaction[J]. Journal of Economic Literature, 2008(3).

[67] TIAN C. Firm - level entry and exit dynamics over the business cycles[J]. European Economic Review, 2018(102).

[68] TYBOUT J R. Manufacturing firms in developing countries: how well do they do, and why? [J]. Journal of Economic Literature, 2000(1).

[69] WEI C, LI C Z. Resource misallocation in Chinese manufacturing enterprises: evidence from firm - level data[J]. Journal of Cleaner Production, 2017(142).

[70] WU G L. Capital misallocation in China: financial frictions or policy distortions? [J]. Journal of Development Economics, 2018(130).

[71] ZIEBARTH N L. Misallocation and productivity during the great depression [J]. Northwestern University Working Paper, 2012.

国企混改对教育错配的影响研究

葛　晶　王满仓[①]

摘　要： 将内生增长理论引入要素错配研究框架，基于中国工业企业数据库，利用准自然实验法分析了混合所有制改革能否有效缓解所有制间的教育错配。研究发现：混合所有制改革能否有效缓解所有制间教育错配的关键在于搭建高学历劳动力发挥外溢性的渠道；混合所有制改革主要通过完善利润分配机制有效缓解了高学历劳动力在所有制间的错配程度，但在行政垄断环节的成效较差。本研究为中国在行政垄断行业内推进混合所有制改革，缓解所有制间教育错配，激发社会创新潜力提供了政策依据。

关键词： 内生增长理论；混合所有制改革；教育错配

一、问题的提出

国有企业股权结构改革通过协调政府和市场之间的关系，对资源配置方式和效率产生了重要的影响作用。党的十八届三中全会提出“积极发展混合所有制经济”“鼓励发展非公有资本控股的混合所有制企业”等内容明确了混合所有制改革在中国国有企业体制改革中的重要地位，混合所有制改革成效在一定程度上决定了国有企业能否做大、最强和做优。

① 作者简介：葛晶，金融学博士研究生，西北大学经济管理学院，E - mail：498725658@ qq. com. 王满仓，经济学博士，教授，西北大学经济管理学院，E - mail：wang - mc@ 126. com.

垄断和竞争是我国社会主义市场经济实践中面临的重大问题之一，社会主义经济体制渐进式改革遵循着从一般竞争性行业向传统垄断行业推进的原则，而行业垄断正是塑造当下资源分配方式和利益格局的主要力量（李建标等，2016）。源于中国20世纪50年代开始推行的重工业优先发展战略，大量国有企业由于不具有比较优势而需要在行业壁垒、产品价格扭曲等政府保护措施下维持生存。随着我国市场化改革的不断深化，产品市场价格扭曲得到了极大的缓解，国有垄断企业在竞争环境下不具备自生能力的问题由隐性变为显性，政府为补贴这类企业因战略发展而背负的政策性负担给予其大量的政策扶持（林毅夫、李志赟，2004），而政策性负担与政策扶持程度的不匹配加剧了我国资源错配程度。国有垄断企业在此背景下经过近40年的持续发展，体量不断扩大，已形成了拥有庞大影响力的利益集团，并通过寻租等手段掌握了一定行政特权（Acemoglu 和 Robinson，2006）。这直接阻碍了民营资本在经历了混合所有制改革的国有垄断企业中所能取得的实际控制权。由此可见，国有企业混合所有制改革是我国当前经济改革过程中的主要任务与重大课题，其在行政垄断环节取得的成效直接关系社会主义市场经济体制的完善与发展，为新时期微观资源配置问题研究提供了新的机遇。

高学历劳动力规模，对于人力资本积累、创新增长有着不可或缺的作用，长期以来受到社会各界的广泛关注。自改革开放以来，中国劳动人口的平均受教育年限迅速升高：1985—2015年，全国劳动力人口中高中及以上受教育程度比例从13.5%上升到37.2%，劳动力整体平均受教育年限从6.2年上升到10.1年。[①] 但与之形成鲜明对比的是，社会生产活动的全要素生产率（TFP）一直处于较低水平波动，其中一个重要的原因便是教育错配。对此，学者们对其成因展开了广泛的讨论。赖德胜和纪雯雯（2015）的研究发现国有垄断部门和非国有垄断部门在薪酬结构以及人力资本生产方式上的差异引发了人力资本错配，并肯定了教育规模与教育质量扩大在提升我国创新效率中的重要作用。李静等（2017）的研究同样发现，在薪酬激励下，人力资本大量流向非创新性国有部门，是导致中国创新效率低下的主要原因。纪雯雯

① 数据来源于《中国人力资本报告（2017）》调查结果。

和赖德胜（2018）进一步强调了在渐进式改革下形成的行政垄断的工资溢价与创新动力低下是引发人力资本在行业间错配的主要原因。这些研究为我们理解所有制与人力资本错配提供了有益借鉴，但仍存在两点不足：①研究大多基于以劳动力受教育年限衡量人力资本规模，但在中国劳动力市场所有制分割的背景下，国有企业内个体受教育年限虽然在很大程度上解释了其工资水平，但与人力资本并非完全正相关（卢盛峰等，2015；韩雷等，2016；Becker et al.，2018）。马草原等（2017）认为国有企业高管具有利用雇员聘用权进行寻租的空间和动机，这使最终决定应聘者能否进入国有企业的可能是“政治背景”等符合国企高管个人利益需求的因素。因此，利用受教育年限代表人力资本忽略了两者本身存在的错配，而研究所有制间的教育错配更有利于反映我国教育规模扩张难以促进创新水平提升的本质。②研究大多侧重产权特征、生产方式等静态属性的影响，忽略了企业股权结构一直处于动态变化的现实背景。

鉴于此，本文旨在解决混合所有制改革是否有助于缓解教育错配，在行政垄断环节的表现又如何？进一步地，所有制间教育错配的降低有可能来源于预算软约束的硬化，使高学历劳动力在国有部门和非国有部门间的规模差距减小；也有可能来源于企业多元股权结构所优化的治理结构，纯化了经营目标、降低了盈利性目标与国有资本“公共性政策使命”的偏离程度（黄群慧、余菁，2013），进而提升了雇员选聘的市场化程度，增强了高学历劳动力创新效率。那么，混合所有制改革缓解教育错配的内在机制是什么？对此，本文在TFP内生性假定下将所有制间教育错配分解为源于工资溢价的规模相对价格扭曲和源于创新动力低下的技术相对价格扭曲，并利用1998—2007年中国工业企业数据库，基于双重/三重差分法检验了混合所有制改革对教育错配的影响，及其在行政垄断环节的有效性。剩余的部分包括：第二部分是所有制间高等教育劳动力错配的形成及分解，第三部分阐述了本研究的理论机制，第四、五部分进行研究设计和实证检验，第六部分对相关实证结果进行了稳健性检验，第七部分是结论及政策启示。

二、所有制间教育错配的形成及分解

在分析混合所有制改革是否有助于缓解所有制间的教育错配之前，我们需厘清所有制间教育错配的形成机制。本部分构建了一个考虑人力资本外溢效应的N个行业的企业生产决策框架，以分析高学历劳动力价格扭曲对错配的影响机制。

始于Heish和Klenow（2009）构建的要素错配与TFP损失的分析框架。以往研究习惯将要素错配定义为：在TFP外生假定下，要素价格扭曲导致了企业间边际产出出现差异，面临较低要素价格的企业配置了过多的生产要素，进而造成经济总体TFP损失。在企业TFP外生以及边际产出递减的假定下，面临较低要素价格的企业被配置了过多的生产要素，导致经济整体要素边际产出下降和TFP损失。不同于资本和劳动力数量等传统生产要素，内生增长理论认为TFP是由经济系统内生决定的变量，肯定了人力资本从事创新生产活动对TFP的贡献。可见，当放宽企业TFP外生的约束条件时，教育错配不仅源于价格扭曲引发的过量配置，还源于人力资本溢出效应的大小。

（一）基本设定

模型假设：①经济体中存在资本和劳动力两种生产要素，劳动力分为无教育经历劳动力和高学历劳动力，企业生产一单位产品需消耗一单位资本；②教育经历具有专用性，指定高学历劳动力仅在同一行业内的企业间自由流动；③高学历劳动力对企业产出的影响存在外溢性，即企业TFP是高学历劳动力规模的函数；④存在两种生产部门：国有部门和非国有部门，各部门存在一个代表性厂商为经济体提供最终消费品。

借鉴Acemoglu（1996），Lucas（1999）的人力资本外溢性模型，将高学历劳动力作为一种稀缺性生产要素放在生产函数中给予单独考虑。行业$s(s=1,2,\cdots,N)$内企业$i(i=n,p)$的生产函数形式可设定为

$$Y_{si} = TFP\ (H_{si})_{si} L_{si}^{\alpha_s} H_{si}^{\beta_s} \tag{1}$$

其中，n表示代表性国有企业；p表示代表性非国有企业；Y_{si}和$TFP\ (H)_{si}$分别

表示企业的真实产出和全要素生产率；L_{si} 和 H_{si} 分别表示无教育经历劳动力和高学历劳动力。假定 $TFP(H)_{si}$ 为凸函数，$\frac{\partial TFP(H_{si})_{si}}{\partial H_{si}} > 0$，$\frac{\partial^2 TFP(H_{si})_{si}}{\partial H_{si}^2} \geqslant 0$。$\alpha_s$ 和 β_s 为生产弹性，为便于分析，假定 $\alpha_s + \beta_s = 1$。行业内高学历劳动力的总量一定：$H_s = H_n + H_p$，H_s 表示第 s 个行业总体高学历劳动力规模。

行业层面的生产函数符合 CES 形式：

$$Y_s = (Y_{sn}^{\phi} + Y_{sp}^{\phi})^{1/\phi} \tag{2}$$

其中，ϕ 为部门间产品的替代弹性。参照 Heish 和 Klenow（2009）的研究方法，设行业 s 的全要素生产率 TFP_s 为各企业 TFP_{si} 的加权：

$$TFP_s = (Y_{sn}^{\phi} + Y_{sp}^{\phi})^{1/\phi}/L_s^{\alpha_s}H_s^{\beta_s} = [(TFP(h_{sn})_{sn}l_{sn}^{\alpha_s}h_{sn}^{\beta_s})^{\phi} + (TFP(h_{sp})_{sp}l_{sp}^{\alpha_s}h_{sp}^{\beta_s})^{\phi}]^{1/\phi} \tag{3}$$

其中，$l_{si} = L_{si}/L_s$，$h_{si} = H_{si}/H_s$，分别表示无教育劳动力和高学历劳动力在行业总体内的配置方式。由式（3）易知，若要使 TFP_s 提升，应提高行业内 TFP 较高的企业的生产要素配置比例。

（二）厂商生产决策行为

设 ω_l 为企业基本工资，ω_h 为不存在价格扭曲下的教育收益率，τ_{si} 为高学历劳动力价格扭曲程度，则企业面临的高学历劳动力成本为 $\tau_{si}\omega$。厂商在进行生产决策时并不会考虑人力资本对 TFP 的促进作用，因而企业的利润最大化问题可以表示为

$$\max\{P_s TFP_{si}L_{si}^{\alpha_s}H_{si}^{\beta_s} - \omega_l L_{si} - \tau_{si}\omega_h H_{si}\} \tag{4}$$

其中，P_s 为企业产品定价。

根据企业利润最大化和行业利润最大化的一阶条件可得高学历劳动力在各部门代表性厂商间的分配原则：

$$h_{si} = \frac{TFP_{si}^{\ \phi/(1-\phi)}(\tau_{si})^{-\beta_s/(1-\phi)}}{TFP_{sn}^{\ \phi/(1-\phi)}(\tau_{si})^{-\beta_s/(1-\phi)} + TFP_{sp}^{\ \phi/(1-\phi)}} \tag{5}$$

在 TFP 外生条件下，根据式（5）得：$\frac{\partial H_{si}}{\partial TFP_{si}} > 0$ 和 $\frac{\partial H_{si}}{\partial \tau_{si}} < 0$。高学历劳动力的配置水平主要与代表性厂商 TFP 和价格扭曲水平相关，TFP 更高或要素价格相对更低的代表性厂商会配置更多的高学历劳动力。中国国有企业通过政府

隐性保护和补贴获取超额利润，并在“所有者缺位”条件下实现“租金分享”，进而吸引高学历劳动力进入。因此，国有企业面临的 $\tau_{si}\omega$ 受到了“补贴”，相对于企业自身产出水平的工资成本实际上处于较低水平，则有：$0 < \tau_{sn} < 1$ 。对于非国有企业来说，其工资决定机制主要受到市场化因素的影响，可假定 $\tau_{sp} = 1$ 。可以将 τ_{sn} 理解为相对于非国有企业的高学历劳动力价格扭曲程度。

（三）高学历劳动力相对价格扭曲对行业 TFP_s 的影响

人力资本外溢性并不会影响厂商生产决策，但会对行业整体 TFP_s 产生影响。根据式（3）可知，由于行业内生产要素总量不变，行业整体 TFP_s 完全取决于行业产出水平的大小。因此，通过分析高学历劳动力相对价格扭曲（以下简称“相对价格扭曲”）对行业产出的影响便可得出其对 TFP_s 的影响。在 TFP 内生性假定下，为便于讨论，假定非国有部门高学历劳动力不存在外溢性，令式（2）两边同时对 τ_{sn} 求偏导得

$$\phi Y_s^{\phi-1}\frac{\partial Y_s}{\partial \tau_{sn}} = \phi\frac{Y_{sn}^{\phi-1}}{P_{sn}}VMPH_{sn}\frac{\partial H_{sn}}{\partial \tau_{sn}} - \phi\frac{Y_{sp}^{\phi-1}}{P_{sp}}VMPH_{sp}\frac{\partial H_{sn}}{\partial \tau_{sn}} + \phi\frac{Y_{sn}^{\phi}}{TFP_{sn}}\frac{\partial TFP(H_{sn})_{sn}}{\partial H_{sn}}\frac{\partial H_{sn}}{\partial \tau_{sn}} \tag{6}$$

其中，$VMPH_{si} = \beta_s TFP(H_{si})_{si}L_{si}^{\alpha_s}H_{si}^{\beta_s-1}$ 为高学历劳动力的边际产出价值，由于国有企业在相对价格扭曲下配置了过量的高学历劳动力，因而有 $VMPH_{sn} < VMPH_{sp}$ 。依据行业层面的利润最大化问题可得 $P_s/P_{si} = (Y_s/Y_{si})^{\phi-1}$ ，代入式（6）可知：当 $\frac{\partial TFP(H_{sn})_{sn}}{\partial H_{sn}} = 0$ 时，$\frac{\partial Y_s}{\partial \tau_{sn}} < 0$ ；当 $\frac{\partial TFP(H_{sn})_{sn}}{\partial H_{sn}} \to +\infty$ 时，$\frac{\partial Y_s}{\partial \tau_{sn}} \to -\infty$ 。根据中值定理可得，存在 $\frac{\partial TFP^*(H_{sn})_{sn}}{\partial H_{sn}}$ ，使 $\frac{\partial Y_s}{\partial \tau_{sn}} = 0$ ，当 $\frac{\partial TFP(H_{sn})_{sn}}{\partial H_{sn}} > \frac{\partial TFP^*(H_{sn})_{sn}}{\partial H_{sn}}$ 时，$\frac{\partial Y_s}{\partial \tau_{sn}} < 0$ ，行业 TFP 随着国有企业高学历劳动力相对价格的下降而升高，此时所有制间相对价格扭曲引发的 TFP 损失为负；当 $\frac{\partial TFP(H_{sn})_{sn}}{\partial H_{sn}} < \frac{\partial TFP^*(H_{sn})_{sn}}{\partial H_{sn}}$ 时，$\frac{\partial Y_s}{\partial \tau_{sn}} > 0$ ，行业 TFP 随着国有企业高学历劳动力相对价格的上升而下降，此时所有制间相对价格扭曲引发的

TFP 损失为正。因而，相对价格扭曲带来的 TFP 损失主要取决于外溢性大小。可见，教育错配与传统要素（劳动力和资本）错配有着本质的区别，传统要素错配认为要素价格扭曲会带来经济整体 TFP 损失，强调要素价格的市场化程度。而教育错配更强调在价格扭曲下，过度配置高学历劳动力的企业是否存在更高的创新效率，其意义在于促进税收减免、利率补贴等优惠政策向具有较高创新动力的高新技术企业倾斜，以降低其相对价格水平，从而搭建人力资本发挥外溢性效益的渠道，提高经济整体的 TFP 水平。

中国高学历劳动力在所有制间的错配受到 $\frac{\partial H_{si}}{\partial \tau_{si}}$ 和 $\frac{\partial TFP\left(H_{sn}\right)_{sn}}{\partial H_{sn}}$ 两部分的影响。其中，$\frac{\partial H_{si}}{\partial \tau_{si}}$ 表示在厂商生产决策环节，由价格扭曲引发的高学历劳动力规模错配，本文称为“高学历劳动力规模相对价格扭曲”（以下简称“规模相对价格扭曲”）引发的错配；$\frac{\partial TFP\left(H_{sn}\right)_{sn}}{\partial H_{sn}}$ 的大小与高学历劳动力质量和企业创新动力相关，一方面，高学历劳动力由于本身质量较低而无法投身于高创新价值的生产活动中（陈林和夏俊，2015），实际上是工资水平和人力资本的错配；另一方面，高学历劳动力有能力胜任高创新价值的工作岗位，但由于社会组织体系（所有制差异）等原因，切断了高学历劳动力与创新活动的联系，实际上是工资水平和创新动力的错配。这两方面都反映了所有制间高等教育劳动力外溢效应的差异，而之所以会出现这种差异，仍然由于国有企业“产权缺陷”及其在政府保护和隐性补贴下获取的超额利润。因此，可将高学历劳动力外溢效应的损失转化为成本价格扭曲。$\frac{\partial TFP\left(H_{sn}\right)_{sn}}{\partial H_{sn}}$ 可表示价格扭曲引发的高学历劳动力与自身创新能力以及与企业整体创新动力之间的错配，本文称为“高学历劳动力技术相对价格扭曲”（以下简称“技术相对价格扭曲”）引发的错配。

三、混合所有制改革缓解教育错配的机理分析

纵观中国 40 多年的国有企业改革历程，国有企业以建立“产权清晰、政企分开、权责明确、管理科学”的现代企业制度为目标，先后尝试了“扩大

自主权”“两步利改税”“股份制试点”“抓大放小”“战略重组”“股权分置改革”“中央企业重组兼并”“混合所有制改革”等诸多改革计划，其中自1997年党的十五大确立了“公有制为主体，多种所有制经济共同发展”的改革路径以来，以混合所有制改革为主的产权改革思路便成为国有企业改革的中心环节。在混合所有制改革下，公有制经济和非公有制经济的确都得到了良好发展，经营质量和效率有所提升。但一些根本性的体制性问题仍然没有得到彻底解决（张维迎，1999），其中地方保护主义、市场分割等非市场化现象产生的行政垄断尤为突出。

（一）混合所有制改革与高学历劳动力技术相对价格扭曲

国有企业先天具有的“所有者缺位”和“内部人控制”等缺陷导致经理人“短视化”现象严重，无法实现创新剩余索取权与控制权的匹配。与非国有企业经理人相比，国有企业面临生产效率和创新效率的双重损失（吴延兵，2012）。混合所有制改革鼓励非国有资本进入国有企业，参与国有企业经营决策，是一种渐进的私有化过程。混合所有制改革对国有企业技术相对价格扭曲的纠正作用主要体现在以下两方面：

一方面，混合所有制改革有利于企业纯化经营目标、加强企业的自主决策能力和主导性（陈林和唐杨柳，2014）。经历混合所有制改革后，企业经理人自身利益与公司利润联系更加紧密，为了谋求自身利益最大化，经理人行为向“长期化”转变，价值目标与公司利益趋于一致，企业创新动力得到提升，有助于改善国有企业高学历劳动力的技术相对价格扭曲程度。

另一方面，国有企业经理人的雇员聘用权具有典型的剩余索取权特征（马草原等，2017）。国有企业人员聘用虽然具有明显的“高学历”追逐特征，但在薪酬激励下，符合聘用条件的求职者仍远大于国有企业岗位的有效需求，由于人力资本的不可测性，人员聘用的“潜规则”为国企经理人寻租提供了空间。同样，拥有较高薪酬的部分私营企业之所以不存在大量寻租行为，是由于人员聘用需经过层层考核和选拔，得到进入许可的一般是人力资本最高的求职者，这体现了经理人与公司目标的一致性。而对于国有企业来说，由于“所有权缺位”和“内部人控制”等缺陷存在，经理人主要关注的往往是最符合个人利益偏好的特征，例如政治背景（Walder 和 Hu，2009）。这导致国有企业高学历劳动力可能没有足够的能力胜任创新工作，进而提高了技术相对价格扭曲程度。混合所有制改革使非国有股东在参股国有企业后更有激励加强监督国企高管行为、完善国企高管激励机制（Megginson 和 Netter，2001；Gupta，2005），从而减少寻租行为。大量研究表明非国有企业控股股东委派高管参与经营决策能够有效制衡国企高管权利，约束国有企业高管的寻租行为（刘运国等，2016）。因而，混合所有制改革有利于完善国有企业人员聘用的市场化机制，提高国企员工的人力资本水平，提高其创新能力，进而改善国有企业高学历劳动力的技术相对价格扭曲程度。

综上所述，本文提出研究假设。

研究假设 1a：混合所有制改革缓解了国有企业高学历劳动力技术相对价格扭曲。

（二）混合所有制改革与高学历劳动力规模相对价格扭曲

国有企业高学历劳动力规模相对价格扭曲主要源于国有企业高学历劳动力的规模超出了企业本身的需求能力。源于中国 20 世纪 50 年代开始推行的重工业优先发展战略，大量国有企业处于不具有经济比较优势的产业。重工业企业需要的生产要素和技术都是与当时中国经济的要素禀赋（比较优势）相违背的，这类企业在市场竞争环境下缺乏自生能力，只能通过人为压低利率、原材料价格等以降低企业生产成本维持其生存（Lin，2002）。随着中国市场化改革的不断深化，重工业企业在市场中无法盈利的问题由隐性转为显性，构成“战略性负担”（林毅夫、李志赟，2004）。政府为补偿战略性负担造成的损失给予这类国有企业多种形式的隐性保护和补贴，但由于信息不对称问题的存在，企业实际所得的超额利润与承担的战略性负担无法匹配。而“所有者缺位”等缺陷导致企业内部具有进行“租金分享”的动力（叶林祥等，2011），大量高学历劳动力在薪酬激励下进入国有企业，形成了规模相对价格扭曲。混合所有制使企业产权成分更加多元化，有助于改善国有企业在“所有者缺位”条件下的利润分配机制缺陷，企业更具备激励根据利润最大化的经营目标以及长期发展战略等确定工资水平和高学历劳动力规模。因此，本文提出研究假设。

研究假设 1b：混合所有制改革缓解了国有企业高学历劳动力规模相对价格扭曲。

（三）混合所有制改革与国有垄断企业高学历劳动力相对价格扭曲

与发达国家垄断企业通过制定高价以谋求高额利润不同，中国的国有垄断企业与政府行为相结合，表现出强烈的行政垄断特征（张伟、于良春，2011）。在政治庇护下，国有垄断企业“内部人控制”程度更为严重，表现为国有垄断企业高管拥有一些超越正常经济权利的其他权利（李建标等，2016）。因而，能否切实保障非国有资本利益和平衡股东权利（尤其是董事选举权）将在很大程度上决定行政垄断行业内推进混合所有制改革的成效，但在实际操作中仍存在诸多障碍。混合所有制改革对国有垄断企业高学历劳动力相对价格扭曲的影响主要表现在以下两个方面。

（1）国有垄断企业的混合所有制改革仍然是在行政垄断框架下进行的改革，在改革的利益分配中，由于制度惯性的存在（Acemoglu 和 Robinson，2006；黄少安、刘兰勇，2014），来源于政府保护下的垄断特权难以突然消失，这种特权为国有垄断企业在混合所有制改革中进行利益博弈提供了更大的策略空间（李建标等，2016），能够向上延缓或规避改革要求（朱红军等，2006），向下在与非国有资本谈判中获取更多的改革收益。只要这种垄断特权存在，企业获取的超额利润便无法得到有效控制，高学历劳动力成本仍然会得到“补贴”，导致规模相对价格扭曲程度无法得到有效缓解。

研究假设 2a：相对于非行政垄断行业，行政垄断行业内混合所有制改革对国有企业高学历劳动力规模相对价格扭曲的缓解作用较弱。

（2）非国有资本进入国有垄断企业存在意识形态的障碍（陈仕华、卢昌崇，2017），源于 20 世纪 90 年代的国有资产流失问题，国企高管在处理国有资产和非国有资产关系的时候相对较为谨慎。尤其在部分行政垄断行业中，虽政策允许非国有资本进入，但政府放权意愿实际较低，使非国有企业委派董事、监事和高管的比例也相对较低（蔡贵龙等，2018）。此外，受制于国企高管掌握的政治权利，非国有资本在混合所有制改革企业中难以取得实际的控制权，也难以对国企高管形成有效的监督和约束。非国有股东不具有实际的控制权将导致：一方面，企业创新活力的释放受到阻碍，曾诗韵等（2017）的研究表明仅有当非国有股东拥有董事席位时，混合所有制改革才能有效完善国有企业的治理机制，提高国有企业运营效率；另一方面，国有垄断企业高管仍具有空间和动力利用雇员聘用权进行寻租，企业内高学历劳动力与人力资本规模不匹配问题无法得到根治。

本文提出以下研究假设：

研究假设2b：相对于非行政垄断行业，行政垄断行业内混合所有制改革对国有企业高学历劳动力技术相对价格扭曲的缓解作用较弱。

研究假设3：行政垄断行业内，混合所有制改革未能对国企高管的行政特权形成有效约束。

四、研究设计

（一）所有制间教育错配测算的参数设置

（1）高学历劳动力相对价格扭曲程度。从本文第二部分的分析可知，相对价格扭曲引发的TFP损失受到$\frac{\partial H_{si}}{\partial \tau_{si}}$和$\frac{\partial TFP\ (H_{sn})_{sn}}{\partial H_{sn}}$两部分的影响，分别为规模相对价格扭曲和技术相对价格扭曲。对于规模相对价格扭曲，其主要表达了在企业TFP外生条件下，高学历劳动力的过度配置引发边际产出下降，进而导致行业整体TFP损失。在企业TFP外生和同一行业内生产函数相同的假定下，企业高学历劳动力的边际产出与其规模完全负相关，因而可采用行业整体与企业的平均高学历劳动力的比值衡量规模相对价格扭曲水平（dis_sca）。对于技术相对价格扭曲，其主要表达了在企业TFP内生下，高学历劳动力规模与企业TFP无法匹配，因此可利用高学历劳动力规模对TFP的单位贡献衡量技术相对价格扭曲（dis_tec）。

（2）高学历劳动力规模。2004年，中国工业企业数据库完整地提供了有关企业劳动力教育水平的信息。本文在Mabee（1997）对人力资本测算方法的基础上进行改进，以推算其他年份工业企业的高学历劳动力规模。假定在同一经济环境下，工资差异仅仅来源于劳动力教育期限的差异，则企业平均工资水平的差异来源于企业劳动力的平均受教育年限和没有任何教育经历的劳动力（仅能获取基本工资）的比例，因而用平均工资除以基本工资就可以表示该企业的高学历劳动力规模。该方法实施的核心问题是如何估算出某一经济环境下的基本工资水平，对此，Mabee（1997）基于 Mincer 工资方程估算出教育对工资的影响作用，并取截距项作为该经济环境下的基本工资。本文利用 2004 年中国工业企业数据提供的有关各企业劳动力受教育程度的详细信息估算三位数行业的 Mincer 工资方程：①界定高中及以上学历劳动力为高学历劳动力；②将劳动力所具有的不同学历处理为定距变量：高中学历 =9，大专学历 =15，大学本科学历 =16，研究生及以上学历 =19；③参照方军雄（2009）等学者对于工资方程的设定方法，建立如下工资方程：

$$Ave\_wage_{sij} = \alpha + \beta_1 edu_{sij} + \beta_2 age_{sij} + \beta_3 revenue_{sij} + \beta_4 scale_{sij} + \beta_5 control_{sij} + \beta_6 gdp_{sij} + \beta_7 dum1_{sij} + \beta_8 dum2_{sij} + \beta_2 age_{sij} \times edu_{sij} + \beta_3 revenue_{sij} \times edu_{sij} + \beta_4 scale_{sij} \times edu_{sij} + \beta_5 control_{sij} \times edu_{sij} + \beta_6 gdp_{sij} \times edu_{sij} + \beta_7 dum1_{sij} \times edu_{sij} + \beta_8 dum2_{sij} \times edu_{sij} + \lambda_j + \varepsilon_{ij} \tag{7}$$

其中，s 为第 s 个省市；i 为第 i 个企业；j 为第 j 个行业；α 为截距项，可认为是企业的最低工资保障；Ave_wage 表示企业平均工资；edu 为企业劳动力平均受教育年限；age 为企业成立年数；$revenue$ 为企业收益率，利润总额除以总资产；$scale$ 为企业规模，总资产的对数；$control$ 为国有控股情况，国有绝对控股 =1，其他 =0；gdp 为企业所在地区国民生产总值的对数；$dum1$ 为企业是否在中部地区，是 =1，否 =0；$dum2$ 为企业是否在西部地区，是 =1，否 =0；λ_j 为行业固定效应；ε 为残差项。考虑到上述控制变量不仅会影响基本工资（$Basic\_wage$），也会影响教育收益率，且两种影响可能存在差异，因此本文在工资方程中引入了企业劳动力平均受教育年限与控制变量的交互项。从式（7）可以看出，企业基本工资为

$$Basic\_wage = \alpha + \beta_2 age_{sij} + \beta_3 revenue_{sij} + \beta_4 scale_{sij} + \beta_5 control_{sij} + \beta_6 gdp_{sij} + \beta_7 dum1_{sij} + \beta_8 dum2_{sij} + \lambda_j + \varepsilon_{ij} \tag{8}$$

则企业的高学历劳动力存量为

$$h_{ij} = Ave\_wage_{ij} / Basic\_wage_{ij} \tag{9}$$

（3）本文基于 H－K 要素错配框架，参照 Brandt 等（2013）的做法，将企业分类为国有企业和非国有企业，以测算所有制间的教育错配。各部门和各行业的生产函数均符合 CES 生产函数形式，产品替代弹性分别为 1/3 和 2/3。以工业增加值作为产出变量，以劳动力数量和高学历劳动力规模作为自由变量，固定资产年平均余额作为资本变量，中间品投入作为代理变量，利用 LP 法估算各行业生产弹性 α_s 、β_s 和 γ_s 以及企业 TFP。

（二）混合所有制改革影响教育错配的准自然实验设计

为了估计混合所有制改革对教育错配的影响，最直观的方法是比较各行业企业在混合所有制改革发生前后的教育错配差异，但这一差异除了可能受到行业企业是否进行混合所有制改革外，还可能受到同一时间发生的其他政策或环境的影响，如 1998 年金融危机、2005 年汇率改革后为刺激出口而实施的相应的国有企业补救措施等。为了剔除其他共同性因素的干扰，实证分析中通常采用双重差分的方法。该方法的基本逻辑是，找到同时期未参与改革的行业，其教育错配变化反映了除混合所有制改革以外的其他共同性因素的影响，当从行业企业进行混合所有制改革前后的教育错配差异中减去没有进行混合所有制改革的行业的教育错配变化，便可以剔除其他共同性因素影响之后的净效果。

借鉴陈林（2018）的研究方法，本文利用上市公司最终控制人界定民营企业的办法界定经历混合所有制改革的企业。根据控股情况和登记注册类型确定企业产权性质。例如，当国有控股大于 50%，且登记注册类型为国有企业或国有绝对控股企业时，该企业为国有企业。当国有资本控股的企业增加了非国有资本，并实现非国有资本控股，则定义为该样本为实施了混合所有制改革的企业。最终界定了 6620 个国有企业经历了混合所有制改革，占国有企业样本的约 11.89%。

双重差分模型如下：

$$dis_{it} = \alpha_0 + \alpha_1 \cdot DID_{it} + \gamma \cdot X_{it} + \mu_i + v_t + \varepsilon_{it} \tag{10}$$

其中，i 为两位数行业，t 为时间；dis_{it} 为高学历劳动力相对价格扭曲程度，包括规模相对价格扭曲（ dis_sca_{it} ）和技术相对价格扭曲（ dis_tec_{it} ）。若

企业 i 在第 t_0 年经历了混合所有制改革，则当 $t \geqslant t_0$ 时，$DID_{it} = 1$，否则，$DID_{it} = 0$。X_{it} 为控制变量；μ_i 和 v_t 分别为行业（个体）固定效应和时间固定效应；α_1 即为混合所有制改革对教育错配的影响效果，是本部分关心的核心参数。

为了估计混合所有制改革对教育错配的影响在行政垄断行业中的效果，本文采用三重差分法进行检验，回归方程如下：

$$dis_{it} = \alpha_0 + \alpha_1 \cdot DDD_{it} + \alpha_2 \cdot DID_{it} + \alpha_3 \cdot mon_i + \gamma \cdot X_{it} + \mu_i + v_t + \varepsilon_{it} \tag{11}$$

其中，$DDD_{it} = DID_{it} \times mon_i$ 为三重差分项；mon_i 为第 i 个行业是否是行政垄断行业；$\alpha_1 + \alpha_2$ 即为混合所有制改革对教育错配的影响在行政垄断行业中的效果。

（三）变量选取

（1）行政特权（ade）。行政特权是国有垄断企业高管具有超越正常经济权利的特权，往往表现在政府给予企业的隐性保护和补贴。以往大量文献讨论了企业管理费用与行政特权的紧密联系。陈林等（2016）利用行业平均管理费用作为检验行政垄断影响要素错配的工具变量，并得到有益结果。上述研究证实了管理费用作为衡量国有垄断企业高管行政特权、权力寻租的有效性。因此，本文用企业人均管理费衡量国有垄断企业高管的行政特权。

（2）行政垄断（mon）。在中国政企同盟的经营机制下，国有控股企业在行业中的支配地位决定了其垄断形式主要为行政垄断（张伟、于良春，2011）。参照岳希明和蔡萌（2015）对行政垄断的量化方法，在行政垄断企业主要分布在“控制国有经济命脉”的基本前提下，将行政垄断视为一个只具有“是”和“否”两个状态的取值空间。本文利用行业内国有企业增加值占比衡量国有企业成分，利用销售收入计算赫芬达尔指数衡量行业竞争程度，利用平均管理费用衡量行政特权，基于主成分分析法进行降维，最后确认了7个两位数行政垄断行业，包括：石油和天然气开采（06）、烟草制品业（16）、石油加工、炼焦及核燃料加工业（25）、交通运输设备制造业（37）、通信设备、计算机及其他电子设备制造业（40）、电力、热力的生产和供应业（44）、燃气生产和供应业（45）。

（3）其他超额利润来源。我们仍控制了一些可以直接从会计核算信息中观察到的超额利润来源。具体来看，超额利润来源体现在三个方面：一是行业壁垒。地方政府出于就业、税收和非经济因素等方面的考虑近乎本能地采用行政命令方式限制其他企业进入特定的行业或领域，通过地方保护和市场分割维持部分国有企业的垄断地位，并间接维持其超额利润（靳来群等，2015）。二是信贷竞争优势。中国当前是以银行业为主导的金融体系，金融市场尚不发达，加以银行业同样是以国有企业为主的国有垄断行业，导致政府、国有银行和国有企业三者共同垄断了信贷资源，支配着信贷资源的流向。在这种情况下，即使国有企业的效率很低，仍然可以获得低于市场价格的廉价信贷资源，而非国有企业则普遍面临“融资难、融资贵”问题。三是政府补贴。在政绩考核压力以及政府领导人自身职业发展的影响下，地方政府官员为经济增长排名进行竞争以实现个人效用最大化，相比研发补贴这种总量小、时效性差的补贴方式，地方政府更偏好向大型国有企业提供税收和出口补贴（罗宏等，2016）。本文利用产品销售收入占比（*sale*）衡量国有企业通过行业壁垒获取的超额利润，利用人均负债额（*debt*）衡量国有企业通过信贷资源垄断获取的超额利润，利用人均补贴（*sub*）衡量国有企业通过政府补贴获取的超利润。

（4）其他控制变量，包括行业资产收益率（行业利润除以行业资产规模，*roa*）、行业规模（行业总资产规模的对数，*scale*）和行业企业平均年龄（行业内企业的平均年龄，*age*），上述指标均采用中国工业企业数据库测得。

（四）数据来源处理

本文使用的是 1998—2007 年中国工业企业数据库。[①] 该数据库由国家统计局提供，包括全部国有企业和主营业务收入大于 500 万元的民营工业企业，覆盖全国 31 个省、市、自治区。在利用工业企业数据库进行高学历劳动力测算前，需对数据进行以下处理：①为消除 2003 年国家统计局对行业代码调整产生的影响，本文对 1998—2002 年行业代码进行调整，并选取两位数行业代码对各年企业样本进行分类和匹配；②以 1991 年为基期，利用原材料、燃

① 2004 年数据不包含“工业总产值”，因而在下文测算中剔除了该年度数据。

料、动力购进价格指数对中间品投入进行平减，利用固定资产价格指数对固定资产净值年平均余额进行平减，其余价格型指标均利用 CPI 进行平减；③参照 Cai 和 Liu（2009）、靳来群等（2015）的处理方法，剔除样本中的异常值：删除工业总产值、工业增加值、全部从业人员年平均人数、固定资产净值年平均余额、流动资产净值年平均余额、全年营业收入、主营业务收入、资产总计、管理费用、补贴收入、负债额、产品销售收入为负的样本，删除年平均从业人员数在 8 人以下的样本，删除固定资产净值年平均余额小于资产总计、流动资产净值年平均余额小于资产总计、全年营业收入小于主营业务收入的样本；④为排除经历了混合所有制改革的集体企业对回归结果的影响，本文剔除了此类样本。最终保留 137. 7919 万个样本，涉及 38 个两位数行业，48. 5984 万个企业，5. 2291 万个国有企业。表 1 为各变量的描述性统计。

表 1　　变量描述

变量	符号	样本量/万个	均值	方差	最大值	最小值
高学历劳动力规模	*hij*	137. 7919	1. 2774	0. 8319	6. 9415	0. 1036
行政特权	*ade*	137. 7919	13. 2218	601. 9414	8080. 0000	0. 0000
行政垄断	*mon*	137. 7919	0. 1075	0. 0959	1. 0000	0. 0000
产品销售收入占比	*sale*	137. 7919	1. 3688	5. 9117	1005. 7030	0. 0000
人均负债额	*debt*	137. 7919	70. 8830	93892. 6000	130212. 9000	0. 0000
人均政府补贴	*sub*	137. 7919	0. 7359	731. 5439	29854. 8400	0. 0000
资产收益率	*roa*	137. 7919	0. 0806	0. 0490	10. 8432	-23. 4114
企业规模	*scale*	137. 7919	8. 9344	1. 9661	17. 9806	-0. 0025
企业年龄	*age*	137. 7919	9. 9603	137. 4020	407. 0000	0. 0000

五、回归结果分析

（一）所有制间教育错配程度测算结果

在测算所有制间的教育错配时，由于混合所有制改革引发的企业所有制身份的变化会对测算结果产生严重影响，因而本文将各企业初始年份时的所有制身份设置为固定不变。换句话说，即便国有企业进行了混合所有制改革，本文依然将其归类为国有企业，以此观察混合所有制改革对所有制间教育错配的影响作用。

表 2 和表 3 分别报告了基于技术和规模相对价格扭曲的所有制间教育错配测算结果。从表 2 来看，在国有企业和非国有企业间，由技术相对价格扭曲引发的错配程度自 1998 年不断减小，至 2006 年减少了 0. 0571，至 2007 年减少了 0. 0815，是肯定这一阶段国有企业改革成效的有力证据。在剔除经历了混合所有制改革的国有企业样本后，各年份错配程度都明显增大，且改善趋势有所放缓，相比 1998 年，2006 年仅下降了 0. 0263，2007 年下降了 0. 0550，这表明了国有企业混合所有制改革在缓解技术价格扭曲引发的所有制间教育错配中的重要作用。行政垄断行业中的错配更为严重，正如上文所说，国有垄断企业的创新能力和创新动力均较差，使国有垄断企业具有更低的技术相对价格，表 2 的技术相对价格扭曲部分证实了这一结论。在剔除行政垄断行业中经历了混合所有制改革的国有企业后，错配水平几乎没有变化，表明混合所有制改革在行政垄断环节对教育错配的改善作用较小。

从表 3 来看，规模相对价格扭曲引发的错配约为技术相对价格扭曲引发的 50%，表明技术相对价格扭曲是所有制间教育错配形成更为重要的原因。对于总样本的测算结果，2007 年相比 1998 年增大了 0. 0218，在剔除经历了混合所有制改革的国有企业后，规模相对价格扭曲引发的错配程度加大，恶化程度加剧，2007 年相比 1998 年增大了 0. 0538。这证实了混合所有制改革对于缓解规模相对价格扭曲引发的错配具有重要作用。行政垄断行业的这一测算结果较小，行政垄断行业内国有企业与非国有企业的规模相对价格扭曲程度的差距也较小。这可能由于国有垄断企业承担了大量解决就业问题的社会性负担，这对国有垄断企业高学历劳动力比例产生了一定的抑制作用。另外，从行政垄断行业内剔除改革企业后的回归结果可以看出，混合所有制改革仍然未对行政垄断行业内规模相对价格扭曲引发的错配产生有效影响。上述研究结论初步验证了研究假设 1a、1b 和 2a、2b。

表 2　技术相对价格扭曲引发的所有制间教育错配测算结果（行业均值）

年份	技术相对价格扭曲引发的行业 TFP 损失				技术相对价格扭曲			
	非行政垄断行业		行政垄断行业		非行政垄断行业		行政垄断行业	
	总样本	剔除改革企业	总样本	剔除改革企业	国有企业	非国有企业	国有企业	非国有企业
1998	0. 2655	0. 2773	0. 2855	0. 2890	0. 5609	0. 8939	0. 6042	0. 7364
1999	0. 2572	0. 2772	0. 2560	0. 2628	0. 5673	0. 8713	0. 5809	0. 6956
2000	0. 2582	0. 2842	0. 2647	0. 2766	0. 5686	0. 8175	0. 5257	0. 6441
2001	0. 2601	0. 2903	0. 2833	0. 3005	0. 5805	0. 7895	0. 5013	0. 6410
2002	0. 2566	0. 2915	0. 2578	0. 2696	0. 5963	0. 7823	0. 4497	0. 6146
2003	0. 2414	0. 2787	0. 2493	0. 2642	0. 5656	0. 7778	0. 4554	0. 6355
2005	0. 2132	0. 2615	0. 2249	0. 2365	0. 5072	0. 6153	0. 4011	0. 4801
2006	0. 2084	0. 2510	0. 2210	0. 2417	0. 5003	0. 5987	0. 3935	0. 4574
2007	0. 1840	0. 2223	0. 2192	0. 2431	0. 5491	0. 5998	0. 4150	0. 4469

表 3　规模相对价格扭曲引发的所有制间教育错配测算结果（行业均值）

年份	技术相对价格扭曲引发的行业 TFP 损失				技术相对价格扭曲			
	非行政垄断行业		行政垄断行业		非行政垄断行业		行政垄断行业	
	总样本	剔除改革企业	总样本	剔除改革企业	国有企业	非国有企业	国有企业	非国有企业
1998	0. 1053	0. 1037	0. 1141	0. 1146	1. 4747	1. 5863	1. 5507	1. 6255
1999	0. 1019	0. 1009	0. 0952	0. 0941	1. 4924	1. 5740	1. 5962	1. 5906
2000	0. 1105	0. 1098	0. 1071	0. 1053	1. 4841	1. 5778	1. 5995	1. 6040
2001	0. 1178	0. 1210	0. 0872	0. 0894	1. 4626	1. 5673	1. 5677	1. 6271
2002	0. 1270	0. 1346	0. 0953	0. 0976	1. 4331	1. 5346	1. 5835	1. 6159
2003	0. 1324	0. 1409	0. 0971	0. 1015	1. 3764	1. 5106	1. 5726	1. 5989
2005	0. 1306	0. 1563	0. 0987	0. 1087	1. 1637	1. 3246	1. 4322	1. 4394
2006	0. 1268	0. 1529	0. 0923	0. 1051	1. 1500	1. 3197	1. 4078	1. 4213
2007	0. 1271	0. 1575	0. 0954	0. 1040	1. 0304	1. 3282	1. 2243	1. 4247

（二）混合所有制改革对教育错配影响的基准模型检验

鉴于国有企业和非国有企业工资决定机制的差异，本文分别以未进行改革的所有企业和未进行改革的国有企业为对照组，以经历了混合所有制改革的国有企业为实验组，检验混合所有制改革对所有制间教育错配的影响作用。

表4给出了双重差分法的回归结果，模型的回归结果十分稳定，以未进行改革的国有企业为对照组的准自然实验为准，α_1 的回归结果为正，且均在1%水平下达到统计意义上显著，混合所有制改革有效纠正了国有企业的技术和规模相对价格扭曲程度，有利于缓解所有制间的教育错配程度。这验证了本文的研究假设1a和1b。

表4　　双重差分法的基准回归结果

被解释变量	未进行改革的企业为对照组				未进行改革的国有企业为对照组			
	dis_sca		*dis_tec*		*dis_sca*		*dis_tec*	
DID	0.3356***	0.3342***	0.3495***	0.3468***	0.3163***	0.3156***	0.3537***	0.3530***
	(42.0340)	(41.8190)	(30.9525)	(30.6762)	(31.2065)	(31.1270)	(25.2525)	(25.2009)
控制变量	Yes	Yes	Yes	Yes	Yes	Yes	Yes	Yes
个体	Yes	Yes	Yes	Yes	Yes	Yes	Yes	Yes
时间	Yes	Yes	Yes	Yes	Yes	Yes	Yes	Yes
行业效应	Yes	—	Yes	—	Yes	—	Yes	—
观测值	1378406	1378406	1378406	1378406	184767	184767	184767	184767

注：***、**、*分别表示在1%、5%和10%水平下达到统计意义上显著；括号内为t检验值；*dis_tec* 的回归系数的单位为E+03。余表同。

如表5所示，在区分行政垄断和非行政垄断行业后，模型的回归结果依然稳定，混合所有制改革对非行政垄断行业内国有企业相对价格扭曲的政策效应为 α_2，对行政垄断行业内国有企业相对价格扭曲的政策效应为 $\alpha_1+\alpha_2$，α_1 的回归结果显著为负，表明混合所有制改革对于行政垄断行业内所有制间教育错配的改善效应要小于非行政垄断行业。混合所有制改革分别提升了非行政垄断行业内国有企业规模和技术相对价格约0.33个单位和0.41个单位，提升了行政垄断行业内国有企业规模和技术相对价格约0.21个单位和0.06

个单位，改革在行政垄断环节对国有企业技术相对价格扭曲的缓解作用极小。这验证了研究假设 2a 和 2b。

表 5　　三重差分法的基准回归结果

被解释变量	未进行改革的企业为对照组				未进行改革的国有企业为对照组			
	dis_sca		*dis_tec*		*dis_sca*		*dis_tec*	
DDD	-0.1218***	-0.1221***	-0.3463***	-0.3517***	-0.1213***	-0.1224***	-0.3511***	-0.3519***
	(-5.8863)	(-5.9015)	(-11.8336)	(-12.0112)	(-4.9619)	(-5.0089)	(-10.3947)	(-10.4281)
DID	0.3545***	0.3530***	0.4033***	0.4016***	0.3351***	0.3342***	0.4082***	0.4079***
	(41.1954)	(40.9962)	(33.1348)	(32.9680)	(30.9675)	(30.8862)	(27.3036)	(27.2960)
mon	0.6698***	0.2344***	-0.7000***	-0.2399***	1.3674***	0.2607***	-0.0597	-0.1672***
	(4.1545)	(26.9003)	(-3.0693)	(-19.4608)	(5.4623)	(8.6968)	(-0.1727)	(-4.0380)
控制变量	Yes	Yes	Yes	Yes	Yes	Yes	Yes	Yes
个体	Yes	Yes	Yes	Yes	Yes	Yes	Yes	Yes
时间	Yes	Yes	Yes	Yes	Yes	Yes	Yes	Yes
行业效应	Yes	—	Yes	—	Yes	—	Yes	—
观测值	1378406	1378406	1378406	1378406	184767	184767	184767	184767

（三）混合所有制改革对教育错配影响机制的检验

分别以未进行改革的所有企业和未进行改革的国有企业为对照组的准自然实验的回归结果差异较大，这主要由于双重差分法和三重差分法的使用都要求实验组与对照组具有相同的长期趋势，即在没有受到政策干预的影响下，两组企业应照着同一方向发展。而政府保护、隐性补贴、权力寻租等大多数情况下仅仅存在于国有企业中，这使国有企业和非国有企业存在严重的长期趋势差异，因而在本部分的回归结果中，未进行改革的国有企业为对照组的准自然实验的回归结果更为准确。

从表 6 以未进行改革的所有企业为对照组的准自然实验的回归结果可以看出，改革对于国有企业人均超额利润水平的政策效应为正，这主要来源于通货膨胀、企业规模扩大等长期趋势。而在以未进行改革的国有企业为对照组的回归结果中，混合所有制改革显著降低了国有企业人均负债水平、销售份额占比，对人均补贴具有显著的促进作用。综上所述，可以表明，混合所有制改革有利于从信贷市场垄断、行业壁垒等维度对国有企业的超额利润水平进行控制。对人均管理费用的影响为负但未达到统计意义上显著，本文认为这是由于未区分行政垄断行业和非行政垄断行业，使混合所有制改革对国企高管"权利寻租"的约束产生了不确定性。

表 6　　基于双重差分法的改革对国有企业超额利润水平影响的回归结果

被解释变量	未进行改革的企业为对照组				未进行改革的国有企业为对照组			
	sub	*debt*	*sale*	*ade*	*sub*	*debt*	*sale*	*ade*
DID	0.2394	12.4952 ***	2.5500 ***	0.2727 ***	0.1913 ***	-4.7810 **	-0.0501 ***	-0.0989
	(0.7775)	(5.5939)	(13.6741)	(17.9744)	(3.2051)	(-2.2068)	(-8.7272)	(-0.6722)
控制变量	Yes	Yes	Yes	Yes	Yes	Yes	Yes	Yes
个体	Yes	Yes	Yes	Yes	Yes	Yes	Yes	Yes
时间	Yes	Yes	Yes	Yes	Yes	Yes	Yes	Yes
行业	Yes	Yes	Yes	Yes	Yes	Yes	Yes	Yes
观测值	1378406	1378406	1378406	1378406	184767	184767	184767	184767

根据表 7 的回归结果，混合所有制改革对于国有垄断企业的人均负债水平和销售份额具有更为有效的抑制作用。在区分行政垄断行业和非行政垄断行业后，混合所有制改革对于人均管理费用的政策效应达到统计意义上显著，对于非行政垄断行业内国有企业的政策效应约 -0.37，而对于国有垄断企业的政策效应约 1.27，表明在非行政垄断行业中，非国有控股股东对国有企业高管行为具有更为有效的约束和监督作用，而在行政垄断行业中仍然缺少话语权。这验证了本文的研究假设 3。

另外，混合所有制改革对国有垄断企业人均补贴的政策效应也更强，约为 0.65。在行政垄断框架内的混合所有制改革并无法使国有垄断企业短期内失去垄断特权，国有垄断企业依然有能力寻求新的超额利润来源。

表 7　　基于三重差分法的改革对国有企业超额利润水平影响的回归结果

被解释变量	未进行改革的企业为对照组				未进行改革的国有企业为对照组			
	sub	*debt*	*sale*	*ade*	*sub*	*debt*	*sale*	*ade*
DDD	0.5303	-16.7591 ***	-0.0976 **	1.7516 ***	0.5462 ***	-18.2532 ***	-0.0990 ***	1.6390 ***
	(0.6649)	(-2.8964)	(-2.4751)	(3.6259)	(3.7984)	(-3.4976)	(-3.8988)	(4.6206)

续表

被解释变量	未进行改革的企业为对照组				未进行改革的国有企业为对照组			
	sub	*debt*	*sale*	*ade*	*sub*	*debt*	*sale*	*ade*
DID	0.1610	15.1591***	0.2881***	2.2816***	0.1067*	-1.9659	0.0314***	-0.3664**
	(0.4852)	(6.2975)	(17.5588)	(11.3525)	(1.6759)	(-0.8506)	(2.7953)	(-2.3328)
mon	0.0180	-0.9728	-0.4603***	0.0454	-0.1304	0.5609	-0.2967***	-0.7282*
	(0.0536)	(-0.3994)	(-27.7294)	(0.2234)	(-0.7392)	(0.0876)	(-9.5221)	(-1.6732)
控制变量	*Yes*	*Yes*	*Yes*	*Yes*	*Yes*	*Yes*	*Yes*	*Yes*
个体	*Yes*	*Yes*	*Yes*	*Yes*	*Yes*	*Yes*	*Yes*	*Yes*
时间	*Yes*	*Yes*	*Yes*	*Yes*	*Yes*	*Yes*	*Yes*	*Yes*
观测值	1378406	1378406	1378406	1378406	184767	184767	184767	184767

表6和表7探讨了混合所有制改革对国有企业超额利润来源的影响作用。下面本文将通过在准自然实验中控制超额利润来源，尝试探讨混合所有制改革对国有企业利润分配的影响作用。在表8中，比较两类对照组的回归结果，超额利润来源对相对价格扭曲水平的影响也不尽相同，主要由于国有企业和非国有企业的利润分配机制有所区别。在以未进行改革的企业为对照组的回归结果中，人均补贴和销售份额都有利于提升技术相对价格，表明非国有企业的利润分配机制更注重企业创新等长期发展，企业创新能力和创新动力较强。在以未进行改革的国有企业为对照组的回归结果中，超额利润来源几乎抑制了规模和技术相对价格水平，提升了相对价格扭曲程度，尤其是人均负债和人均管理费用的显著性较高，这证实了国有企业在“所有制缺位”的条件下具有进行“租金分享”和“权利寻租”的动力和空间，也进一步表明以未进行改革的国有企业为对照组的准自然实验受到长期趋势的影响更小，结果更为可靠。

在控制了国有企业超额利润来源后，混合所有制改革在非行政垄断行业中对规模和技术相对价格的提升效应分别约为0.33和0.41，在行政垄断行业中，混合所有制改革对规模和技术相对价格的提升效应分别约为0.21和0.06，与未控制超额利润来源时的政策效应几乎一致。这表明混合所有制改革主要通过改善国有企业内部的利润分配机制，提升高学历劳动力定价的市场化程度，从而降低了所有制间高学历劳动力的错配程度。

表 8　　改革影响所有制间教育错配的机制探讨

被解释变量	未进行改革的企业为对照组				未进行改革的国有企业为对照组			
	dis_sca		*dis_tec*		*dis_sca*		*dis_tec*	
DDD		-0.1210***		-0.3472***		-0.1196***		-0.3461***
		(-5.8792)		(-11.8882)		(-4.9223)		(-10.2646)
DID	0.3519***	0.3693***	0.3399***	0.3909***	0.3166***	0.3339***	0.3519***	0.4053***
	(44.3026)	(43.1021)	(30.1593)	(32.1680)	(31.4090)	(31.0296)	(25.1492)	(27.1443)
mon		0.2151***		-0.2153***		0.2416***		-0.1563***
		(24.8012)		(-17.5021)		(8.1026)		(-3.7784)
sub	-0.0000	-0.0000	0.0000	0.0000	-0.0003	-0.0003	-0.0008	-0.0008
	(-0.8131)	(-0.8095)	(0.6787)	(0.6349)	(-0.7323)	(-0.7149)	(-1.2383)	(-1.1685)
debt	0.0001***	0.0001***	-0.0002***	-0.0002***	-0.0000***	-0.0000***	-0.0002***	-0.0002***
	(18.2552)	(18.3645)	(-26.7170)	(-27.0246)	(-3.6640)	(-3.6508)	(-10.1996)	(-10.3538)
sale	-0.0421***	-0.0424***	0.0524***	0.0536***	-0.0509***	-0.0516***	0.0423***	0.0434***
	(-71.5790)	(-72.2709)	(62.7867)	(64.4585)	(-18.3118)	(-18.6127)	(10.9751)	(11.2856)
ade	-0.0023***	-0.0023***	-0.0010***	-0.0011***	-0.0053***	-0.0052***	-0.0028***	-0.0028***
	(-46.0182)	(-45.9201)	(-14.9600)	(-15.2199)	(-26.6166)	(-26.4523)	(-10.1161)	(-10.0847)
控制变量	Yes	Yes	Yes	Yes	Yes	Yes	Yes	Yes
个体	Yes	Yes	Yes	Yes	Yes	Yes	Yes	Yes
时间	Yes	Yes	Yes	Yes	Yes	Yes	Yes	Yes
行业效应	Yes	—	Yes	—	Yes	—	Yes	—
观测值	1378406	1378406	1378406	1378406	184767	184767	184767	184767

六、稳健性检验

（一）基于倾向得分匹配法（PSM）的进一步检验

在上文研究中即便区分了不同的对照组，长期趋势仍可能存在差异，这会使模型产生内生性问题，对此，理想的解决方法是进行随机试验。本文基于得分倾向匹配法，选取资产收益率、企业规模、企业年龄、工业增加值、当年折旧、东部地区和西部地区 7 个指标匹配对照组样本，尽可能保证实验组和对照组具有同质性和一致的长期趋势。鉴于匹配半径值与样本间的同质性成正比，与样本充足性成反比，这里将匹配半径控制在0.00001，匹配后样本为62631个，是原国有企业样本的约33.90%。

表9报告了相关的回归结果，与前文几乎一致。从表9中可以更清晰地观察到混合所有制改革对相对价格扭曲的影响路径，在控制了超额利润水平后，混合所有制改革对规模相对价格的政策效应由0.3488下降到0.3432，对技术相对价格的政策效应由0.3062下降到0.2984，则混合所有制改革通过约束国有企业超额利润来源对规模相对价格扭曲的提升作用仅有00.0056，对技术相对价格的提升作用仅有0.0078。同理，在行政垄断行业内，混合所有制改革通过约束国有企业超额利润来源对规模相对价格扭曲的提升作用仅有0.001，对技术相对价格的提升作用为-0.019。综上所述，混合所有制主要通过完善国有企业利润分配机制缓解所有制间教育错配程度，尤其对行政垄断内国企高管的行政特权未能形成有效约束。

表9　　PSM-DID和PSM-DDD的回归结果

被解释变量	PSM-DID				PSM-DDD			
	dis_sca		*dis_tec*		*dis_sca*		*dis_tec*	
DID					-0.0980***	-0.0825**	-0.1941***	-0.1862***
					(-2.7041)	(-2.2984)	(-4.0132)	(-3.8553)
reform	0.3488***	0.3432***	0.3062***	0.2984***	0.3552***	0.3587***	0.3306***	0.3217***
	(22.5185)	(23.1108)	(15.0468)	(14.6737)	(22.3261)	(22.7653)	(15.5770)	(15.1661)
mon					0.2023***	0.1486***	-0.1871**	-0.1601**
					(3.5478)	(2.6311)	(-2.4594)	(-2.1050)
个体	Yes	Yes	Yes	Yes	Yes	Yes	Yes	Yes
时间	Yes	Yes	Yes	Yes	Yes	Yes	Yes	Yes
行业效应	Yes	Yes	Yes	Yes	—	—	—	—
超额利润	—	Yes	—	Yes	—	Yes	—	Yes
观测值	62631	62631	62631	62631	62631	62631	62631	62631

（二）基于观测期法的进一步检验

以往大多研究中均将双重/三重差分法应用于实验时间是唯一的这样的自然实验中，但对于本文研究而言，国有企业进行混合所有制改革的时间点并非一致。鉴于此，本文参照余明桂等（2013）、陈林（2018）的观测期法，将指定时间段内进行改革的所有企业作为实验组，从而构建实验时间一致的自然实验。考虑到实验时间前后样本的充足性，本文将实验时间观测期设置为2000—2003年，总样本由此被分为三个时间段：1998—1999年为混合所有制改革前，2005—2006年为混合所有制改革后。另外，本文仍然以未进行改革的国有企业样本作为对照组，并剔除了在观测期外进行混合所有制改革的样本以排除其对回归结果的干扰。

表10报告了相关的回归结果。相对于非行政垄断行业，混合所有制在行政垄断行业中，对技术相对价格和规模相对价格扭曲的纠正作用较小(DDD < 0)，在未控制超额利润之前，非行政垄断行业内混合所有制对规模相对价格和技术相对价格的提升作用分别约为0.61和0.40，在控制超额利润之后，这种提升作用分别变为0.58和0.41；在未控制超额利润之前，行政垄断行业内混合所有制对规模相对价格和技术相对价格的提升作用分别约为0.40和0.15，在控制超额利润之后，这种提升作用分别变为0.34和0.20，进一步支持了上文研究结论。

表10　观测期准自然实验的回归结果

被解释变量	观测期 DID				观测期 DDD			
	dis_sca		*dis_tec*		*dis_sca*		*dis_tec*	
DDD					−0.1997**	−0.2389**	−0.2485**	−0.2104*
					(−2.0771)	(−2.5554)	(−2.0465)	(−1.7447)
DID	0.6051***	0.5588***	0.3113***	0.3261***	0.6086***	0.5770***	0.3970***	0.4103***
	(19.0674)	(18.0975)	(8.1700)	(8.6076)	(17.8524)	(17.4039)	(9.2238)	(9.5985)
reform	−0.4176***	−0.3510***	0.1985***	0.1594***	−0.4348***	−0.3721***	0.2080***	0.1678***
	(−18.1391)	(−15.6564)	(7.1800)	(5.7944)	(−17.6495)	(−15.5215)	(6.6862)	(5.4289)
year	−0.4918***	−0.3419***	−0.0089	−0.0019	−0.4983***	−0.3613***	−0.0141	−0.0205
	(−52.2368)	(−35.5254)	(−0.7837)	(−0.1611)	(−49.1945)	(−35.3962)	(−1.1058)	(−1.5539)
mon					0.1008***	0.1290***	0.1408***	0.1490***
					(7.7571)	(10.1800)	(8.5777)	(9.1179)
mon×year					0.2128***	0.2323***	−0.2209***	−0.2084***
					(10.5698)	(11.8501)	(−8.6879)	(−8.2438)

续表

被解释变量	观测期 DID				观测期 DDD			
	dis_sca		*dis_tec*		*dis_sca*		*dis_tec*	
mon × *reform*					0.0179	0.0709	−0.1684*	−0.2031**
					(0.2507)	(1.0198)	(−1.8648)	(−2.2652)
行业控制变量	Yes	Yes	Yes	Yes	—	—	—	—
超额利润	—	Yes	—	Yes	—	Yes	—	Yes
观测值	907862	907862	907862	907862	907862	907862	907862	907862

七、结论及政策建议

近年来，中国高学历劳动力的快速积累和扩张与长期处于低水平波动的全要素生产率（TFP）形成鲜明对比，问题的关键在于社会创新资源与创新动力的错配，如何有效配置高学历劳动力创新资源，在中国经济发展逐步由投资驱动向创新驱动转型的关键期显得尤为重要。以往文献大多利用受教育程度衡量人力资本，并在 TFP 外生假定下测算了人力资本的错配程度，这一方面忽略了人力资本外溢效应损失对经济总体 TFP 损失的影响；另一方面在中国劳动力市场所有制分割下，利用受教育程度衡量人力资本忽略了个体工资水平和人力资本间的错配。鉴于此，本文将内生增长理论引入 H－K 测算框架，测算了中国所有制间由规模相对价格扭曲和技术相对价格扭曲引发的教育错配，并详细讨论了混合所有制改革对教育错配的改善效应。研究发现：①与传统要素错配强调要素价格扭曲带来的 TFP 损失不同，教育错配更强调在价格扭曲下，过度配置高学历劳动力的企业是否存在更高的创新效率。因而高学历劳动力在所有制间的相对价格扭曲存在规模相对价格扭曲和技术相对价格扭曲两个维度，并且相比规模相对价格扭曲，技术相对价格扭曲更为严重。②混合所有制改革主要通过加强对国有企业高管行为的监督、约束国有企业高管利用雇员聘用权的寻租行为、完善企业利润分配机制缓解了规模相对价格扭曲和技术相对价格扭曲引发的所有制间的教育错配。③相对非行政垄断行业，在行政垄断行业内，混合所有制改革对教育错配，尤其是对技术相对价格扭曲引发的错配的改善效应较小，主要的原因是：在行政垄断环节，非国有企业股东在混合所有制改革企业中缺乏话语权和决策权，无法对国有垄断企业“超级股东”实施有效监督，国企高管经营目标多元化、利用雇员聘用权寻租的空间和动力依然存在，导致混合所有制改革在行政垄断环节无法动摇国有企业的管理体制。

推进混合所有制改革的意义在于国有资本和非国有资本的优势互补，对于高学历劳动力来说，国有资本在规模上具备优势，但体制较为僵化，企业创新动力不足，而非国有资本虽然规模较小，但较为灵活，在国有企业中引入非国有资本有助于提升企业创新能力和创新动力，从而搭建人力资本发挥外溢性的渠道，缓解教育错配。而国有资本和非国有资本在话语权和决策权上的均衡关系是能否发挥不同产权优势的基础，对此，本文提出以下两点建议：①引入非国有大股东，制衡国有“超级股东”权力。民营资本在混合所有制企业中缺乏话语权，一个重要的原因是民营股权较为分散，单个股东持股比例较小。中国联通作为近年来混合所有制改革较为成功的案例之一，其在2002年上市后就已经具备了混合所有制企业的身份，但实际上是一股独大和一众散户的股权结构，非国有股东在企业中几乎没有任何话语权干预企业经营决策。在2016年被列为第一批混合所有制改革试点企业后，中国联通股权结构逐步优化，截至2018年9月30日，第二大股东中国人寿的持股比例已经达到10.30%，对中国联通建立市场化管理体制起到了至关重要的作用。国有垄断企业通常规模较大，在政府庇护下“超级股东”享有的行政特权以及国有管理体制难以动摇，引入非国有大股东以监督和激励国企高管行为、完善经营机制十分必要。②完善治理结构，而非完全“去行政化”。通常认为，国有企业“超级股东”的形成源于官商双重身份，因而“去行政化”成为消除“超级股东”、增加非国有资本话语权的良好选择。但事实上，中国国有垄断企业大部分分布在不具有经济比较优势的产业，这类企业在市场竞争中往往不具备自生能力，需在政府保护和隐性补贴下维持生存。目前大部分非国有资本之所以有意愿进入行政垄断行业，是看中了短期内可获取的超额利润，若完全取消国有企业和高管的行政级别，就等于堵住了国企和政府的交流通道，在失去政府庇护后，非国有资本是否还愿意进入行政垄断行业是一个巨大的疑问。

因而，目前在行政垄断行业内推进混合所有制改革更应注重完善公司治理机制，赋予非国有资本委派代表参与董事会决议的权利，切实保障非国有资本的权益，实现高管人员配置多样化，充分发挥各类股权的治理作用。

参考文献

[1] ACEMOGLU D. Good jobs versus bad jobs: theory and some evidence[M]. Social Science Electronic Publishing, 1996.

[2] ACEMOGLU D, ROBINSON J A. Economic backwardness in political perspective[J]. American Political Science Review, 2006(1).

[3] BECKER G, KOMINERS S, MURPHY K, SPENKUCH J. A theory of intergenerational mobility[J]. The Journal of Political Economy, 2018(1).

[4] BRANDT L, TOMBE T, ZHU X. Factor market distortions across time, space and sectors in China[J]. Review of Economic Dynamics, 2013(1).

[5] CAI H, LIU Q. Competition and corporate tax avoidance: evidence from Chinese industrial firms[J]. Economic Journal, 2010(537).

[6] GUPTA N. Partial privatization and firm performance[J]. The Journal of Finance, 2005(2).

[7] HSIEH C T, LENOW P J. Misallocation and manufacturing TFP in China and India[J]. Quarterly Journal of Economics, 2009(4).

[8] JR R E L. On the mechanics of economic development[J]. Quantitative Macroeconomics Working Papers, 1999(1).

[9] LIN J Y. Development strategy, viability, and economic convergence[J]. Economic Development & Cultural Change, 2002(2).

[10] MABEE C. A labor income based measure of the Value of Human Capital: An Application to the United States[J]. Japan & the World Economy, 1997(2).

[11] MEGGINSON W L, NETTER J M. From state to market: a survey of empirical studies on privatization[J]. Journal of Economic Literature, 2001(2).

[12] WALBE R A G, HU S. Revolution, reform and status inheritance: urban China, 1949—1996[J]. American Journal of Sociology, 2009(5).

[13] 蔡贵龙，柳建华，马新啸．非国有股东治理与国企高管薪酬激励[J]．管理世界，2018(5).

[14] 曾诗韵，蔡贵龙，程敏英．非国有股东能改善会计信息质量吗？——来自竞争性国有上市公司的经验证据[J]．会计与经济研究，2017(4).

[15] 陈林．自然垄断与混合所有制改革：基于自然实验与成本函数的分析[J]．经济研究，2018(1).

[16] 陈林，罗莉娅，康妮．行政垄断与要素价格扭曲：基于中国工业全行业数据与内生性视角的实证检验[J]．中国工业经济，2016(1).

[17] 陈林，夏俊．高校扩招对创新效率的政策效应：基于准实验与双重差分模型的计量检验[J]．中国人口科学，2015(5).

[18] 陈林，朱卫平．行政垄断的内涵与外延：关于学术界三大理论分歧的评述[J]．经济学动态，2012(7).

[19] 陈仕华，卢昌崇．国有企业高管跨体制联结与混合所有制改革：基于“国有企业向私营企业转让股权”的经验证据[J]．管理世界，2017(5).

[20] 方军雄．我国上市公司高管的薪酬存在粘性吗？[J]．经济研究，2009(3).

[21] 黄群慧，余菁．新时期的新思路：国有企业分类改革与治理[J]．中国工业经济，2013(11).

[22] 黄少安，刘兰勇．制度结构变迁的内生性理论[J]．学术月刊，2014(11).

[23] 纪雯雯，赖德胜．人力资本配置与中国创新绩效[J]．经济学动态，2018(11).

[24] 靳来群，林金忠，丁诗诗．行政垄断对所有制差异所致资源错配的影响[J]．中国工业经济，2015(4).

[25] 赖德胜，纪雯雯．人力资本配置与创新[J]．经济学动态，2015(3).

[26] 李建标，王高阳，李帅琦．混合所有制改革中国有和非国有资本的行为博弈：实验室实验的证据[J]．中国工业经济，2016(6).

[27] 李静，楠玉，刘霞辉．中国经济增长难题：人力资本错配及其解决途径[J]．经济研究，2017(3).

[28] 刘运国，郑巧，蔡贵龙．非国有股东提高了国有企业的内部控制质量

吗？——来自国有上市公司的经验证据[J]. 会计研究，2016(11).

[29] 罗宏，温晓，刘宝华. 政绩诉求与地方政府财政补贴行为研究[J]. 中国经济问题，2016(2).

[30] 马草原，马文涛，李成. 中国劳动力市场所有制分割的根源与表现[J]. 管理世界，2017(11).

[31] 宋小保. 股权集中、投资决策与代理成本[J]. 中国管理科学，2013(4).

[32] 邢志平，靳来群. 政府干预的金融资源错配效应研究：以中国国有经济部门与民营经济部门为例的分析[J]. 上海经济研究，2016(4).

[33] 叶林祥，李实，罗楚亮. 行业垄断、所有制与企业工资收入差距：基于第一次全国经济普查企业数据的实证研究[J]. 管理世界，2011(4).

[34] 余明桂，李文贵，潘红波. 民营化、产权保护与企业风险承担[J]. 经济研究，2013(9).

[35] 岳希明，蔡萌. 垄断行业高收入不合理程度研究[J]. 中国工业经济，2015(5).

[36] 张维迎. 企业理论与中国企业改革[M]. 北京：北京大学出版社，1999.

[37] 张伟，于良春. 行业行政垄断的形成及治理机制研究[J]. 中国工业经济，2011(1).

[38] 朱红军，陈继云，喻立勇. 中央政府、地方政府和国有企业利益分歧下的多重博弈与管制失效：宇通客车管理层收购案例研究[J]. 管理世界，2006(4).